『易經』英译的符号学研究

王晓农 ◎ 著

中国社会科学出版社

图书在版编目(CIP)数据

《易经》英译的符号学研究／王晓农著．—北京：中国社会科学出版社，2016.10

ISBN 978－7－5161－8947－4

Ⅰ.①易…　Ⅱ.①王…　Ⅲ.①《周易》—符号学—英语—翻译—研究　Ⅳ.①H315.9②B221.5

中国版本图书馆 CIP 数据核字(2016)第 227465 号

出 版 人　赵剑英
责任编辑　孙　萍
责任校对　王佳玉
责任印制　王　超

出　　版　中国社会科学出版社
社　　址　北京鼓楼西大街甲 158 号
邮　　编　100720
网　　址　http://www.csspw.cn
发 行 部　010－84083685
门 市 部　010－84029450
经　　销　新华书店及其他书店

印　　刷　北京君升印刷有限公司
装　　订　廊坊市广阳区广增装订厂
版　　次　2016 年 10 月第 1 版
印　　次　2016 年 10 月第 1 次印刷

开　　本　710×1000　1/16
印　　张　25.5
插　　页　2
字　　数　404 千字
定　　价　96.00 元

凡购买中国社会科学出版社图书，如有质量问题请与本社营销中心联系调换
电话：010－84083683

序

走向《易经》研究与翻译的神性诗学

晓农毕业一年了，他的博士学位论文《〈易经〉英译的符号学研究》要以专著的形式出版，嘱我写一篇序言，我欣然答应，可是因为太忙乱，竟至于到今日才腾出时间来。

晓农是山东籍学生，喜欢经典，通古文，英文也佳，读书不少，现代语言学也通，翻译过《朱子语类》，文章也写得有板有眼，学术研究已经上路，成为名副其实的教授了。晓农考博，一年考中，经过几年的苦读，修炼，学问大进，到了选题的时候，先是围绕《大中华文库》的翻译研究，在几种古典文论之间徘徊，最后才确定为《易经》的翻译研究。

这一过程和结果，有几种因素都在起作用：

其一，和我个人的学术研究兴趣有关。近年来中国文化典籍翻译研究的选题不少，但觉得《易经》仍然是弱项，以至于前几年在编写《中国文化典籍英译》的时候，将《易经》割爱暂缺，不无遗憾。至今想来，《易经》翻译难度大，研究资料多，翻译研究难以突破，论文写作难度更大，所以几年徘徊，难以得人。

其二，和南开大学典籍翻译方向的培养模式有关。我们历来重视学生的基础和志向，必要题出有因，深思熟虑，胜券在握。否则，绝不轻易出手。读博期间，第一年全听课，根据学生情况，指导其大量读书，打基础，寻出路；第二年广泛涉猎，缩小目标，师生反复磋商，确定选题。晓农有这个基础，加之他刻苦上进，容易接受指导，上手也快，确实是最佳人选。

其三，至于这个选题如何做，反倒是有了一个先入为主的思路。近年来对《易经》的关注，使我产生了一个挥之不去的想法，那就是，《易经》为六经之首，博大精深，其研究要分两步走，在原有文本（卦辞）和派生文本《易传》之间，应先研究前者，暂且舍弃后者，以探本求源，避免本末倒置，以今论古；而《易经》原有本文，则不是铁板一块，而是由原始的古歌（文学）描写上古习俗，和后续的评论（哲学）构成吉凶判词，其间又插入史料（历史）几成编年，加以佐证，乃三者混合而成。这一三元结构，不仅决定了《易经》文本的性质，而且构成一切翻译和研究的基础。这一初具雏形的思路，成为这篇博士论文选题的先导，而其基本设想，则作为晓农的《易经》翻译研究的开端。

选题一旦确定，晓农果然不负众望，经过一年的努力，几易其稿，终于完成了这篇论文，去年 5 月 25 日的答辩委员会决议，可为佐证：

答辩委员会决议

王晓农的博士学位论文《〈易经〉英译的符号学研究》运用符号学理论对中国文化典籍《易经》的英译问题进行了研究，选题新颖，具有一定的学术价值。该研究通过对《易经》文本的文史哲三元结构分析和国内外七个译本的评析，较全面地考察了诸译本取得的成就和存在的问题。作者还提出了《易经》复译的蓝图并尝试对《易经》进行重新英译，为中国文化古籍的英译乃至古籍翻译提供了有益借鉴。

答辩人较充分地掌握了研究领域的国内外相关文献，文章的创新点主要包括：(1) 构建了一个《易经》文史哲三元诠释模式，借此对《易经》进行了分析，提出了具有原始形态构成标记的《易经》文本拟定本。(2) 基于符号学理论和他本人对《易经》文本研究的成果，对七部《易经》英译本进行了两轮评析，给出了明确的评价。(3) 对《易经》基本问题如成书时间、编作者、编作过程进行了探讨，提出了自己的观点，对《易经》卦象进行了新的诠释。该论文是一篇优秀的博士论文。

文章综合运用了多种研究方法，构思独到，结构合理紧凑，结论令人信服，行文流畅，已经达到了博士学位论文应有的学术水平。论文的不足之处主要是对少数卦爻辞的辞句尚不能确定其文史哲性质。希望随着更多资料的发现，能够使本研究更加深入并趋于完善。

答辩人对答辩委员会提出的问题做了圆满的回答，答辩委员会一致表示满意。答辩委员会（共5人），经评议和无记名投票表决，一致通过该论文答辩，并建议学校学位委员会授予其文学博士学位。（2015年5月25日）

学位论文之外，晓农还发表了三篇与《易经》密切相关的学术论文，进一步讨论了《易经》卦爻辞的文史哲三元构成，运用文化符号学标出理论看《易经》经文的标出性，并对理雅各和卫礼贤后《易经》英译本进行描述性评析。这些都可以看出晓农在《易经》研究领域的可喜成就。至于这篇论文的可改进之处，除了上面提到三元结构本身对于个别卦辞爻辞的解释力之外，就是几位评审专家认为可以加强和进一步统一《易经》符号学理论研究的问题。鉴于任何理论都不可能完满解决所有覆盖现象的解释问题，所以这里仅就《易经》翻译研究的符号学问题，发表一点我个人的意见。

一　《易》符三分：《易经》符号学的三重结构

关于《易经》文本的符号学性质，兹分为三种：

1. 原始符号：即占卜符号。也就是《易经》六十四卦本身的卦名和非语言符号，即每一卦中一长两短的阴阳符号的六行排列组合。除了卦名以外，这是非语言文字的符号，是《易经》思维的前语言阶段，即原始阶段，也是构成可以识别和操作的占卜过程的思维基础。舍此，就不是《易经》了。在传统的《易经》研究中，应当归入卦象和数理研究。有鉴于此，卫礼贤译本将这一部分单独（An Index of the Hexagrams）印出，作为附录，排列在书后，是很有意义的。

在翻译时，卦象本身是不翻译的，直接排印或照相制版付印就可以，但在实际上，卦象本身的形成过程极为复杂，在一开始，肯定不是现在的等粗直线的连和断可以表示的，而是由具体的物质载体（例如豆子、木棍）到刻符记号（例如曲线、点线）再统一到现在的印刷符号的。卦名本身，虽然是文字符号，却不是单一的概念，而是多种字符和多种意义的叠加所致，其中表示了汉字演变的过程和概念系统的意义变迁，一字多义是常见的例如"过"，可表示飞过、通过、过河；过错、大过、小过。又如"革"，从皮革剥制到革故鼎新，意思发生明显变化，在其他语言中，不可能是这样的。所以，卦名的翻译不是一个简单的概念和命名，而是一系列逐渐逼近事物核心而又能适合不同语境下占卜情势的词语场和语义场。

2. 语言符号：即文字符号。也就是卦爻辞，即六十四卦抽象符号的文字表述。这些文字在每一卦中分为六行或列，用文字进行描述，形成具有句法作用的意义单元，然后再链接成篇章。其描述本身，如上所言，是逐渐形成的，包含着三重结构，也是可以阅读和解释的。正因为如此，这一部分构成我们理解和翻译的基础，而第一种原始符号，反倒被忽略了，或者它本身就不可清晰地解释，除非我们知道还有第三种符号，即结构符号。

3. 结构符号：即《易经》和易学的潜在结构，它包含以下几层意思(特别是第三种意思)。其一，指的是《易经》原始文本和《易传》的关系，即《易经》一书本身的结构。这是传统的认识领域，但我们认为原始文本是主要的，原发的，而《易传》是派生的，后续的，毋宁说被人解释为道教或儒家的思想的标本，而不是发源，即反向的"《易经》为六经之首"。其二，以之为认识基点，可以反思其后的各种《易经》研究学派，例如数派（简单地说，即是结构符号的说明，但包括了每一卦象的结构和全本六十卦的总体结构方式，特别是后者，有时体现为全书六十四卦的顺序和分组原则）；象派（即原始符号的解读，舍去了或者结合了语言符号的意义，解释其神秘的抽象的隐喻的含义）；理派（理性的，语言的，哲学的分析）。其三，便是狭义的结构意义，即上述的数派的纯逻辑学的意义，这里特别强调的是《易经》六十四卦的排列意义，不仅仅是线性的顺序排列，还有各种可能的逻辑组合关系，从而揭示和解释不同的逻辑意义。这一层意义，似乎也无需翻译，或不可翻译，但要说明其原理，则十分困难，必得动用所谓结构主义和解构主义的方法不可。所以这一层意义，也未包括在这本书的研究之列。

由此看来，晓农所谓的符号学意义探究，其实就在第二层，即语言符号（似乎也未包括卦名的翻译讨论），而他的博士论文中的语言符号的结构，即各卦的卦爻辞的结构，除了句法和顺序以外，便是文史哲三元结构的探索了。晓农的探索根本，立足于后者，即爻辞的社会文化符号结构意义的探索。这就涉及几个重大的问题和晓农的主要贡献：

第一，《易经》文本的形成。关于这一点，晓农的研究，无疑吸收了前人的成果，小而言之，可以按照历史资料追溯到《易经》的具体的作者，大而言之，可以讲述《易经》三元融合的逻辑思路。虽然这一过程及其具体的运行机制还不十分清晰，无论如何，这一部分的贡献是不小的，一般的翻译研究尚未见涉足；

第二，《易经》文本的解读。在《易经》文本的解读方面，晓农的贡献十分突出，他依据符号学的原理（主要是语言符号学），分为指称意义、言内意义、语用意义，并进行了文史哲的文本建构的探讨。当然，他的目的是建构一个新型的《易经》语义文本。实际上，他已经出色地完成了这一任务。整理出来的《易经》文本，即“六十四卦拟定本”（见附录），采用较为复杂的文字和标点系统，以显示三元结构的意义表征。以此为基础，对其现代汉语译本和外语译本进行评析，应当说是别开生面，如果再配以现代汉语和英语翻译，作为翻译研究的副产品，应当是不难做到的了。

第三，《易经》文本的翻译。在此基础上，对于易经文本的翻译研究及其评论，虽然不一定能做到高屋建瓴，至少也是持之有据了。由于选题本身的原因，同时也由于要对现有《易经》的主要英语译本进行评析，所以本书的翻译批评结构就是双重的。一个是依据古今和中外兼收的原则，精选出七个译本，进行一一评析。按照原本的译者意图、目的和倾向根据译本本身进行客观的不求统一的评析，即描述性批评，是第一步。第二步，则是按照文史哲三元结构重构的《易经》文本，及其深层理解和现代汉语的翻译参照，对以上七个译本重新评价，这不能不说是主观的判断，特别是不避价值判断的翻译批评。而在设立评判标准的时候，则采取了传统的"真善美"（可与文史哲大体对应）和"信达雅"（事理要求、语言要求、风貌要求），并参考了本人对"信达雅"的重新解释和分级评价的系统方法，这些无疑都是很有价值的研究。当然，这两重评价和解释如何统一，在总体上是一个逻辑的问题，而在针对每一具体译本的时候，则是如何对待的问题。这是全书的最终落点，值得关注。但问题的解决，不会像想象的那样容易。

当然，有几个次级的方法也要提一下，一个是七个译本的评析，如同它们的选择一样，也是按照性质分类和分组的，照顾到了传统的汉学家的译本，当前国内的有研究的译本，以及兼顾文学翻译的译本等。在评析上则分别侧重于语言、文学和文化，与当下流行的研究的三大维度也有吻合之处。一个是《易经》文本的重构，即拟文本的产生，和在此基础上虚拟的理想的翻译文本，都为这项研究增加了学术含量，至少是由假设和推论的学术研究思路，使之不同于时下流行的套理论出观点的做法，而显得此项研究深厚扎实，富于学理性和思辨性。

二　对话荣格：中西文化对比下的《易经》再认知

中国文化典籍的对外翻译及其研究，尤其需要了解西方的学术和翻译，才不至于闭门造车，自说自话。早在20世纪80年代留学美国的时候，我已经开始关注《易经》及其英译状况，手里有一本理雅各翻译的《易经》，爱不释手，直至回国多年，仍然时有翻阅，也时有心得。去年在美国加州，又看到贝恩斯（C. Baynes）英译的卫礼贤（R. Wilhelm）德译本《易经》，有心理学家荣格（C. G. Jung）撰写的序言（Foreword），最值得一读。其中关于中西文化的区别，科学的因果律（causality）与《易》学的多因论（synchronicity）的论述，最为精彩。这两个译本的具体研究，晓农已有论文发表，虽然我没来得及阅读，但师生之间对这两个译本同时优先关注，确实给人心有灵犀一点通的感觉。

荣格坦言自己从未到过中国，也不懂中文，但他对于《易经》及其思维方式，包括占卜技术和潜意识的研究，也有三十多年了。当他在19世纪20年代遇见卫礼贤的时候，他对于《易经》可以说很熟悉了。在荣格看来，西方的自然法则，是以因果律为基础的，但在此之外，却没有注意到自然本身是部分地或全部地充满了偶然性（chance），要让自然发生的一系列事件完全符合因果关系是不能不考虑例外的。这正是荣格不同于一般只懂科学的西方人的可贵之处。精神分析心理学的特殊专业，对东方神秘主义宗教的深刻洞察，对人类潜意识和梦境及其世界各国象征符号的专业研究，凡此等等，都使得荣格的知识结构和认知方式不同于一般的科学家和哲学家。因此，同样在进行中西文化比较的时候，他的着眼点也与众不同。他认为：

> 《易经》看待现实的方式，不屑于关注西方的因果关联过程。实际观察的一瞬间，对于古代的中国智慧来说，是一次机缘相会（chance hit）而非可以清晰界定的因果关系链上的一个结果。兴趣所在似乎是观察的一瞬间偶然事件的相遇，而非似乎可以说明这些巧遇的假设的原因。一方面是西方思维中的仔细的筛选、权衡、选择、分类、挑出，另一方面，中国人的世界认识图景却涵盖了甚至最微不足道的细节，因为构成观察对象的一瞬是多种因素融合而成的。[①]（笔者译）

针对这种对于细枝末节的瞬间的认识，他提出的一个问题发人深思，那就是，何以一种机缘巧合的东西，在另一种时空状态下针对另一种事件的机缘巧合，仍然具有意义，而且能够表征得一丝不爽。这不仅是古今情势之间的差异，而且是书本知识与现实世界的差异。但也许是许多中国《易经》研究者所没有想过的，或者无法加以说明的，或者认为根本不需要如此提法。在他看来，中国人是这样认识的：

> 换言之，《易经》的撰写者似乎相信，某一时刻得到的那一卦（hexagram），与该时刻的联系不仅是时间上的，而且是性质上的。在

---

① C. F. Baynes, (trans.) *The I Ching* or *Book of Changes* (The Richard Wilhelm translation rendered into English), Penguin Group, Inc., 1950, p. xxiii.

他看来，那一卦就是占得它的那一个时刻的指数（exponent），比钟表的时辰和日历上的分度还要准确，但需要把该卦理解为一种在它产生的那一刻占主导地位的那种基本情势的一种表征才行。[①]（笔者译）

如果我们把这种巧合归结为《易经》本身的普遍必然的真理性，那就是典型的本本主义，或者经典崇拜，难以有什么说服力。但若据此认为《易经》本身一无是处，是封建迷信，甚至是占卜害人害己，那也不一定有什么根据，或者认识论上的价值。关键是要在学理上，能够说明《易经》的认知原理。当然，这种多因论的提出，本身也是一种西方分析方法的研究结果，但在人类的认识方式上，却带有一定的学理性：

这一假设需要一种好奇的原则，我称之为多因论（synchronisity），这种概念所形成的观点和因果论截然相反。由于后者只是一种统计学上的真理，而不是绝对真理，它便只是工作假设，说明事件如何一个从另一个中出来；然而，多因论却认为具体时空中的偶然事件不仅仅具有偶发的意义，也即是说，不仅是众多客观事件中的相互作用，还要加上一个或多个观察者本人的主观（心理）状态，即主客观的作用。[②]（笔者译）

如此看来，不仅客观元素的多元互动，而且主观上也包括交互主体，以及主客观之间的相互诱发和互动，这在思维的周密上，可以说是无出其右了。不仅如此，荣格甚至将《易经》本身的认识，归结为人的认识，其中便包括了对于《易经》文本本身的认识。但那不是对于习惯于实验证明和事实证明的西方读者的认识，而是按照易经本身的思维方式理解《易经》和生活世界的东方读者，或者有此认知角度和能力的西方学者的认识。他说：

① C. F. Baynes, (trans.) *The I Ching* or *Book of Changes* (The Richard Wilhelm translation rendered into English), Penguin Group, Inc., 1950, p. xxiv.

② Ibid..

> 然而，这样揭示意义的性质的一种明显真理，却需要真正读懂《易经》的卦辞结构并对解释加以证明，部分地通过观察者关于主客观情势的知识，部分地通过其后（subsequent）事件的性质特点。显然，这个过程不是诉诸习惯对事实进行实验证明或事实证明的批判思维的头脑的。但对于那些像中国古人一样观察事物的人来说，《易经》便是有吸引力的。①（笔者译）

作为精通西方东方并有世界眼光和人类心理意识的世界级学者，荣格对《易经》的认识，并没有停留在原理的抽象论述和中西思维的一般比较上，而是深入《鼎》《坎》《井》《晋》等卦的具体卦辞进行分析，可以说取得了总体的认识和局部的认识的综合。而在知己知人的问题上，荣格甚至指出《易经》是老子和孔子的智慧的来源之一，而在联系到自己的时候，他说：要是在以前，他就不敢对这样一个充满不确定性的题目发表如此详尽坦率的意见，他之所以敢冒险一试就是因为已年逾八旬，人们的观点朝令夕改对他已不具有吸引力，与其与西方哲学中的偏见为伍，倒不如说，东方古代圣贤的思想对他更有价值一些。在认识《易经》及其世界的时候，荣格承认人类的认识是极容易犯错误的。这一思想，和孔子的“假我数年，若是，我于《易》则彬彬矣”的思想，可以相互引证。

至于《易经》本身到底是一本什么样的书，荣格认为：

> 《易经》本身并不能自我证明，也不能提供结果，它既不自夸自大，也不容易进入。就和自然本身一样，它有所待才能被发现。它既不提供现成事实，也不提供认知动力，只为好易者提供知识和智慧。对甲可谓白昼之光，对乙可谓晨昏之黯，对丙则是黯如黑夜了。不乐者大可不必读，反对者绝不会发现其中的真理。对于那些能从中感受意义的人，就前往走进这样的世界，从中获益吧。②（笔者译）

---

① C. F. Baynes, (trans.) *The I Ching* or *Book of Changes* (The Richard Wilhelm translation rendered into English), Penguin Group, Inc., 1950, p. xxiv.

② Ibid, p. xxix.

荣格的观点，他有别于西方但又出自现代科学的原理性的观点，对于我们认识《易经》有何意义呢？我想有几点是不言而喻的：

1. 事实上，在古代中国和现代欧洲思想之间，不是唯一的二元对立的思想方法。如果把西方的科学的因果论视为一种普遍必然性的认识（科学的一切可知论），那么，印度佛教的缘起论和缘分的概念就偏于偶然性机遇性的观点（宗教的命运神秘论），那么，在这二者之间，《易经》思维似乎居于中间的位置，那就是说，它既不是纯粹的规律，也不是纯粹的机缘，而是一种概率，即普遍必然性与多因机遇性的调和，使其指向多因一果性的认识（认识机遇和把握未来的一种命运观）。

2.《易经》的六十四卦，只是提供了认识的总体框架和各种可能性，在一个具体的情势下，如何认识自己和世界，其实就是如何认识人自己的命运和行事的结果，所以有所预测，有所警惕，有所提醒，有所筹划而已。具体的情势和《易经》中提供的各种可能性的组合，要是通过占卜获得了同一性，就是正确的，有效的，否则，就会是相反的，但即便如此，也不是全然无用和全然有害，而是要看主观上如何去认识。

3. 然而作为占卜和预测，任何权威的书籍都只是一方面，另一方面是人，是使用它和认识它的人。何况占卜本身就是机遇演示和实施过程，它不可能重复自己，其多次的占卜也指向概率。所以，它在实践中的具体结果，不是万无一失的，而是有利有弊，有得有失。《易经》的价值系统，是吉凶祸福的判断，而且是具体情势下的价值判断。这些判断本身，又渗透了道德判断的基础。所以，其人文性和认知价值，也在此。作为哲学的《易经》，是无懈可击的，它提醒你注意各种因素，进行多次尝试，进行综合判断，这在任何情况下又都是有效的和有益的。

三　关联《鸡卜经》：从民族相似性到普遍法则追寻

以前的《易经》研究，当然也包括《易经》的翻译研究，或者只在中国文化的圈子里兜，或者能延伸到西方文化的彼岸，而对于民族典籍，即中国汉族以外的少数民族的类似典籍，则未见涉猎。因此，我们这里要进入一下这个领域，虽然也是随机的，非系统的，但有无这个联系，仍然可以见出十分重要的区别。

也可以说是纯粹的机缘巧合，几年前，我收到云南地区一个年轻外语教师的壮族《鸡卜经》的翻译，要我写一个序，可是我对《鸡卜经》认识甚少，只好把它和《易经》相联系，并就民族典籍的翻译讲一点自己的认识。这种随机联系和臆说式的意见，虽然缺乏深刻的思考，但就开阔视野，建立思想的关联方面，也不是完全无益。姑妄言之，姑妄听之也可。

第一，如果我们把《易经》和《鸡卜经》都归入占卜一类书籍，并从中寻找占卜的原理，那么，世界各国人民均有占卜之事和占卜之术，却是一个不争的事实。归根结底，虽然人类迄今为止在世界上做出了伟大的壮举，取得了辉煌的成就，但从一开始，人类对自己的命运就没有把握，因而借助于各种手段企图了解自己掌握自己的命运，就是一桩神圣的事业。而很早的时候，占卜大约和人类的命运感有关，和人类企图知晓自己的命运有关。即便命运不能完全掌握和全部知晓，知道一星半点儿也是可以的，特别是及时的知晓，在一定的情势下需要当时就知道，即便不为乐天知命，也可为决事之参考。由于此，占卜一类书籍可能会永远流传下去，只要人类不能完全掌握自己的命运而又愿意知道它，相信它。

第二，占卜之事的兴起和到达高潮又和人类文明的发展阶段有关，和人类特定民族群体对自己命运的掌握和认识阶段有关。简而言之，占卜之术的形成，多在人类文明的早期，但由于不同的民族居于不同的开化和发展阶段，有早有晚，所以占卜之术的兴盛也必然有早有晚。可以说，就人类认识世界的方式而言，占卜之术产生于巫术与科学之间，如果不是比巫术更早的话，它去掉了巫术借人力直接支配自然力（当然是象征性地支配自然力，或通过神灵支配自然和人事）的一面，徒保留心理和认知的一面，而把行动作为人自己决断的权力和能力（至于占卜的结果，可以用巫术解决和完成，更是证明了巫术的作用）。又在认知和行动之间，留有很大的回旋余地（用以说明和调整占卜的效力和人的行为），即便在认知领域本身，也有神秘不可知和可知之间的区别和复杂的联系，由此构成无限多样的占卜表征的规律性呈现和对人类自身的程序化的行动指南与策略倾向。这是可以大体上说明的。换言之，规律和概律是占卜的两面，合而为一，即是其认识价值的完整体现。

第三，每一民族的占卜之术从材料到手段以及深层的理念，又相互有别。在笼罩于神秘雾霾中的古代知识的天地间，原始信仰和图腾崇拜似乎为人们以理性认识其占卜起源及其物质载体打开了一线希望。就图腾崇拜而言，如果说汉族的《易经》尚难以找到龙（蛇）崇拜的确切证据的话，至少乾坤两卦中一系列龙的出现可以算作局部的证明，倒是壮族的《鸡卜经》提供了一些更为直接而系统的线索，可见出一种鸟类（太阳神）崇拜的源头，和以鸡（吉）替代的占卜机制，作为我们今天从民俗学角度认识原始占卜行为的学科基础。事实上，我国古代南方百越民族的鸟图腾崇拜和太阳神崇拜，是可以找到不少证据的：

> 在浙江余姚7000多年前的新石器时代原始社会遗址中出土的器物上，就有很多鸟的雕像图案。……《越绝书》等文献也记载了先秦越人流行鸟田的传说，绍兴306号墓出土的鸟图腾柱，更是越人鸟图腾崇拜的证明。岭南地区出土的文物上，也常见鸟的图形或雕像，其中以羽人最为常见。如西汉南越王墓出土的青铜提筒，就有很多羽人、羽冠等图形；1979年广西田东县锅盖岭出土的一面铜鼓上，也有四只翔鹭的纹饰（今藏广西壮族自治区博物馆），这是铜鼓上常见的纹饰；广西贵县罗泊湾一号汉墓出土的铜鼓上更有“鹭舞”，即以二三名越人为一组，摹拟鹭鸟而舞，起舞的越人的上部有飞翔的鹭鸟，舞人与鹭鸟的动作很相似，越人对鹭鸟的崇敬显然可见。在祭祀太阳神时，他们需要一种沟通人神的介质并对预期效果加以验证，倏忽来去，鸿飞冥冥、敏感好动的大鸟成了最终的选择，犹如汉族先民选择了牛、羊、龟等动物的骨和甲一般。古籍亦多有“鸟为越祝之祖”的记载。（引自梁少石翻译的《鸡卜经》（壮汉英对照）未刊稿）

虽然南方的鸟图腾是一个普遍的事实，但要转化成为鸡卜还需要一种置换变形或替代机制，即以某一种近在眼前易于获得的事物来替代抽象难懂远在天边的事物。既然一种常见的事物成为占卜的来源，那么，进一步以之为物质载体并加以文化上的合理化，就是可以理解的了：

> 但由于飞鸟总是难以捕捉，于是由禽类的野雉驯化而来，与飞鸟在外形上十分相似，血缘又相近的越鸡成为代用物，那些小巧的岭南家鸡便成为用作祭祀的“说话鸡”，鸡骨成了“神谕之骨”。汉族在甲骨上钻孔后烧烤，根据裂纹走向确定战争、农事、出行、婚姻等重要事项是否当行，越人则根据插在鸡骨上竹签的斜直正偏，而定吉凶。一种与汉族甲骨卜具有同等重要的宗教、社会、文化地位的“越人之卜”——鸡卜，就此产生。（同上）

第四，任何占卜活动要转化成经典，都需要背后的思想和理念的支持，然而，要从现象世界进入到理念世界，除了语言对经验的提炼和概念思维的发达，还有待于人类自然哲学本身的发展和抽象思维范畴的发达，以便为掌握人类命运和自然规律提供形而上的思维方式。一种简单的数理式解决，就是将自然界分解成几种显而易见的元素，用其组合关系来说明自然和人类行为可以把捉的根据。在世界几种主要的文明中，这些自然要素的范畴呈现出一定的对应关系：古希腊的“四根说”是：“水土火气”；古印度的《顺世论》有：“地水火风”；中国汉族“五行说”为：“金木水火土”，而壮族的“四分说”，则是“金木水火”，缺少“土”，但唯其如此，才可以与其他东西方古代文明（希腊和印度）的四分逻辑形成对应关系。

原来在壮族的宇宙起源论里，有“气”本源和“石”本源两种说法，仅以石本源为例，也可说明其四分说的端绪：“《麽经布洛陀》里讲：‘四片石头飞往四方/造成四季阴阳/从此才开天辟地。’这里所说的四季通常指植物的萌、发、荣、枯或农业生产的播种、薅锄、收割、储藏四个阶段。”（同上）这种和四季形成对应关系的逻辑运演，很可以演变为和世界的方位形成对应关系（当然，这里的方位是时间－空间合一的空间概念），那就是壮族《鸡卜经》中“卦宫”里的说法了：

> 壮族《鸡卜经》里的卦宫只讲木、金、水、火四个，分别代表日出方（东）、日落方（西）、上方（北）和下方（南），主要指该

> 宗鸡卦应验的方位。这与汉族的金、木、水、火、土五行略有区别，而与《麽经》载录的四方、四季、阴阳相一致。（同上）

事实上，《鸡卜经》里的卦宫多书写在卦象的下面，如“木”“火”“金”“水”，“木生亥”“火生寅”“金生酉巳丑”“水生申子辰”等，专指该宗卦象在当年应验的时间和方位。这一点不难理解，因为壮族的《鸡卜经》和相应的占卜活动兴起于汉代，到唐代达到高潮，受到汉族五行哲学和《易经》思维的影响，是不言而喻的。从中既可以看出我国壮族文化对汉族古代哲学的借用和改造，也可以就此推论，汉族《易经》中的“四元”或四的倍数关系，在总数为六十四卦的《易经》体系中也可能有一种形成和调适的过程，可见《易经》的象数说和阴阳五行之间也同样存在着适应和改造的关系。

《鸡卜经》的结构，包括了卦象、卦名、卦宫、卦辞四部分。卦因象而得名，卦宫则代表东南西北四方位，木火金水四卦宫，用子丑寅卯辰巳午未申酉戌亥十二地支定位。卦辞又叫“卜辞”，壮语称作“嘎木赕”，意为祈祷得来的话。实际上是布麽、也麽或鸡卜师用鸡骨进行占卜所得结果的文字记录。所谓《鸡卜经》，主要指的也就是卜辞。绝大多数卜辞都用汉文书写，可以汉字壮读。这就造成阅读的方便，有了一个可供翻译的本子：

> 卜辞的内容十分广泛，包括所占的各种事象，以及用祭祀和巫术解决问题的方法，如耕田、求雨、求田（祈求丰收）、打鱼、打山（猎）、婚姻、生育、求子、求寿、祈人、买卖、求财、借贷、进人口、买奴婢、问债、节庆、新年、坐（建）新寨、架屋、入宅、保家、保寨、保城、移徙、出行、谋望、求官（上诉）、官事（被告）、打贼（战争）、征战、祈贼（议和）、保身、疾病、服药、祸事、失物、择坟地、送父母（超度）、除灵、安葬、请神、收魂、送鬼等是吉是凶、半吉半凶、先吉后凶或先凶后吉。（同上）

从以上卦辞的内容可以区分出壮族《鸡卜经》占卜的多样功能：几

乎包括了全部先民生活的方方面面，可见古代占卜活动对于民族生活的巨大影响。实际上，壮族的鸡卜活动可以上推到先秦，发于汉代，唐时大盛，而后历朝历代，应用不息。许多活动不仅记载在汉族官方史学著作中，而且见之于文人学者的私人笔记。

四　重释《厚土颂》：寻求《易经》翻译的诗学途径

到目前为止，我们将壮族的《鸡卜经》和汉族的《易经》作了一个简单的比较，其中也可以找到一些重要的启示：人类各民族的占卜活动具有类似的起因和功能，和语言一样，也许存在着某种类似于谱系的东西尚未发现。《鸡卜经》和《易经》应有相似的起源，但由于前者起源较晚，受到汉族哲学和占卜思想的影响是不言而喻的。这从另一方面也说明了世界较为接近的民族和文化，在占卜起源、借助手段、哲学基础等方面，具有更多的联系和相似性。我们也看到了在世界不同的文化中，占卜思想有其一定的规律性和共同性，其基本功能和所处的一定的文明阶段相一致，实现了大体相似或相同的文化功能。下面让我们回到汉族文化及其《易经》本身，来说明一些更多的问题。关于《易经》中四的倍数的形成和占卜功能，我们还可以借助甲骨文等其他来源，进一步加以说明。

根据考古学家胡厚宣先生对甲骨文《四方风》的考证（《甲骨文“四方风”名考证》，1944年）[①]，风向（风神）的确定与季风的性质的确定，对于认识原始先民的物候与祭祀作用至关重要。四方神明，分别对应于春夏秋冬四季，并与春种夏长秋收冬藏的四季农事相对应。这一发明，对于国家的征伐、狩猎、畜牧、农事、灾害、疾病、祭祀等均有重大影响。《四方风》原文只有二十八个汉字，共四段，标题是研究者所加。有异文，下面是胡厚宣先生的一种文本：

四方风

① 胡厚宣：《甲骨学商史论丛初集》，河北教育出版社2002年版。

东方曰析，风曰协；
南方曰夹，风月微；
西方曰夷，风曰彝；
北方曰宛，风曰役。
（胡厚宣整理）

兹用现代汉语将《四方风》翻译如下：

四方风

东方有风神“析”，吹和风；
南方有风神“夹”，吹微风；
西方有风神“夷”，吹大风；
北方有风神“宛”，吹烈风。
（王宏印今译）

由此看来，我们也许不必到阴阳五行的哲学模式中取寻找《易经》的四重结构的起源，只从原始的祭祀活动中便可得知这种四重结构，原来和人类最早的方位认识有关。《甲骨文合集》中的另一首古歌《今日雨》可为其提供旁证：

今日雨

其自西来雨？
其自东来雨？
其自北来雨？
其自南来雨？

关于《今日雨》，友人栾栋教授认为这是一首祈雨歌。他还从“今一日帝令雨”中推测出，除了山岳神和其他祖神之外，帝是最高的主宰，也是最大的施雨者。当然，这里的“帝”不是“皇帝”，而是“上帝”，即中国历史上最早最高的神。栾栋教授的目的在于阐述一种诗学原理，说明诗学的复杂的原始起源，但假如我们在诗歌基础上，把原始先民的祈雨和占卜看做同一件事，那么，一个文学（诗学）、神学（宗教）和占卜之学即《易》学的三位一体和共同起源说，就不是不可能的了。

以下是《今日雨》的现代汉语译本：

今天雨

有雨从西方来吧！
有雨从东方来吧！
有雨从北方来吧！
有雨从南方来吧！
（王宏印今译）

行文至此，我们就可以进入《易经》的翻译了。让我们回到这一问题的开头。我对于《易经》真正的兴趣，来自多年前在西安汉唐书店买的一本《易经古歌考释》（巴蜀书社，1995 年），作者是四川大学的黄玉顺教授。这本书把《易经》卦辞中的韵文，理解为含有表达上古风俗的古歌，从中整理出几十首，并逐条加以注释，翻译成白话文。这使我相信，《易经》可以有不同的读解和翻译之道。其中一个推测性的观点，就是：《易经》的起源，也许是先有古歌，记录了原始先民的生活场景、境遇和问题，然后，才有表示判断和预测的评论，即哲理和解释性文字。这样一个简单的推论，经过阅读和思考，后来进一步复杂化，就成为《易经》文本产生的文史哲三元结构的形成雏形。

《易经》中有描写大地（坤卦）的韵文，原文是这样的：

履霜，
坚冰（古音 biang）。

直方，
含章。
括囊，
黄裳。
龙战于野，
其血玄黄。

黄先生认为这是一首“行役之歌，类似于后世游子之吟”，并翻译为白话韵体诗，称为《大地之歌》。栾栋教授认为其格调与坤卦不相协调，认为是一首《厚土颂》，不是一般的旅人行走在大地上，而是神明的彰显，并把最后一句译文“龙蛇在原野上撕咬，/它们的鲜血流淌。”改译为“龙蛇在莽原驰骋，/其血脉溢彩流光。”我承认黄玉顺教授的开创之功，并以为栾栋教授的理解和改译是有道理的。但我认为龙的“撕咬”和“驰骋”，都不足以说明坤卦的要点，因为它是乾卦的接续和完成，所以应是两条龙在“交合”，以下根据这种理解，重新翻译如下：

厚土颂

临南国兮以秋霜，
履北溟兮以坚冰。
观大块平正直方，
铺就那绚丽华章。
天苍苍解吾行囊，
地茫茫如着黄裳。
双龙交欢在莽原，
其血脉溢彩流光。
（王宏印译）

这是诗的意境，若变为散文，也可见出厚土之母本身的容貌和着装，以及交流行为与文化功能的写照。你看，从南国之秋，到北方之冬，神灵降临人间，历秋霜冰封，四时变化，见山河改妆，冬去春来，寒来暑往，何等辉煌。接着是天圆地方，穹庐四野，天若解囊，地衣黄裳，龙蛇交欢，血脉流长。民族之血脉源远流长，中华文化变通无疆。此乃真正的《易经》变化之道，不循此道，则偏离大化，学问难以见长，循此道，则人文造化，相得益彰。翻译乃变化之道，不求本索源，则难有所成。兹将《厚土颂》试英译如下：

The Goddess of the Earth

Come, the Goddess, from the South,
Which is covered with white frost,
Towards the North, even colder then,
Which is already ice - frozen there.
The earth, however, extends wide
And square, and wild and fair,
And is decorated with a landscape,
The geographic patterns of variety;
The sky overhead is a huge dome
Like an open traveler's baggage,
While the earth lies quiet and calm,
Dressed in the brilliant yellow.
Lo, yonder, dragons playing merrily
Intercourse over the great plain;
May their offsprings grow happily
In great glory and honor of Cathay.

(trans. by Zhumo)

要之：近世以来的《易经》研究，也是穷则思变，变则通，通则久。就其神性诗学途径而言，一变长期以来坤卦的混沌不明，为清新亲切的游子之歌《大地之歌》，又一变个人惆怅的私人抒情为歌颂皇天后土的民族颂歌《厚土颂》,《易经》坤卦的理解和研究,沿着文学开路和文史哲贯通的路子走出了坚实的步伐。这不能不说是当代易学研究的一个可喜的成果。进一步而言,将《易经》研究和翻译和创作相关联,相贯通,相融合,又是一条全新的路径。此之谓,《易经》翻译的神性诗学途径。

融合古今,贯通中西,沟通天人,《易经》冠顶。大道既已在望,何愁无功可成?

庆幸的是,在《易经》研究领域,晓农已走上了这条康庄大道,难能可贵。

并望有更多的学术成就敬献先祖,让中国古老的文化昭示世界以恢宏。

是为之序!

王宏印

2016 年 8 月 1 日

美国加州耳湾寓所

前　言

经典重估和诠释，包括翻译及其批评，是当今中国学术和文化研究的一个紧迫问题。古老的《易经》是中国文化最具代表性的经典之一，属于承载中国传统文化核心价值和信念体系之文献。中国整个封建时代，对《易经》的关注与学术发展史共始终。17 世纪来华传教士最早把《易经》译介到西方，19 世纪开始出现英译本。今日《易经》外译本蔚为可观，已有上百种（一说数百种）《易经》英译本，其译本数量之多仅次于《道德经》。19 世纪末西学东渐和商周考古学新发现为国内《易经》研究注入了新活力。20 世纪以来，《易经》研究取得了不同于传统易学的新成就。如何以新眼光看待《易经》、如何评价《易经》诸多英译本，是我研究之主要旨趣所在。

总体而言，国内和西方对《易经》翻译问题的专门研究用力很不够，召唤着更多的学术研究者努力。20 世纪以降的《易经》研究，所不同于传统易学研究之处，主要是在经传分离基础上对《易经》的文学尤其是古歌研究，历史尤其是古史研究，以及对《易经》古经蕴含的哲理的研究等。由此呈现了《易经》文、史、哲研究齐头并进的斑斓图景。然而，如何将文、史、哲三个研究进路打通，对《易经》尤其是古经部分进行综合研究，并将研究成果应用于《易经》英译的批评，则尚无此种学术努力。这一《易经》英译批评必然是一种规定性批评。若要公允地对现有英译本，特别是早期译本做出全面评价，还需要进行描述性批评。这两种互补性翻译批评取向，则构成了《易经》英译批评的较为客观的模式。

《易经》文本既有文字符号，又有非文字符号，两种符号组成了一个表意文本单元。中国古代符号学多专注非文字符号，因此，《易经》翻译批评需更依赖现代符号学。我们可以基于符号学理论，汲取《易经》研究的新成果，对其符号文本进行剖析，藉此对《易经》英译本做出较全面客观之评价。本书主要以现代符号学为理论基础和研究工具，力图从文化史的角度，基于《易经》文本研究设立翻译批评准绳，对《易经》英译本尝试进行评论研究。具体而言，本书涉及的符号学理论主要有中国古代符号学理论、现代语言符号学的"符义—符形—符用"意义理论、文本理论和文化符号学的中项偏边理论等。基于上述描述—规定二重的翻译批评模式和符号学的理论资源，我力图对部分代表性的《易经》英译本进行翻译批评研究，以弥补现有研究之不足。

批评实践总是要追求某种基本的人文价值，并进行这种价值的转换和批评家自身的价值实现。价值判断也并非总是批评实践的操作目标，而一切价值趋向始终是朝向人道主义和自由的最高追求。具体到我的工作，作为一项人文学术研究，本书的学术价值主要体现在为新的《易经》研究、价值重估、翻译评估及其研究奠定基础，拓展易学版图，并进而对促进中国文化典籍的价值重估、诠释、对外翻译及研究产生积极作用；对促进解决《易经》英译中的一些问题具有直接的实践意义，对翻译学科发展、翻译批评学科建设和翻译理论研究也具有一定的学术价值和意义。同时，笔者期待新的《易经》译本产生，并为新译本的产生提供参考。

作为一项《易经》翻译批评的人文学术研究，本书拟解决的主要问题是，如何评价《易经》英译本？解决的主要途径首先是梳理《易经》英译本并选择部分译本作为研究对象；其次是对《易经》文本进行研究；最后是根据研究结果和其他相关因素设定评价标准，并对选择的《易经》英译本进行评析。本研究采用了基于符号学的有关理论和概念，采用了史料分析、文本比较、文字考证、诠释法、评价法和统计法等研究方法。研究的《易经》英译本主要包括理雅各（1899）、卫礼贤—贝恩斯（1950）、蒲乐道（1965）、林理彰（1994）、夏含夷（1996）、傅惠生（2008）和裴松梅（2011）。根据《易经》文本和七部英译本的情况，构建了《易经》英译批评研究的两轮评析程序。研究主体包括三部分，一是对七部译本相关译文进行的译者取向的、描述性为主的第一轮评析，二是汲取前人关于《易经》文本的研究成果，对《易经》文本进一步研究，三是在前两部分研究成果的基础上，设立《易经》英译新的评价标准，从而对七部译本进行第二轮评析。在以上研究的基础上，针对现有译本的不足进一步探讨了《易经》复译的问题。

本书正文共分五章，各章简介如下：

第一章“绪论”，首先概述了《周易》经、传、学和《周易》的版本情况，说明本研究以古经为主的要旨。其次综述国内和西方《周易》研究现状，通过初步文本分析建立本研究的学术背景和资料基础，揭示在本研究论题上目前存在的主要问题。最后，阐明了中国古代符号学和易学的关系，并介绍了《易经》研究框架与基础研究方法。

第二章“《易经》主要英译本第一轮评析”，对选定的七部《易经》译本进行首轮评析即描述为主的翻译批评。系列个案研究包括译者研究、译本描述、翻译策略分析和译本评价四个环节，侧重译者所据原文及解读资源、译者设立的翻译目标和目标读者等进行评析。最后对七部译本进行综合评价，阐明各译本的成就、不足以及各译本的基本定位。

第三章到第五章，主要对译本进行第二轮评析。

第三章“《易经》卦爻辞的结构与文史哲三元模式的确定”，建立了第二轮评析的学理基础。该章先提出《易经》卦爻辞三元构成假设，然后从古史、古歌和哲理三维入手解析《易经》文本，识别其中的文史哲材料。古史方面侧重语义学分析，厘清所含历史事实，力图形成一个连贯的历史叙事框架；古歌方面侧重句法学分析，力图以《诗经》诗歌为参照识别古歌成分，整理出多首古歌或片段；哲理方面分析断辞和部分辞句所蕴含的哲理和价值取向。由此证实该假设，确定《易经》六十四卦拟定本。

第四章“《易经》主要英译本第二轮评析”对《易经》七部译本进行第二轮评析。首先设立新的译本评价标准，据此对所选译本进行个别和整体研究，最后对译本进行综合比较研究。本章内容主要分为古史（主要是爻和卦层面）、古歌（主要是爻和卦层面）和哲理（卦爻辞中的哲理辞句和部分断辞）三个方面的译文分析，最后对七部译本做出明确评价。

第五章“对《易经》复译的思考”。首先探讨《易经》的不可译性和可复译性问题；其次根据前面各章的研究对《易经》英语复译问题进行探讨，旨在提出一个在典籍翻译意义上较为理想的译本的概貌；再次分析作者尝试英译的部分译例，说明我翻译《易经》的思路；最后结合本研究简要探讨中国文化古籍外译问题。

诸译本在《易经》定性、原文解读资源、翻译策略及侧重点上，存在着较大差别。各译本对《易经》在英语世界的传播做出了自己的贡献，但在符义、符形和符用上存在着不少问题。例如，原文解读和英译与自己的诠释框架不一致、原文形式特征再现不够、不符合中国文化事实以及责任性误译等。总体上，《易经》英译实践明显落后于《易经》研究进展。

我从《易经》卦爻辞中识别出了商末周初周人所占国家大事和实际发生的一些历史事件的基本轮廓，从卦爻辞中辑录出了多首具有明显形式特征和完整主题及意象的古歌。而卦爻辞问辞中的一部分辞句和整个断辞部分可定位为哲理材料。因此，卦爻辞主要包含历史、文学和哲理三类文字。其中，历史文字主要涉及史事，文学部分主要是古歌，而哲理部分主要是断辞。基于以上研究成果，确立了本研究的《易经》六十四卦拟定本。可以认为，《易经》居于中国传统哲学和史学的源头，是比《诗经》更早的中国诗歌源头。

据《易经》文本三元构成设定的译文评价标准，《易经》卦爻辞中的历史叙事、文学特征、诗情画意、哲理内涵在译本中皆很大程度上得不到显现，在再现原文“真”“善”“美”的方面也达不到信、达、雅。诸译本中的历史线索远未形成商末周初的历史轨迹，更谈不上对其历史叙事的“重建”。诸译本无法提供足够证据说明译者具备充分的表现卦爻辞文学性的意识。从哲理辞句和断辞译文反映出来的文化价值取向看，诸译本在解释上多有不准确之处。综合考虑原文文史哲三部分在指称意义、言内意义和语用意义三方面的翻译情况，大致而言，卫－贝译本、林译本、夏译本较好，理译本、傅译本居中，蒲译本、裴译本较次。

《易经》具有可被反复翻译的高潜力，其英译呈现出并将继续呈现出多样性。如果把《易经》作为文化典籍复译，应以基于学术研究的文献价值和文化事实传译为主导、兼顾文学特征。在翻译方向上，坚持中外合作、以我为主的模式，以“信、达、雅”再现原文“真、善、美”为标准，译本会较好地体现原文不同的文体和表达功能，表达原文的文史哲构成特征和指称意义、言内意义和语用意义，既能保持原有理论形态和义理框架及主要表述方式，又有异域视野的添加内容和评论角度及适当注疏，以此凸显《易经》居于中国文化源头之典籍身份。

本书的出版得到了鲁东大学引进人才科研项目（编号 ST2016014）和外语教学与研究出版社科研项目（编号 20160614014）资助。

由于才疏学浅，书中定有疏漏、不当乃至错讹、谬误之处，我诚望学界前辈、专家学者批评，提出宝贵意见！

王晓农

2016 年 1 月 28 日

于鲁东大学南苑

目　录

第一章　绪论

第一节　《周易》概述

中国传世文献中，有一部古书，除了《尚书》和《诗经》中一部分的产生年代可与之相比，似乎没有比它更早的典籍了。这部书就是《周易》，它是最能体现中国传统文化的一部古老经典。今天，人们仍然在从《周易》中汲取智慧。

《周易》这部书由两部分组成，即“经”和“传”。“经”一般认为成书于公元前11世纪，以筮书形式行于世。其产生在黄河流域，主要以自然世界为认知基础。“经”部分最初即称为“周易”。“周”字可能有周人周朝之“周”、周原地名之“周”、周普之“周”等意。“易”字历来也有不同解释，如日出云、日月为易，及汉郑玄解易之三义即简易、变易、不易等。春秋时期，大约在公元前6世纪，开始出现哲学化解释“周易”的篇什，相传为孔子及后世儒者所作，世称《易传》。“经”主要指儒家经典，“周易”被视为“经”，至汉代《易传》亦被视为“经”，于是二者合称《易经》。另一观点认为，早在《易传》前，《周易》六十四卦已有“经”之称。《易传》晚于“经”好几百年，是对前者的解释，因此二者合称《周易》。笔者从后一种解释，用“《易经》”时仅指古经部分，用“《周易》”时则包括《易经》和《易传》。

《易经》六十四卦之卦象的排列有一些规律，都是相邻两个卦象上三爻（外卦）和下三爻（内卦）成对。这有两种情况，第一种如第三卦《屯》䷂和第四卦《蒙》䷃，这一类共有28对，56卦，称为“综卦”；第二种如第二十七卦《颐》䷚和第二十八卦《大过》䷛，共有4对，8

卦称为“错卦”。传统认为，六十四卦代表32种矛盾对立的状态。在六十四卦中，任何一个卦改动一爻，或阳爻变阴爻，或阴爻变阳爻，就会变成另一个卦。例如，《乾》卦第一（䷀）上九爻变为上六爻时就变为《夬》卦第四十三（䷪）。任何一个基本组分即爻的变化都会引起其他组分的变化。因此，通过卦爻整体也能够预测，某一组分发生变化，整个模式将作何反应，转换对象为何。六十四卦象反映了古人朴素的辩证观点和时空认知模式，例如时间的切分模式、事态的运动变化、事物的矛盾对立等。

《易经》文本是六十四卦卦爻象、卦爻题和辞，其六十四卦又分上经和下经。上经由《乾》第一至《离》第三十，下经由《咸》第三十一至《未济》第六十四。每一卦由卦象和文字构成，例如，据由十三经注疏整理委员会卢光明、李申整理编辑，北京大学出版社出版的三国魏王弼和晋韩康伯注、唐代孔颖达疏之《周易正义》，第十四卦《大有》的卦象和卦爻辞如下：

> ䷍大有：元亨。
> 初九：无交害。匪咎，艰则无咎。
> 九二：大车以载，有攸往，无咎。
> 九三：公用亨于天子，小人弗克。
> 九四：匪其彭，无咎。
> 六五：厥孚交如，威如，吉。
> 上九：自天佑之，吉无不利。①

本卦中，䷍为卦象，“大有”为卦题，“大有：元亨”为卦辞。传统卦象观认为，《易经》卦象由八个基本卦构成，即乾（☰）、坤（☷）、震（☳）、巽（☴）、坎（☵）、离（☲）、艮（☶）、兑（☱），分别象征天、地、雷、风、水、火、山、泽。卦象的象征范围在后代逐渐有所扩

① 孔颖达：《周易正义》，北京大学出版社2000年版，第90—94页。原文为繁体竖写，由右至左排列，这里转为简体横写，上下排列。本章《周易》引文皆引自该书，不再注明。

展。每个卦象的上下两个基本卦分别称为上卦、下卦，或外卦、内卦，或悔卦、贞卦。《大有》卦的卦象，其上卦、下卦分别是☲（离）和☰（乾）。下面是《大有》爻题和爻辞部分，如“初九：无交害。匪咎，艰则无咎。”为第一爻，爻题为“初九”，后为爻辞。爻题“初九”中“初”对应卦象最底部的位置，其他向上依次为“二”到“五”，最上部为“上”；“九”对应阳爻符号，即不中断的一横—，“六”则对应阴爻符号 --，“六五”即第五爻阴爻。初爻和第六爻的爻题数字位置和其他四爻爻题不同。与其他卦不同的是，第一卦《乾》在上九爻后还有“用九”，第二卦《坤》在“上六”后还有“用六”，各有爻辞。《周易》六十四卦共计有卦象、卦题各64个，卦辞64条，爻辞386（包括乾坤两卦用爻）条，卦爻辞共计450条。

《易传》又称《十翼》，是春秋时期至汉代十篇解释“经”的传之总称，包括《彖传》（上、下）、《象传》（上、下）、《文言传》《系辞传》（上、下）、《说卦传》《序卦传》和《杂卦传》。这些篇什整体上是后人对《易经》哲理化、理性化的探讨，其中《序卦传》用简洁的语言解说了上下经各卦卦名意义和各卦前后相继的关系；《说卦传》以解说卦象为主；《杂卦传》通过对举六十四卦探索其中的不同含义。下面对其他各传略作介绍。

《彖传》（上、下）是对《易经》卦辞（也称“彖辞”）的解说和发挥，例如对《大有》卦辞“大有：元亨”的解说为：

> 彖曰：大有，柔得尊位，大中而上下应之，曰大有。其德刚健而文明，应乎天而时行，是以元亨。

可见，《彖传》是着重从六画卦象内部的阴阳爻位入手进行解说的。《象传》（上、下）是解释卦象、爻象的，又分解释卦象的“大象”和解释爻象的“小象”。例如，解释《大有》的“大象”说“火在天上，大有；君子以遏恶扬善，顺天休命”。再如，《乾》《坤》两卦大象辞分别是国人熟知的“天行健，君子以自强不息”，“地势坤，君子以厚德载物”。这两句可谓浓缩了中国整个传统文化。

《文言传》专论《乾》《坤》两卦，可见《易传》对这两卦是极为重视的，将它们视为整个六十四卦的门户。其中论《乾》的文字是论《坤》文字的约三倍。《文言传》是对其他传中有关该两卦文字的补充。例如，《乾》之“文言”论该卦九五爻辞说：

> “飞龙在天，利见大人”，何谓也？子曰，同声相应，同气相求；水流湿，火就燥；云从龙，风从虎；圣人作而万物睹；本乎天者亲上，本乎地者亲下，则各从其类也。

《系辞传》（上、下）各十二章，其本身是不同时代的文字累积而成，是《易传》中内容和哲学思想最为丰富的一部分。它涉及了《易经》产生的时间和对其产生原因的猜测、成书的目的、卦画的原理和构成以及含义、《乾》和《坤》两卦的内涵、卦象和辞的关系等内容。其中有不少“子曰”引出的话语，据称是出自孔子之口。例如，《系辞传》（上）第七章：

> 子曰：《易》其至矣乎！夫《易》，圣人所以崇德广业也。知崇礼卑，崇效天，卑法地。天地设位，而《易》行乎其中矣。成性存存，道义之门。

在这里，孔子说明了为什么要学《易》。可以说，《易经》之所以产生如此大的影响，主要是由于《易传》。《易经》不仅是儒家的经典，也是道家尊奉的经典，后来对道教和佛教都有影响，这也是它与其他古籍最大的不同之处。

战国时期，百家争鸣，儒学是显学。秦代焚书坑儒，对儒学造成重大打击。入汉以后几十年，学术上较为自由宽松，儒学有所复兴，并与现实政治开始结合。汉武帝时开始为封建大一统构建理论思想体系，于建元五年（公元前136）置“五经博士”，并于元光元年（公元前134），因中央集权政治统治的需要，采纳当时今文经学大师董仲舒“罢黜百家，独尊儒术”的方针，使儒家学说成为官方意识形态，一些儒家典籍开始陆续被立于学官。因此，自公元前136年起，《易》（《周易》经、传）正式纳入儒家经典著作。以孔子为代表的儒家著作本为六经，后因《乐》亡佚，成为五经。《诗》《书》《礼》《易》和《春秋》[①] 开始被尊称为“经”。

自春秋战国时《易传》问世后，历代都有不少《周易》注疏、研究的著作问世，逐步形成围绕《周易》的一门学问即“易学”。此后，《周易》经、传、学始终居中国封建时代学术的核心，成为人们观察宇宙人生、锻炼思维能力、建构哲学体系的理论基础，对于形成中国文化特色，促进中国文化发展产生了无与伦比之影响。经学时代的《易经》研究，即所谓“传统易学”与整个中国学术发展史共始终，历史上种种流派的思想家都与《周易》有或多或少的关联。[②]据统计，至20世纪末，中国学术界有关易学论著达七千种。[③] 据《四库全书总目》，秦汉以降至19世纪末，综合易学发展的系统大致列为两派六宗：一是以象数为主的汉易，经唐、宋，又别称为道家易学系统，即道家易学一派；二是宋儒间接受王弼《周易注》影响，专以儒理来解《易经》的，是儒家易学一派。六宗即占筮、禨祥、造化、老庄、儒理和史事。道家易学通向自然科学，而儒家易学通向社会科学。儒家易学可溯及春秋，经孔子、王弼、孔颖达等阐发而至宋儒。就易学关注点而言，传统易学形成了占筮、义理、象数和考证四种研究路径，后三种属学术性研究。

现在存世的《周易》版本其内容、形式并不统一。就主要版本而言，有两种，即纸本通行本（也称传本、今本）和马王堆帛书本。还有一些出土别本，例如上海博物馆藏战国楚竹书《周易》和阜阳汉简《周易》，另有望山楚简、包山楚简和新蔡楚简、王家台秦简《归藏》等有部分《周易》文字。林忠军认为，《周易》今本虽经过后人整理，但在文字上仍保留了与许多20世纪出土的战国本完全相同的或意义相同的文字，说明今本仍是《周易》各种版本中最重要的版本，整体上今本更优，今本

---

① 此为今文经学的五经排列顺序，而古文经学的顺序按照成书时间是《易》《书》《诗》《礼》《春秋》（参见《汉书·艺文志》）。所谓《易经》为五经之首，指后者。

② 经学时代的易学或传统易学均指中国1911年以前封建时代的易学，构成所谓“国学”之一部分。

③ 郑吉雄：《易图像与易诠释》，华东师范大学出版社2008年版，第2页。

的权威性并未因许多《周易》文本的出土而削弱和动摇。[①]

就通行本《周易》而言，有两种历史流传中影响较大的最通行的古人注本，一是三国魏王弼、晋韩康伯注，唐代孔颖达奉唐太宗之命主编的《五经正义》之首《周易正义》中的《周易》版本，二是宋代朱熹《周易本义》之《周易》版本。汉代费直将《易传》中《彖传》《象传》《文言传》拆开分别附于各卦的卦爻辞之后，经郑玄到王弼固定下来。《周易正义》定稿于公元653年，是唐代科举取士的标准用书。此书唐刻本已经不存，现见最早为宋刻本。王弼、韩康伯注本《周易》收入清阮元《十三经注疏》中，在《四库全书总目》中归经部，因此也称“十三经注疏本”，当代印本较多，如中华书局1980年版、北京大学出版社2000年版等。在宋代，邵雍、朱熹等理学家又恢复费直前的《易经》面貌。朱熹《周易本义》为宋代后的通行本，也为科举考试标准用书。该书成书后，有朱鉴刊本和吴革刊本两种，清代《四库全书》收入其12卷本。1984年北京中国书店《四书五经》也收入该书，1989年上海古籍出版社影印《四库易学丛刊》仍收之。1992年北京大学出版社有苏勇校注本，1994年广州出版社有廖名春标点本。总之，现在可见的《易经》通行本存在两个系统，即王弼本和朱熹本。

帛书《周易》与通行本存在不少差异。据有关研究，该本抄于汉文帝初年，是现存《周易》最早的别本。关于二者的先后关系，目前学界尚未有定论。[②] 笔者倾向李学勤等学者的观点，认为通行本应早于诸别本，《易经》经文底本应以通行本为主进行研究、勘定。笔者依据的《易经》版本之选择即从此思路，在研究中主要参照通行本，以《周易正义》的《周易》版本为主，辅以《周易本义》。《周易正义》用十三经注疏整理委员会卢光明、李申整理编辑，北京大学出版社2000年的版本，《周易本义》是苏勇校注，北京大学出版社1992年的版本。

古今《周易》注本甚多，除了以上两部，古代较著名的有唐李鼎祚《周易集解》和宋程颐《程氏易传》，现代有闻一多《周易义证类纂》和

① 林忠军：《从战国楚简看通行〈周易〉版本的价值》，《周易研究》2004年第3期。

② 郑吉雄：《易图像与易诠释》，华东师范大学出版社2008年版，第39页。

高亨《周易古经今注》等。传统易学主要流派的基本相同处，是把《周易》经、传视为一体，以传解经，但因着眼点不同、旨归各异，彼此论争不断、歧说纷纭，《易经》的本来意旨也因长时间遮蔽而难以确知了。20世纪以来，随着新思想、新方法和新材料的出现，《周易》研究也出现了新气象，例如出现了传统易学之外的古史学派以及主张经传分离、分治的倾向，认为《易传》是《易经》问世五六百年后才出现的对它进行哲学化解释的文字，要理解《易经》原貌必须首先把它同《易传》剥离开进行专门研究，虽不能说《易传》不可以参考，但却不是唯一的依凭。本书主要关注《周易》的本文即《易经》，不包括《易传》部分，对《周易》英译本研究也侧重于前者。①

第二节　《周易》研究综述

一　国内《周易》研究

（一）20世纪以来国内《周易》研究概观

19世纪以降，中国深受内忧外患的困扰，学术思想也发生了重要变化，传统学术几乎崩溃而后又重新组合。② 与传统易学不同，20世纪的易学者大都能以历史眼光和哲学观念，对《周易》经传及其他易学材料持一种平等态度，不再专注于在传统易学内继续发挥过往的注疏，而是提出了不同于传统易学的新问题。③

据"20世纪中国易学回眸"④ 等有关资料，20世纪以来国内（以大陆为主）易学研究依据历史、政治事件可划分为四个阶段。第一阶段是20世纪初的易学转轨肇始时期（1900—1919）；第二阶段是五四运动后到新中国成立（1919—1949）的易学转轨初期；第三阶段是20世纪中期易学沉寂的三十年（1949—1979）；第四阶段是20世纪晚期到21世纪初，

---

① 下文中，在引用其他学者的《易经》/《周易》论著时，仍然按照原作者的论著名。这些论著在用《易经》和《周易》书名时所指不太一致。

② 郑吉雄：《易图像与易诠释》，华东师范大学出版社2008年版，第1页。

③ 杨庆中：《二十世纪中国易学史》，人民出版社2000年版，第2页。

④ 唐明邦：《百年易学研究回顾与前瞻国际学术研讨会论文资料：20世纪中国易学回眸》（http：//zhouyi. sdu. edu. cn/xueshudongtai/guojihuiyiLunwenzhaiyao. asp#31）。

易学空前兴盛（1979 年至今）。进入 20 世纪 80 年代，易学研究迎来了空前兴盛的局面，掀起了“周易热”。学术界也开始频频举行易学研究学术活动。1984 年在武汉召开第一次中国周易学术研讨会。1987 年在济南举行第一次国际周易学术研讨会。《周易》研究论著开始大量增加。这一时期易学的繁荣主要表现在，现代汉语今译今注大量出现、“人文易”空前繁荣、“科学易”异军突起、“象数易”复苏、“易学史”开卷。

21 世纪以来又有不少新成果出现。今注今译，如傅佩荣《乐天知命》(2012)、周锡䪖《周易》(2013）等；从历代易学反映的历史观研究，如章伟文《易学历史观研究》(2013)；象数研究，如郑吉雄《易图像与易诠释》(2008)、徐瑞《周易符号学概论》(2013）等。对《周易》哲学研究而言，《易传》的重要性甚至超过《易经》，涉及《易经》卦象、卦爻辞的哲学内涵部分多散见于围绕《易传》的哲学研究，例如成中英《易学本体论》(2006)。这方面最近的研究成果又如洪迪《〈周易〉三读》(2014）中的“三读以哲”，认为《周易》与《论语》《老子》并立为中国古典哲学的三大源头，而以《周易》为首。[①] 该研究是 20 世纪《周易》哲学研究方面传统模式的继续，主要不足是学术性较弱。把经传分开，对《易经》卦爻辞本身的哲学思想进行的研究努力要少得多。冯琳（2013）指出，国内出土文献的新材料使易学研究呈现出了一些新面貌，但易学研究者的态度需要更为理性、科学、谨慎。总体上传统易学研究与当代哲学研究之间尚存有隔膜，因此有待于进一步努力，使二者更加融合。在解经研究方面，也有待于进一步创新，以突破传统模式。[②]

整体上说，从 20 世纪初开始，易学出现转轨，取得一系列突破，其促成的因素主要有三。一是受西方科学精神和哲学思想影响，国内出现了一些新的思潮，儒家思想独尊局面式微，国人的价值观念发生变化，从而使易学思变，朝着异于传统易学的方向和目标发展。二是考古学新的发现、大量地下文物的出土，为易学研究带来了新材料、新方法，促使易学研究对象出现转移。三是对于经传问题，以经观经、以传观传、经传分治

① 洪迪：《〈周易〉三读》，中国出版集团东方出版中心 2014 年版，第 3 页。

② 冯琳：《从人大复印报刊资料〈中国哲学〉转载论文看近十年的国内易学研究》，《周易研究》2013 年第 6 期。

的观点为更多学者所接受，逐渐摆脱了传统经传关系的观念，由此不少学者开始专注古经的人文学术研究，并取得了相当的成就。

（二）国内《易经》文史和文本研究

1. 古史学派

现代中国易学关于《易经》哲学方面的论著数量较多，而对文本的历史和文学方面的论著较少。前文已经提到，传统《易经》研究大体分为占筮、义理、象数、考据四大派别。20 世纪 20 年代，一些“古史辨派”学者对《易经》古史的专注和研究开创了四大学派之外的一个新派别，他们先后从古史角度研究《易经》。笔者认为，这些学者已经形成了古史学派。实际上，历史上曾存在对《易经》经文史录的猜想。例如，《易经》的“系辞”“说卦”简单论及了其历史，晋代干宝对经文内容的臆测等，但总的说来漫无目的，未能从整体上审视《易经》所含的历史内容。明李贽、清章学诚所谓“六经皆史”至少对《易经》而言也只是概念。真正通过考据、依据考古学对《易经》历史内容进行的研究始于 20 世纪初。古史学派对《易经》的诠释结论往往与传统易学大相径庭。虽然相对其他派别，这个学派人数较少，但却取得了实实在在的研究成果。

较早研究《易经》历史问题的学者有章太炎、沈竹礽等。20 世纪 20 年代，以顾颉刚（1926）为代表的古史辨派认为古史是层累造成的，因此他们着力对西汉前的古史进行考辨。《易经》自然也在他们辨伪的视野之内，其考辨重点是要推倒汉代后形成的伏羲画卦、神农重卦、周文王作卦爻辞、孔子作《十翼》的易学学统。① 他们认为必须把《易经》本身的问题弄清楚，才能把它作为信史的材料并对古史进行进一步的研究。1931 年对《易经》古史学派来说是一个标志性年份，该年出版的《古史辨》第三册上编集中辑录了 1926 年 12 月到 1929 年 12 月间有关《周易》研究的 16 篇论文（1982 年上海古籍出版社重印），把《易经》从经学神坛上拉了下来。但这一时期的《易经》古史研究还不能说是典型的古史研究，因为关注的主要是经文对历史故事的零碎引用问题，未能把经文视

---

① 陈桐生：《20 世纪的〈周易〉古史研究》，《周易研究》1999 年第 1 期。

为一种历史系统，当然未能充分考虑最新的考古研究成果。尽管如此，这一研究仍有不容忽视的意义，因其遵循的已不是历来传统的思路，而是开始将《易经》视为一部古史。

两千多年来第一个提出系统的《易经》古史观的是胡朴安。[①] 胡氏1942年著成《周易古史观》一书，认为《易经》六十四卦中，《乾》《坤》两卦是绪论，《既济》《未济》两卦是余论，自《屯》卦至《离》卦为草昧时代至殷末之史，而自《咸》卦至《小过》卦为周初文、武、成王时代之史。他首次把《离》卦定为殷末之时，之后有不少《易经》古史学者也从此说。然而，胡氏的《易经》古史研究也并非圆满，因为他全部抛开了卦象，只关注卦爻辞，未能就象与辞之间的内在联系做出有说服力的解释。此外，胡氏体系也没有回答为何《易经》以卦爻辞记史的问题。

从胡氏到20世纪80年代前近40年是《易经》古史研究的一段沉寂期，进入20世纪80年代后，国内连续出现了5个《易经》古史体系。第一个体系是李镜池《周易通义》（1981），他认为《易经》是一部筮书，许多筮辞是当时的社会生活实录，因此是研究西周社会的珍贵史料。他据《周礼》等文献提出了关于《易经》成书的“编纂说”。[②] 这个思路是正确的。他认为，《易经》反映了周族从太王迁岐，经武王克商、周公东征，到王室东迁前这一奴隶社会由盛而衰的变化史迹，但在解说六十四卦时，未能将《周易》古史说落实到卦爻上。

第二个体系是黎子耀《周易秘义》（1989），认为《易经》是一部披着宗教外衣而掩盖其革命内容的不朽著作，为了掩饰其真实内容，不得不采用谜语、隐语、象征方法。[③] 他将《周易》视作一部反映自宇宙生成至殷周时代广阔社会生活的百科全书。该体系明显地打上了“文化大革命”前以阶级斗争为纲的时代印记。[④]

第三个体系是李大用《周易新探》（1992），他认为此前学者均未跳

① 陈桐生：《20世纪的〈周易〉古史研究》，《周易研究》1999年第1期。

② 李镜池：《周易通义》，中华书局1981年版，第2页。

③ 黎子耀：《周易秘义》，浙江古籍出版社1989年版，第1页。

④ 陈桐生：《20世纪的〈周易〉古史研究》，《周易研究》1999年第1期。

出汉象数、宋义理的老路，近人胡朴安、高亨、李镜池等学者亦未能摆脱“《易》为卜筮而作”之说或《易传》的束缚。[①] 他认为，六十四卦爻辞记事井然有序，且每卦文字均主题明确、前后连贯，所序之观点或史事，皆与先秦文献、两汉古籍和《史记》相合或接近，又为西周甲骨文、青铜器铭文和考古资料所证实，断非偶然之事。[②] 他据西周甲骨卜兆的六种排列形式，认为《周易》的卦画是周人利用龟卜兆纹两种基本形式，在殷人“卜用三骨”“习卜”基础上演变为“卜用三兆”“重卜三兆”而成为八卦、六爻、六十四卦、三百八十四爻的。[③] 这个体系有对卦爻辞来源的新解和大部分卦爻辞的历史分析，但对卦象来源的观点尚难以令人接受，其历史分析也显得凌乱，没有形成一个大致的历史叙事框架。

第四个体系是香港学者谢宝笙的《易经之谜是如何打开的》（1995）。他认为，《易经》的主题思想是通过人生经历阐明易道。谢宝笙从马王堆文物、周原甲骨文、金文、《诗经》和《尚书》中搜集资料，将武王伐纣与《易经》相结合，继胡朴安后第二个证实上经三十卦是周克殷的历史；《易经》下经三十四卦则是作者自传。他首次明确提出《易经》作者是周朝开国功臣南宫括（适），《易经》写作时间在周克殷后两年，目的是以周兴殷亡的历史教训和毕生的工作经验告诫下一代官员，以保证新周朝得以延续。谢氏认为《易经》上经中的《临》卦是了解全书的关键，“临”意为来临，指周伐殷成功、武王登基大典的历史时刻即将到来，《临》卦以后记述的是南宫括观察到的史实。[④] 陈桐生（1999）指出，谢氏这个体系还有不少问题没能解决。实际上，其中许多“史实”仍是臆测。[⑤]

20世纪国内最后一个即第五个《易经》古史体系是黄凡的《周易——商周之交史事录》（1995）。他采用多重证据法，从古代典籍、历史文物和民俗传说等多角度进行论证，认为八卦原是上古纪年历数符号，阳爻代表9天，阴爻代表6天，一个八卦符号可用以记载45天左右的史

---

① 李大用：《〈周易〉新探》，北京大学出版社1992年版，第216页。
② 同上书，第165页。
③ 同上书，第216页。
④ 谢宝笙：《易经之谜是如何打开的》，北京出版社1995年版，第2—3页。
⑤ 陈桐生：《20世纪的〈周易〉古史研究》，《周易研究》1999年第1期。

事，八个八卦符号大约记载一年的史事。[①] 黄凡认为，八卦实际上是上古将一年按 45 天左右分为立春、春分、立夏、夏至、立秋、秋分、立冬、冬至八个节候的历法形式[②]，因此《易经》是周王室按这种纪年形式隔 6 天或 9 天占筮一次而记录下来的问辞和占辞，它如同殷商甲骨卜辞一样是一种筮辞编集。在爻辞中的"初九"表示起初的九天，"九二"是第二个九天，同样"初六"是起初的六天，"六二"是第二个六天，依此类推。他推定，六十四卦是周文王受命七年（公元前 1058）五月丁未日至周公摄政三年（公元前 1050）四月丙午日共 2880 天的编年日记体占筮记录，包括商周之交的主要历史大事。[③]

与此前的《周易》古史研究成果相比，黄凡很好地解释了《易经》的"九"和"六"的概念。他不是从社会史的角度而是将卦爻辞、卦象与先秦古籍互证，将其看作是商周之交 8 年的改朝换代史，并明确指出文王和武王的连续纪年和武王克殷的具体年份（即公元前 1054）。他解释了《易经》既是一部筮辞编集同时又是一部古史这一特殊文化现象，还基本确定了《易经》作者即散宜生、制作了《易经》历表。从学说体系看，黄凡的体系比胡朴安的体系更完整，甚至比李大用的体系更具体，他的研究成果得到专家肯定。[④] 黄氏体系中还有不少地方尚不能得到整体连贯地说明，需要进一步研究。比较而言，这个体系是迄今为止最有说服力的，其贡献主要在于提出了一个新的《易经》古史体系，并对前人未能很好解决的一些问题给出了较合理的新解释。

笔者认为，《易经》古史学派已经形成，并有系列研究成果作为充分依据。[⑤] 将经、传区分开来研究其中的异同是百年来《易经》诠释上的一个基本命题。[⑥] 20 世纪的《易经》古史学派由世纪初古史辨派学者从卦爻辞中

---

① 黄凡：《〈周易〉——商周之交史事录》，汕头大学出版社 1995 年版，第 14—15 页。

② 黄凡：《〈周易〉——商周之交史事录》，第 28 页。笔者认为，当时虽可能对一年进行八分，却未必有这些名称。

③ 同上书，第 1 页。

④ 陈桐生：《20 世纪的〈周易〉古史研究》，《周易研究》1999 年第 1 期。

⑤ 杨庆中《二十世纪中国易学史》（2000）虽然论及 20 世纪 30 年代前后易学"古史辨派"，但对 20 世纪 90 年代中国的几部《易经》古史学派著作未能给予应有的关注。

⑥ 郑吉雄：《易图像与易诠释》，华东师范大学出版社 2008 年版，第 50 页。

挖掘零星的史实到20世纪末最后认为形成了一部涵盖六十四卦的历史著作。诸家认为，《易传》为战国时期作品，较无异议，“卦象”来源部分尚有争议，古经部分主要有文王、周公说和史录说。许多当代商周历史论著也频频征引《易经》作为佐证。总体而言，《易经》古史研究尽量抛开《易传》的束缚，根据新的文献资料，对《易经》本身进行专门研究，其意义不仅在于拓宽了易学领域，而且对商周古史研究有一定的参考价值。

2．文学、语言和文本研究

虽然古代已有学者指出《易经》卦爻辞存在的韵语现象，但对《易经》进行文学或诗学研究即认为《易经》中存在古歌并加以研究、辑录还是近百年来的事。[①] 20世纪20年代起，郭沫若等学者开始从诗学角度探索《易经》，从而开启了现代《易经》文学研究之先河。郭沫若（1982）对分析《易经》古歌提出了两条基本标准，即韵语和诗意。[②] 随后李镜池提出了“以说《诗》之法说《易》”[③]，也是从韵脚、诗意两方面入手。李氏的主要贡献在于以《诗经》为参照，从韵语、句式分析、意蕴把握等方面评判《易经》的卦爻辞，并在郭沫若《易经》诗学研究基础上增释了若干首古歌，从而使他的研究成为《易经》古歌研究一个重要阶段的标志。20世纪50年代，高亨（1984）指出《易经》卦爻辞在先秦文献中称为“繇”，并采用近儒说法论定“繇”即为“谣”之古字，并认为《易经》古歌取得了一定艺术成就。[④] 这样，他从名的方面确立了《易经》存在古歌的合理性，并用《诗经》赋比兴范畴分析了《易经》的一些古歌。以上三家从单纯的艺术感悟为起点，进而转为在《诗经》参照

---

① 《诗经》之“诗”是用音乐伴奏的歌之辞（杨宽《西周史》，上海人民出版社2003年版，第5页）。王宏印（王宏印《中国古今民歌选译》，商务印书馆2014年版，第14页）分析认为，古代之“歌”是有体制合曲调可演唱的民歌，相当于现在的歌词，而“谣”则是单独可以吟诵而无须合乐曲和歌唱体制的民歌，相当于现在的诗。《易经》经文中民歌成分多是“谣”。本书在分析用语上不拟做严格区分，仅笼统称卦爻辞中民歌成分为“古歌”，有时也用“古歌谣”或“古诗歌”。

② 郭沫若：《郭沫若全集·历史编（一）》，转引自陈桐生《20世纪的〈周易〉古史研究》，《周易研究》1999年第1期。

③ 李镜池：《周易筮辞考》，转引自姚小鸥、杨晓丽《〈周易〉古歌研究方法辨析》，《北方论丛》2012年第5期。

④ 高亨：《周易古经今注》，中华书局1984年版，第16页。

下，立足《易经》筮书本位，以一爻为单位对爻辞中可能含有的古歌进行了考辨，勾勒出了从上古歌谣到《诗经》民歌艺术发展的轨迹。

20 世纪 70 年代末以前的《易经》诗学研究主要限于以一爻为单位，运用比兴理论与《诗经》等先秦诗歌文献比较。傅道彬（1988）提出应以全卦为单位解读《易经》古歌并从整体上分析《易经》爻辞的构造以探讨爻辞与诗歌的普遍联系，并整理出《坤》和《同人》两卦爻辞古歌。[①] 他（1993）在《易经》诗学研究上又有纵深发展，在广泛吸收前人成果的基础上，整理并笺注了十首以一卦之爻辞为单位的古诗。[②] 叶维廉指出了《易经》的诗的结构与言说方式特征。[③] 黄玉顺（1995）认为《易经》64 卦都含有古歌，他的主要工作是根据王力对《诗经》时代韵部系统的研究成果，通过对经文中字的古音韵学考论，归纳整理出 68 首古歌。[④] 姚小鸥、杨晓丽（2012）认为，因《易经》卦爻辞援引的古歌存在残章断句等复杂情况，要将每卦都敷演为具有完整意象的古歌，难免有所牵强。[⑤] 周玉秀（2011）也认为，并非每卦中都必然含有歌谣，有些卦爻辞中有节奏感强且押韵的诗句，可确定为诗歌；而有些卦爻辞尽管也有象辞，但缺乏诗歌的语言特点，可确定不是诗。[⑥]

近年来又有一些学者发表了《易经》诗学研究方面的论著，如姚小鸥、杨晓丽（2012）指出《周易》中古歌的存在，殆无可疑；《周易》古歌研究的基本方法即以《诗》观《易》已经逐渐树立。[⑦] 洪迪（2014）《〈周易〉三读》中的“二读以诗”部分，基于前人研究指出《易经》中的诗歌早于《诗经》三四百年，并与古代辑录的“逸诗”性质不同。他辑出“周易哲理诗集”，并认为它是“中国第一部诗集”，早于《诗经》，

① 傅道彬：《周易爻辞诗歌的整体结构分析》，《江汉论坛》1988 年第 10 期。

② 傅道彬：《〈诗〉外诗论笺——上古诗学的历史批评与阐释》，黑龙江教育出版社 1993 年版，第 3 页。

③ 叶维廉：《中国诗学》，生活 · 读书 · 新知三联书店 1992 年版，第 79 页。

④ 参见黄玉顺《周易古歌考释》，巴蜀书社 1995 年版，目录。

⑤ 姚小鸥、杨晓丽：《〈周易〉古歌研究方法辨析》，《北方论丛》2012 年第 5 期。

⑥ 周玉秀：《〈周易〉卦爻辞古歌的辑录原则及意义》，《西北师范大学学报》2011 年第 6 期。

⑦ 姚小鸥、杨晓丽：《〈周易〉古歌研究方法辨析》，《北方论丛》2012 年第 5 期。

二者共为《楚辞》之源头。[1] 他认为，这些诗歌与《诗经》诗歌的主要不同，一是短小，二是没有叠章，但在艺术上，完全可跟《诗经》媲美。[2] 与黄玉顺《〈易经〉古歌考释》（1995）相比，二者虽然都以诗解诗，其最大不同在于黄氏的诗歌基本上以卦为单位，注重意象完整性，而洪氏的诗歌注重象征和文学手法特征，他分析出了 12 种诗美艺术手法。就洪氏的研究而言，经文中征引或编创的古歌从《易经》编撰上讲当然是不能视为哲理诗的，且不论《易经》中是否可能有那么多诗句，仅限于《易经》后来作为筮书流传而言，是否可把那些诗歌视为哲理诗也尚有商榷余地。

20 世纪初以来的《易经》古歌研究，其发展轨迹和《易经》古史学派类似，由蜻蜓点水似的艺术感悟、对个别卦爻辞的诗学分析，发展到对整个《易经》卦爻辞深入细致的整理考释，由以一爻为单位的片言断句扩展为以一卦为单位甚至跨卦的整体观照，乃至认为每一卦都含有意象完整的古诗歌。分析方法主要是参照《诗经》诗歌的形式特征和艺术手法从形式到内容进行分析。《易经》古歌研究目前已成为《易》学研究的一个独立分支和先秦诗学研究的重要课题。当然，在《易经》文学研究方面还存在一些问题。疏琼芳（2004）认为，《易经》古歌研究必须注意两个方面：第一，研究者应密切关注并吸收《易经》研究的最新成果，结合出土文献和传世文献，综合考察《易经》诗歌所反映的社会状况和其所体现的艺术风貌之间的关系，以确定其古歌产生的历史阶段，进而论定其与《诗经》之间的演变关系；第二，研究者应继续保持实事求是、科学严谨的治学态度，立足于《易经》古歌的原生态研究，正视其存在的残缺性，不必试图从每一卦、每一爻中都辑录出古歌。[3] 笔者特别认同第二方面的观点。

关于《易经》语言文字和文本方面的研究，以往的易学研究文献多多少少有所涉及。例如，刘大钧（2005）对照分析了今、帛、竹书《周易》的文字。还有一些文献涉及卦爻辞字词、语法、修辞等，本处从略。

---

① 洪迪：《〈周易〉三读》，中国出版集团东方出版中心 2014 年版，第 146 页。

② 同上书，第 147 页。

③ 疏琼芳：《20 世纪的〈周易〉古歌研究》，《中州学刊》2004 年第 2 期。

陈仁仁（2005）研究了竹书本作为战国晚期易的文字、文本问题以及卦序问题。兰甲云（2006）和陈成国、兰甲云（2007）等立足于《易经》成书时代的话语背景及其卦爻辞的表述结构，建立了较为全面而系统的解读方式，对《易经》的认知模式、价值观念及其隐含的婚俗、礼制、教育、军事等内容作了阐述和揭示，但有些观点和论述存在值得商榷之处。邱崇（2012）从篇章语言学角度研究了《易经》卦爻辞的语境、要素和结构、衔接与连贯等问题，认为《易经》语篇具有“内紧外松”特点，指出占辞和记叙辞都是卦象的体现，二者都是观象的结果。[①] 笔者对此结论存疑。近年来，除了涉及帛书、竹书之类的研究，《易经》语言、文本研究还是20世纪文本研究的继续，有些研究还继续发挥过去传统的和20世纪学者的一些观点，少有突破，但文献也呈现出观点多样化的态势。有必要根据一些新理论、吸收新出土文物和相关领域的研究新成果拓展、加强对《易经》卦爻辞语言、文本的研究。

（三）国内《易经》翻译研究

关于国内《周易》翻译研究，本节主要关注《易经》英译研究方面。《易经》英译研究，21世纪前非常少，以书评、论文形式散见于一些期刊，例如柯大诩（1985）对卫礼贤—贝恩斯（Wilhelm - Baynes）译本进行的简评。21世纪以来，研究报道有所增加，主要是论文，鲜有专著，但数量也不多，现择要评述。

岳峰（2001）通过比较分析贝恩斯译本和理雅各（Legge）译本，发现前者颇具诗韵，比后者在文学表现手法上进了一步。他认为两个译本都远未达到保留原作风格之理想境界，特别是不能传达《易经》原文神秘深邃的深层含义，从而丧失了诸多学科的研究价值，笔者藉此建议，应由文、理学者合作，综合运用阐译、注释及其他多种方法，以解决《易经》翻译中所面临的特殊困难。[②] 但是，其视贝恩斯译本为诗歌译法之观点尚不能成立。黄德鲁（2003）简要分析了《周易》英译研究现状，指出了存在的一些问题，如西方流行英译本的陈旧、国际交流主要限于汉语文化

① 邱崇：《〈周易〉语篇研究》，博士学位论文，山东大学，2012年，第Ⅲ页。

② 岳峰：《〈易经〉英译风格探微》，《湖南大学学报》2001年第2期。

圈、学界尚未建立统一的英译术语标准、对一些术语理解和英译上的混乱等，作者呼吁易学界从最基本的“正名”做起，迈出国际交流真正的第一步，并提出可将易学译为“Yimutology”。[①] 徐梵澄（2004）主要探讨了译者的学术背景问题，梳理了卫礼贤《周易》之学的师承，对译本本身关注不多。任运忠（2006）简要分析了《易经》英译的现状并藉此提出了自己关于《易经》重译的构想，认为《易经》重译应注意再现原作的艺术风格、保留原作文化意象、吸取最新易学研究成果和补充相关内容等方面的问题。[②] 任运忠、曾绪（2009）研究了《易经》卦爻辞在字、词、句三个层面的一些语言现象及其误译问题，具体包括其字词层面的通假字，字词的本义与引申义，句子层面的句读、省略和倒装等，通过从四部译本中摘出的译例分析了译本中存在的一些误译。两位作者最后指出，时代需要对《易经》进行复译。[③] 总体而言，这几项研究没有多少新意，主要原因在于对《易经》本身的见解缺乏新意。

吴钧（2011）大致梳理了《易经》英译的历史，从对《易经》文本理解差异、句法表达差异、民俗文化差异、思维方式差异、审美情趣差异等方面分析了《易经》外译中存在的问题和困难，最后从《易经》英译和世界传播的角度展望了21世纪《易经》英译的前景。吴钧“论理雅各的《易经》英译”（2013）、“从理雅各的英译《易经》试谈《易经》的翻译”（2013）主要探讨了理雅各《易经》英译的特定思路以及译本的优势与长处，分析了译本存在的不足与误译问题。管恩森（2012）以理雅各英译《周易》为例，探讨了作为传教士的理雅各在其汉籍英译中对中国文化传统“同情的”理解所蕴含的多重意义及其所体现的“汉学”特征。管恩森认为，理雅各汉籍英译的前提首先是他对中国经典传统所持有的一种平等尊重的态度，其次是他汉籍英译所追求的儒教传统与基督教双向的“辩读”和比较的理解。在此前提下，他的英译始终强调学术诠释，

① 黄德鲁：《国内外英译〈周易〉的现状与几点建议》，《安阳大学学报》2003年第6期。

② 任运忠：《〈易经〉英译现状及重译〈易经〉的构想》，《内江师范学院学报》2006年第5期。

③ 任运忠、曾绪：《易经卦爻辞辨及其英译》，《周易研究》2009年第3期。

形成了代表传教士汉学之转向的新特色。[①] 这一观点与有些西方学者如比洛克（Biroc，1995）认为“理雅各为了英译十三经而不得已英译《易经》，并无真正的学术兴趣”[②] 的观点相左，值得进一步探讨。

李伟荣（2013）从历史角度分析了英语世界第一个《易经》全译本即麦丽芝（MeClatehie）译本产生的时代背景和该译本的历史命运等问题。李伟荣的博士学位论文《英语世界的〈易经〉研究》（2012）主要考察了英语世界《易经》翻译和译本传播的情况。向鹏（2014）以《周易》三个英译本为例对经文中的吉凶判词（即断辞）的翻译进行了研究，认为应将吉凶判词作为一个独特的系统来处理，尽量使译文统一化，提高准确性。[③] 然而，该文对译本的判断和个别观点尚有商榷余地。

总体上看，国内学者对《易经》英译本的研究主要关注较古旧的译本，未能把目光投向西方近年来出现的数量较多的新译本。这样提出的所谓《易经》外译的各种建议和构想也就失去了当代《易经》英译实践的实证基础。而且多数研究并未对译文全文进行考察，存在以局部代替整体的问题。在研究的理论视角和方法上也显得较为单一，除少数涉及原文文学特征的翻译问题外，大多数研究倾向于对译本在传递原文概念意义方面存在的问题进行分析。有些研究者对译本的判断仅依据对某一卦，甚至某一爻的译文分析，如李贻萌根据对卫礼贤—贝恩斯译本《履》初九译文的分析，认为从德译本转译的英文是可靠的。[④] 这样的分析结论不可能是准确的。因此，当代《易经》英译研究有待于研究对象和理论视角的进一步丰富和多样化。

二　西方《周易》研究

《周易》的西传大致和佛教、道教的西传同步，都经历了从“漠然无视”“理性认识”“浪漫狂热”到“现实存在”的阶段，都有一种“归

---

① 管恩森：《传教士视阈下的汉籍传译——以理雅各英译〈周易〉为例》，《周易研究》2012 年第 3 期。

② J. Biroco, “Two Contrasting Recent Translations of the *I Ching*”, *The Oracle*: *Journal of the I Ching Society*, No. 1, 1995.

③ 向鹏：《〈周易〉三个英译本中吉凶判词的翻译研究》，《中国翻译》2014 年第 5 期。

④ 马祖毅、任荣珍：《汉籍外译史》，湖北教育出版社 1997 年版，第 60 页。

化”的倾向。[①] 虽然《周易》在西方的传播很早，但直到16世纪以后西方学者才开始对《周易》展开直接而系统的研究，最初的一批研究者就是来华传教的欧洲耶稣会士。《周易》的西译始自17世纪来华传教士的拉丁文翻译，而《周易》英译只有约140年的历史。与国内类似，当代国外易学研究主要分为文本、哲学、科学和生活实用等研究方向，以及汉学、史学、科学、哲学等研究方式和方法。另有《易经》英译研究，也可视为国外尤其是英美世界易学研究的一部分。

（一）《周易》总体研究

以下主要根据成中英（2006）的研究、描述[②]，概括介绍西方易学研究的历史。西方的易学研究也可大略分为四个阶段。

第一阶段是17、18世纪《周易》传入西方后，西方人对它初步展开研究。该时期正是西方文化思想史上的启蒙时代，西方主要国家都抱着极大热情对中华历史文化进行了解、介绍和研究。为了使西方人更好地理解中国的思想及古老文化传统，一些来华耶稣会士开始翻译《周易》，这一阶段的《周易》翻译实践已经形成了一些翻译成规和范例。耶稣会士在研究、翻译《周易》时，倾向于用索隐法在《周易》中寻找《圣经》和基督的印证。[③] 他们通过分析汉字来进行基督教化解读，将《易经》的卦象与上帝神圣启示结合起来，以确立中国的经学与基督教的关系。[④] 当然，他们有意追求的目标是证明前者在本质上从属于后者。早期传教士研习《周易》试图寻找上帝存在的证明，以说服人们接受上帝之信仰，因此，他们将天主教诸多概念纳入《周易》的解释中。对中国传统易学的态度，他们反对宋明理学的唯物思想，因为它将使上帝存在失去合理性，而对汉代象数易学唯占和唯用的神秘主义亦不支持，因为它夹杂着中国人“实用”的目的，与基督教信仰相违。[⑤] 后来因莱布尼茨（Leibniz，1646—1716）等人富有发现精神的研究，《易经》作为一个具有普遍意义

① R. J. Smith, *Fathoming the Cosmos and Ordering the World*: *The Yijing and Its Evolution in China*, Charlottesville: University of Virginia Press, 2008, p. 2.

② 成中英：《易学本体论》，北京大学出版社2006年版，第267—290页。

③ 索隐法（Figurism）原本是指在《旧约》中寻找耶稣基督显灵及其意义的线索。

④ 杨平：《耶稣会传教士〈易经〉的索隐法诠释》，《周易研究》2013年第4期。

⑤ 蔡郁焄：《卫德明〈变易—易经八讲〉研究述评》，《中国学术年刊》2013年第2期。

的哲学课题始引起西人重视。

第二阶段是19世纪。在第一阶段的介绍、诠释之后，西方开始对《周易》进行评价、批评，不仅黑格尔突出体现了这种倾向，甚至理雅各这样《周易》的忠实翻译者，对其占筮意义甚至《十翼》也持审慎批评的态度。19世纪的《周易》翻译和研究具有汉学性质，从属于西方的汉学系统，基本倾向是试图从中国文化和传统形成和发展的历史背景来分析和推论。与耶稣会士《周易》研究者相比，这一阶段的研究者不再限于论证基督教教义与儒家思想的内在一致性，而注意到《周易》所蕴含的与西方迥异的思想。19世纪上半叶西方汉学最重要的学术阵地《中国丛报》（1832—1851）对《周易》有介绍，虽然直接论及《易经》的内容不多，但其刊载的一些文章对《易经》经文涉及的"天""鬼""帝"等字所表达的概念有一定研究，有的研究显示了基督教中国化倾向，如"《易经》的安息日"。[①] 这个时期理雅各创始的《周易》文本派开始占主流，研究者多基于英国实证传统，重视《易经》考证。西方汉学家对《周易》的翻译和诠释往往根据其自身的文化和宗教背景进行，因此表现出与中国传统易学一定的不同。

第三阶段是20世纪初至60年代。20世纪初西方对《周易》的理解，除了根据理雅各译本等较为严谨的字面翻译外，还有些在占测方面的应用性介绍文献。[②] 西方对《周易》进行的较全面而透彻地理解和阐释是从20世纪上半期卫礼贤开始的。与理雅各重视《易经》文字解读和原著的历史性研究的倾向不同，卫礼贤的工作体现了德国哲学特有的思辨精神，他的译本促使荣格（C. G. Jung，1875—1961）进一步对《周易》展开研究，使西方《周易》研究摆脱了19世纪神学狭隘的解说方式，成为具有普遍理论意义的文化心理学研究。卫礼贤—贝恩斯译本今天仍在西方流行，对于西方世界理解《周易》仍具有一定规范作用。在这一阶段及以

① 张西平：《〈中国丛报〉与中国古代文化文献的翻译》，《国际汉学研究通迅》2014年第2期。

② 例如，德裔法国雕塑家、画家、诗人和抽象艺术家汉斯·阿普（Hans Arp）等人于1917—1918年在苏黎世和柏林等地达达主义创作集会中根据《易经》偶然律原则，使用《易经》八卦对词语进行随机选择（尽管不具有预测意义）并在作品中进行矩形拼贴。（参见David Hopkins, *Dada and Surrealism: A Very Short Introduction*, Oxford University Press, 2004, p. 109）

前，《周易》英译本主要是理雅各译本和卫礼贤—贝恩斯译本，前者被称为《周易》英译中的"旧约全书"，后者则称"新约全书"。因这两部译作，笔者把它们所产生的19世纪末和20世纪上半叶称为《周易》英译史上的"轴心时代"。

由于卫礼贤、荣格等人的翻译、介绍，西方公众对《易经》的占筮性有了广泛接受，也吸引了更多学术关注，但真正严格的学术研究仅有几十年的历史。李约瑟（J. T. M. Needham，1900—1995）的《中国科学技术史》（1990）对《易经》进行了介绍并认为它对中国哲学、文化有独特的巨大影响，对化学、数学等科学也有重要影响。[①] 卫礼贤之子卫德明（H. Wilhelm，1905—1990）子承父业，是20世纪西方《易》学研究的权威人物，他的《变易—易经八讲》（*Change：Eight Lectures on the I Ching*，1960）是今日西方学习《周易》的主要入门书。他的易学思想反映了脱离传教为目的而不囿于《周易》的经典权威地位对《周易》进行的思辨。他所具备的考证、研究精神和学术意识，是后来西方易学迈向学术研究的开端。[②] 当然，卫德明的《周易》考证、思辨的研究精神，相较于同时代的汉学家又略嫌不足。这也充分反映了近代西方易学研究的过渡性质。此外，20世纪上半叶西方《易经》研究出现了一些新动向，西方学者已经能够从科学原理层次切入对《易经》的阐释了。但总的来说，这一时期的西方易学未能向哲学方面全面而深入地展开，自然也就未能与西方主流哲学相融合。

第四阶段是20世纪60年代至今。西方《周易》研究出现了两个特征，一是一些从事现代基础科学研究的一流科学家开始对《周易》的科学意义进行认识和重新发现；二是在宇宙观整体及其内在结构层次上，科学家们根据现代科学的研究成果（例如生物学的基因理论、有机体理论，物理学的基本粒子理论、宇宙学理论）开始探求现代科学所揭示的宇宙图景与《周易》的宇宙观和宇宙变化图式之间的相互关系，使《周易》得到新的诠释。在这两个方面，西方的科学易研究领先于国内。此外，西

① 参见［英］李约瑟（J. T. M. Needham）：《中国科学技术史》，科学出版社1990年版。

② 蔡郁焄：《卫德明〈变易——易经八讲〉研究述评》，《中国学术年刊》2013年第2期。

方易学在其他方面的研究也有进展。20 世纪 60 年代，西方主要是美国的反文化运动曾经掀起了一阵"《易经》热"，人们从《易经》汲取灵感以创作音乐、小说、舞蹈，等等。费诺罗萨（E. Fenollosa）、庞德（E. Pound）的文学理论探索也受《易经》影响。[①] 20 世纪 70 年代以来，西方较关注《周易》的文本研究。同时，学者们不满足于既有的翻译成就，开始尝试新的翻译。近几十年来西方出现了很多英译本。

西方学者《周易》研究的方式方法主要有四种，即汉学的、历史的、自然科学的和哲学的。汉学研究方法是其传统的研究路径，侧重中国传统易学思路。历史方法关注《周易》及其经文的历史问题，但尚处起步阶段，虽然有少量研究论著，例如马歇尔（S. J. Marshall，2001），但总体上对 20 世纪 70 年代以来大陆易学考古学一系列的发现和国内易学界新的研究成果还未能做出积极充分而全面的学术反应。自然科学路径的《周易》研究即"科学易"有异军突起之态势，涉及一些自然科学学科，如物理学和天文学，而且有一流自然科学家涉及其中，总体要超越国内，但尚未达到方法论和理论上的严格性。哲学方面的研究也还有不少基础工作要做。相对于国内易学研究，西方易学虽然有一些领域处于领先地位，但总体而言还是要落后于国内，甚至有的方面还有倒退现象。易学国际交流主要限于汉语文化圈，总体上从事研究的还是以华人学者为主。成中英（2006）提出了未来《周易》研究的十大基本课题，即文史研究、哲学研究、科学研究、数理逻辑研究、语言学研究、应用研究、医学研究、宗教研究、艺术研究、生活应用研究和民俗研究。[②] 这样的设想当然是宏大而全面的。

（二）《周易》语言、文学和文本研究

西方《周易》学术研究的主要成果可见诸由学者编辑的相关文献目录，如 *A Bibliography of Materials Related to Yijing*（*I Ching*）（2012），*A Yijing Bibliography*（http://www.hermetica.info/E－YiBib.htm）和 *A Bibliography of the I Ching in Western Languages*（Dennis Chi－Hsiung

---

① J. Stalling, *Poetics of Emptiness*, Fordham University Press, 2010, p. 72.

② 成中英：《易学本体论》，北京大学出版社 2006 年版，第 291—296 页。

Cheng)。较全面的易学文献研究专著是海克（Hacker）等的 *I Ching: An Annotated Bibliography*（《易经》文献目录注释本）（2002），包括近几十年来近千种的学术刊物论文以及博士论文、著作、译本等，可分别归于上述的文本、哲学、科学和实用四大领域。西方出版的一些中国哲学史多有提及《易经》且在论述中国历代哲学发展的部分也会涉及。有一些专论中国古典哲学的著作对《易经》关注较多，如夏含夷（1997），也有个别专论中国文学史的著作提及《易经》，如伯顿（W. Burton，1962）。莫尔（S. Moore）的主编《易经》学术刊物 *Journal of Yijing Studies* 定期刊载相关研究报道、书评等。

司马富曾以《左传》为本，撰文描述先秦对于《易经》之诠释方法，他的 *The I Ching: A Biography*（2012）是一部《易经》"传记"，对我们了解西方学者对《易经》的看法和它在西方的旅行很有帮助，特别是其中关于《易经》与《圣经》《古兰经》《吠陀》在历史发展上的通约部分有助于我们认识《易经》的经典性质。马歇尔（2001）把《易经》中记载的一次"日食"作为基点，应用多学科的知识，特别是天文学知识分析了《易经》的一些"不为人知"的历史"史实"，提出了关于《易经》成书年代、武王克商等事件的具体日期。这是西方学者为数不多的类似著作之一，有一定参考价值。鲁惟一（M. Loewe，1997）列出了部分有价值的注解研究和考查《周易》文本早期历史的博士学位论文。另外，古德曼（H. Goodman）的博士学位论文（1985）研究了王弼时代对《周易》的阐释和解说。G. Tung[①] 的博士学位论文（1975）主要分析了《易经》卦爻辞含有古歌的比兴等问题。总体而言，西方学者对《易经》历史、文学和歌谣等问题关注较少，研究报道不多。

里士满（N. Richmond，1977）研究《易经》卦爻辞的语言问题，对卦爻辞从象征主义视角进行了解释。葛文达（L. A. Govinda，1981）探讨了《易经》文本的内部结构问题。T. Yu 的博士学位论文（1983）主要从词源学角度研究了《易经》经文的文字问题。夏含夷的博士学位论

① G. Tung 似应有中文名，但笔者未能查到，这种情况不宜用音译，因此仍用英文名。下文中用英文名的也属此种情况。

文（1983）主要分析了《易经》文本的构成，提出了自己的卦爻辞构成模式。昆斯特（R. Kunst）的博士学位论文（1985）基于古文字学研究了《易经》文字，吸收了20世纪易学的一些新观点。A. Huang（2000）主要指涉《易经》图象。这些文献表明，西方学者有一些独到见解，但多基于中国历代易学文献，与国内学者的研究存在重叠之处。

近几十年来，西方尤其是英美学界对于中国经典诠释传统的研究在很多方面已有显著的发展，具有较以往更广阔的历史视野、更严谨的研究方法和更完整、融贯的历史描述，而且更清楚地认识到中国不同时代的文人究竟如何为了不同的目的而塑造出其对传统经典的诠释。然而，就易学而言，总体上看，虽然有些领域西方居领先地位，但对《易经》语言、文学、文本的研究成果相对国内而言要少，总体水平尚不及国内。西方论著也较少反映国内在考古学和其他相关领域的新的发现、证据等，或存在一个滞后期。虽然西方符号学较国内发达，但从现代符号学角度研究《易经》图象、文本及其译本的、较为深入的研究成果也尚未见到。

（三）西方《易经》翻译研究

关于西方《周易》翻译研究，本节主要关注英译研究方面。中国文化典籍的对外翻译，总体上说，比较专门的翻译可以说自外国人始。[①] 金尼阁（P. N. Trigaut，1577—1628）的拉丁文译本（1626）是迄今所知最早的西语译本（已佚失），而雷孝思（J. B. Regis，1663—1738）的拉丁文译本在18世纪初期影响最大，是第一部完整的拉丁文译本。[②] 当代西方《周易》的翻译层出不穷，但从英语世界《周易》英译及其研究文献看，西方学者对译本进行的评论主要零散见诸对译本的书评、译本自身的前言等，专门研究极少，未见《易经》英译的研究专著成果报道。

海克、莫尔和帕斯卡（L. Patsco）三人合著的 *I Ching: An Annotated Bibliography*（2002）是一本较详尽全面的英语世界《易经》研究文献目录，涉及各类已出版的文献资料，包括博士学位论文、研究专著和种种奇谈怪论。该书主体包括三个部分，第一部分是502种《易经》译本和

① 王宏印：《中国文化典籍英译》，外语教学与研究出版社2010年版，第4页。

② ［英］鲁惟一（M. Loewe）：《中国古代典籍导读》，李学勤等译，辽宁教育出版社1997年版，第238页。

研究著作（1—156）[①]，第二部分是486篇期刊文章（157—314），第三部分是59种视频、音频资料、软盘光盘资料、电脑程序软件、占卦操作程序和工具箱描述等（315—329）。该书包含相当一部分非学术性译本、著作和文章以及一些据《易经》创作的音乐、影像和风水、小说等资料。从该书来看，许多西方译者和学者把《易经》首先视为占卦手册，体现在有数量庞大、种类繁多的占卦指导手册及各种此类介绍性著作，其他译本也多有在副文本中含有如何进行占卦操作的说明和演示。

该书文献目录分为三个部分，一是译本，二是论著，三是其他衍生品，其中与本研究相关的主要是前两者，尤其前者，但两者中也有不少非学术性作品。自麦丽芝开始，现在各种英译本达数百种（但20世纪上半叶问世的译本中有相当一部分因出版发行数量小或其他原因现在已经难觅踪迹），因此《易经》或《周易》英译本是一个很大且复杂的范畴，而范畴边界难以明确划定。从学术性来看，既有严谨之学术译作，亦有纯粹操作性、工具性之译文手册，这些几乎不具学术性。《周易》译本之学术性主要体现在，译文建立在学术研究基础上，具有严谨性和表述规范性及一定的原创性，并有前言后语、注释附录等副文本。同时，译者应具有充分的汉语和《周易》知识。实际上，有的译者对汉语知之甚少，其译本难以保证学术性。从翻译内容来看，经传合译外加注释者有之，仅译经文或经文加《易传》摘译者有之，纯粹的讲解、解释、摘编而称不上译本者亦不少。

20世纪70年代以来，英美的《周易》翻译成就较可观。这种翻译上的推进也与五六十年代以来西方汉学研究在语言教学上的发展有关，已经培养了不少精通汉语，熟悉中国典籍的学者，成为英美世界研究、翻译《周易》等中国文化典籍的主力。但总体而言，翻译质量参差不齐，真正学术性的严肃译本所占的比例不大。据笔者粗略统计，20世纪下半叶64种《易经》/《周易》译本（笔者得到40部）或含有经文全译文的著作中，60年代有4部，70年代有17部，80年代18部，90年代25部，数

① 本书正文中在著作标题或内容后出现的带圆括号的数字除了出版年外指在相关论著中的页码。下同。

量呈上升趋势。主办从事《周易》研究、论著评论和传播网站“鸣鹤在阴”的比洛克曾简要评论了54种《周易》译本，他的结论是仅有卫礼贤译本是确实需要的，大部分译本价值不大，有不少是粗制滥造之作，许多译者故意追求“深奥难懂”，有的译者甚至不懂汉语，有的过于沿袭前人。① 除了较为纯粹的译本，有的西方学者还译、编有《易经》汉英词典，如博纳多（Bernardo，2013）。这样的词典多能给出经文汉字的多种可能的解释，其网络版则提供经文检索工具。虽然占测手册在《易经》各种出版物中占到多数，今日西方对《易经》的解释已日趋多元，尤其一些造诣深厚的汉学家试图剥离传疏束缚而直接攻取古经，以阐发其本义，但多数则是经典译本之改写本。相对于国内为数不多的英译本，这些译本体现了不同的理论思潮之影响，如结构主义、解构主义、实用主义、女性主义等。

总之，20世纪以来，国内和西方易学研究注重吸收新证据、采用新的研究方法，在各分支领域取得了一些重要成果。相对于国内，西方《周易》研究的理论和方法较为多样。国内《周易》研究成果以哲学类为最多，文学（诗歌）、历史和外译研究成果数量较少，而西方的易学研究开始形成有别于西方传统汉学易学的自成系统的学问，当代西方理解和解释日趋多元，英译本层出不穷。在《周易》翻译领域，就英译而言，国内译者落后于英美译者。西方的《周易》翻译研究成果主要体现于一些论文、书评和译本前言。就笔者所及而言，鲜见针对《易经》或《周易》英译研究的专门学术著作。

第三节　中国古代符号学与《易经》初步研究

一　中国古代符号学与易学

中国传统文化素有富于象征表现的符号学本色。中国古代符号学有悠久历史，先民的灼龟求卜、演筮问卦、观象占事等活动都源于人与万物信

① J. Biroco, “A Critical Survey of *I Ching* Books”, *The Oracle*: *Journal of the I Ching Society*, No. 2, 2004.

息相通的古朴宇宙论观念，对先民而言，卜筮传递着“神”的信息。先秦时期都有通过各种记号手段传达思想和情感的丰富记载。中国古代哲学家也很早就认识到由符号、解释者和对象三者构成的语义三角问题。实际上先秦诸子百家都是站在自己的立场来看待符号问题的，他们也认识到语义三角并非一个完全自足的表达体系，因为脱离了对象的感知属性和物理属性的符号系统并不能完全指示对象本身，正如“道”“玄”等字指向的一些表达事物本体的对象因其普遍性、超时性而很难被完全指示。[①] 就文字而言，与西方传统符号理论关注符号的纯规范运作规则不同，中国古人更倾向于把动机和情景与符号运作规范运作结合起来，这个结合途径即是“志”。[②]

传统易学除文字外，还涉及易图、易符等内涵丰富而形式简单的表达方式，可以认为易学符号、图式等就是中国古代易学符号学的研究成果。王弼是易学符号学的代表人物之一。在哲学理论上，王弼持以“无”为本的宇宙观和本体论，从他对《周易》“意”“象”“言”三个概念关系的论述，可见他的认识论是可知论，即所谓“言”是指卦象的卦辞和爻辞解释，属于文字符号；“象”是指卦象，属于非文字符号；“意”是卦象表达的思想，即义理（从符号学来看，也是一种符号，只不过是心智符号）。他认为，“言”生于“象”以说明“象”，而“象”生于“意”以说明“意”。若要得“意”，必须借助“言”“象”，但又不能执着于“言”“象”，否则便得不着“意”。只有不执着于“言”“象”，才能得到“意”，因此卦意（即圣人之意）是可以认识的，世界本体的“无”也是可以认识的。一般而言，传统易学符号学主要把易符和易图视为符号。传统易学主要有象数学和义理学两大分支，古代象数之学即《易经》图象符号学之成就主要是在先秦两汉时期取得的，后世易学则主要在义理，虽在象数上有一些力作问世，但基本上没有超越汉代象数易学。今日论及易学的符号学多指前者，即象数之学，主要涉及《易经》非文字符号部分，

① 杨赛：《中国音乐美学范畴研究论纲》，载杨立青、洛秦、韩锺恩、萧梅《上海音乐学院学术文萃·音乐学理论研究》，上海音乐学院出版社 2007 年版。

② ［美］宇文所安（S. Owen）：《中国文论：英译与评论》，王柏华、陶庆梅译，上海社会科学院出版社 2003 年版，第 25 页。

研究者主要是中国易学学者。①

20世纪中国易学学者的研究或多或少对《易经》图象有所涉及。80年代初，刘大钧先生率先倡导加强象数易学研究。当代多数易学论著都涉及《易经》图象问题，也有专门著作，基本上属于传统易学象数研究一路，几乎只涉及《易经》非文字符号。这一类的期刊论文也有一些，据徐瑞（2013）统计，至2010年有20多篇。② 另有一些会议论文，此处均从略。王明居《叩寂寞而求音——〈周易〉符号美学》（1999）对许多《易经》卦符进行了美学分析，是国内最早对《易经》非文字符号进行美学研究的论著。徐瑞（2013）的《周易符号学概论》是一部现代符号学版的“以象解易”，采用溯源回归、记号分析和结构分析的研究方法，研究了《周易》经传，尤其是其符号结构与延伸体系，构成记号和结构变易之机制，涵盖了儒、释、道三家的《易经》符号观。该书的符号概念仍是狭义的符号概念，因为其符号研究涉及河图洛书、卦爻象符号等非文字符号。

作为古代易学象数学之现代化的易图象符号学研究是以传解经的狭义易学符号学研究，而《易经》符号学研究应包括非文字符号和文字符号两个密不可分的部分，因此应从整体上对《易经》进行符号学研究，不仅要继承传统的易学象数符号学，而且也要在经传分离的基础上研究《易经》文本即象和辞的共同体，特别是要借鉴西方现代符号学的理论观点进行研究。

二 《易经》文本初步分析

《易经》的卦象并非一开始就是这种相对成熟的记号形式。③ 与原始卦象相比，符形发生差异的同时，人们对卦象的解释也发生了变化。本节主要对《易经》卦象在其原始意义上和《易传》与传统易学意义上进行

---

① 关于近年来国内学界《周易》象数之学的符号学研究情况，参见徐瑞《周易符号学概论》，上海图书馆/上海科学技术文献出版社2013年版，第13—18页。

② 徐瑞：《周易符号学概论》，上海图书馆/上海科学技术文献出版社2013年版，第16—17页。

③ 据徐瑞（《周易符号学概论》，第74页）近年的考古成果发现，实际上直到东汉时期才出现阴爻“--”符号。

分析。

(一) 从符号学看《易经》卦象系统

1. 远古而来的卦象

《易经》非文字符号系统要远远早于文字符号系统。前者主要涉及八卦（三画卦）和六十四卦（六画卦）非文字符号的起源问题，是易学争论的焦点之一，但孰先孰后现在已经难以确证。现在的两种主要观点：一种观点认为，依据事物一般由简至繁的发展顺序，应先有三画卦，后有六画卦之演绎（传统上基本是这一意见，但对谁最早画的三画卦，历来众说纷纭，莫衷一是；而关于如何从三到六，不只有一种形式，也不只有一种内容）；另一种观点认为，据出土文物上的"数字卦"，应是由筮得数，由数得卦，先有六画卦，后从所有可能的六画卦中归纳出共有、通约的三画卦，如韩仲民（1992）、张立文（1980；2008）所持的"由繁至简"观点等。另外，历史上有所谓"生卦说"认为六十四卦由阴阳爻递增（一分为二、二分为四、四分为八，推而至于六十四）而成。这个说法北宋邵雍已提出，南宋朱熹《易学启蒙》继续发挥。今人李大用（1992）则提出了迥异于以上观点的六十四卦卦象甲骨占卜兆纹起源论。而黄凡（1995）提出了六十四卦历法起源论，主要依据出土文物、实物、传说、文献、民俗、数理六个方面的证据认为八卦是一种记年符号。

黄凡主要依据大量古代文献和近年来的考古出土文物论证了八卦是一种记年符号、上古历法，认为"卦"字本义是以土圭或山测日影正历数，八卦是上古纪年历数符号（又称八索、八素），是距今五千年前的伏羲时代产生的，[①] 主要据夏至、冬至、春分、秋分等不同节气变化规律，以每卦四十五天左右，每八卦为一年的原始历数形式。黄凡认为，六十四卦形成的线索是：

> 起初是伏羲开始用八卦（六画卦）符号记年，形成一种连续不断的八卦系列。到了神农时代，初步形成六十四卦的系统。至少在夏

① 据黄凡（《〈周易〉——商周之交史事录》，第15页），美国纽约《世界日报》1986年12月24日一篇文章称，美国《易经》考古学会会长洪天水先生收集有一件3200年前的古希腊遗留的陶盆河图，底部有中文古篆铭文"连山八卦图，中国的历数，在遥远的东方"。

禹时，六十四卦作为历法的形式，已经比较完善和严密。到了周文王，则创造了以六十四卦记载筮辞、定期筮占的系统方法。①

这就是说，八卦开始只用于记年，表示年或分年，区分不同的节候。“爻”字是象形字，象八卦符号之形，本义是指八卦卦号中的六画，且有先后次序的六个符号。阳爻代表9天，阴爻代表6天，一个八卦符号可用于记载45天左右的史事，八个八卦符号则大约记载一年的史事。保存在《周易》中的64个八卦符号，是远古记年符号的遗存，但现存典籍已经难以找到明确指出《周易》中的“九”“六”为天数的直接说明了。②

根据黄凡的假设，首先出现的是表示9天和6天的符号，后写为“—”和“--”（最初未必如此写法）。然后以此可设想，按自然寒暑交替周期把一年分为八个节期，用这两个符号刻画记日。人们逐渐发现叠加在一起的记日符号含有自然时序的规律性，于是便把记日符号按组进行整理。据黄凡论述，后来的八经卦并不一定是首先出现的，而是后人总结出的。但是否按自然时序出现的卦号就是后来的64别卦呢？黄凡指出，开始使用八卦历法时，由于每年定为360天，和一个回归年365.2422日之间的误差会越来越大（大致经过70年才能又出现历法与实际相符的情况），因此会对历法进行人为调节。因此，黄凡认为，六十四卦历法的形成是远古历法经过漫长的历史时期而被不断调整、加工的结果。③

笔者除了对黄凡主张的伏羲首作八卦（六画卦）说尚存疑问，基本上倾向于他提出的六十四卦历法假说。但笔者认为，历法调整的结果也未必就一定出现规则的六十四卦。黄凡认为六十四卦都已经先行出现了。但是为什么没有重复呢？是否有可能伏羲只是一年画八个卦（把一年分为八个卦期，但具体日数并不固定），有些是重复的？后来的六十四卦系统显然有加工痕迹，并非自然产生。这样的卦经过漫长历史时期的积累，有

① 黄凡：《〈周易〉——商周之交史事录》，汕头大学出版社1995年版，第3页。

② 用“六”和“九”算卦应是经过长期演变而成的一种既简便又灵活的形式。“九”“六”这个名称在先秦时已经存在。参见马承源《上海博物馆藏·战国楚竹书（第三辑）》，上海古籍出版社2003年版。

③ 黄凡：《〈周易〉——商周之交史事录》，汕头大学出版社1995年版，第35页。

人从历年的八个卦号中总结出了相互区别、不相重复的一些不同卦号，并有可能根据数字的推衍发现存在不完整的情况，因此又进行了补充，删去重复的卦，最后形成顺序各不相同的六十四卦系统。古人可能发现这个封闭的系统能够代替原来的散乱卦号，每年可用八个不同的卦，八年可重复一次，于是在这期间或后来，从中分离出八个构成成分通约的三画卦，形成八个三画卦和64个六画卦的系统，并逐渐开始用于占筮，后来随着更合理的历法的出现，六十四卦系统主要作为占筮历法使用。也就是说，六画卦虽用于记年，但《易经》所用的六十四卦的形成未必直接和记年有关，可能是人为整理加工的结果。

因此，基于黄凡假说，卦象下的"九""六"是天数，八卦主要是古人根据一年的温暑凉寒分为春分、夏至、秋分、冬至四个节候，① 每个又分为两节而至八节，以每卦45天左右为一节，每八卦为一年而制定的原始历法。一年分为12个月的历法，据史料记载，最晚应在夏代开始使用。在此前的古代，可能一年取360天，分为八个月或十个月，是一种太阳历。一年八卦的符号首先出现的可能是后来六十四卦中称为别卦的。随着历法和实际时序的偏差而进行不断调整，经过漫长时期，每个卦都有可能出现过。最后形成六十四卦应是经由人工调整编排的，并非纯粹自然形成。再后来，六十四卦和筮法结合，在更为准确合理的历法取代旧历法后，它就只用于占筮了。经过商周之际周人占筮活动并在卦爻辞编订成书而流传后，逐渐产生了新筮法，开始通过由筮数而得卦象而得卦爻辞，并把卦爻辞作为吉凶判断的依据。同时，卦的本义已很少有人提及了，于是有人开始对卦象提出了新解释，包括对其来源、作者和运作机制的新说明。《易传》即后人对《易经》象、辞的一种新解释。

2. 原始卦象系统和《易经》成书时的卦象系统

据上文，远古时代通过（天）数和象（符）的互动，形成一些卦符（后人所谓的"神启"的图象符号）并经过漫长历史时期的无数推演而形成了一套符号系统，成为一种原始历法。远古先民"仰观俯察"，观察日

---

① 东周以前虽有四时概念，但未必有春夏秋冬之称；甲骨文中仅有"春""秋"二字，且不是四时的两季，而是分别指一年。参见白寿彝《中国通史》（第三卷上），上海人民出版社1999年版。

月星辰，寒来暑往，四时交替，八分节候，而有“年”之时间单元概念及一年之四季八节及其日期的原始计数系统，形成了原初历法，后来又形成了干支纪日法，由此成为很长历史时期内采用的原始历法。虽然黄凡制定的《周易》历表①未必准确，但它应能够反映出原始历法的概貌。一年八节中每节大约45天，形成一组代表“九”“六”的符号集合而成为一个个复合型符号，即象形字“爻”的所指。从古代书写角度和计算角度看，用“九”和“六”记天数可最大限度地简化、满足历数错综复杂的变化，符合计数的省力原则，而用六千多年前仰韶文化发展起来的契刻符号“—”和“--”（此并非原始画法）表示“九天”和“六天”更是充满智慧的创造。

《易经》六十四卦系统的产生首先是感知、观察自然的结果，即感知世界并将之范畴化、概念化、符号化。这是先民由观自然之象即自然的符号化而至图形之象的符号化之结果。从符号学看，“象”即是能指，又是所指，又是解释项，而自然符号化之象和图形符号化之象二者之间存在从直接具体到间接抽象，从引申想象到虚构等各种关系。时间是事物、事件发生的顺序，本无所谓始终，而由于人的认识，因人“以我观物”，时间就有了始终之别，先后之序。符号学认为，意义不是符号自身固有的或携带的。作为符号的爻象之意义，产生于“—”和“--”的差别。也就是说，作为符号的爻象，其意义产生于“—”和“--”的二元对立，和以此为基本单元构成的卦象系统。“—”和“--”的固定使用使历法记录和有关思考进入了符号化阶段，且经过漫长历史时期而逐渐取得独立的系统性，由此发展为互不重复的六十四卦卦象。而占筮活动要晚的多，原始六十四卦符号不是筮法的结果，而是到《易经》以后的时代，才发展出新的筮法，这时才通过求“数”而得“象”“辞”。

因此，原始六十四卦的象是由“—”和“--”组成的纯符号集合，“—”和“--”作为符号分别指“九天”和“六天”，分别是一年中的一段连续的日数。关于卦象，例如《乾》䷀符号，指连续6个9天，是

① 参见黄凡《〈周易〉——商周之交史事录》，汕头大学出版社1995年版，第284—329页。

一个日数的系列即54天，可以是一年实际存在过的一个节候以及与该节候相关的种种知识。六十四卦符号是由64个卦象构成的非文字符号文本，指八年2880天，是一种古代原始历法，代表着古人对时间的一种认知模式。具体到《易经》的六十四卦卦象系统，从《易经》占筮的实际活动看，与以上相同的是，六十四卦系列、每个卦象和卦象中的每个爻象在符号载体或符形上没有变化，但所指对象都具体化了，在六十四卦的符用层面变成了“周易”占筮的日期即卦期和爻期，亦即成了一种占筮专用历法。就单个卦象而言，例如《乾》䷀符号，它的原始所指对象及各爻的所指对象应各是某段具体的时间。若用黄凡（1995）《周易》历表为例，它是夏历文王受命七年五月二十八日丁未日（公元前1058年六月二十四日）到七月庚子日共计54日这段历史区间。关于爻，以该卦初爻为例，它是指该卦所在年的五月二十八日丁未日到六月乙卯日共计9日。该卦和该爻分别是可进行占筮的日期即卦期和爻期。

西周初到春秋以前的筮法基本采用《周易》以前的筮法，其例大略可见于《穆天子传》卷五，而春秋以后则发生了较大变化，占筮时开始使用《周易》卦象、辞作为占筮依据，其例可见于《左传·庄公二十二年》。春秋时期的筮法特点是多用阴阳五行学说解释《周易》，杂以天命礼义、伦理道德等说教，而《易传》出现时，《周易》已经完全被用为占筮工具书，其真正含义已经几近泯灭。总之，《易经》六十四卦原始系统经由上古历法重新编排而来（编排者可能是周文王），无卦名，只有卦象（非今日所见卦象之画法），成为新的占筮历法，其新的卦序融入了编排者的思想。这一思想使得《周易》六十四卦卦象系统进一步具备了哲学化的潜力和基础。

3．入春秋以后的《周易》卦象系统

进入春秋以后，总结各种观点的《易传》重新解释了卦象系统，而且把卦象系统视为《易经》经文的主体。这里简要解析《易传》对《易经》卦象的主要解释思路。

卦爻之“象”是《易经》及其诠释之基础、枢纽和关键（为此，魏王弼曾专写《明象》篇）。关于“象”，《系辞》（上）云：“圣人有以见天下之赜，而拟诸形容，象其物宜，是故谓之象。”为何立“象”？《系辞》（上）谓："子曰：'书不尽言，言不尽意'，然则圣人之意，其不可见乎？子曰：'圣人立象以尽意，设卦以尽情伪，系辞焉以尽其言，变而通之以尽其利，鼓之舞之以尽神。'" 如何构建不同于纷繁复杂的"记号""图象"的且简洁而精细的"象"？关于拟而成象的过程，《系辞》（下）有云："古者包牺氏之王天下也，仰则观象于天，俯则观法于地，观鸟兽之文与地之宜，近取诸身，远取诸物，于是始作八卦，以通神明之德，以类万物之情。"[①] 因此，"立象"需要首先从"我"观物开始，而"包牺氏"之所以"王天下"的依凭，就在于他"作八卦"，能够"通神明之德""类万物之情"。关于卦象的运作方式，《说卦》的解释是："昔者圣人之作《易》也，幽赞于神明而生蓍，参天两地而倚数。观变于阴阳而立卦，发挥于刚柔而生爻，和顺于道德而理于义，穷理尽性以至于命。"因此，易之用内建基于"蓍""数""卦"和"爻"之上，外建基于"道德""义""理""性"和"命"之上。

可见，立六十四卦卦象的目的是"见天下之赜"，实现"立象以尽意""类万物之情"等，其产生可谓观象、抽象和拟象的结果。观象即观察自然之象。抽象即从观象的具体事物中抽取共同成分、共同性质，或某种形态的特殊样式出来，或把握复杂事物的结构特征，以一种较为简单的方式再现出来。[②] 此亦即拟象过程。"拟"有"像"的含义，包括事物内部与外部的"似"，但又是"拟象而不像"。由此观象、抽象和拟象过程，创造出世上本无的卦象符号，体现了一种类比思维。《周易》的"立象"法则是一种分类取象，体现为法天象地、囊括万物，以"易简"而统摄万有，有效地表现了宇宙运动。从《易传》来说，六十四卦符号系统的确立标志着华夏民族类比思维方法的成熟。[③]

原本是指称日数的"—"和"--"，后世成为所谓的阳爻和阴爻符号，反映了一定的哲学概念，概因人有男女、鸟有雌雄、兽有牝牡、自然

① 当代不少学者对包牺即伏羲画卦说提出质疑，如范文澜（2008）认为伏羲是指远古开始有畜牧业的一个时代，太皞则可能实有其人；如果八卦确是一种记事符号，按照传说，当是出于太皞或太皞族。

② 徐瑞：《周易符号学概论》，上海图书馆/上海科学技术文献出版社 2013 年版，第 63 页。

③ 温公颐、崔清田：《中国逻辑史教程》，南开大学出版社 2001 年版，第 16 页。

界有天地日月等现象，随而成立朴素的阴阳概念，后来进一步形成阴阳学说。立象的哲学本质是把单纯印象的世界表现为一个人类精神的纯粹表达的世界即符号世界,[①] 这个符号世界的基本单位是阳爻“—”和阴爻“--”。传统易学认为，由“—”和“--”的立象，通过“追索”的方法，按照“生生之为易”的原理而生成八经卦，又两两相重，即成六十四卦，以“穷尽万物”。《说卦》云：“是以立天之道曰阴与阳，立地之道曰柔与刚，立人之道曰仁与义。兼三才而两之，故《易》六画而成卦。分阴分阳，迭用柔刚，故《易》六位而成章。”亦即说，三爻方能成卦象，三才各具阴阳，重为六爻而成六十四卦。因此，可用简单的六十四卦符号，以“象”天地万物。卦象符号把天地人融为一体，八个经卦卦象即是八种自然事态或人事情景，六十四卦则是64类事物变化的情势，每卦含该情势的6个发展阶段，因此能够指涉的人事情形就可达到64乘以64种。

在《易传》意义上，对卦象符号内涵的解读较以前更加复杂，原因就在于其时空概念发生了很大变化。六十四卦大符号集合中，每一卦象的符号集合又分为内外卦、上（中）下爻和先后始终爻符号单元，因此其中内含着抽象的空间和时间而不仅是时间维度。《乾》《坤》两卦为“易之门”（《系辞》），即六十四卦之门户，故《易传》专门有《文言》说之。古人视二者为卦之“父母”，为“体卦”，因为其他六十二卦都是由此二卦而来。一个六画卦象，其下卦可为前、为初、为因、为远、为本、为微、为几、而上卦则可为后、为终、为果、为近、为末、为彰、为著。所谓“位”“中”“正”“乘”“承”“比”“应”等皆是《易传》解释六爻发挥的术语。《周易》符号结构形式上是阴阳二元，实际上为三元，因为二元的阴阳爻之间，二者“生生”而产生了卦象，阴爻和阳爻之间的关系是动态互动的，此消彼长的，彼此转化的，因此是一种“一生二，二生三”的三元结构，其展开即六十四卦，可通万物之情。

最早的“卦象”并非在形、名、意上统一为纯符号，而作为符号所立“象”的过程是经历了许多朝代才成为今本符号之象，其原始之象已被忘却（历法说也仅是一种假设）。春秋以后的新筮法，由筮而得“数”，

---

① 徐瑞：《周易符号学概论》，上海图书馆/上海科学技术文献出版社2013年版，第64页。

由“数”而得“卦”，卦爻辞仅是卦象的解释项。在这一新的体系下，《易经》的象数自然也发生了改变。随着对六十四卦象新解释的出现，《周易》“数”的主要功能转变为表现事物的属性。刘大钧《周易概论》指出，所谓“数”主要指筮数。① 在后来的新筮法中，由筮而得“数”，由“数”得“象”，成了决断吉凶悔吝的决定因素。与“象”一样，“数”符号也源于先民的观象活动。“数”符号反映出来的是人对周围世界的意识观念。任何事物都蕴含一定的数，而数则表现为一定的象，这是天地万物的自然机制。② 关于由“数”得“象”之方法，其具体转换途径现在已难以确知，但据古文献可大略知其涉及“奇偶转阴阳”“叁伍以变”“数符与卦符融合转换”等，但“数”只是工具，象数之根本却在“意”，即“圣人之意”，亦即“神明之德，类万物之情”。

单个卦象只有在卦象系列中才能发生作用，单个爻只有在六爻之中方可“发挥”。从符号学来看，六十四卦卦象的符号即六十四卦象及其系列；其客体对象指的是宇宙万物之变化；六爻象集合为卦象，其用在于“叁伍以变，错综其数”，旨在明人事。就单个卦象而言，仍以《乾》卦“䷀”符号为例，其有多重所指对象，如“天”“父”“玉”“金”等实体或虚构对象；“天地人三才”；“内外”“上下”“始终”等动态关系；某一种象征的情势等，分别可解释为“健”等属性；“生生”，天人合一等；时间、空间概念；卦辞以及各种对该情势的解释等。就爻象来说，一个爻象符号的对象是某种情势发展的一个阶段、影响卦爻运动的各种变化等，爻辞是其狭义上的解释，而《易传》是其广义的解释。实际上，《易传》及传统易学皆为卦、爻象之解释。

《易传》把卦象系统视为一种宇宙观，表现的是宇宙的运动，能将大千世界囊括其中，谓之“易道广大，无所不包”。六十四卦卦象把外在世界表达为一个符号世界，“意”即所欲表达的指称意义，指涉世界和社会。《易经》之非文字符号和文字符号，即象与辞，据《系辞》（上）的“书不尽言，言不尽意”“立象以尽意”，把辞视为卦象一种例说，此意味

① 刘大钧：《〈周易〉概论》，巴蜀书社2004年版，第57页。

② 徐瑞：《周易符号学概论》，上海图书馆/上海科学技术文献出版社2013年版，第84页。

着可以有无数种“辞”，文字和语言的符号皆不能“尽意”，唯有“象”可“尽意”，即文字符号难以“尽意”，唯有非文字符号方可“尽意”，因此才产生了《易经》的卦象符号系统。公孙龙“指物论”云：“物莫非指，而指非指”，大意是说，万物无非受指，但能指非是受指。《周易》符号即是“指非指”的第一个“指”，即是说，卦象、爻象不是其所指的事物。易之象主要是象征之象，抽象之象，是“指非指”，具有开放性，与其对象并非一对一关系。《易传》把《易经》视为用“象”来表意的符号体系，仅用两个符号的能指就把一切符号的所指包括了，这不是文字符号可以做到的。

（二）《易经》符号文本的描述

《易经》象、辞等都是人工制造的纯符号，完全是为表意而被制造，它们不需要接收者接收才成为符号，因为它们是作为意义载体被制造出来的，具有高度的规约性以及一定程度的像似性和标示性。《易经》符号文本是作为历史产物的纯符号集合，它成书时具有一定程度的实用意义。《易传》和经典化过程使《易经》符号文本的实用意义增大，今日仍然处于增大之中。发源于《易传》的传统易学通过文化原型、个人（托名）创建和反复使用使得《易经》的符号系统尤其是其非文字符号系统获得了稳固的象征意义，至今几乎不可撼动。今日《易经》对不同的人而言可能具有不同的符号意义。个别情况下，如果把它的实物载体作为装饰物则具有艺术意义。这一情况不在本书讨论范围之内。

文本的渠道是作用于感官的物质介质，而媒介是符号传送的技术性构造，可社会体制化为媒体。[①] 从文本的渠道和媒介言，传统纸质文本的渠道是视觉，媒介是文字和图片等，属于记录性媒介。一般情况下，《易经》卦象和文字共同构成的符号文本，其媒介可能是（纸质）印刷的文字、图象及其形式设计；其渠道是视觉；其体裁是筮辞、图象；其媒体是书（出版业）。《易经》在成书后被视为兼有文字和图象的记录性双媒介文本，其文本意义只在解释中变化。《易经》符号文本的体裁问题比较复杂。在一个文本被生产出来后，应该按照其所属的体裁规定的方式得到解

① 赵毅衡：《符号学原理与推演》，南京大学出版社2011年版，第125页。

释。但中国历史上早就有人指出，同一文本有散文读法和诗歌读法之区别。同样的辞句在不同的体裁中，甚至在同一体裁中，可以产生完全不同的意义。“语出双关、文蕴两意，乃诙谐之惯事，因词章所尤为，义理亦有之。”[①] 一般而言，体裁首先规定了文本的形式特征，但文本形式并非是决定性的，单靠文本形式未必能够确定体裁。例如，我们知道，卦爻辞中有古歌，中国古诗不分行，主要靠押韵等形式标记，这使得确定辞句是否属于诗句问题比较容易。然而，押韵只是判断卦爻辞文字是否是来自诗歌的必要而非充分条件。

据赵毅衡（2011），任何一个文本都携带着大量的它生成于其中的特定社会文化的约定和联系，它们往往不显现于文本本身中，而只是被文本“顺便”携带着，构成了文本的伴随文本。[②] 任何文本都是文本与伴随文本的结合体，对文本解读而言，这些文本之外的东西很多时候甚至可能比文本本身有更多的意义。文本解读不得不从文化中借用各种文本，这种借用必然体现于各种伴随文本。伴随文本大致分为三类，即显性伴随文本、生成性伴随文本和解释性伴随文本。显性伴随文本包括副文本和型文本两种，前者是文本的部分架构因素，后者也是文本架构因素的一部分，它指明文本所从属的集群，即“归类方式”。最大规模的型文本范畴是体裁。型文本是最重要的伴随文本，是文本与文化的主要连接方式。生成性伴随文本是在文本生成的各种条件下留下的痕迹，分为前文本和同时文本，其中前文本是一个文化中先前的文本对此文本生成产生的影响。狭义的前文本有各种引文、典故、戏仿、暗示等，而广义的前文本是某个文本生成前的全部文化史。同时文本是指在文本生产的期间，在文本逐步生成的同时出现的影响因素。解释性伴随文本含元文本、链文本和先后文本等亚类。某文本的元文本是关于该文本的文本，是该文本生成后和接收前所出现的关于此文本及作者的各种评价。链文本是指接收者在解释某文本时主动或被动地与某些文本“链接”起来一起接受的那些文本。某文本的先后文本是相比它先后出的文本，可以是生产性的也可以是解释性的。解读文本

---

① 钱锺书：《管锥编》（第二版），生活·读书·新知三联书店2007年版，第7页。

② 赵毅衡：《符号学原理与推演》，南京大学出版社2011年版，第141页。

时，伴随文本把解释者由文本引向文化，而深层阅读的目标则是更隐蔽的文化机制。对某一符号文本的任何解释都不可能穷尽、内化它所有的伴随文本。这就是文本解读中的片面化和凸显化现象。在文本接受一端，伴随文本有可能喧宾夺主，甚至接管了符号接受者的解释努力。

《易经》文本的显性伴随文本有副文本和型文本。《易经》文本一般有副文本，包括标题等。物质形态的《易经》中，手抄本和印刷本的副文本有所不同。现代版本和译本的序言，对如何接收文本起到重要作用。符号载体和媒介的过去（竖写）与今日的不同（横写）。实际上，每一本书的副文本可能都不相同。关于《易经》的型文本比较复杂。《易经》是占筮书？还是哲学书？还是文学书、历史书？是儒家典籍？还是道家典籍？东周、秦汉以后历代经学家的附会赋予《易经》过多的理据，导致其历史的理据性滑落，而哲学的理据性上升，这种理据性替代使《易经》文本倾向于被视为是儒家"五经"之一，甚至是"五经"之首。笔者倾向于认为，《易经》素材主要来源于占筮活动，主要采取了筮书的形式，在成书后也主要用于占筮活动，但同时也被赋予了占筮之外的目的。后来，随着历史的演进，它逐渐被哲学化了。实际上，《易经》既非儒家典籍，也非道家典籍，但却是二者共同尊奉的源头，二者也分别对它进行了重新解释。

《易经》今译本是元文本，而外译本（严格意义上）具有元文本性，但是又具有一定独立性。《易经》的生产性伴随文本的前文本广义上是其问世前的文化史尤其是周人的巫史文化，这要求我们要研究传世的有关文献（尤其是时代相近的部分）和出土文物。例如，一般而言，《周易》文字和早期文字如甲骨文、金文等较为接近，其文字义界较为宽泛，要了解其中的一些字词意义，最好是以《诗经》《尚书》《左传》《国语》等早期典籍相同的字词来比照，寻绎其意义。当然，这不是说就一定能解决问题。《易经》前文本狭义上是文本中的典故（如"丧牛于易"）、引文（如"鸣鹤在阴，其子和之"）、占断专用语（多非新创，例如"有孚"）等，也包括《连山》和《归藏》（部分可见于《尚书》中）。它的同时文本有当时发生的文化事件、占筮活动等。《易经》文本的解释性伴随文本中，《易传》是《易经》传世文献层面的第一批元文本，另外伴随众多易学理论对易符的解释，原始符号的意义被扩充，后一符号变成前一符号的元符号，后代的各种传疏、关于《易经》的论述、古今中外浩如烟海的易学研究文献都是其元文本。《易传》经常和《易经》一同出现，也是其链文本。作为解释性伴随文本，《易传》会迫使《易经》文本接收者朝哲理的方向解释，易学主流也是一种对《易经》文本的“宽解释”。链文本还有如历代编修的典籍目录。《连山》和《归藏》古历数、《周易》（图象）、占卜辞、占筮辞等以及相关活动都是《易经》文本的先文本，其后文本则是其基于或参照它的占筮书、杨雄的《太玄经》等。《易经》卦爻辞前的卦象首先是一种文本，和后来的辞构成双媒介复合文本，以辞为主，以后逐渐形成以卦象为主。

一种文本要有社会性的身份即文本身份作为支持。《易经》文本的身份在历史上经历了一些变化，在中国封建时代主要是儒家经典之一。没有文本身份，任何文本无法表意，而不同的文本身份要求对文本做出完全不同的解释，因此没有五经身份的《易经》文本很可能会被认为是一堆杂乱的文字合集，或只是一本占筮之书。一般而言，文本身份虽然与文本发出者的身份有关，但却不是一回事，也不等同于发出者的人格身份，因为文本身份相对独立，实际上是文本及伴随文本背后的“文化身份”和社会地位，是符号表意的社会维度。人类文化中的文本身份经常比“真实”的发出者身份更为重要，而文本很可能发出者阙如，或身份不明，或是一个集体，此时发出者身份无法确认，文本身份就变得更为重要，而文本的身份与接收者身份趋同的效果比发出者更明显。对不同的接收者，文本的身份可能是不同的。因此，《易经》对不同的人群，其文本身份不同。《周易》的“世历三古、人更三圣”之说即是因文本身份的变化而导致的作者身份的重新构建。

第四节 《易经》译本选择与研究的理论依据

一 研究对象和基本问题

现在国内外有很多的《周易》英语译本，其译本之多在中国古籍中可能仅次于《道德经》。这些译本主要是20世纪尤其是下半叶以来的作品，大多数是国外译者的作品。在笔者掌握的49部《易经》英译本中，国内出版的有9部，其他为国外出版。国内译本中，湖南出版社1993年版《周易》（汉英对照）采用理雅各英译本，由秦颖、秦穗校注。与理雅各原译本相比，译本的译文和材料安排有些变化。[①] 因此本研究采用国外版理雅各译本。傅惠生译本有两种，一种是较早的2000年版《周易》英译本，另一种是他2008年的“大中华文库”版《周易》英译本，后者各方面均好于前者，因此取后者。这样，国内版译本实际上共有7部，国外版有40部。下面对国内译本逐一进行简要介绍。

沈仲涛1935年在上海中国现代教育有限公司出版的《中英对照易经》（华英易经）[②] 篇幅不大，仅有159页，主要参照了理雅各译本，但彖、象、文言等译文穿插经文中。译者在国内较早研究“科学易”，因此译本也反映了他这方面的一些观点。该译本1973年于台北再版。由外文出版社英译、李燕绘图的《易经画传》[③]可称为“青史第一部《易经》的画传”，图文并茂地绘译了《易经》六十四卦经文，不涉及《易传》。绘图部分用了一些后代的历史故事解释经文之意，而不是试图绘出卦爻辞本身的“场景”。周春才编绘、刘光第英译的《易经图典》[④] 是一个通俗化图说演绎本。因此，这两部作品并非严格的《易经》英译本。这些译本没有受到当代《易经》英译本研究者关注。

汪榕培、任秀桦译本《英译易经》于1993年出版，2006年出版修订

---

① 该译本对理雅各英译文的内容进行了重新编排，《彖传》《象传》和《文言》译文穿插于六十四卦经文译文中。但这一变化实际上有违译者初衷。原译本的序言、引言和原脚注经删节、压缩后变为尾注附于译文后，另附《系辞》《说卦传》《序卦传》《杂卦传》和译名对照表。该版本对理雅各译本中的明显错误做了个别修改，而且有的地方换上或附上了卫礼贤—贝恩斯译本的对应译文以资参照，例如“乾”“坤”在音译后分别增加了卫—贝译本的“The Creative”“The Receptive”。校注者仅在序言中对此改动一笔带过而未加注解。这一做法可能会使不够细心的研究者误以为该译文即理雅各译文原貌，如管恩森（2012）即有此误。

② 沈仲涛：《中英对照易经》（华英易经），中国现代教育有限公司1935年版；台北文化图书公司1973年版。该书英文名为“The Text of Yi King (and Its Appendices): Chinese Original with English Translation”。

③ 外文出版社英译、李燕绘：《〈易经〉画传》，外文出版社1997年版。该书英文名为“The Illustrated Book of Changes or I Ching”。

④ 刘光第译，周春才绘：《易经图典》，海豚出版社2006年版。该书英文名为“The Illustrated Book of Changes”。

版。译者是把《易经》作为占测之书来译的，在一定程度上不是把它作为远古文献而是通过英译向今日读者靠近。译本非常“单纯”，只有不足一页的“卷前语”和今本《易经》六十四卦原文和译文对页汉英对照，也未有注释和参考文献等副文本。译文中爻题“九”和“六”用爻象“—”和“--”标示（“用九”“用六”分别只有爻象“—”和“--”，但两位译者未对此作任何解释），是由文字符号转换为非文字符号。卦名汉字用音译，其象征意义在卦辞译文中译出，如《乾》卦辞开头为“The qian hexagram (the symbol of heaven) …”[①]。据笔者统计，该译本六十四卦译文开头的“predicate”之宾语直接是“supreme success”或“success”，或含有“success”等词语的有37卦，其中宾语是“good fortune”等积极词语的有17卦，共计54卦，占总数83%，宾语为中性词语如“encounter”“resolve”等的有6卦，而宾语是“misfortune”等消极词语的只有4卦。宾语为积极和中性词语的占到94%。译本存在的这一情况，一是说明译者对卦辞的处理方式有问题，二是译者对诸如“亨”译为“success”这样的译法有问题。经文译文中，卦辞译文不分行而爻辞译文是分行的。问辞和占辞的区分和占断专用辞的处理比较灵活、多样，但存在不同断辞术语的文字英译出现雷同现象。爻辞译文总体上各行不押韵，即使原文是韵文也是如此。译文仅有几句有尾韵，而对应的原文只有结构的对仗而无韵。因此，这几句译文的尾韵属于非规律性的偶然现象。总的说来，译本以《易经》传统注疏为解释框架，又在一定程度上有意与传统切割，在细节上有不少发挥。译者总的倾向是译文当代化而向今日英语读者归化，表现为内容的积极正面化、日常生活化和冲淡化，表达方式的抽象化、艺术化等处理方式。

罗志野译本《易经新译》[②]和傅有德译本《〈周易〉古经白话解》[③]都于1995年出版，二者都建基于传统易学。罗译本按传统做法把经文、

① 汪榕培、任秀桦：《英译易经》，上海外语教育出版社2006年版，第3页。

② 罗志野：《易经新译》，青岛出版社1995年版。该书英文名为“A New Translation of Yijing”。

③ 傅有德：《周易古经白话解》，山东友谊出版社1995年版。该书英文名为“The I Ching: Text and Annotated Translation”。

《彖传》《象传》《文言》穿插在一起，然后是独立的《系辞传》《说卦传》《序卦传》《杂卦传》。原文和译文各自独立，全书无注释。罗译本的一个特点是在原文各卦提供卦象的条件下，译文没有提供卦象，而是分别用英文字母 p（乾卦三画卦）和 q（坤卦三画卦），另加阿拉伯数字 1、2 和 3 下标代替三画卦阳爻或阴爻的位置：乾 p、兑 p1、离 p2、震 p3、坤 q、艮 q1、坎 q2、巽 q3。各卦内爻题数字也分别转换为阿拉伯数字。例如，《大有》pp2，其中 p 指下卦乾卦，p2 指上卦离卦；《乾》卦六画卦初九爻译为 1091，用 1 表示第一卦，用 091 表示初九爻；第 17 卦《随》卦六二爻则记为 17062。译者没有对这些字母和数字的替代含义做出说明，若读者不懂汉语，很可能对这些字母和数字莫名其妙，即使对《易经》略知一二，也可能需要花点工夫才能搞清楚它们到底指什么，附录也令人费解。译文是一种诠释性笔法，归化特征明显，语言也较通俗易懂，反映了译者主要基于传统注疏的个人化解读和表达。译文的"讲故事"似的散文译法，使译文整体显得有些过度平面化、冲淡化，甚为辞费。

傅有德译本只有《易经》六十四卦经文原文和英译文及注解，这和汪、任译本相似。译文及注解是译者据刘大钧、林忠军的《易经》现代汉语今译文英译的，解读基础是传统易学。译文正文是经文及对照英译，注释也主要源自今译，因此存在和正文译文大量内容重复的现象，且多有与译文不一致处。今译者据帛本对今本经文的少量修改体现在英译中。译文是散文译法，语言简练、篇幅适中，有些辞句语义表达较准确，但也存在不少问题，整体上比较粗糙，例如断辞、问辞界限不清；英译正文有些漏译（笔者统计有 12 处，如《坤》六三"或从王事，无成有终"漏译）、译反之处（有 2 处，如《中孚》上九"贞凶"译为"Good omen"）；占断专用辞译法可以说有点混乱；英文单词拼写错误、语法错误、汉字错别字、汉字注音错误偏多。

中国大型文化典籍对外翻译出版项目"大中华文库"收入了汉英对照版《周易》①，采用的是张善文今译、傅惠生英译。该译本在译文正文

① 傅惠生（英译）、张善文（今译）：《周易》，湖南人民出版社 2008 年版。该书英文名为"The Zhou Book of Change"。

之前有英译者傅惠生撰写的汉英对照长篇前言，涉及《周易》以及传统易学发展情况和个人对《周易》的一些研究成果，内容包括经文及其演变、《易传》及其演变、易学史纲要、易学的世界流行等部分，介绍了《易经》流传、研究和翻译的概况，不足是没有说明英译文和今译的关系、没有阐明英译的基本原则和方法以及英译依据原文的版本情况。这个译本正文按照《周易》王弼版文本排列，原文、今译、英译对照，先是六十四卦经文译文和所附《易传》部分的译文，后是《系辞传》《序卦传》《说卦传》和《杂卦传》译文。译文属于主要以传解经的散文译法，用词较多。

英语世界里最先翻译《易经》的可能是理雅各，始于 1854 年。而最先出版的译本是麦丽芝（1876）。1882 年问世的理雅各译本是英语世界《易经》英译真正的开山之作，该译本将经传分开翻译，注重文本分析，是《易经》英译文本派创始者，被誉为《易经》英译的“旧约全书”。20 世纪以来，卫礼贤德译本在 20 世纪 40 年代由贝恩斯英译，1950 年出版英文版。该译本严格按照卫礼贤译本转译，保留了德译本的风貌，涵盖经传，篇幅巨大，解说细致，影响至今不衰。这两部英译本成为《易经》英译的经典作品。对于其他 40 部国外出版的译作，其中有一部分是理译本和卫—贝译本的衍生作品，例如前者有 *I Ching*, *Book of Changes*（Ch'u Chai, 1964），后者有理兹曼（Riseman）的 *Understanding the I Ching*（1990）等；利策玛（Ritsema）和萨巴蒂尼（Sabbadini）（2005）的译本是利策玛和卡彻（Karcher）1994 年译本的修订本，篇幅较大，不仅有翻译，还有不少供研究用的资料，如《易经》字汇。除去这部分译本，还有 34 部译本。由于数量较多，下文进行分类介绍。

作为一部重要的中国文化典籍，《易经》的译本应具有一定的学术性。《易经》译本的学术性主要体现在，译者对《周易》要有一定研究，译本应有一定篇幅的前言介绍经、传、易学和自己的观点，译文中应有经传译文，或有经译文和部分传的译文，最好应有一定数量的注解。这些译本既有严谨之学术译作，亦有一些只涉及古经的纯粹操作性、工具性手册之译文，几乎不具学术性。从这一点来看，诸译本可大致分为三类：

一是学术性较强的译本，如林理彰（Lynn）译本 *The Classic of Chan-*

ges: *A New Translation of the I Ching as Interpreted by Wang Bi*（1994）。

二是居于中间的有一些，如蒲乐道（Blofeld）的 *I Ching*: *The Book of Change*（1965）。这一类译本虽然主要翻译取向是“实用”，但有相当篇幅的《易经》及易学和译者本人的《易经》研究成果介绍。

三是学术性较弱或不具有学术价值的，如阿伯斯通（Albertson）的 *The Complete I Ching for the Millions*（1969），还有一些图说本，如 Oshiro 的 *The Graphic I Ching*（1978）。

据翻译所据原文版本，诸译本中除了夏含夷（Shaughnessy）译本主要依据帛本英译外［裴松梅（Pearson）译本有四卦采用帛本］，其他皆基本依据通行本。从宗教倾向上看，大多数译本是儒家经学意义上的，也有少量译本具有道教或佛教色彩，如克里瑞（Cleary）的 *The Taoist I Ching*（1986）和 *The Buddhist I Ching*（1987）、倪化清（H. C. Ni）的 *The Book of Changes and the Unchanging Truth*（1990）等。有个别译者不懂中文，如 *How to Consult the I Ching*（1971）译者道格拉斯（Douglas）。从译文韵律特征来看，卢大荣（Rutt）的 *Zhouyi*: *The Book of Changes*（1996）的第二部分即经文译文部分较有特色。他的译本非原创性译作，在很大程度上是在他人研究成果基础上的综合、改译。另外还有克罗利（Crowley）的 *The Book of Changes*（1972）采用分行译文，阴爻与阴爻押韵，阳爻与阳爻押韵，但意义上与原文相距较远，卢塞尔（Russell）的 *Book Chameleon*: *A New Version in Verse of the Yi King*（1967）类似于克罗利。

在《易经》英译史上，译者主要是男性，贝恩斯可能是第一位女译者，但不是一位原创译者。其他还有几位女译者，如斯泰恩（D. Stein，1985）、沃克尔（B. Walker，1986）、布莱恩（J. O'Brien，1986）、阿卡娣（K. Arcarti，1994）、得宁（S. Dening，1997）等，多具有女性主义色彩。例如，斯泰恩是一位具有强烈女性主义倾向的译者，她的译本 *The Kwan Yin Book of Changes-A Woman's Book of Reclaiming*（1985）把《易经》父系社会的语言改写成了母系社会的语言，例如把“君子”译成“Superior Woman”，原文的“日”（太阳）也全部被变成了“the Moon”（太阴）。她们的译本大多不是严肃的翻译。相对而言，在为数不多的具有女性意识的译本中，裴松梅译本（2011）是自称为“性别中性”的一部译本，而且她对《易经》有自己一定的研究和见解。

如何来评价这些译本和翻译现象？由于译本众多，在有限篇幅内进行译本评价研究需要筛选一部分译本作为主要研究对象，以较好地反映全貌。如何筛选译本是本研究需要解决的基本问题之一。这里首先解决这个问题。为此，笔者拟定了译本选择的基本标准，如下：

（1）译本要有一定学术性，具有一定篇幅的前言，译者要有自己的研究，不能过多参照前人译本，不能仅把《易经》视为占测手册英译；

（2）译本要较全，应包括经传，或至少有经的译文和部分传的译文；

（3）译本得到学界关注，有评论发表，尤其是独立的、针对性的书评；

（4）以上方面若类似，译本的首次出版时间还要有一定间隔，除非不同译本在《易经》原文文本选择上存在较大差异；

（5）外国译者要懂汉语，最好是汉学家，并且没有较强的宗教色彩。

另外，也参考国外学者对译本的选择，例如美国宾尼法尼亚大学文理学院东亚系汉学教授金鹏程（Paul P. Goldin）列出的“十三经主要西方语言译本”[①] 中，“*Zhou Yi* 周易 or *Yijing* 易经”部分包括 13 个译本，其中英译本有 8 个，包括理雅各译本（1899）、沈仲涛译本（1935）、贝恩斯译本（转译自卫礼贤德译本）（1950）、蒲乐道译本（1965）、林理彰译本（1994）、卢大荣译本（1996）、夏含夷译本（1996）、裴松梅译本（2011）。除前文提到的一些选择译本研究对象的诸条件，还应考虑译本的时代性、前沿性。因此，近几十年的译本可予以重点考虑。

在前文中经过初步排除后，剩余的是 7 部国内出版的英译本和 34 部国外出版的英译本，比例大致为 1∶5。考虑到国外出版的译本数量远多于笔者得到的 40 部译本，以及本书的容量问题，将研究对象确定为 7 部译本，包括选择国内译本 1 部和国外译本 6 部。

国内译本中，根据以上译本选择条件，本书选择傅惠生《大中华文库·周易》（2008）译本作为研究对象。该译本于 2008 年出版，经传俱

---

① 参见 P. R. Goldin, “Principal Translations of the Thirteen Classics into Western Languages”（http://www.sas.upenn.edu/ealc/paul-r-goldin）。

全，汉英对照，收入《大中华文库》面向世界出版发行，可以说代表着国内《易经》英译的一个高潮。另外，已有一些关于《易经》翻译的研究报道涉及该译本，也有学者认为这个译本是国内目前《周易》的权威英译本。[①] 因此，本研究将该译本纳入《易经》英译本研究对象之中。

国外译本中，19 世纪 80 年代的理雅各英译本和 40 年后 20 世纪 20 年代问世的卫礼贤德译本一般被视为《周易》译本中的经典作品。卫礼贤译本的贝恩斯英译本于 1950 年出版。理雅各译本和卫礼贤—贝恩斯译本皆符合上述译本筛选标准。本研究将这两部作品纳入研究对象，作为 20 世纪上半叶及以前的代表译本。虽然国内外有一些研究论著涉及这两部译本，但多是对个别卦译文的探讨。本研究拟对两部译本的古经译文进行较全面的评析。卫礼贤德译本问世约 40 年后，20 世纪 60 年代首版的蒲乐道译本虽然只有经和部分传的译文，但较有影响，金鹏程认为这个译本是西方主要《易经》英译本之一。该译本符合筛选条件，因此纳入本研究的研究对象之中。20 世纪 90 年代的林理彰译本和夏含夷译本都受到较多关注，两位译者都是汉学教授，但二者在《易经》原文版本和译文呈现方式等方面存在重要不同，前者以王弼、韩康伯注，孔颖达疏的《周易正义》作为原文版本，而后者英译主要依据马王堆帛本《周易》，反映了考古学方面的新成果，对帛本经文残缺不辨之处则据通行本译出。两个译本符合筛选条件，将两个译本选为研究对象。进入 21 世纪以来，英语世界又有一些《易经》英译本问世，其中裴松梅译本呈现出了与以往译本不同的特征，尤其是她作为女性译者的身份和“中性翻译”的翻译策略，受到较多关注，这里也将之纳入研究对象。[②]

这样，国外译本部分共筛选出了 6 个译本，加上国内译本中选择出的傅惠生译本，共计 7 部《周易》/《易经》英译本。以上根据对国内外 49 部译本的初步研究，依据作为研究对象的译本选择条件，最后确定了 7 部译本作为本研究的焦点研究对象，以较好地反映国内外《易经》英译的

① 向鹏：《〈周易〉三个英译本中吉凶判词的翻译研究》，《中国翻译》2014 年第 5 期。

② John Minford 的译本 *I Ching: The Essential Translation of the Ancient Chinese Oracle and Book of Wisdom*（New York: Viking, 2014）在 2014 年底出版。本书尚未能将该译本作为研究对象进行研究。

全貌。各译本按出版年代顺序列入下表。在研究中，主要关注《易经》古经的英译文部分，其他部分作为研究参照。

表 1—1 **作为本研究英译本焦点研究对象的七部译本**

书名	译者	出版信息	附注
The Sacred Books of China · The I Ching (2nd Edition)	James Legge［英］	New York: Dover Publications, 1899	译者中文名：理雅各 译本首版于 1882 年
The I Ching or Book of Changes	Cary F. Baynes［美］	New York: Penguin Group, Inc., 1950	译自 R. Wilhelm (1924) 德译本
I Ching: The Book of Change	John Blofeld［英］	New York: Penguin Group, Inc., 1965	译者中文名：蒲乐道
The Classic of Changes: A New Translation of the I Ching as Interpreted by Wang Bi	Richard J. Lynn［美］	New York: Columbia University Press, 1994	译者中文名：林理彰
I Ching: The Classic of Changes Translated with an Introduction and Commentary. (The First English Translation of the Newly Discovered Second-Century BC Mawangdui Texts)	Edward L. Shaughnessy［美］	New York: Ballantine Books, 1996	译者中文名：夏含夷
The Zhou Book of Change (大中华文库·周易)	傅惠生	长沙：湖南人民出版社，2008	张善文今译
The Original I Ching: An Authentic Translation of the Book of Changes	Margret J. Pearson［美］	Rutland: Tuttle Publishing, 2011	译者中文名：裴松梅

本书要解决的关键问题有：如何对作为研究对象的《易经》英译本进行批评性研究？现有英译本存在哪些成就和不足？《易经》理想之译本应具备哪些特征？因为对英译本进行研究的一个前提条件是对《易经》文本的把握，因此需解决的问题还有，《易经》文本的性质如何？它的原始构成模式是什么？此外，还要对《易经》是如何成书的、卦爻辞素材来源等问题进行探讨，以便更好地确定汉语原文及其构成要素，并据以研

究其英译问题。

要解决以上问题，需要克服的困难主要有三：一是《易经》文本的高度简约特征决定了解释者理解的多歧性，古今中外观点纷呈、歧见不断，要提出言之成理、持之有故的新观点具有相当难度；二是因《易经》本身的文本特征以及经传关系使其英译具有特殊性，因而对英译本批评标准的设定较为困难；三是资料方面，自秦汉以来历代都有大量易学文献存世，现在国内外累积的文献浩如烟海，需要花大力气进行筛选、阅读；另一方面，《易经》古史、文学及古音韵学等的研究历史却又短暂，相关研究资源较为有限。另外，虽然近几十年有不少新的出土文献和研究成果问世，但将这些成果应用于本研究以建立实质性联系还存在一定困难。关于国外文献，虽有外国学者编辑的文献目录，因渠道有限，有些国外资料难以获得。对三个主要困难的克服对于本研究的成败尤为关键。

关于第一个难点，笔者的解决思路主要是将经、传分开，集中研究《易经》本文，即非文字符号的卦象和文字符号的卦爻辞，侧重构成其原始文本素材的符形学、符义学和符用学研究，也涉及其生成的基本问题，如成书时间、作者、经文来源等。这一侧重也是笔者筛选相关中外文献的基本取向。从前文文献综述看，经传分离也是20世纪《易经》研究的一个新倾向，而且已经取得了一些重要成果，例如古史研究、古歌研究等。传统的《易经》哲学研究关于卦爻辞本身的部分也可考虑。本研究可在这些成果基础上继续向前推进，特别是打通这些不同的研究模式。《易传》虽然不是本书的主要研究对象，但在研究中也会涉及、采用它的一些内容。对此，笔者的基本原则是，有用则用，可取则取，不受其限制，不拘其一格，不囿其一说。对《易经》英译本中涉及《易传》的部分也仅视为译文分析的部分依据。

关于第二个难点，如果第一个难点解决了，这个难点就比较容易解决。由于《易经》英译的特殊性，其翻译批评研究可考虑分为具有不同侧重的两轮来实施，即据译者的和据评者的、内部的和外部的两种翻译评价路径进行。第一轮重在对个案进行描述性评析，通过译本的历史语境化，基于译本自身的翻译目标和对《易经》的诠释框架，对其翻译策略和方法以及翻译目标的实现情况进行描述、分析，由此对译本进行定位并指出译本存在的包括责任性误译在内的问题，藉此做出评价。第二轮则侧重规定性评估，即根据笔者对《易经》文本的研究，设立新的评价标准，对译本进行统一的评析并做出评价。最后根据对原文的研究和译文二次评价结果探讨《易经》复译的问题，并尝试对《易经》经文进行英译。

关于第三个难点，虽然易学文献和其他相关文献数量庞大，但是本着相关性原则，集中于与《易经》及其译本最相关的部分，可以大大缩小范围。就易学文献而言，古代文献中大多是以传解经的著作，仅选择一小部分各流派代表性作品阅读即可，现代文献则可多关注20世纪以来不同于传统易学的研究论著。另外，需要多关注相关的考古学、古文字学、古史学等相关研究进展和最新的研究成果。

在以上分析基础上，形成笔者《易经》英译的研究思路，兹简述如下：

基于对国内外《易经》研究文献的评述，采取经传分开、以经为主作为本研究的学理基础，并在对《易经》文本初步分析基础上，进行以下步骤的研究：

第一步，对《易经》英译本研究对象进行第一轮评论，逐个进行描述性评析。首先描述《易经》诸译本；其次进行个案研究，力图将译本进行语境化，综合考虑译本产生的时代背景、译者的翻译意图和《易经》诠释资源、译文的实际情况；最后由此重构翻译的过程，揭示各译本反映的译者的易学观和翻译策略，初步分析诸译本的成就和不足。

第二步，根据学术界近年来《易经》研究的一些成果，特别是《易经》古史研究、《易经》古歌研究、《易经》语言研究等成果，对《易经》卦爻辞进行研究、解析，由此确定文本各卦爻辞的素材来源和原始构成基本方式，尝试提出一个本研究框架内的《易经》文本构成模式和拟定本，作为进一步对《易经》英译本进行评析的原文文本基础。

第三步，结合前面《易经》的研究成果，设立新的《易经》翻译批评标准。据此翻译批评标准、前文确定的《易经》拟定本和《易经》文本结构特征，对第一轮评论的《易经》译本对象进行评价性为主的第二轮评析，关注译本对原文的基本构成要素的翻译处理，梳理诸译本的问题，提出译本评价。

最后对《易经》复译问题进行理论分析，旨在提出一个理想译本的蓝图，为将来新的《易经》英译提供可能的参照，并附以笔者对部分经文的英译尝试，就研究中涉及的一些翻译问题进一步进行阐发。

二　理论依据与符号学概述

为实施以上研究思路，笔者选择应用现代符号学的一些理论作为本研究的理论基础。《易经》卦象系统即中国古代符号学的成果，但中国古代易学符号学因其关注点较狭窄，需要根据现代符号学的理论和概念对《易经》符号文本进行研究。基于西方现代学术的现代符号学已经形成了一门比较完整而系统的学科，其研究目的是尝试为当代人文社会科学的研究寻求一个“共同的方法论”。选用现代符号学有助于我们更好地认识和理解《易经》这一古老的符号文本。现代符号学包含众多分支学科和理论，我们可根据需要解决的问题选取一些理论和方法。例如，符号学把语言符号的意义分为指称意义、言内意义和语用意义，就卦爻辞进行的分析也将侧重这三类意义的分析。或可根据卦爻辞不同的构成材料而有不同的分析侧重点。因此，本研究对《易经》卦爻辞的解析就建立在符号学理论之上。以下两小节主要基于李幼蒸（1999）和赵毅衡（2011）简要阐明现代符号学的有关概念和观点[①]，以作为建立本研究框架的依据。

（一）符号、符号化和符号学

赵毅衡认为，从对符号根本性质的理解出发，可以说符号学是研究意义活动的学说。[②] 因此，符号学即意义学，它主要关注意义研究，古往今来一切与意义有关的研究都与符号学有关。在意义研究的整体领域中，符号学占据着基础地位。

关于符号的定义，概括起来有四种，即替代说、约定说、结构说和信息物质说。其中，信息物质说把符号的物质性和思想性有机统一起来，得到多数学者认可。[③] 符号作为文化现象中的表达单元，正像作为语言和思

---

① 参见李幼蒸《理论符号学导论》，社会科学文献出版社 1999 年版；赵毅衡《符号学原理与推演》，南京大学出版社 2011 年版。

② 赵毅衡：《符号学原理与推演》，南京大学出版社 2011 年版，第 2 页。

③ 徐瑞：《周易符号学概论》，上海图书馆/上海科学技术文献出版社 2013 年版，第 27 页。

想的表达单元一样，代表着人类精神构造和物质构造的基本元素。赵毅衡给符号下的定义是，符号是携带意义的感知；意义必须用符号才能表达，符号的用途是表达意义；反过来说，没有意义可以不用符号表达，也没有不表达意义的符号。[①] 亦即说，能用符号表达的才是意义，不能用符号表达的就不是意义。他进一步指出，任何意义活动必然是符号过程，不可能脱离符号讨论意义，那么意义必然是符号的意义，符号就不仅是表达意义的工具或载体，符号是意义的条件，有符号才能进行意义活动。[②] 人的所谓自我，只能是符号自我；由于使用符号，我们成为理解中的世界中的一部分，因此伯克的结论是，没有符号系统，世界就没有意义。[③] 人类为了肯定自身的存在，必须寻找存在的意义。因此，符号是人存在的本质条件。这也是符号学大师卡西尔（Cassirer）的名言“人是使用符号的动物”的意旨。

索绪尔（Saussure）符号学的局限性在于他的符号二元结构忽略了符号所指向的物理事物，而皮尔斯（Pierce）的符号三元结构解决了这个问题，在符号和客体间增加了解释项，这就从哲学上使符号系统成为一个开放体系。根据皮尔斯的符号学基础理论，符号由三重关系组成，即符号代表项（符形，或称“再现体”，一般也称为“符号”）、对象（或称“客体对象”）和解释项[④]。在符号表意中，解释项的产生可分为三个阶段。符号代表项具有第一性，类似于索绪尔的“能指”，具有显现性，即符号对所有解释者而言都可感知的部分。要触发符号表意过程，符号必须首先被感知。客体对象具有第二性，可以是现实世界中的物理对象或心智世界中的心理实体，是外在的、实在的，可指实物，也可指真善美等抽象对象，可是静态的，也可是动态的。解释项具有第三性，实际上就是意义，

---

① 赵毅衡：《符号学原理与推演》，南京大学出版社 2011 年版，第 1 页。

② 同上书，第 2 页。

③ 同上书，第 5 页。

④ 皮尔斯本人对解释项（Interpretant）这个术语的用法曾多次改变。符号学家艾柯（U. Eco, *A Theory of Semantics*, Indiana University Press, 1976, p. 71）认为虽然该术语有多重含义，但它的模糊性同时也是其力量和理论纯洁性的条件。经艾柯解释之后，解释项大致成为一种与文化有关的观念性意义，尤其是一种引申性意义，是可能的解释者心中的心理事件，同时由于任何意义本身都可作为进一步意义的符号或推出另一个意义的基础，因此解释项也是一种动态变化的符号，会引起进一步的解释，从而形成一种网络结构。

或属一般性判断，或属个体性判断，或兼有之，也就是作为符号使用者的解释者在面对某符号时在头脑里出现的符号。对象和解释项是索绪尔对“所指”的进一步二分，这成为现代符号学形成的关键一步。对象是符号的成因，而解释项是符号的意义，它指涉的实际上是同一对象的另一个代表项。一般而言，符号的对象相对固定，而解释项全靠解释者的解释努力。解释项可进一步分为直接解释项、动态解释项和最终解释项，是解释者解释一个符号的三个步骤。符号与对象的关系主要有代替、表现和代表三种，即解释者所识别出来的指示、像似和规约三种关系，有时三者重叠，有时区别明显。

从符号到对象再到解释项，构成了解释者符号认知的一个相对完整的过程，即符号化过程。符号自身无所谓指称或表达，实际上是人把它视为如此。符号的意义是一个假设，需要解释才有可能实现。因此，更确切地说，符号化是符号假设的意义解释。皮尔斯认为，符号之所以成为符号，之所以能够通过一定的形式系统代替或代表不同于符号本身的其他事物、现象或过程，无非是由于符号的解释者依据一定的共同体或社会的规范所做的解释或认知。[①] 这样，他把符号表意的重点放在接收和解释这一端。任何符号解释都有个人与社会两个方面，符号化过程从个人感受开始，而解释方式（理解符号所用的符码）终究是文化性的。[②] 符号化是人对付经验的基本方式，因为只要符号化，哪怕看来完全没有意义的，也可能被解释出意义。[③] 符号化过程只可能由解释者主动或被动中断，而符号化过程本身是永远不会结束的，因为解释项是意义，而任何意义必须用符号才能再现，但解释项必然是一个新的符号，是同一个对象的一个新的代表项，要求新的解释项，如此延伸下去。对于同一个符号，可能会产生不同的解释项。分岔衍义也给误读提供了机会，只要第一环节似乎有根据，以下的衍义就都似乎有道理。

现代符号学的基本学科划分是沿用美国符号学家莫里斯的三分法，即

---

① 参见徐瑞《周易符号学概论》，上海图书馆/上海科学技术文献出版社 2013 年版，第 44 页。

② 赵毅衡：《符号学原理与推演》，南京大学出版社 2011 年版，第 36 页。

③ 同上书，第 33 页。

符形学、符义学和符用学。[①]符形学（syntactics）关注符号与符号之间的关系，符号组合的方式和规律，是符号学的基础。符形学问题包括感知符号、艺术符号、符号的实际使用以及一般语言学。因此，对文本的语言学研究归入符形学，在意义层面主要是言内意义。符义学（semantics）指涉意义的传达和解释，关注符号与指称对象之间的关系。符义学研究符号与对象之间的关系，即研究符号意义的传达和解释，是符号学的核心。符用学（pragmatics）关注符号与其接收者即解释者的关系，研究接收者在何种条件下、情境下得到何种意义以及如何使用这个意义[②]，涵盖涉及符号使用者的所有问题，在当代符号学的地位越来越重要。符号学的“硬核”是语言符号学，下辖语言结构、语义结构、话语结构三部分，分别对应符形学、符义学、符用学。与符形、符义、符用三类关系对应的是语言符号的三类意义，即言内意义、指称意义、语用意义，共同构成了语言符号的总体意义。当今符号学已经是广义的符号学，涵盖了文字符号和非文字符号。

（二）符号的基本分类

赵毅衡按“物源”（本身不是符号，而只是各种可能的相关感知的寄宿地）与意义的关系把符号也分为三种。[③]一是自然物或事物，原本不是为了“携带意义”而出现，而“落到”人的意识中，被意识符号化，才携带意义，如雷电。如《易传》对《易经》的解释在这方面的特征尤为明显。二是人工制造物或事物，原本也不是用来携带意义而是供使用的，若被感知为“携带意义”就可能成为符号，如石斧、打斗。三是人工制造的“纯符号”，完全是为了表达意义而制造出来的事物，不需要接收者接收才成为符号，因为它们是作为意义载体被制造出来的。它们的意义，

---

① 莫里斯原是借用了语言学术语“Syntactics”，“Semantics”和“Pragmatics”，中文多年来译为“句法学”“语义学”和“语用学”，本书采用赵毅衡（2011）建议的译名“符形学”“符义学”和“符用学”。

② 符号学家里奇（G. N. Leech, *Semantics*, Penguin, 1974, p. 2.）认为，凡是对应了以下四条中的任何一条，符号的解释都进入了符用学的范围：1. 是否考虑发送者与接收者；2. 是否考虑发送者的意图与接收者的解释；3. 是否考虑符号的语境；4. 是否考虑使用符号而实施行为。

③ 赵毅衡：《符号学原理与推演》，南京大学出版社 2011 年版，第 28 页。

可以是实用的，也可以是没有实用价值的，即艺术的。任何的物或符号都是一个“符号—使用共存体”。远在语言文字命名之前，非语言文字的符号早已存在。符号既可能向纯然之物一端靠拢，完全成为物，不表达意义，也可能是向纯然符号一端靠拢，不作为物存在，纯为表达意义，所以任何符号—物都处于这两个极端间的连续体上某个位置，其使用部分与表达意义部分的“比例”与特定的解释语境中的接收者如何解释这个载体所携带的意义相关。

三　研究基本框架与研究方法

20 世纪 20 年代以来，受西方学术分科影响，中国学术文化分为文、史、哲三个基础学科，而任何学问都离不开从文史哲三个方面进行考察。20 世纪的《易经》研究新的进路也是对《易经》卦爻辞的古史研究和古歌研究，而传统易学的义理研究路径关注《易传》对《易经》的哲学发

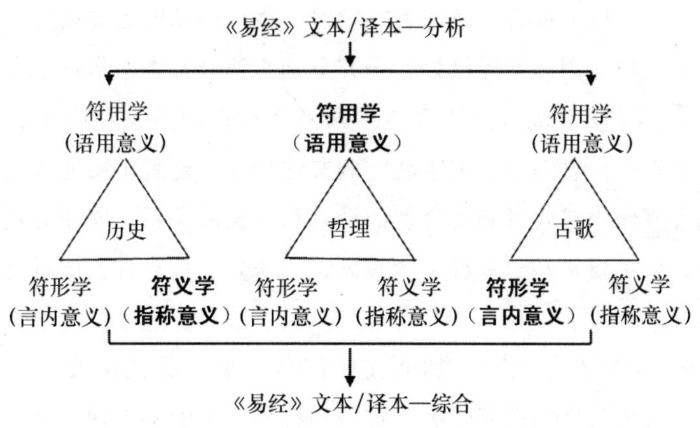

图 1—1　基于符号学的《易经》文本/译本分析基本框架

挥，对卦爻辞本身所含朴素的哲理内涵关注不够。因此，笔者汲取新的研究成果，尝试对《易经》卦爻辞进行古歌、古史和哲理的文史哲综合研究，可弥补以往研究的不足。一般而言，三者的研究都涉及指称意义、言内意义和语用意义的分析，而就三者意义研究各自的侧重而言，古史文字研究侧重指称意义，古歌文字研究侧重言内意义，而哲理文字研究侧重语

用意义。因为卦象在译文中没有变化，本研究将主要涉及卦爻辞文字符号部分。本书基于符号学提出以下原文文本研究和译文两轮评析的主要研究框架及侧重点，参见图 1—1（黑体字标志）。

在符形学层面，通过符形分析，《易经》文本和英译评析要通达《易经》文本的符号载体结构，透彻理解整体和局部的特征和符码规则，文字符号要涉及其语音、字词、句篇、话语等层面的结构、修辞特色。在符义学层面，《易经》文本及其英译评析要通过符义分析以明确把握《易经》符号文本的指称对象，在意义层面主要是指称意义。在符用学层面，关注符号与其接收者即解释者的关系，研究接收者在何种条件下、情境下得到何种意义以及如何使用这个意义。这个接收者包括作为原文文本接收者的译者和作为译本接收者的译文读者，本研究主要关注前者。《易经》英译评析要通过符用分析，以洞察符号文本与解释者（译者）的关系、文本和翻译的意图和文本的文化含义，包括文化价值的处理。就翻译而言，符形学、符义学和符用学涉及译者作为接收者的双重身份即读者和译者，以及译者对译文读者—接收者的预测。翻译的功能需要由译入语文化内的读者来实现，因此翻译批评要研究分别与符号文本的指称意义、符内意义、符用意义（对语言文字文本后两者惯称言内意义和语用意义）对应的译文文本的信息功能、美学功能和文化功能。笔者主要通过研究译文和原文来考察作为接收者和解释者的译者与原文的关系，即使分析中涉及译文读者，也主要是基于一种读者假设，而非真实地对真正读者进行调查研究。

《易经》文字符号“辞”和非文字符号“象”共同组成了一个表意文本单元，卦象可应用符号学关于符号和符号文本的基本理论对其符号表意问题进行分析，卦爻辞问辞和断辞可主要应用语言符号学研究，通过侧重语义学研究识别其中的历史材料，通过侧重句法学研究识别古歌材料，通过侧重语用学研究识别哲理材料，而可应用文化符号学有关理论对断辞部分进行研究，由此尝试确立本书的卦爻辞拟定本。以此作为《易经》译文研究的基础。《易经》英译问题可应用符号学的一些理论，例如意义理论、文本理论、文化标记理论等进行研究。鉴于卦象符号在英译时保持不变，对译本的研究主要针对文字符号即卦爻辞部分，可以更多地应用语言符号学理论，也涉及诸如文化符号学有关理论等。

本书总体上是一项属于人文学术领域的定性研究，基本研究思路和方法源自西方学术，例如各侧重描述和评价的两轮译本评析方法、文史哲的经文分析思路等。研究中应用的主要方法是针对《易经》文本的史料学分析方法，包括史料文本分析法、文字训诂法、逻辑分析法等以及针对《易经》英译本的文本分析方法，包括文本比较和对比法、互文分析法、诠释法等。当然，《易经》英译研究中也要应用文字训诂、逻辑分析方法，在一些章节也会应用到样本法和简单的统计学方法。另外，本书还应用了诸如模式法、图示法等方法。总之，一项完整的翻译评论研究，需要多种方法的综合运用。本书拟应用的研究方法是丰富多样的，这种方法上的丰富性则始终服务于预期研究目标的实现。

第二章 《易经》主要英译本第一轮评析

本章对七部《易经》译本进行第一轮分析。[①] 诸译本产生的时代不同，译者对《易经》的认识不同、所据原文不同，翻译目的和对象读者也不尽一致，因此宜据基本的原则和标准进行个案研究，最后进行综合分析。本着“了解之同情”（陈寅恪语）原则，本章从译者出发，立足译本语境化，进行描述性分析。

第一节 七部《易经》英译本概览与首轮评析共享标准

一 七部《易经》英译本概览

（一）理雅各译本

理雅各译本[②]（名为 *The Yi King*，1882 年出版时封面书名为 *The I Ching*，书内用 *The Yi King*；*or*，*Book of Changes*）收入缪勒（Muller）编 *The Sacred Books of the East*（《东方圣书》）第 14 卷。译本正文前有“序”“引言”并附三个卦象图表，详细交代了《易经》意义生成的传统。他主要运用传统规则解释卦象。他因循传统分析了《易传》各部分，阐明了自己的看法。例如，他认为《易传》所说的阴阳概念源于日月（43）[③]，而经传中并无真正的阴阳理论，传中也多用“刚柔”而不用“阴阳”，因

---

① 在本章和后面章节，将七部《易经》/《周易》英译本统一称为《易经》英译本。

② J. Legge, The I Ching: *The Book of Changes*, New York, Dover Publications, 1963.

③ 本章沿用前文做法，即在译作内的页码直接放在圆括号内置于相关内容之后，如本处（43）指在理雅各译本中第 43 页。下同。

为直到宋代理学那里中国哲学的阴阳理论才最终形成，《易经》作者也没有考虑什么宇宙论和创世论（44）。他还从字源上解释把中国经典包括《易经》中“帝”“上帝”译为英文“God”的问题（xx）。当然，他无法超越自己的时代而了解后人甲骨文考古研究的发现。理氏对以前和同代的《易经》翻译情况是了解的，他在译本序言和正文脚注中对一些译本有大量引用和评论。

译本正文后是附录部分，包括《十翼》译文，最后有音译说明。译本正文分上、下，行文有固定模式，每卦译文包括卦序号、卦象、卦题、辞和爻题、辞，每爻用阿拉伯数字编号，译文用序数词指明爻题顺序，阳爻和阴爻译为“undivided（line）”和“divided（line）”。[①] 理雅各认为《易经》六十四重卦、卦序和卦辞为周文王于公元前 1142 或 1143 年被困羑里时完成，而爻辞为周公在三四十年后完成（6；10），卦名也始于文王（14）。因此，他在正文中于《乾》卦辞上和爻辞译文上分别冠以“Explanation of the entire figure by king Wan”和“Explanation of the separate lines by the duke of *Kau*”（后面诸卦则省略）。译文用加括号的办法标明译者认为原文隐含而在译文中译出的或增添的部分。

（二）卫礼贤—贝恩斯译本

卫礼贤—贝恩斯译本 *The I Ching or Book of Changes* 书名与理译本用词相同，1950 年由纽约 Pantheon Books 首版两卷本，后再版多次。本节研究的是 2003 年纽约 Penguin Group 版一卷本，是英国 1968 年版一卷本的重印本，与 1950 年两卷本内容安排略有不同。该译本全书分四部分。第一部分包括卫德明 1966 年序言、荣格 1949 年前言、英译者注、卫礼贤序言和引言。卫德明为译本第三版写的序言（*xiii* - *xx*）交代了一些相关的易学研究新进展，但总体上内容较少。此外，他还说明了保留卫礼贤译本内容框架的原因。荣格前言（*xxi* - *xxxix*）主要论及古经部分，尤侧重其实用，要点在学理上强调了《易经》呈现的宇宙、事物之偶然性、同时性特征，认为西方传统哲学注重因果性，忽视偶然性，而中国却相反，《易经》指涉的正是偶然性产生之各种情形，宇宙本身即是偶然性之结果。

① 译者在《乾》卦译文脚注中解释了原文和译文每卦的体例问题。

其他三部分构成译本正文。卷一是“文本”（The Text），含六十四卦卦名、卦名音译和意译、图象、内外卦卦名音译和意译、卦爻辞译文及彖传、大象译文和德译者注释的英译。各卦译文排序先是卦象、卦辞、大象辞、爻辞译文，各间以大篇幅译者说明。严格说来，此非译本面貌，而是研究著作之特征。因此，徐梵澄说，它实可称为“易经研究”。[①] 卷二是“材料”（The Material），含“十翼”之《说卦》《大传》及译者关于《易经》性质、用法等方面的一些说明，另附卫礼贤专文“论卦的结构”。卷三是“注释”（The Commentaries），含按六十四卦拆开分列的《彖传》《象传》《文言》《序卦》和《杂卦》。卷三和卷一在内容上有不少重复。附录部分是译者撰写的揲筮之法及硬币占卦法简介，另有全书索引，最后是六十四卦分八宫之列表。封面有董作宾甲骨文题“易”字。

（三）蒲乐道译本

蒲乐道译本[②]（1965 年首版）是 Penguin Compass 1991 年版的 *I Ching*（*The Book of Change*）。封面有副标题“Translated and Edited by John Blofeld”。内容包括三部分：一是译者 1963 年为译本写的简短前言和译本引言。二是译本主体，分两部分，第一部分是“解释章”（“Explanatory Chapters”），主要涉及《易经》的预测应用，包括六章，分别是“《易经》介绍”“《易经》背景”“《易经》符号基础”“占卦方法”“解释指南”和“使用总结”；第二部分是译文正文，即《易经》译文，另附一则后记。《乾》《坤》两卦译文各包括卦象、卦题译文，卦爻辞译文和《彖传》《大象》《文言》《小象》译文，其中《文言》《大象》译文把与各爻有关的文辞各置于有关爻辞译文下，其他每卦译文包括除文言外的其他部分。此外，每卦译文还附注释。三是 14 种附录。可见，译本是沿着《易传》的路径走的。与理、卫—贝译本不同，蒲译本名用了单数的“change”，他认为这是一个创新。理由是，《易》之为名反映了其作者关于变化的概念，即变化是宇宙不变之性质，而在宇宙之中，个别、具体的变化不太重要，重要的是变化才是不变的，因此用单数形式能表示这一概

① 徐梵澄：《〈周易〉西行——关于〈周易〉的德译与英译》，《国际汉学》2004 年第2 期。

② John Blofeld.（trans.）*I Ching*: *The Book of Change*, New York: Penguin Group, Inc., 1965.

念（23—24）。译者沿用了卫—贝本的一些译法，如卦名音译和意译结合法及部分卦名译文，如《讼》译为“SUNG CONFLICT”。

译本卦爻辞译文的呈现都采用了间隔排列形式。《乾》卦译文呈现遵王弼传本，在译文开始处连续排列，与其他卦都不同。在该卦译文后文解释部分则重复各爻辞译文，而从《坤》卦始的译文中则无此重复，而先是卦辞译文，后是爻辞译文，穿插其中的是《易传》相关部分的译文。他认为“君子”在《易经》中是一个关键概念，将其首字母大写译为“the Superior Man”，以凸显其重要性，其他术语则无此凸显。译者指出，《易经》原文不用代词，译文中的代词不可避免限制了解读，译者正文中几乎统一用“he”。译文括号内部分是译者所加，或是解释，或说明原文可能隐含的意思。如是原文隐含之意或属于英语语法之故的增译，则不用括号。

（四）林理彰译本

林理彰译本[①]收入狄百瑞（W. T. de Bary）领衔主编的东亚经典英译丛书。译本是王弼《周易注》（六十四卦卦爻辞、《彖传》《象传》《文言》）和《周易略例》（未译该文序言）及韩康伯对《易传》其余部分注的英译。全书主要包括引言、《周易略例》正文、《系辞传》《序卦》《杂卦》《说卦》、六十四卦经文及《彖传》《象传》《文言传》译文，后附有参考文献、术语表、专名表、索引等，未附《易经》汉语原文。译者对内容编排进行了调整，将《系辞》《序卦》《杂卦》《说卦》皆置于经文之前，译文均包含王弼注在内，后者用不同字体置于大括号内[②]，译文又把前文《系辞》《文言》《序卦》《杂卦》中部分有关各卦的文字译文穿插于各卦译文之中，略有重复。译文中译者夹注置于方括号内，译文注释采用每篇、每卦尾注形式。译文中音译部分，林译本采用了现代汉语拼音系统。《系辞传》《序卦传》《杂卦传》《说卦传》及其王注英译注解细

① R. J. Lynn, (trans.) *The Classic of Changes: A New Translation of the I Ching As Interpreted by Wang Bi*, New York: Columbia University Press, 1994.

② 译文中有些地方可能由于排版原因而没有标以大括号，例如《坤》用六爻辞王弼注译文、《小畜》卦辞王弼注译文。另，译者每一卦的尾注都有一条说明大括号内的部分为王弼注，实无必要。

致，学术气象甚浓。同时也反映了原文的特征，但较烦冗、重复。这表明译者的目标读者应是有易学基础的读者或学者。这部分译文不构成本研究之重点。林译本原文据楼宇烈编《王弼〈周易注〉校释》（1980），参以孔颖达《周易正义》（1955）。由此，译本与之前的其他译本在原文及解读上自然不同，因为前人译本及现代注本多据程朱、乾嘉易学。

（五）夏含夷译本

Ballantine Books 1997 年版的夏含夷译本[①]内容主要包括"《易经》的起源与发展""马王堆帛书《周易》""翻译原则""译文体例""帛书《周易》英译文"及各部分的注解译文。该译本依据的原文是 1984 年《文物》首次公开发表的马王堆帛书《周易》原文，在书中呈现的是原文和译文汉英对照，而且在帛本各卦汉字经文下提供了传本《易经》经文原文，便于读者参照。译者在译本开始部分没有花大气力介绍马王堆考古发现的细节和意义，而是基于自己的研究，由介绍卜筮入手，集中于论述帛本《周易》可能的发生、发展问题。在"《易经》的起源与发展"中，译者主要介绍了商周之际占筮情况，简要分析了卦爻辞的可能发生过程。在译者看来，卦爻辞的产生多与观察人事、自然和卦象等因素有关。但译者没有提到商周之际卦象与后来的阴阳爻卦象的不同。[②]"马王堆帛书《周易》"部分包括帛书《周易》描述和该本与传本《周易》的主要不同，阐明了他关于传本早于帛本的理由，另简要分析了帛书易传的文本。"译文体例"介绍了译文的呈现方式，要点有：译文六十四卦序按帛书本顺序；帛本缺损之处按传本解释和翻译、传本和帛本的差异解释置于注解中；经文译文汉英对照并附传本经文，原文和英译文对页对照；爻辞译文分三部分即爻题（the Image）、命辞（Injunction）、占辞/验辞（Prognostication/Verification），爻辞译文分别用行首缩进差异加以区别。

"翻译原则"一节交代了主要的翻译原则。对帛书《周易》翻译的两种倾向，即严格按照原文字面翻译和充分考虑通假字意义之翻译，译者综合考虑各种因素，尽可能译出写本抄写者所欲表达的意义和意图（30）。

---

① Edward Shaughnessy, (trans.) *I Ching: The Classic of Changes Translated with an Introduction and Commentary*, New York: Ballantine Books, 1997.

② 西汉前期阴爻写作"八"形，可能是古"六"字（即∧）或"八"字。

在帛本和传本存在异文之处，译者诠释和翻译时必须做出选择。有时需按传本决定，如第一卦九五“罪龙”据传本作“飞龙”，但不存在可靠的选择基础时则需要维持帛本经文的字面意义（31）。另外，译者将借助一些帛本和传本的文本内部和外部证据决定作何解读。译者指出，还存在个别情况，应从帛本和传本之外的文献，如帛本十五卦《颐》（传本二十七卦）六四“虎视沈沈，亓容笛笛”的“笛笛”似讲不通，而传本“虎视眈眈，其欲逐逐”之“逐逐”也与“眈眈”不太相容。汉代其他文献引《易》经文者有“蓃蓃”，作为修饰语较多见（如见于《诗经》），意思也符合“眈眈”之貌，“逐逐”仅见于传本经文该爻辞，因此译者认为，经文应是“其容蓃蓃”（34）。译者提供了大量书末尾注，主要交代帛本和传本文字差异。译者注释中没有过多解释为何做出某种翻译选择。

（六）傅惠生译本

傅惠生译本《大中华文库 · 周易（*The Zhou Book of Change*）》（2008，以下简称“傅译本”）[①]，除“大中华文库”系列汉英对照译本共有项目外，内容包括：英译者撰写的“前言（汉英对照）”、对页对照的《易经》六十四卦上下经和“易传”［今译（偶数页）与英译（奇数页）］。其中，《彖传》《象传》《文言传》皆穿插于各卦经文之间，其他各传则在其后。“前言”内容包括经文及其演变、《易传》及其演变、易学史纲要、易学的世界流行等部分，介绍了《易经》流传、研究和翻译的概况，不足是未说明英译和今译的关系、未阐明英译的基本原则及英译所依据原文情况。除前言外，译本没有提供文外注释和其他对译文的说明。

译者前言虽未说明所据原文版本，但从文字和内容排列方式尤其是《乾》卦经传的编排看，应是通行本王弼版本的排列方式，译本原文应是王弼本和朱熹本的融合本。译者前言虽未提及翻译原则和方法，但据这样的经传排列模式，基本可知译者的解读和翻译思路。译者大致顺着《易传》解读经文，如“前言”中对《乾》《坤》两卦卦辞成分的功能判断（28），即是根据各自的彖传而定性为断辞的。译者还根据对《坤》卦辞

---

① 《周易》，傅惠生英译，张善文今译，湖南人民出版社 2008 年版。

和象传的比读，确定了该卦卦辞中第二个“利”是属于前文、独立使用还是属于后文的问题（29）。且不说其结论是否有道理，这种分析思路只是以传解经的思路，试图使传与经和谐起来，与传统思路无异。因此，英译文必然只能局限在这一框架内。

（七）裴松梅译本

裴松梅译本①名为“原始易经（The Original *I Ching*）”，含六十四卦译文，每卦提供卦象、汉字卦名及其汉语拼音、英译卦名、爻辞译文，并在每卦译文后增加《易传》中大象部分的译文及译者对卦象和部分卦爻辞的解释（斜体）②。译文正文前有致谢、引言（《易经》小史、英译缘起）、《易经》介绍、译文说明、《易经》使用介绍，正文后是《易经》“原文”等附录。裴译本依据的《易经》原文是她据夏含夷译本的两个《易经》原文即通行本和帛本修订、确定的，按通行本卦序排列，据帛本修改了一些卦名、卦爻辞文字，并附加了《易传》中各卦的大象。因此，该译本的原文是与众不同的，即它既不是今本经文，也不是帛本经文，而是译者根据自己的理解和意图，以今本为主，将二者结合的结果。她的原文以传本为基础，表现在爻题写法（“尚”改为“上”；“迵”改为“用”）、帛本残缺不辨之字全用今本文字、卦名仅有四个变动（《豫》改《餘》；《蛊》改《箇》；《临》改《林》；《离》改《羅》）三个方面。据笔者统计，经文中有今本字97个（含重复字，但不含卦名）改为帛本字或其他字，另外《明夷》初九加“左”字为“垂其左翼”、《噬嗑》六五“噬乾肉得毒”之“毒”换掉“黄金”两字。从这些改动来看，很难找出规律，因为帛本和今本有些有规律替换的字在此却仅改了一部分，如《大有》九三“公用芳于天子”之“芳”仅此一个字改动，其他“亨”或“享”未改。今本字改成的帛本字中，有的在夏译本注释中注明是尚未可知其意的字，如《鼎》九二的“戕”（117），夏译本注为“unknown graph”，但是不知为何出现在原文中换掉原来的字。还有一处爻辞提供两

① Margaret Pearson, (trans.) *The Original I Ching*: *An Authentic Translation of the Book of Changes*, Rutland: Tuttle Publishing, 2011.

② 译者在译文中涵盖“大象传”译文，其原因在于她必须为卦象提供一种解释，而她只能求诸传统易学。

个版本，即《餘》九四（237），只有一个字不同，前一个是“譖”（今本、竹本皆为“簪”），后一个是“讒”（帛本字），其“譖”字不知何来。另外，其中5处文字错误，如《随》九四“有復在道已盟”，其中“盟”不见于今本、帛本、竹本（三者皆为“明”）。另有技术性错误，如第三卦应为《屯》，但译本所附经文第二卦是《坤》，第三卦也写为《坤》（Sprouting），卦辞部分第一个字也是“坤”，显然是《屯》之误。《未济》上九遗漏“失是”。由于今本《易经》经文经过这些改动，加之其中过多的不严谨、不规范甚至错误之处，不禁令人心生疑惑：这样“The Zhou Text”还是《易经》吗？我们这里把裴译本作为一个《易经》译本来接受，撇开原文问题，主要据译者提供的原文来分析翻译情况。

二 基于符号学的首轮评析原则和共享标准

图里（Toury）指出，任何翻译研究都应从翻译文本本身这一可观察到的事实出发，由此再继续对未观测到的事实进行重构。[①] 本节的评析原则主要是依据译作的语境化而设定，关注译者声称的翻译目的和功能、目标读者、所据原文及其解读资源，对译本和译文进行分析，考察译本的符合程度，基本不涉及用超出其时间范围的易学新成果、新进展去衡量译文，也不拟对译者所据的原文及其解读资源进行评价。因此，分析结果主要限于译本是否达到了译者所设定的翻译意图，是否符合翻译的基本要求（如理解、表达上有无问题；英语译文是否存在语言错误等），是否与译者自己所依据的诠释框架一致等。

就本轮评估各译本共享的基本评析标准而言，对英译文的分析注重三个层面：一是在主要关乎言内意义的方面，译文包括译文正文及其注解应表达准确，在总体风貌上，译文应匀称、统一，具有适当的语言表达之美感，具有相当的可读性；二是在主要关乎指称意义的概念、事理方面，因文本的文化性、思想性，译文要达到客观、完整、缜密，不仅自身要在思想上完整、贯通，还要符合所据原文文本和解释资源的整体理论精神和概

① G. A. Toury. “Rationale for Descriptive Translation”, in T. Hermans, *The Manipulation of Literature: Studies in Literary Translation*, Croom Helm, 1985, pp. 16 - 39.

念体系；三是在主要关乎语用意义的原文意图意义再现方面，应符合原文、翻译意图以及译本自身设定的翻译目标。《易经》原文的“意图”具有多元性。所谓原文的意图即译者解读原文所据资源范围内的原文意图，因此对不同的译者不存在完全同一的原文意图。另外，也要关注译者是否在《易经》翻译方法上存在革新、创造。

基于以上各点，以下的系列案例研究主要考察译者所据的原文和其对原文的看法，描述其译文，通过和原文进行比较获知其基本翻译策略，形成译本认识的基础，并和译者所声称的翻译策略、目的和意图相对照，结合共享标准，对译本做出基本的评估。这里的关注中心是译者和译本，不拟过多涉及读者方面（即所谓读者反应），也不拿后代的易学研究成果去衡量前代的译本。其他诸如伴随文本情况会分散在每一个案例的各个部分进行分析研究。各节的论述分为四部分，内容分别是“译者背景”“译本描述”“译文翻译策略”和“译文评价”。

第二节 理雅各译本

一 英国来华传教士和“十三经”翻译家

理雅各[①]（1815—1897）生于苏格兰，作为英国伦敦布道会传教士，1840 年 25 岁时来到马六甲，任“英华书院”院长，1843 年随书院迁至香港并继续主持院务，后在香港居住达 30 年。1873 年返回英国。1876 成为国际儒莲汉籍翻译奖的第一个获得者，同年被牛津大学聘为汉学讲座第一任教授，直到去世。在欧洲，理雅各则与法国顾赛芬（S. Couvreur）、德国卫礼贤并称汉籍欧译三大师。作为传教士和汉学家，一生大部分时间都花在研究、翻译中国经典的工作上。他的译作主要有 28 卷本《中国经典》［*The Chinese Classics*，亦称《中国圣书》（*The Sacred Books of China*）］。另有一些汉学著作，包括一部未完成的汉英词典。理雅各与德庇士（J. Davis）和翟理思（H. Giles）并称为 19 世纪英国汉学三大家，他

---

① 关于理雅各生平，参见［美］吉瑞德（Norman J. Girardot）《朝觐东方：理雅各评传》，段怀清、周俐玲译，广西师范大学出版社 2011 年版。

们是英国汉学由业余进入专业阶段的标志人物。

理雅各的中国经典翻译生涯始于他对西方来华传教士对中国典籍译述现状的不满。他的一生中有半个世纪的时间在克服重重困难而致力于译介中国经书和研究中国宗教，他认为基督教和儒家经典是相容的，因而他试图打通儒教与基督教。他的翻译工作是在西方总体上存在对中国的歧视下进行的。1840 年鸦片战争前后，理雅各出于良知，抨击英政府对华的鸦片贸易，抗议英政府介入镇压太平天国，反对英政府武力介入教案。因此他不是英政府所期待的那种传教士。他明确意识到，只有透彻地掌握中国人的经典著作，亲自考察中国圣贤所建立的道德、社会和政治生活基础的整个思想领域，才能与自己所处的身份地位和承担的传教职责相称，也才能让西方真正认识古老的中华文化和人民。他在翻译工作中注重旁征博采、透彻严谨，践行一种学术性翻译策略，反对“索隐派”（Figurists）刻意曲解和过度阐释的做法。关于他的中国经典（包括《易经》英译）翻译目的和目标读者，他考虑的是中国文学和文化的学生（学者）和感兴趣的普通读者。[①]

他的《易经》翻译是他“十三经”英译实践的一部分。他 1873 年回英国后，在王韬帮助下[②]，最终完成，收入 1882 年牛津版《中国经典》第二册。他的译本问世后一直作为标准译本，在卫礼贤译本出现后他的译本影响有所下降。理雅各的历史局限性也是明显的，但客观、历史地看，他的译本对西方人认识《易经》和西方易学发展的影响颇大，因此他的译本被誉为《易经》译本中的“旧约全书”。理氏于 1854—1855 年就已完成了《易经》和《易传》的英译初稿，但自觉理解不到位，便搁置一旁。直到 1874 年，他才又重拾起，认为只有经、传分离，专注古经本身才能真正理解《易经》（xiii）。他认为，传与经相距 700 余年，前者大部分也并非出自孔子。理雅各被认为是西方易学“文本派”的创始者。

作为中国古籍英译者，理氏认为《易经》以筮书的面貌隐藏着周文

① ［美］吉瑞德（Norman J. Girardot）：《朝觐东方：理雅各评传》，段怀清、周俐玲译，广西师范大学出版社 2011 年版，第 27 页。

② 王韬曾撰写《周易注释》供理雅各参考。参见马祖毅、任荣珍《汉籍外译史》，湖北教育出版社 1997 年版，第 55 页。

王和周公的思想，译文可读性是翻译必须解决的问题（xv）。为此，他在译文增补了较多原文未明示的部分，以提高可读性。除了王韬，理译主要依赖宋代理学家的注疏。虽然他明白宋代理学主要源自《易传》而非古经，他对原文的理解还是不得不赖于朱熹《周易本义》（也有引用其他文献对朱熹的一些观点进行的批评），另外的主要参考是1715年版《周易折中》和一些其他文献。当然，这也与他在翻译中回归中国学术传统的努力有关。理氏译本成为后人解读和复译《易经》的基础。

二 经传分离、偏重文字解释的散文化厚重英译

本节研究理译本六十四卦译文以考察其主要翻译策略和方法。该译本每卦包括卦象（照录）、卦题和卦爻辞译文及脚注。六十四卦卦题全为音译加“HEXAGRAM”[①]，如《乾》卦“THE KHIEN HEXAGRAM”，卦爻辞译文中则一般用意译或音译加意译的方法；卦题和辞、爻题和辞译文各融合为一体，前者用“represents”“indicates”“intimates”等词，后者用“shows”“we see”等词引出后文，增补“subject”之类词语表示原文句子的“主语（人）”，分别成为句法结构完整的句子，这一框架使译文各部分紧密联系成为一个整体。

（一）翻译策略和方法

从前言和序言中可看出，译者试图把《易经》作为思想文本和文化典籍来翻译。从译文看，译者从归化和异化上双重努力、尊重中国文化经典与学术传统和履行传教士职能都是并存的，但是前者是主导的。通过宏观观察，可见其归化特征表现在一是通过增补词语保证译文句法结构的完整性和减少卦爻辞表意的模糊性，结果是失去了原文符形层面简洁、省略、古奥的特征；二是有些文化词用英语表达方式替代，但以某种方式说明其特殊内涵和原有意义之不同，力图使译文在读者那里生成他预期的指称意义；三是通过大量注释详解原作思想，进一步弥合译文及其建基于其

① 《易经》三画卦和六画卦首先由刘应（Claude de Visdelou，1656－1727）译为“trigram”和“hexagram”，后来确立为两个汉语术语的标准译法。参见 D. R. Knechtges，“The Perils and Pleasures of Translation：The Case of the Chinese Classics”，*Journal of Tsinghua University*，No. 1，2004，pp. 123－149。

上的中国学术传统和目标读者认知世界之间的距离，以传达原文意图意义。译者的异化倾向体现在卦名音译、用英语词创造新的表达方式等方面。

与原文卦爻辞表面上相对独立和丰富的隐含意义相比，译文的显化词语较多，如《同人》九五“大师克，相遇”译为“His great host conquers, and he (and the subject of the second line) meet together”，而“the subject of the second line”即六二的“同人于宗”，译文是“(the representative of) the union of men in relation with his kindred”，可见“相遇”的是六二的“(the representative of) the union of men”和九五的“(the representative of) the union of men”。这种解读是把整个卦爻辞视为一个整体，不仅在形式上，而且在逻辑语义上，表现出一种解释性贯通翻译的特征。

在符形学层面，译者注意到了卦爻辞的韵律特征，而从整个译文看，译者有意没有采用对应的韵译法。但对个别有韵律、节奏的爻辞，译者还是在注释中给出了有韵译文供参照，如《鼎》九二“鼎有实，我仇有疾，不我能即。”译文是“the caldron with the things (to be cooked) in it. (If its subject can say), ‘My enemy dislikes me, but he cannot approach me’.”在脚注中，译者给出了韵文译法：

In the caldron is good fare,
See my foe with angry glare;
But touch me he does not dare. (172)

经文的占断专用辞和经文中其他术语一起在承载经文的概念意义方面具有重要作用。理译本断辞译法呈现多样化，如“无咎”译为“not err”“no error”“no mistake”；“吉”译为“good success”“good fortune”。译本中占断专用辞有些使用较为固定的译法，向鹏曾统计理译本“咎”字译法，77%的“咎”译为“error”。[①] 有的占断专用辞译为一般的非专用辞说法，如《大壮》“征凶，有孚”译为“But advance will lead to evil, most certain-

① 向鹏：《〈周易〉三个英译本中吉凶判词的翻译研究》，《中国翻译》2014年第5期。

ly”，而作为占断专用辞，“有孚”一般译为“there be sincerity”。固定词语亦如此，“君子”皆为“the superior man”，而“小人”多为“small man”，译者对二者有所解释（但似也难以传达原文确切指称意义）。个别如《观》“小人无咎”之“小人”译为“men of inferior rank”（100）。有的专用辞译法值得商榷，如“吝”一般译为“regret”当不妥，前者指一种客观倾向或态势，后者则是一种心理上的感觉。《豫》“贞疾”译为“…shows one with a chronic complaint”，“贞”未译为专用辞“firm and correct”（91—92）[①]。《讼》“眚”译为“mistake/error”，“悔”译为“repentance”也不当，因为“repentance”一词则带有宗教忏悔意识，即对错误行为表示懊悔、内疚与自责的情感，而《易经》“悔”字则是“后悔”“追悔”之意，二者在文化内涵上不同。如果没有注释，此种译法可能会导致误解。以下通过《睽》卦译文看理译本对整卦的翻译。

XXXVIII. THE KHWEI HEXAGRAM. ䷥

Khwei indicates that, (notwithstanding the condition of things which it denotes), in small matters there will (still) be good success.

1. The first line, undivided, shows that (to its subject) occasion for repentance will disappear. He has lost his horses, but let him not seek for them; they will return of themselves. Should he meet with bad men, he will not err (in communicating with them).

2. The second line, undivided, shows its subject happening to meet with his lord in a bye - passage. There will be no error.

3. In the third line, divided, we see one whose carriage is dragged back, while the oxen in it are pushed back, and he is himself subjected to the shaving of his head and the cutting off of his nose. There is no good beginning, but there will be a good end.

---

① “贞”在一些古文献如《左传》《大戴礼》中解释为“干”，《周易·乾·文言》也说“贞者，事之干也”；“桢”在文献中也与“干”多有联系，如《尔雅》有“桢，干也”，邢疏引舍人云：“桢，正也，筑墙所立两木也。”因此，“贞”也被后人解为“正、固”。此当为理雅各把“贞”译为“correct and firm”的依据。

4. The fourth line, undivided, shows its subject solitary amidst the (prevailing) disunion. (But) he meets with the good man (represented by the first line), and they blend their sincere desires together. The position is one of peril, but there will be no mistake.

5. The fifth line, divided, shows that (to its subject) occasion for repentance will disappear. With his relative (and minister he unites closely and readily) as if he were biting through a piece of skin. When he goes forward (with this help), what error can there be?

6. The topmost line, undivided, shows its subject solitary amidst the (prevailing) disunion. (In the subject of the third line, he seems to) see a pig bearing on its back a load of mud, (or fancies) there is a carriage full of ghosts. He first bends his bow against him, and afterwards unbends it, (for he discovers) that he is not an assailant to injure, but a near relative. Going forward, he shall meet with (genial) rain, and there will be good fortune.

译文的词语数量是原文字数的2.4倍，颇为辞费。译文中增补了大量词语（用括号标志）以表达原文“隐含意义”，还增加一些主语、谓语等句法成分，增加代词和指示词以明确不同爻辞之间的语义联系。因此，形式层面上句法和用词的归化倾向使原文的语义模糊性和解读的开放性大大减弱。另外，通过注释对卦象、辞逐条进行了解释说明。理氏这一策略基本实现了他主要的翻译目的即介绍自己所理解的中国经典的思想，在语用上大大减轻了读者阅读和解释指称意义和言内意义的负担。当然，译文和原文在指称意义和言内意义上未必一致。与译文注释结合起来，可以看出《睽》卦译文意旨基本符合朱熹的解释，体现了译者对中国主流学术易学传统的追求。只是上九“往遇雨则吉”译为“Going forward, he shall meet with (genial) rain, and there will be good fortune”不妥，译者似未注意“则”字。

卦题本身及其在卦辞中只用音译，无疑是一种异化译法。译者认为卦题只是指卦辞所述的一种情势，在爻辞中卦题的英译采用模糊处理，如上例九四和上九中“睽”译为“the subject”，未给出“睽”字本义。其他卦译文也一般如此。如《离》卦题“离”，卦辞“利贞，亨。畜牝牛吉。”译文是“Li indicates that，(in regard to what it denotes) it will be advantageous to be firm and correct，and that thus there will be free course and success. Let (its subject) also nourish (a docility like that of) the cow，and there will be good fortune.”爻辞译文则避开了“离”，如“黄离”译为“its subject in his place in yellow”。有的虽在卦辞中音译，但爻辞皆意译，如《咸》卦辞中“咸”译为“Hsien”，而爻辞皆为“moving”。译者这样虽可避开一些表达困难，但读者理解时不一定能将二者联系起来，也未必理解卦题音译之字的本义。上例爻题译法都有一定程式，爻辞译文要么用之作主语，要么作状语，然后通过增补词语和后文在句法上构成完整结构，在译文中是通例。

（二）译文注解简析

在文本学上，注解或注释属副文本范畴，而副文本成就了一种文本的完整性，这在典籍翻译文本中表现得尤为明显。译者的注解直接体现了他翻译过程中的思考与阐释道德，因此在研究译作时有助于我们了解译者的翻译策略和方法。易经的古奥难解主要在于“表面的取象并非本意，深层的隐喻才是本意。表层义的杂乱并不代表深层义的杂乱”。[①] 要想使非专家的英语读者获得类似中国人读《易经》时对言内意义、指称意义和语用意义等方面那样的接收程度极其困难。严谨的《易经》学术性英译必须要借助注解。与译文本身一样，注解能够反映译者对其所译文本理解的学术深度和广度。

理译多赖朱熹《周易本义》等著作，若朱熹自己认为没有理解经文时，则译者一般据其他人或普遍接受的观点翻译。如译者在《明夷》六四爻辞译文注释中交代，“Ku Hsi says he does not understand the symbolism，as given in the Text. The translation indicates the view of it commonly accepted.”(137) 注释内容主要包括据传统易学（主要据《周易本义》）对卦象、辞分析和对每一爻爻辞译文寓意的进一步说明。例如，《乾》《坤》

① 李尚信：《卦序与解卦理路》，巴蜀书社2008年版，第162页。

两卦注释解说了卦象、卦爻辞的一些解释规则。再如，他把《颐》解为表达求得饭食、营养身心的主题，因此把初九“舍尔灵龟，观我朵颐”译为“You leave your efficacious tortoise, and look at me till your lower jaw hangs down”。(115)《周易本义》曰：“灵龟，不食之物。朵，垂也。朵颐，欲食之貌。初九阳刚在下，足以不食，乃上应六四之阴而动于欲，凶之道也。故其象占如此。”[①] 译文注释即基于此。

中国典籍翻译注释的一个重要职能是解释原文文化内涵。关于文化，一些学者提出了分类，例如纽马克（Newmark）把文化分为“Ecology”“Material culture”“Social culture”“Organizations, customs, activities, procedures, concepts”“Gesture and habits”等范畴。[②] 据此可了解文化性翻译注释的基本类别，如自然生态类、物质文化类、历史地理类、社会习俗类、宗教神话类等。理译本注释多体现为对一些文化词语的解释，如《乾》卦注释对宗教神话类概念“龙”译文“dragon”的说明，使读者不至把该词所指等同于西方“dragon”（59）；《渐》注释较详细解释了自然生态类“鸿”在中国文化中的象征意义（181）；《归妹》注释对“归妹”“女承筐无实，士刲羊无血”可能的社会习俗文化象征含义进行了解释。《益》六二的“王用享于帝”译为“Let the king, (having the virtues thus distinguished), employ them in presenting his offerings to God”（150），关于“God”，不但有脚注，且专门在引言（51—53）中结合他人批评从词源上进行了解释。这也使得他的译文具有了基督教一神论色彩。译者还注释了一些译文中可能的难解之处，对有关文献的征引，对前人译文的引用、评论和自己译文的解释等。从内容上看，译本虽将经传分开，在注释中仍是结合在一起的，如《蛊》卦辞“先甲三日，后甲三日”，译者注释“See Appendix I on the ‘three days’”。

理译本的注释构成了该译本的重要副文本，对介绍、阐明原文的思想和如何读解译文都有重要作用。译本重视对《易经》源流、章句的注释，注重考据、汇释汇校，尤其是对宋、清易学成果的征引，加上自己的评论

① 朱熹：《周易本义》，苏勇校注，北京大学出版社 1992 年版，第 39 页。

② P. Newmark. *A Textbook of Translation*, Shanghai Foreign Language Education Press, 2001, p. 95.

性和解释性文字，注释相当详尽，所占篇幅超过正文，使得译本更具有“厚重翻译”的面貌。

（三）译文中的一些问题

理译本沿着中国传统易学进行传译，从其处于《易经》英译史的肇始阶段来看，应该说取得了很大成绩，但也存在一些问题。上文已经提到了译文的一些问题，本节专就译文微观层面存在的一些不足进一步进行探讨。

译本引言和正文存在不一致之处，序言中《师》卦译文（23—25）和正文中该卦译文（71—72）有一定差异，例如序言中六三爻辞译文“… the host may, possibly, have many inefficient leaders…”，在正文中分别是“… how the hosts may possibly have many commanders…”。

在卦题、辞关系方面，译文存在不一致现象。如，《无妄》卦题“无妄”指涉一种情势，卦辞整体上是对其的问断。按本卦译文，“无妄”音译作为句子主语后接“indicates great progress and success, while there will be advantage in being firm and correct”（回译为：表明元亨，而将于贞有利）。但这样处理，后文与“无妄”的关系变得不明确了。实际上大部分卦题和辞译文都多少存在这一问题。从该卦译文看出，译者有时对问辞和断辞似没有明确界限。本例六二的文化词语“菑畬”通过文内解释性翻译译出在该爻辞中是一种可取的归化译法，而“妄”译为“insincerity”，似和断辞“孚”译文“sincerity”相对，可能会导致误解。

用词语的后起意义代替原初意义或实际意义这样的时代错位问题在古籍注疏、翻译中多有出现，属于指称意义方面的问题。理译本也存在此类问题。例如，《履》“视履，考祥。其旋，元吉”[①]译为“The sixth line, undivided, tells us to look at (the whole course) that is trodden, and examine the presage which that gives. If it be complete and without failure, there will be great good fortune”（79），其中“考”“旋”译文所据之义皆后起。这可能是因译者受某些辞书对单字的解释影响所致。这样的问题也表现为将后来的哲学术语或概念用于译文。如《泰》九二“包荒，用冯河，不遐遗，朋亡。得尚于中行”译为“… , will cross the Ho without a boat, …. Thus

① 依据译文对《易经》通行本原文断句、标点。下同。

does he prove himself acting in accordance with the course of the due Mean" (81)，未说明"the Ho"所指，而"the due Mean"易被误解为哲学上的"中庸之道"，或许译者本意即"中庸之道"，而对《夬》九五的"苋陆夬夬中行"之"中行"，译者为与"中庸之道"挂上钩，用了长长的译文"…a bed of purslain, which ought to be uprooted with the utmost determination. (The subject of the line having such determination), his action, in harmony with his central position, will lead to no error or blame" (153)，但似乎未解决问题。

《易经》中文化词语较多，但有些译文的原文化内涵是缺失的。如《大过》"藉用白茅"仅译为"placing mats of the white mo grass under things set on the ground" (116)，未就"白茅"文化内涵进行说明。断辞译文中也有不符合原文文化内涵取向的地方，如《师》"贞凶"译为"however firm and correct he may be, there will be evil"与经文总体劝人从善的价值取向不一致。有的地方对汉字的考证不够，如《大壮》六五"丧羊于易"和《旅》"丧牛于易"译文仅取汉代郑玄释"易"字三义之一，未再求其他可能之义。有的地方有望文生义之嫌，如《蒙》"纳妇吉"译为"admitting (even) the goodness of women" (65)。《震》卦卦爻辞中"震"皆译为"movement"或其变体，是一种用上义词译下义词的做法。《泰》"无往不复"译为"no departure (of evil men) so that they shall not return" (81) 中的"of evil men"限制了其哲理内涵的表达。《随》"官有渝"译为"… shows us one changing the object of his pursuit, …" (93) 不知何谓。

译文有的地方对原文增、减比较随意，如《离》上九"获匪其丑"译为"Where his prisoners were not their associates, he does not punish" (122) 中，"he does not punish"不知何来。经文含"我（吾）"的辞句都译为直接引语，如《中孚》九二"鸣鹤在阴，其子和之。我有好爵，吾与尔靡之。"译为"… the crane crying out in her hidden retirement, and her young ones responding to her. (It is as if it were said), 'I have a cup of good spirits' (and the response were), 'I will partake of it with you'" (200)，译者把"鸣鹤"和"子"分别解为母鹤和雏鹤，但用"spirits"译"爵"似不合适，用虚拟语气也似无必要。

在句法、语气等符形学方面，有些译文词句属译者独创，但有的既不合英文表现法，也非原文结构特征再现和原义表达，因此很难说是成功的尝试，如《谦》初六“谦谦君子”译为“…the superior man who adds humility to humility”（89）。有的译文由于增译导致和原文语气上出现差别，《随》上六“拘系之，乃从维之。”译为“… shows us (that sincerity) firmly held and clung to, yea, and bound fast.” （94）译文有口语化特征，“yea”在古英语中即“yes”，现多用于口头表决或表示同意。《豫》六三“悔。迟有悔。”译为“If he would understand! If he be late in doing so, there will indeed be occasion for repentance.”（91）第一个“悔”译为“If he would understand!”（回译为：要是他明白就好了!）从观察者角度做出假设，这种虚拟语气和原文还是有不少距离的。

以上指出的问题主要涉及符形学和符义学层面。符用学层面在总体上是缺位的，因为译者主要是把《易经》作为凸显文献价值的中国典籍文本来英译的。当然，译文的实际文献价值传译如何则另当别论。另外，译本注释虽较详尽，但有些文字需注而未注，可能导致误解。如，《大有》九三“公用亨于天子”译为“… a feudal prince presenting his offerings to the Son of Heaven”。译文“the Son of Heaven”的注释未说明它和后世“天子”之区别。

三 理雅各《易经》译文综合评价

理雅各是英国19世纪汉学的主要代表人物之一，具有基督教传教士与汉学家—中国经典英译者双重身份，其中国经学著作英译代表着当时该领域的最高水平。他的英译对西方思想产生了一定影响，有的词语译法甚至反过来又影响了中国人的思想。①尽管理雅各基督教立场始终明确、传教的目的无可置疑，但其“身份”却未必是清晰、连贯的，未必没有微妙的游

① 参见杨慧林《汉学及其“主义”中的身份游移》，《读书》2012年第2期。据该文，理雅各译《论语·卫灵公》“有一言而可以终身行之者乎？子曰：其恕乎”时用“reciprocity”一词翻译“恕”，后来该词也被中国人逐渐接受，而且被欧洲理事会常任主席范隆佩解说为“战略伙伴关系之框架中最为重要的概念”。

移。[①] 从他整个人生历程看，更侧重于汉学家身份。对他的翻译，既有批评者认为他用基督教思想篡改了某些中国经典，也有论者指出他“首先要向自己的西方同胞传教、为西方学者和传教士译介东方的思想”[②]。

从一些译文看，他认为早期儒家经典中的“上帝”是中国人信仰的唯一至上神，把信奉上帝这种古老的宗教信仰视为中国的国教，从而按基督教模式在译文中构建了中国的一神教信仰。[③] 但这恐怕是一种误读。吉瑞德指出，理雅各“努力通过一种‘同情的理解与阐释性的实践’的更为互惠、比较、隐喻和象征的方法，去直接面对学习处于敌对面的宗教、经典以及学术权威”。[④] 对具有传教士身份和宗教信仰背景的理雅各而言，在他的时代持有一种难得的、宝贵的对中国固有文化传统的认同理解、平等尊重。管恩森（2012）认为，他对中国经典的“同情的理解”表现了一种跨文化、跨信仰、跨学科的理解与对话态度和原则，这在他的汉籍传译过程中具有三个层面的命意，即平等的尊重、比较的理解、学术的诠释。[⑤] 当然，从他整体翻译实践而言，这样的评价大致不错。然就《易经》英译个案言，情况并不完全相同。

理译《易经》属于他整个中国经典英译实践的一部分。他从初译到完成定稿前后持续20年，期间他的翻译虽有中断，但他对《易经》的解读一直在进行并随着对中国经典的研究而逐渐深入。他翻译时主要把《易经》视为文化典籍思想文本，重学术而不重实用，目标读者主要是来华传教士、西方希望了解中国的知识界读者如学者、学生和有兴趣的普通读者。他的易学研究基本上属中国传统易学。他的方法是语文学的，注重文本、文字的考据、训诂，旁征博引。他的译本，虽主要基于宋代程朱新儒家和清代学者的易学，仍具有相当的原创价值，通过译文内部结构和用

① 杨慧林：《汉学及其“主义”中的身份游移》，《读书》2012年第2期。

② L. Ride, *Biographical Note for the Third Edition of James Legge's The Chinese Classics*, Vol. 1, Taipei SMC Publishing Inc., 2001, p. 10.

③ 姜燕：《基督教视域中的儒家宗教性——理雅各对〈诗〉〈书〉宗教意义的认识》，《山东大学学报》2013年第1期。

④ ［美］吉瑞德（Norman J. Girardot）：《朝觐东方：理雅各评传》，段怀清、周俐玲译，广西师范大学出版社2011年版，第3页。

⑤ 管恩森：《传教士视阈下的汉籍传译——以理雅各英译〈周易〉为例》，《周易研究》2012年第3期。

词的明晰化及译文外部大量的注释，可以说基本实现了他给自己设定的翻译目的。当然，若从基督教和儒教的不同来看，前者是天道的，后者是人道的，理雅各试图将二者打通的努力很难取得成功。

理氏译文得到当时很多学者的赞誉。他的译本没有早期传教士那种“索隐”倾向，基本消除了麦丽芝译本那样浓厚的比较神学色彩，在原文解读和文化传译上具有显著进步。当然，也受到另一些学者的批评，例如卫礼贤就认为他的译文“呆板、冗繁”，荣格（C. G. Jung，1875—1961）在为贝恩斯英译本写的前言中认为他的译本难以让西方理解《易经》，他的归化策略中也有异化并非由于他缺乏翻译技巧（xxi）。在他本人看来，他的译法恰恰实现了他的翻译目的，是中国人思维和语言特征的忠实表现。一般认为，译者的文化态度与其翻译策略关系密切，但译者对源语文化的总体态度未必和他对所译某一具体原文本的态度一致。[①] 与理雅各英译其他主要中国典籍不太相同的是，他对《易经》及其翻译并无真正兴趣。[②] 司马富（2012）认为，理雅各原本并不愿意英译《易经》，只是为了要翻译完整的“十三经”而不得不将《易经》纳入，译者本人也曾表达了这样的态度。[③][④] 因此在他总体的中华文化态度之下，他对《易经》难说有像对别的中国经典那样的“同情”之理解。今天来看，理氏过分拘于“字面”（但未必是原意）的《易经》译文不足之处更多。因此，他的《易经》译本必非其代表性译作。

---

① 译者的文化态度涵盖了对源语文化的态度、对目的语文化的态度和对二者之间关系的态度。参见王岫庐《译者文化态度的多歧性及其对翻译的影响》，《中国翻译》2014 年第 4 期。一个译者的文化态度在其所译译本上体现可能会有所不同。笔者把译者在翻译中对所译文本的态度称为“文本态度”，同样涉及对原文本的、译文本的和二者之间关系的态度。一般而言，文化态度由文本态度体现出来，文化态度和文本态度有类属关系。具体到翻译案例，二者的关系则较为复杂。

② J. A. Biroco, “Critical Survey of *I Ching* Books” *The Oracle*: *Journal of the I Ching Society*, No. 2, 1995, pp. 20 – 40.

③ R. J. Smith. *The I Ching*: *A Biography*, Princeton University Press, 2012, p. 45.

④ 理雅各在译本引言中说，“According to our notions, a framer of emblems should be a good deal of a poet, but those of the Yi only make us think of a dryasdust. Out of more than 350, the greater number are only grotesque”。（22）关于卦象的“lessons”，他说“But why, it may be asked, why should they be conveyed to us by such an array of lineal figures, and in such a farrago of emblematic representations?”（25）

基于理译本的历史语境来看，译文有一定基督教色彩，主要体现为译文中出现了“God”及其前言对该问题的说明。该译本专注文字而非功能，原文的符用学在一定程度上转变成了符义学。他的译文也过于关注译文形态，尤其关注句法结构的完整性而导致用词过多、冗繁，在再现原文形式特征方面也有缺失，失去了《易经》文本许多重要特征。吴钧（2013）指出，他的译文对原文的诗歌特征没有相应的表现，不符合《易经》原文的生动描写和用语简洁含蓄的风格。① 当然，如不加说明，这么说可能对理雅各有欠公允，因为中国本土学者对《易经》文学特征的研究也在20世纪才真正开始。然而，除了理雅各给自己定下翻译目标而努力实现之外，他的译本毕竟还是存在着不少问题，如前文分析的理解原文方面的时代错误、考证不足，对传统易学中的《易经》理解也不充分，译文对文化词语内涵挖掘不够、结构和语气差异、应注未注、文化误读等问题，对于一位严谨的学术翻译者而言还是有失偏颇。实际上，在他的时代尚无后来20世纪那些易学和考古学成果可资用，他所凭借的主要是宋代、清代易学家的论著和一些可及的译本和文献，再加上他本人深厚的汉学功底、友人的帮助和他克服艰难的毅力。在《易经》英译史上，他的译本除了作为译本实现的翻译、诠释和具有传播价值外，还为西方易学提供了一个真正体现中国易学学术传统的读本，一个真正可资比较的参照和一个《易经》理解、复译的基础。因此，理雅各在《易经》翻译史上做出了开拓性贡献，堪称《易经》英译史上真正的开山鼻祖。

第三节 卫礼贤—贝恩斯译本

一 中国文化体验者卫礼贤及其忠实英译者贝恩斯

卫礼贤（1873—1930）②，德国人，来中国后取名卫希圣，字礼贤，此足见孔子和儒家思想对他的深刻影响。早年受过神学教育，在文学与艺

① 吴钧：《从理雅各的英译〈易经〉试谈〈易经〉的翻译》，《周易研究》2013年第1期。

② 关于卫礼贤生平，参见孙立新、蒋锐《东西方之间：中外学者论卫礼贤》，山东大学出版社2004年版。另参见卫礼贤孙女 Bettina Wilhelm 于2013年录制的DVD“易的智慧：卫礼贤和《易经》”（“Wisdom of Changes: Richard Wilhelm and the *I Ching*”）。

术方面有较高天赋和良好修养。1897 年德占胶澳后作为基督教新教传教士来华传教。1899 年由德国同善会派往青岛传教，在青居住 20 多年。虽然来华目的是传教，但他并非宗教狂热者，也从未为任何中国人举行洗礼。[①] 他结识了许多在传统学术方面造诣深厚的逊清旧文人如曾任京师大学堂总监督兼学部副大臣的劳乃宣（1843—1921），对孔子甚为崇拜。1922 年任德国使馆顾问，1923 年被北京大学聘为教授。1924 年回国，任法兰克福大学名誉教授，创办“中国学院”、《中学杂志》。卫礼贤因在中国时染上阿米巴痢疾于 1930 年病逝。

卫礼贤来华最初是一位办学者和友善的求学者，在了解中华民族及其思想与文化方面的兴趣远超他承担的宗教事务本身。他不是文化研究者，而是文化体验者、领会者，他对中国之生活智慧的理解远超理雅各。[②] 作为汉籍德译大家，他德译出版了《易经》《老子》《庄子》《论语》等许多中国古典著作德译本，另有一些颇具影响的著作及文章。德国法兰克福大学 1925 年筹设汉学讲座时，卫礼贤是首任讲座教授。他在汉学方面的卓越工作对中学西传做出了重要贡献。

辛亥革命后，西方研究《易经》的权威人物当首推卫礼贤及其第三子卫德明。卫礼贤是西方继理雅各《周易》文本派后易学实用派的创始人。他的基本立场有三：一是传承中国传统易学、如实翻译；二是认为《易经》是积极的筮书；三是认为“十翼”为孔子作，重视“十翼”对卦爻辞智慧的阐发。[③] 他关于《易经》卦象的起源持重卦说，八卦卦象代表着八种变动中的过渡性状态，是功能而非实体（*l*）。他不赞成汉儒那些附会，如河图洛书根本未提，先天后天只是《十翼》中原文提到的地方才有，卦变亦未提。他把其《周易》译本视为他众多中国典籍德译本之中最得意之作，被誉为西方易学史上的“新约全书”。

他的译本是居青岛时在中国儒师、音韵学家劳乃宣指导下，在一个动

---

① R. Kay, Video Review: Wisdom of Changes: Richard Wilhelm and the *I Ching*, a Documentary by Bettina Wilhelm (http://www. huffingtonpost. com/rob - kay/ video - review wisdom - of - cha_ b_ 5180495. html).

② 方维规：《两个人和两本书》，国际汉学翻译家大会会议论文，北京，2014 年，第37 页。

③ 赖贵三：《中西易学乔梓雄 — 德儒卫礼贤、卫德明父子易学综论》，《周易研究》2014 年第 2 期。

荡的时代、在"西方人视中国人不过为一群苦力，亟需西方通过基督教来拯救"[1] 的年代，费十年之功完成的，期间也得到胡适等人的帮助。据卫译本英译者贝恩斯（1883—1977）的译者注（*xl - xli*），卫氏的目标读者不独是专家学者，而更是非专家读者，是任何关心宇宙人生和他人生命的人；卫氏希冀自己的读者具有精神纯洁性，加之《易经》本质之尊贵性，应能排除那些把该书用于占卦等末流或被江湖骗子用于牟利的可能性。除了劳乃宣等人的襄助，卫译本主要的文本解释基础是《周易折中》。他力图使德译文尽量简短、明晰而保留原文古汉语的特征（lxi）。卫译本 1924 年在耶纳出版后，立即在西方读者中引起很大反响。有赞之者称其译本准确流畅，有批评者说它只是一部"文字的"翻译，而不是一部"历史性"翻译，因为它未能说明公元前 10 世纪的《易经》对周人的意义，或在当时的本义如何，且体例繁杂、重复。[2] 卫译本经文部分的译文总体上简洁流畅，比较可靠，乃西方所公认。历史证明，卫氏《周易》德译本的确对西方产生了巨大影响。

在卫礼贤的挚友、瑞士精神病理学家荣格[3]建议下，荣格的美国女学生贝恩斯 20 世纪 20 年代后期在德国开始英译《易经》德译本。贝恩斯本想在卫礼贤指导下英译，不料卫礼贤 1930 年去世。贝恩斯的英译过程因第二次世界大战几度中断，在荣格、卫德明等人帮助下，她克服重重困难终于完成。20 世纪 40 年代，美国博林金基金会（Bollingen Foundation）将贝氏英译本纳入其丛书系列，1950 年由 Pantheon Books 出版，名为 *The I Ching or Book of Changes*。荣格为该书写了长篇前言。本书将该译本称为卫礼贤—贝恩斯译本（简称卫—贝译本）。

贝恩斯的英译目标是准确性和可读性（*xliii*）。她（*xli*）认为，理译文更散文化、用词多、表达生硬，而卫译本更简明、自由，更具想象力，

---

① R. Kay, "Video Review: Wisdom of Changes: Richard Wilhelm and the *I Ching*, a Documentary by Bettina Wilhelm" (http: //www. huffingtonpost. com/rob - kay/ video - review wisdom - of - cha_ b_ 5180495. html).

② 徐梵澄:《〈周易〉西行——关于〈周易〉的德译与英译》,《国际汉学》2004 年第2 期。

③ 荣格声称，在他的一生中，卫礼贤对他的影响超过任何人，包括弗洛伊德。荣格心灵世界的中国影像，主要来自他与卫礼贤的交往。转引自方维规《两个人和两本书》，国际汉学翻译家大会会议论文，北京，2014 年，第 38 页。

虽然有的地方理解不如理雅各准确，但总体上卫礼贤更好地把握了《易经》原文的精神和意义，对原文具有更高程度的同情之洞见。她本人并不熟悉汉语，主要采用尽可能按德译文字面翻译的办法（*xl - xli*）。德语和英语的近似性使这一策略具备很大可行性。在英译偏离字面翻译这一规则处，她多据卫德明的意见增加注解，对卫礼贤原注中提到的古文献及其作者也都增补了年代，并增加了一些注释。为与卫氏注解区别，她将自己的注解置于方括号内（*xlii*）。

贝恩斯的英译，加之荣格的长篇前言，使该英译本问世后广受关注，并被译为其他多种语言出版。贝恩斯译本在西方流传的普遍性，更甚于卫氏德译本。目前该译本仍是西方最通行的版本。[①] 虽然也有学者指出译本的不足，如博德（Bodde）[②]，但总体上卫—贝译本受到广为赞誉，如比洛克称卫—贝译本为“The definitive English translation”[③]。

二 重义理智慧的分行英译和外部归化

本节仅以卫—贝译本卷一为主进行译文分析。卷一除卦象、卦爻题和辞外，还有大量征引《易传》和传统易学的诠释文字、结合日常生活的解释及脚注，这里主要关注前者，把后者作为辅助材料。

（一）卦名翻译

关于卦名，西方根本无此概念和表达方式，其译法颇能体现译者翻译策略的特征。该译本卦名译文不但有音译（译本通用韦氏拼音），以体现其在原文和中国传统中的音、义特征，而且有意译，这一种异化和归化融合的解释性译法使该译文词语伴随着音译、卦符直接进入英语世界，作为符号集合整体接收而更有可能会融入英语语言文化。在文本的符形学和符义学意义上，这是文字符号对非文字符号的阐释，也是一种意义与意译、意译对音译的双向诠释，一种词汇和思想双层的、更为本质和内在的文化

① 赖贵三：《中西易学乔梓雄 — 德儒卫礼贤、卫德明父子易学综论》，《周易研究》2014年第2期。

② D. Bodde. “Book Review of the Wilhelm - Baynes *I - Ching*”, *Journal of the American Oriental Society*, No. 4, 1950, pp. 326 - 329.

③ J. Biroco, “A Critical Survey of *I Ching* Books”, *The Oracle*: *Journal of the I Ching Society*, No. 2, 2004, pp. 20 - 40.

交流。例如，《乾》“乾：元亨利贞。”卦题译为“*Ch'ien / The Creative*”。卦辞为“THE JUDGEMENT：THE CREATIVE works sublime success，// Furthering through perseverance”。同时译文有对卦象内外卦卦名的音译和意译。译者对“乾”卦的理解值得注意。

在中国传统中，“天”“乾”既有意义区别，又有内在联系。《说卦》也说：“乾，天也，故称乎父。”“乾为天，为圜，为君，为父……”此“乾”“天”“健”均强调阳刚强健、万物运行之意，也包含着尊崇至上、万物元始之“精义”。译本用具有创始义的形容词“Creative”译“乾”。《旧约·创世记》中，“Create”是“上帝”创造世界万物之大能的关键词之一。同时该词也蕴含着对“上帝”的尊重和敬畏。“Create”是动词，强调“上帝”创世的行动、过程，而“Creative”是一种状态，代表了一种超越性的力量，与“上帝”之创造神力紧密联系。《易经》之“乾”或“天”代表的是一种万物运行的自然之理，与西方“上帝”不同，它并不包含或寓指某种超越性力量。在“乾”卦译文中可以看到，译者感受到了基督教“上帝”的力量和影子。《坤》卦题译为“*K'un / The Receptive*”，但若用与“to create”和“creator”同根的“creative”相对，可能会造成误解，因为中国传统哲学的宇宙论、本体论的“生”与基督教神学的“造”是不同的。① “生”是“乾”和“坤”“天”和“地”两方面相互作用的结果，而非单方面的“造”。好在译者通过解释说明了“乾”“坤”译文的互补关系及与西方“造”与“被造”二元论之不同。这样，译者采用了易为西方读者接受的词语，又避免了可能的误解。

卦名的意译部分大多选用一个词或词组，有的存在英语对应词语，如《谦》“Modesty”，而多数是意译，如上述《乾》《坤》卦名译文。有的提供了两种、三种意译，如《咸》“Influence（Wooing）”、《震》“The Arousing（Shock，Thunder）”。还有的用补充词语使意义完整，如《坎》“Abysmal（Water）”。在内涵意义上，卦名翻译多是基于传统注疏的卦象阐

---

① 黄保罗：《基督教的“造”与儒家的“生”》，《国际汉学》（第25辑），大象出版社2014年版，第56页。

释对全卦意旨的概括。有些意译并非基于卦题字之本义，如《睽》卦题“睽”本义当与眼睛有关。译文据对全卦的解读意译作“Opposition”，非按该字本义译，但译者并未就此说明或对卦题本义进行解释，因此有不足。个别卦名意译不准确，如上引《坎》的卦名“坎”也是三画卦“坎”之名，有多解，如地名、凹陷处、坑、古代地牢，似不宜用“Abysmal”（深不可测的、无底的、糟透的）这样的夸张性词语。

（二）译文正文分析

卫—贝译本沿用了理译本部分译法和解释，如“贞”虽译为“persevering”一词及其变体，但解释为“correct and firm”（5）；“君子”译为“superior man”（6）；《益》“帝”译为“God”（163），对“God”的解读也类似，亦用“God”解释“震”卦译文（197）；对《颐》“舍尔灵龟，观我朵颐”译文（109）的解释大致相似；《大壮》“丧羊于易”、《旅》“丧牛于易”的“易”皆解为容易之易、粗心大意；《中孚》“鸣鹤”“子”皆解为“母鹤”“雏鹤”。但二者的原文解读及选词造句、风格特征等方面差异更多，如译文用词远较理译本少、将大象译文和诠释文字穿插于卦爻辞译文之间。占断语也有不同，如“小人”译为“inferior people/man”“a petty man”。下面主要分析卫—贝译本译文特征、翻译策略。

1. 符形学特征：译文分行特征与诗体外观

卦爻辞及大象辞译文都以类似于自由诗的形式排列，一条卦爻辞译文似乎就是一首诗。译文中未完成的句子进入另一行时有的首字母大写，属于人为分行，但有的则不大写，属于非人为分行，前者如《蒙》九二爻辞译文有“To know how to take women // Brings good fortune”（22），而《坤》卦辞译文中有：“If the superior man undertakes something and tries // to lead”（11）。分行有时似也受篇幅影响，如《坤》六四“括囊。无咎无誉”译为“A tied - up sack. No blame, no praise”（14），并未分行。总体看，这样的分行并不意味着译者认为原文卦爻辞、象辞都是诗歌而译为诗体，而仅是一种分行的版式呈现形式。译者并未有意朝诗歌面貌进一步加工，这可从一些爻辞的译文看出来。如《屯》“屯如邅如，乘马班如。匪寇，婚媾”译为“Difficulties pile up. // Horse and wagon part. // He is not a robber; // He wants to woo when the time comes."（18）显然，“婚媾”译文与其他三句在长度上很不协调。

原文语音特征基本未在译文中表现出来，仅有少数辞句译文有所体现，如《震》“震来虩虩，后笑言哑哑”译为“Shock comes - oh, oh! // Then follow laughing words - ha, ha!”（198），属于拟音，但只有结合译文解释才能使其意蕴显豁。大部分押韵辞句未在语音上再现或只有部分再现，如《否》“其亡其亡，系于苞桑”译为“‘What if it should fail, what if it should fail?’ // In this way he ties it to a cluster of mulberry shoots”（55），两个“fail”属于同词重复；《谦》“劳谦君子”译为“A superior man of modesty and merit”（65）有半头韵特征；《小畜》“舆说辐，夫妻反目”译为“The spokes burst out of the wagon wheels. // Man and wife roll their eyes”（42）仅属于辅音押韵（consonance）。但此类译文占比例很小。有的还存在问题，如《坤》“龙战于野，其血玄黄”译为“Dragons fight in the meadow, // Their blood is black and yellow”（15），“meadow”看来是为与“yellow”押韵而选择的，但其指称意义和“野”很不相同，因而导致因辞害意。《需》“需于郊”的“郊”也译为“meadow”。看来“野”和“郊”在译者这里是没有区别的。

译文各卦爻辞译文单独分行，又间隔以大量相关宇宙人生的解说，必使得其纵向语言特征被掩没难现。若抛开这一层面，译文形式和表达总体上呈现出结构简洁、用词较为简单、表达生动活泼的特点。如《中孚》九二译文“A crane calling in the shade. //Its young answers it. //I have a good goblet. //I will share it with you”，（237）译文语言生动形象，具有诗歌韵味。有的地方也较注意再现原文句法结构，如《泰》九三“无平不陂，无往不复”译文是“No plain not followed by a slope. // No going not followed by a return”（50）。

2. 译文主要的符义学策略分析

译文总体上体现出较客观、中立的风格特征。原原本本的“忠实”翻译，辅以大量文化取向的解说，很大程度上消弭了译文异化和归化之张力，从而产生与西方语言文化较大之亲和力，使译文较易在读者那里生成译者所期待的意义和解释。穿插于卦爻辞译文中的解说也弥补了译文过于简洁或其本身意义深奥所导致的晦涩。这是一种译文外部归化策略。理译本中的脚注内容，在卫—贝译本中则一般在正文解释部分给出，如对《乾》“龙”归化译文“dragon”的中国文化中内涵和与西方“dragon”一词所指不同的解释（7），是一种异化张力，当然更多是异化倾向的、简古难解的卦爻辞译文和归化的解释。这种归化解释表现为两种途径，一是用简明的英语解释译文异域文化内容，二是征引英语文化固有的概念、典故以解释原文难解之处。如《涣》译文解释中用了西方基督教说法“the One Creator of all living beings”，使译文呈现归化特征。

除文内诠释，译本脚注征引西方经典和文史用以比较之处有 13 处。征引《圣经》的较多，如对《乾》彖传的“云行雨施，品物流行”，注曰：“Cf. Gen. 2：1 ff, where the development of the different creatures is also attributed to the fall of rain.”（4）也有西方历史上的人、事，如说歌德即是“不事王侯，高尚其事”的人物（78）。这是一种比较宗教学、文化学和历史学的意识和实践。其目的恐怕不仅是为了吸引读者，也非简单比附，而是一种将中国传统思想与西方思想的融合与协调，并通过翻译前者反观后者的实践。同时，除对译文本身的解说，还有不少关于宇宙人生、现实世界和涉入读者生活的阐发，甚至时事政治评论，如《既济》九三译文的诠释，借用“高宗伐鬼方”对殖民扩张政策提出了批评，由此让译文联系时代，也体现了译者突破传统易学之倾向。

译文的读者取向，不仅表现于大量的注释、解说，而且在译文中也多有体现，如用词短小、句法简单、语言生动。与理译文不同，有些增补主语用第二人称“you”，直接和读者对话，拉近了和读者的距离。如，《讼》“讼，有孚”译为“Conflict. You are sincere”（28）。另有大量祈使句，如《泰》“勿恤其孚，于食有福”，“Do not complain about this truth; / Enjoy the good fortune you still possess”（50）。但有的“我”也译为第二人称，如《益》九五“我德”，“your virtue”（164）。读者取向的其他表现将在以下分析中进一步分析。

有个别译文的解释和传统注疏有龃龉，例如《随》上六“拘系之，乃从维之，王用亨于西山”译为“He meets with firm allegiance. // And is still further bound. // The king introduces him // To the Western Mountain”

(74—75)。译本卷三对《随》上六的译、释与此一致(475),皆与传统注疏不同。《升》六四“王用亨于岐山”也译为“The king offers him Mount Ch' i”(180)(译文似有漏字),译文与《随》上六相似,译者给出的解释也类似。

下面分析第三十六卦《明夷》全卦文字英译文,以更全面地反映译者的翻译策略和方法。英译文如下,为便于对照,卦爻辞译文右面附汉语回译和原文(见表2—1)。

36. *Ming I / Darkening of the light* (139—142)

䷣ *above* K'UN THE RECEPTIVE, EARTH // *below* LI THE CLINGING, FIRE

表2—1 **卫—贝译本《明夷》卦英译、汉语回译文和原文**

英译文	汉语回译文	原文(按英译断句)
THE JUDGMENT:	卦辞:	卦辞:
DARKENING OF THE LIGHT. In adversity It furthers one to be persevering.	明夷。在逆境中 它进一步使人坚毅不屈。	明夷。利艰贞。
THE LINES: Nine at the beginning means: Darkening of the light during flight. He lowers his wings. The superior man does not eat for three days On his wanderings. But he has somewhere to go. The host has occasion to gossip about him.	爻辞: 初九: 明夷于飞(飞行中光暗下来了?)。 他垂下双翼。 君子三日不食 在他的四处漫游中。 但是他有某前去之所。 主人有场合说他闲话。	爻辞: 初九: 明夷于飞。垂其翼。君子于行,三日不食。有攸往。主人有言。
Six in the second place means: Darkening of the light injures him in the left thigh. He gives aid with the strength of a horse. Good fortune.	六二: 明夷伤害他的左股。 他用一匹马之力量给予帮助。吉。	六二: 明夷夷于左股。用拯马壮。吉。
Nine in the third place means: Darkening of the light during the hunt in the south. Their great leader is captured. One must not expect perseverance too soon.	九三: 明夷于南狩。 他们的头领被俘获。 人一定勿过早期望坚毅不屈。	九三: 明夷于南。狩得其大首。不可疾贞。

续表

英译文	汉语回译文	原文（按英译断句）
THE JUDGMENT:	卦辞：	卦辞：
Six in the fourth place means: He penetrates the left side of the belly. One gets at the very heart of the darkening of the light, And leaves gate and courtyard.	六四： 他穿过那腹部的左侧。 人及于明夷的正中心， 离开大门、庭院。	六四： 入于左腹。获明夷之心，出于门庭。
Six in the fifth place means: Darkening of the light as with Prince Chi. Perseverance furthers.	六五： 明夷如箕子之情状。 坚毅不屈更进一步。	六五： 箕子之明夷。利贞。
Six at the top means: Not light but darkness. First he climbed up to heaven, Then plunged into the depths of the earth. ①	上六： 不明，只有黑暗。 他先是登上天， 后坠于地之深渊。	上六： 不明晦。初登于天，后入于地。

《明夷》译文具有英语句法的完整性，也用了一些短语结构，增补词多是代词、介词、功能词等，词数（180个）总体上少于理译文（225个）。有的部分读来颇有诗意，如“The superior man does not eat for three days // On his wanderings. // But he has somewhere to go.”其中“wanderings”和“somewhere”，为在语义上不矛盾，若一者为实，另一者则需解为虚，有些现代诗之风。本卦解释历来难以贯通一致。《周易正义》云：“‘夷’，伤也。”② 译文“Darkening of the light”据此应为正解，也保留了这一模糊性。从英译分析和汉语回译看，译文与原文基本相符，但有一些细节问题。若按该书“志急于行，饥不遑食”解，“行”译为“wanderings”就失去其意了，增译“the occasion”亦无必要。“马壮”语义上与“the strength of a horse”不对应。译文中增补的代词涉及如何解读“明夷”问题。译文代词似只能分别解读，如卦辞“It”应指“Darkening of the light”所象征之情势，而“Darkening of the light injures him in the left thigh”和“He gives aid with the strength of a horse”的“him”和“He”

① 以上引文把卦爻辞集中在一起，但在译本中卦爻辞的译文是分开的，而且各条卦爻辞译文是分行的，各条卦爻辞译文后面有译者大篇幅的诠释说明。

② 孔颖达：《周易正义》，北京大学出版社2000年版，第183页。

所指却似不同，且从译文看，代词多无具体所指，如“Their great leader is captured”中的“Their”。另外，同一爻译文为何要分用“he”和“one”？这些问题未通过译文注解解决，注解仅笼统地说明一卦、一爻的象征意义及可能涉及的历史人物箕子和纣王。这一现象是译者有意保持这一模糊性和译文特殊的文本特征表现。

（三）译文指称意义和文化内涵表达问题

有的卦译文呈现的图景要比原文显得有些混乱，如《归妹》译文。卦题“归妹”据传统解释译为“The marrying maiden”，但侧重点有变化，前者在“归”（视为动词），后者在“maiden”，这样九四“归妹愆期”译文“The marrying maiden draws out the allotted time”意为“妹”决定了婚期的推迟，这种侧重点的转移可能会受到女性主义者的青睐。六五“娣”译为“the serving maid”，初九、六三“娣”都为“concubine”，二者似同义，但实际上译者对该爻的解释显示二者不是一回事，读者也会作不同解释，这一译法有违原文。译文把“归妹以娣。跛能履”分译为一女、一男，似乎二者是婚事涉及的男女两人。从六三译文看，译者似把“反”解为“反而”，该“归妹”婚前是“a slave”，反而以“a concubine”身份出嫁。但译文却是把该句分开的。这样，据译者的通常译法，若两句译文没什么联系，就意味着“反”漏译了。译者从译文到解说间缺失了一环，即译者解释不是从译文本身的词句开始最后达到一个综合的、涉入其象征意义的解释，而是跳过对译文字句所指的追索，直接给出了一个综合解释。

译文存在一些指称意义传达的不尽准确处。博德曾指出，《屯》卦“乘马班如”之“班”译为“（horse and wagon）part”（17）不正确。[①] 再如，《讼》“不克讼，归而逋。其邑人三百户，无眚”译为“One cannot engage in conflict; // One returns home, gives way. // The people of his town, // Three hundred households, // Remain free of guilt”（30），“克”“眚”译文“engage”“guilt”皆不准确。有的译文和解释过于牵强，如《履》六三“眇能视，跛能履。履虎尾。咥人。凶。武人为于大君”，译为“A

① D. Bodde. “Book Review of the Wilhelm - Baynes *I - Ching*”, *Journal of the American Oriental Society*, No. 4, 1950, pp. 326 - 329.

one - eyed man is able to see, // A lame man is able to tread. // He treads on the tail of the tiger. // The tiger bites the man. / Misfortune. // Thus does a warrior act on behalf of his great prince." 译者解释说 "This reckless way of plunging ahead, regardless of the adequacy of one's powers, can be justified only in the case of a warrior battling for his prince" (46)。也存在一些漏译的例子，如《否》"否之匪人不利君子贞" 译为 "STANDSTILL. Evil people do not further //The perseverance of the superior man" (52) ("之"?),《无妄》六三 "无妄之灾，或系之牛"，"Undeserved misfortune. // The cow that was tethered by someone…" (102) ("或"?),《恒》九三 "或承之羞","Meets with disgrace" (128) ("或"?)。

以上已涉及文化词语的文化内涵之表达问题。虽有不少文化词采用异化或归化译法再辅之以解说把文化内涵解释清楚了，但也有一部分这样的词语没有得到足够说明，或存在文化误读。例如，《屯》卦辞、初九的 "利建侯"、《豫》卦辞 "利建侯"，均译为 "It furthers one to appoint helpers"，并未说明原文 "侯" 所指。译者避开历史研究的做法曾受到批评。徐梵澄 (2004) 认为，"历史的研究" 非译者的本意，卫礼贤是一贯作玄学探求的，则亦不受此责难。但毕竟不能说是一大优点。[①] 其他例如，《蛊》《巽》译文均未对 "甲" "庚" 作解释；《无妄》"不耕获，不菑畬" 的译文未说明 "菑" "畬" 的含义。《巽》"史巫" 译为 "Priests and magicians" (221)，未说明其间文化差异。《贲》"白贲"，"Simple grace" (93)，"白" 未得到说明，导致整个卦的色调有所变化。《蒙》九二 "纳妇吉"，"To know how to take women / Brings good fortune" (22)，译者的解释 "One must understand them and give them recognition in a spirit of chivalrous consideration" 对 "妇" 的译文和解释与婚姻无关，只是强调要有西方人那种 "骑士风度"。

三 卫礼贤—贝恩斯《易经》译文综合评价

严格说来，卫—贝译本并非典型的译本，而是一部包含译文在内的翻译、诠释本，可称注重义理、智慧而轻占筮的 "译解本"，而理译本则可

① 徐梵澄：《〈周易〉西行——关于〈周易〉的德译与英译》，《国际汉学》2004 年第 2 期。

称注重文本的“译注本”。二者主要区别是，前者传达的主要是原文思想，后者则主要是原文所说。上文主要研究的是译本卷一《易经》英译正文及副文本，仅把《易传》译文和解释及卷二、卷三作为背景材料，这里的评析基于这部分研究。

卫礼贤的中国经典译作多半采用新浪漫主义色彩的语言，或模仿路德《圣经》翻译和歌德的德语，为中国思想穿上欧洲外套，为广大读者喜闻乐见，而学院派汉学家却颇多微词，批评他译文语言的非学术性。[①] 无论汉学和易学造诣，还是汉语掌握，还是对《易经》翻译的态度和投入的精力，恐怕其他译者都无出其右者。他热爱中国古典文化，尤对孔子及儒学怀有唯美主义和理想主义倾向，最后发展到对孔子顶礼膜拜。这一点和理雅各不同。当然，在根子上他并未失去对欧洲的认同。而且他把《易经》视为具有世界意义和永恒价值的中国典籍，与西方毫无无渊源关系。[②] 荣格（*xxii*）指出，卫礼贤本人也用《易经》占卦，而他的体验是不能仅仅通过学习中国哲学知识而获得的。[③] 他克服巨大艰难困苦、耗费十年之功所得的译文和诠释颇得中国传统易学之精髓。难怪该译本一俟出版便广受西方学界推崇，贝恩斯的英译锦上添花，于是卫礼贤—贝恩斯译本风靡西方，至今仍是销路最好的译本。

马歇尔（2013）在评论卫礼贤孙女（B. Wilhelm）录制的 DVD “Wisdom of Changes: Richard Wilhelm and the *I Ching*” 时说，他坚持认为，即便卫译本出版于 1924 年、贝译本出版于 1950 年，卫礼贤的翻译所达到的深度也是现在其他任何译本不能相比的。[④] 这源于卫礼贤对命

---

① 方维规：《两个人和两本书》，国际汉学翻译家大会会议论文，北京，2014 年，第37 页。

② R. J. Smith, “The *I Ching* (*Classic of Changes*) in Global Perspective: Some Reflections”, in International Yijing Association, *Collected Papers of the* 2002 *Classic of Changes World Conference*, Taiwan Zhongli, 2002.

③ 关于理雅各和卫礼贤译本比较研究，参见岳峰《〈易经〉英译风格探微》，《湖南大学学报》2001 年第 2 期；费乐仁（Lauren F. Pfister）《攀登汉学中喜玛拉雅山的巨擘——从比较理雅各（1815—1897）和卫礼贤（1873—1930）翻译及诠释儒教古典经文中所得之启迪》，陈京英译，《“中央”研究院中国文哲研究所通讯》2005 年版，第21—57 页；沈信甫《理雅各与卫礼贤英译〈易经〉比较研究》，博士学位论文，台湾师范大学，2009 年。

④ 参见 R. Kay, “Video Review: Wisdom of Changes: Richard Wilhelm and the *I Ching*, a Documentary by Bettina Wilhelm” (http: //www. huffingtonpost. com/rob - kay/ video - review wisdom - of - cha_ b_ 5180495. html)。

运的性质和《易经》意图的深刻理解。该译本的确有可改进之处，但他独到的评注、对新儒家思想的总结是一项文献研究成就，充满孔子和现代中国之前的精神。卫译本给欧洲带去了怀旧的理性主义。博德（1950）就英译本出版写的书评曾提到，学界对卫译本的批评主要涉及两个问题，一是他对经、传材料的重新安排，并穿插了对前人注疏的总结和评论；二是他对经传时代和作者的固守成见，尽管在他英译《易经》的时代，这类问题的传统观点早已被现代易学所质疑。[①] 另外，卫礼贤把经传视为一体而构成中国古老的智慧，但《易经》的哲学内涵和《易传》的哲学体系不是一回事。卫礼贤所反复阐明的儒道思想都源自《易经》的观点也还是有问题的。这些问题，学界已有些研究、评论，在此不拟多论。

徐梵澄（2004）曾评论卫礼贤德译本说，

> 读此德文译本，见其有未当处，考其源多出于朱子。然则于朱子之本义可商兑，于卫氏之译文大致无责难。…… 荣格于1949年替英译本作序言，说："我们不知道卫礼贤的译文是否正确。"在我辈中国读者看来，实已是正确了。凡在不圆满之处，因为不得不循语文构造及思想方式而通融，则不得谓之谬误。但原文既如此艰深，在我们多有解不透的地方，倘有较佳之说，只好存之待加补正。谁是最后的易学权威呢？当代没有权威，只好折衷于通说。[②]

诚哉斯言！卫氏热爱中国传统文化，以自己最大程度"同情"之理解，热心翻译、传播之。卫—贝译本的翻译和诠释无疑取得了很大成功，对中学西传做出了巨大贡献。该译本的确可以说不仅是一部译作，而是一部由外国汉学家著成的"《易经》研究"或易学教材。

从前文分析看，译文总体上具有一些原创特征，例如符形层面对卦、爻辞译文的分行排列，卦名的翻译模式，译文和诠释、评论部分的交替行

---

① D. Bodde. "Book Review of the Wilhelm - Baynes *I - Ching*", *Journal of the American Oriental Society*, No. 4, 1950, pp. 326 - 329.

② 徐梵澄：《〈周易〉西行——关于〈周易〉的德译与英译》，《国际汉学》2004年第2期。

文等。卦名是一种包括卦象和文字的双媒介集合，凝结着中国易学的思想。当译者借助西方的概念工具为中国的思想进行“命名”时，也使中国思想进入了西方概念系统。译文则是包括汉字、图象、音译和意译的多媒介符号集合，其意译部分大都是基于传统注疏对全卦意旨的分析进行的概括。卦名译文是一种意义与意译、意译对音译的双向诠释，也是在词汇和文化思想两个层面的、本质和内在的多媒介交流。卫译本也为后世卦名的翻译确立了规范。卦爻辞译文分行排列是《易经》翻译方法上的革新，这一点也是值得关注的。采用分行排列，给人以现代自由诗的外形。英译文语言简洁、句法灵活，基本反映了《易经》原文的行文风格、保留了原文表达和解释的巨大张力。

译者是把译文和注释、诠解视为一个整体处理的，总体策略是归化为主，并通过引证康德、歌德等德国哲学家、文学家，以比较宗教、文化和历史的方法充分解释、阐明原文思想内容而达到使译文去神秘化的效果，而以恰当的异化来引介古老《易经》之独特处，整体上具有相当的可读性。在符义学层面，译文对原文的文化性、理论性、思想性，相当程度上达到了客观、完整、缜密的传译，不仅理论上完整、贯通，还符合原文本的整体理论精神和概念体系。有的地方，译者不惟传统成说，独辟蹊径，根据自己的研究和解读翻译，再辅以诠释文字，反映了译者的学者精神。译者注释大都沿着王注、程传、朱子正义这条路子，基本诠释之外，译者广征博引古今中外，以比较的方法让读者充分领悟其文化内涵与韵致。在符用学层面，译者虽未凸显原文主要的占测功能，但通过用第二人称代词、祈使句等直接和读者对话的手段，拉近了与读者的距离。总体上看，译文基本实现了译者预设的翻译目的。

另一方面，放开卫氏易学观点不论，仅考虑其翻译，卫—贝译文也还存在一些问题。除了译本的历史局限性、历史取向缺失以及前文提到的其他宏观层面的问题，研究发现译文尚有些不足之处。例如，译文的自由诗特征虽属原创，但未能真正朝诗歌方向努力。这当然未必是译者的目的。据传统易学文献对译文的考察表明，有些地方译者对原文词语所指意义和句法关系的理解不到位，或用后起的意义代替了原本意义，导致了一些地方指称意义不准确，有些有价值的文化词语的内涵未能在译文中挖掘出来，也有个别漏译处。有的地方译文不知所云，而解释部分未给出阐明。一些卦的译文解释部分未针对译文文字进行分析，只是大而化之，仅关注关于宇宙人生、人间事务的象征意义和读者生活、道德修养等方面的启示。对一部注重文化思想的译作，这无疑是不足。

尽管如此美中不足，由于译本本身和译本外的各种原因，卫—贝译本仍可视为一部成功的译作。就经文译文而言，其创新性的卦名处理，其尽量减少译文内部解释而辅以外部随文而行的详尽注解，其读者取向，都是其成功的主要因素。这一模式也为后来一些译本不同程度地继承。卫—贝译本在很长一段时间内仍将是英语世界读者所能得到的《易经》最佳译本，对读者理解《易经》仍具规范作用。因此，两人在《易经》翻译史上做出了杰出贡献。

第四节 蒲乐道译本①

一 取华名、穿华服、说华语、娶华妻的《易经》迷

英国汉学家、佛学家蒲乐道（1913—1987），号竹风，伦敦人。他早年信释迦牟尼佛，立志往居中国，一生8次来华。18岁入剑桥大学学自然科学，期间未满两年便中断学业，来到中国，1932—1935年在香港民生书院教英文并学中文、粤语。1935年夏到位于天津的河北省立工业学院任教职，附带条款是“每周宿北京三夜”，“每礼拜三下午回归天津工作四日”，因此多往返于京津两地，与三教九流常有交往。1937年暂回英国，同年返香港，其后十余年在中国各地游历名山大川、道观寺庙，曾在昆明郊外的禅宗道场华亭寺习禅十月、在五台山做过一阵和尚。1939年回国入伦敦大学东方和非洲研究院学习汉语等东方语言，1942年春到重庆英国使馆任文化参赞。战后在剑桥大学用6个月时间获文学硕士学位，1946年往北京师范大学任教英文并研究唐朝佛教，与中国妻子结婚，1948年携妻离京赴港。1951年迁居曼谷，在朱拉隆公大学任英文教授。

① 本节经改写以“对理雅各和卫礼贤后《易经》英译本的描述性评析——以蒲乐道英译本为例”为题发表在《周易研究》2016年第3期。

10年后，他于1961—1974年在联合国亚太经社委任职，退休后曾在美国和加拿大各地讲学，并专心著述，直至去世。①

蒲氏在中国和亚洲宗教思想方面有很深造诣，尤擅长佛道思想，在中国宗教史和学术史上有一定地位。他著有几十本作品，多是中国和东方宗教、文化主题。他曾随中国高僧修习，结识许多宗教人士和诸多学者，包括谢庆垚、徐悲鸿、吴作人、曹禺、杨宪益等人，也曾“与二位文人（按：香港的蔡渊若和北京的金佩山）结为金兰之好”。这位取华名、穿华服、说华语、娶华妻的英国人也绝无半点所谓“东方主义”。他的学生、美国翻译家波特（Bill Porter，笔名 Red Pine，中文“赤松”）称他“was a very sincere Buddhist who practiced every night for several hours and loved what he did. I don’t think he ever stopped learning”。太虚法师1945年为其《大宝莲花：今日之中国佛教》（*The Jewel in the Lotus*：*An Outline of Present Day Buddhism in China*，1948）作序云：“本其英国文学哲学之所长，习夫中国之语文学术，亦多谙练，尤精于佛理之研究，通其解，笃其行，粹然为佛教信徒。”

蒲乐道对《易经》真正感兴趣是在20世纪60年代初，时已年过半百，他虽已不在中国，但在“文革”前对中国传统文化、宗教和学术已有相当把握。其易学知识主要得自文献阅读、与易学家交往和自己使用《易经》的预测经验。他翻译《易经》的时间并不长，在不到两年时间内完成。与理雅各、卫礼贤两位不同，在蒲乐道这里，《易经》主要是一部可做生活指南的预测之书。因此，他是把《易经》作为一把生活钥匙来译的。其翻译目的是“用最简洁的语言，把《易经》用于预测时的指示清楚明白地翻译出来，使任何操英语者，只要以真挚态度睿智地对待它，就能把它用作趋吉避凶的手段而不出差错。”（15—16）他认为自己的译本和卫—贝译本的不同主要有二：一是内容集中，即集中于《易经》的实用预测功能。二是译文简明，而卫—贝译本在某种程度上是一本教科书，说明了如何从卦象中推演出卦爻辞。译文曾经几位中国学者校改，但

① 文中关于蒲乐道介绍的部分内容由笔者译自 Wikipedia 的 J. Blofeld 介绍网页（http：//en. wikipedia. org/wiki/John_ Blofeld）。关于蒲乐道生平，另可参见蒲乐道《老蒲游记——一个外国人对中国的回忆》，香港明报出版社1990年版。本节“译者背景”中引语皆引自该书。

主要是译者独立工作的成果。

二 实用功能取向的现代“占筮”派英译

（一）卦名与专断专用辞翻译

卦名英译借鉴了卫—贝译本模式，音译用韦氏汉语拼音，有的译名意译部分相同，如“既济”“未济”各为“AFTER COMPLETION”“BEFORE COMPLETION”。有的译名是后者译名的变体，如《坎》卫—贝本是“THE ABYSSMAL”，蒲译本是“THE ABYSS”。但不同之处也很明显，《鼎》“A SACRIFICIAL VESSEL”，比仅译为“CALDRON”更能体现其文化内涵。汉籍英译中，“道”“理”等术语多译为“principle”。为了凸显《乾》《坤》两卦在六十四卦中的纲领地位，译者意译部分用了“THE CREATIVE PRINCIPLE”“THE PASSIVE PRINCIPLE”，以与其他卦名相区别，可能较仅译为“The Creative”和“The Passive”好些。另外，这两卦的译文构成也和其他卦译文不同，如各爻均有“According to the Master”，译者注有“The Master”即“Confucius”，引出“文言”译文，由此可标记其特殊性。从传统易学看，蒲氏用此译法有其可取之处，也可能取得比卫—贝本译法更进一步的效果。蒲译《坤》卦名“The Passive Principle”，与卫—贝译本“The Receptive”相较，不如后者准确，因为尽管“passive”也指“接受的”，但更有“消极的”“无力的”“无意愿的”之义，这些都与传统易学对“坤”内涵的解释不符。

其他卦名译文多数是准确的，译法呈现多样性，可商榷的也有如《观》译为“LOOKING DOWN”，但整卦译文未提到“往下看”的情形。《颐》为“I (pronounced YEE) NOURISHMENT (literally Jaws)”，音译、字面义、比喻义皆出，可谓详尽，但也显得冗繁。《无妄》译为“INTEGRITY, THE UNEXPECTED”，表达了两种似乎不相关的意义，即“无虚妄、诚信”和“无期望、意料之外”，这是因为译者在爻辞译文中采取了两种不同的解读。《姤》意译有“SEXUAL INTERCOURSE”，译者大胆的发挥令人吃惊，但卦爻辞译文没有涉及，因此卦爻辞和卦题译文没有明显关联。有的译文意译部分虽可提供多个词语凸显卦名意义之不同侧面，但如《同人》“LOVERS, BELOVED, FRIENDS, LIKE - MINDED PERSONS, UNIVERSAL BROTHER-

HOOD”则用词过多，若照这一做法，实际上每个卦名都能列出一长串英语词语作为“译文”。译者所以如此，可能因为这些词语所表达的主题在英语文化思想中具有广泛亲和力，或更能吸引读者。

占断专用辞也多沿用卫—贝译本译法，如《乾》“元亨利贞”译为“Sublime Success! Persistence in a righteous course brings reward”（85），卫—贝译本为“… sublime success, // Furthering through perseverance”（4），译文中只有“利”译法差别较大。此处“利”译为“brings reward”，与传统易学给出的解释在指称意义上多少有出入，是译者去哲学化的特征。但蒲译更加多样化，如“贞”仅《坤》译文就另有“the omen”“the right course”“unfaltering determination”等译法，全译文中则不下十种。也有混用情况，如《乾》“利”为“reward”，而《大有》九三“亨”也为“reward”。该卦卦辞“利贞”作“…a need for proper direction”，译者译的不是该断辞，而似乎是整个卦辞的寓意。“利涉大川”为“It will be advantageous to cross the great river (or sea)”，为扩大预测的适用面，译者增加了“sea”（100）。有的断辞失去了断辞功能，如《师》六五“利执言，无咎”译为“To avoid error, speech should be guarded”，“无咎”被译成了目的状语。“无咎”有多种译法：“no error”“faultlessly”“not be a wrong”“without doing wrong”“no harm”“without fault”“no blame”“not shameful”等。总体上看，除少数几个断辞如“吉”“厉”外，断辞译文无明显章法。从翻译目的看，其多样性译法主要是围绕预测之目的实施的，可以看出译者的实用翻译取向。另外，一些有固定表达的词语译法也较多样，如“小人”有“a man of mean ability”“the mean”“men of mean attainments”“an ordinary man”“ordinary people”“inferior men”“lesser men”等不同译法，“mean”“ordinary”与“小人”内涵不符。可见，译本断辞和术语译文在符形、符义和符用诸层面都有所缺失。

（二）译文正文

正如译者声明的，正文译文对卫—贝译本也有借鉴，如《大壮》九三“羝羊触藩，羸其角”，蒲译本和卫—贝译本（134）用词一样：“a goat butts against a hedge and gets its horns entangled”（154）；六五“丧羊于易”译为“He sacrifices a goat too lightly”（154），卫—贝译本是“Loses the goat with ease" (135)；上六"羝羊触藩，不能退，不能遂"，译为"A goat butts against a hedge and can move neither backward nor forward"(154)，卫—贝译本是"A goat butts against a hedge. It cannot go backward, it cannot go forward"(135)，都较相似。但从整体看，此类译文占比例不大。

由于译者的翻译目的主要侧重应用，因此译文呈现更多弹性。译者认为每条爻辞都是一个小故事，译文也多是这么处理的，是前后打通的译法。如《屯》"屯如邅如，乘马班如。匪寇婚媾，女子贞不字，十年乃字"，译为"He makes no more progress, covers no more distance, than a mounted man trotting to and fro. (His hesitation is due) not to an obstacle but to his wooing a girl who chastely repulses his advances and waits ten years before giving her consent."(94—95)不利是模糊了问辞和占辞之界限，而这是原文卦爻辞一个重要符形和符用特征。

译文正文中，起注解作用的主要是《易传》部分的译文。译者小象部分译文较易懂，充当了经文译文的解释。译者注释仅针对两部分译文中可能的难解点进行解释，包括总结全卦主旨、占测要点、主要象征意义、个别文化词语和卦爻辞译文难点解释等方面。译者较重视原文象征意义的阐发，有几处甚至在译文内部将象征意义用"symbolizing"明示出来，如：《坤》"利牝马之贞"译为"Its omen is a mare, symbolizing advantage"(90)，回译为汉语是："它的征兆是一匹母马，象征着有利"；《剥》六五"贯鱼以宫人宠无不利"译为"A string of fishes symbolizing the high favor enjoyed by maids in the palace-everything is favorable"，回译为汉语是："贯鱼象征着宫人受到的恩宠，无不利"。但多数解释都放入注释。有的地方则显得增译过多，如《蒙》"子克家"，译为"Sons will be capable of taking over the household affairs when the strong (young) and the weak (old) are in mutual harmony"(97)。这样的译文内部解释似不如放入文外注释更好些，以保持译文简洁。下面通过《乾》卦译文(85)进一步观察译者的翻译策略、译文准确性等方面。

HEXAGRAM 1 // CH'IEN THE CREATIVE PRINCIPLE

䷀ *Component trigrams*: // *Below*: Ch'ien, *heaven*, *male*, *active*, *etc*. // *Above*: Ch'ien, *heaven*, *male*, *active*, *etc*.

Text The Creative Principle. Sublime Success! Persistence in a righteous course brings reward.

9 for the bottom place: the concealed dragon avoids action.

9 for the second place: the dragon is perceived in an open space; it is advantageous to visit a great man.

9 for the third place: the Superior Man busies himself the whole day through and evening finds him thoroughly alert. Disaster threatens——no error!

9 for the fourth place: leaping about on the brink of a chasm——no error!

9 for the fifth place: the dragon wings across the sky; it is advantageous to visit a great man.

9 for the top place: a willful dragon——cause for regret!

9 for all six places: a brood of headless dragons——good fortune!

前文已分析过卦名译文。从卦爻辞译文看，除“space”“busies”“leaping about”“chasm”“willful”等几个词略嫌偏差外，全卦译文指称意义上大致是准确的，尽管在音韵层面未有体现。译者运用了分词短语、名词短语等多种句法结构，行文简洁。在符用层面，有的断辞后用叹号以表示欣喜的语气，虽然汉语原文的表现是冷静客观的，译文的加工应不为过，尤其是在译者以占测实务为英译鹄的情况下。对“dragon”，译者也在注释中指出了其与西方“dragon”概念的不同。加之全卦译文包括了《彖传》《象传》和《文言》译文对该卦的详细诠释，辅以译者注解，该卦在中国传统易学中的意义和内涵，已经基本表达出来了。关于“Superior Man”，译者有自己的解释（24）。《易传》中“君子”的内涵已经扩大了，后来逐渐成为世间完美人格的典型，孔子、儒家对其极为重视。可见译者的解释主要是基于后世儒家的君子概念，也有自己的解读，但也与《易经》“君子”意义不悖。据对其他卦译文的比较分析，译者多据传统解释英译。例如，对《蛊》“先甲三日，后甲三日”和“彖曰：……先甲三日，后甲三日，终则有始，天行也。”译者注释说：“Notes：(2) It would have been hard to make sense of these words, were it not that Confucian Commentary on the Text clearly explains them; hence the liberty I have taken with the Text.”（123—124）尽管译者没有对“甲”进一步说明，却是符合传统解释的。但也存在不少地方，与传统注疏不一，是译者自己的解读、发挥。就其大不同处仅举一例（下划线部分）：《井》“未繘井，羸其瓶”译为“<u>The rope is too short or</u> the pitcher gets broken before reaching the water.”（179）。

（三）其他问题

本小节再把译文存在的其他一些问题集中做一说明。这些问题主要属于指称意义层面，涉及去历史化、历史错误、文化概念错误、稀释化和漏译等，有可商榷之处，也有的是明显错误。去历史化即抹去某个表达方式的历史上原本的意义，用当代一般的词语译出与其基本意义相关的某个意义，如《坤》“王事”、《讼》“王事”皆译作“public affairs”，《屯》“建侯”译作“to consolidate the present position”皆属此类。这可能是译者的特殊翻译目的使然。另有一些历史或时代错误，多用后起概念译原历史概念，如《临》“八月”译者注云“The eighth month of the lunar calendar corresponds approximately to September”（126）。其他概念性错误较多，如《夬》“苋陆”译为“spinach”；《既济》“曳”译为“brake”；《晋》“鼫鼠”译为“squirrel”；《中孚》“豚鱼”译为“Dolphins”等。

翻译中原文词义在译文中的稀释化一般指用上义词译原文下义词的情况，有些是可以的，但不能一概而论。蒲译本中也存在这一问题。例如，《噬嗑》六三“腊肉”、九四“噬干胏”、六五“干肉”统一译为“dried meat”；《讼》上九“终朝”译为“one day”；《谦谦》上六“邑国”“empire”；《萃》六二“禴”译为“a sacrifice”；《升》九三“虚邑”译为“a larger city”；《丰》初九“配主”、九四“夷主”都译为“a prince of equal rank”；《困》九二“朱绂”、九五“赤绂”都译为“vermilion sash - wearer”；《未济》上九“饮酒”译为“feast themselves”等。这些去历史化、稀释化问题也可能是译者有意为之，属于其归化策略的一部分。

漏译也有几处，如《渐》九五“鸿渐于陵，妇三岁不孕，终莫之胜”

译为 “The wild goose moves gradually towards the hillock. In the end, the results will be incomparable” (190), “妇三岁不孕” 漏译。有的译文过于晦涩，注解也未说明，与原意也相去甚远，如《旅》上九 “鸟焚其巢”，“A bird manages to burn its own nest” (196)。

译文有强行联系之处，如《归妹》六五 “帝乙归妹，其君之袂不如其娣之袂良” 译为 “The Emperor's second marriageable daughter wore regal garments less splendid than those of her bridesmaid.” 可能因为《泰》有 “帝乙归妹”，“By giving his daughter in marriage, the Emperor…”，(111) 已经嫁出一个女儿，这是第二个女儿？本卦 “娣” 分别译为 “concubine” “bridesmaid”，也不一致。另外，整篇译文中存在一些对原文指称意义的不准确理解、误解等问题。如，《蒙》初六 “用说桎梏，以往吝”，“even fetters may be required, but to use them overmuch is harmful.” (96) 这里 “说” 通 “脱”。译者在个别之处没有理解原文结构，如《归妹》初九 “归妹以娣”，“The maiden marries and becomes a concubine”、六三 “归妹以须反归以娣”，“From being a servant, the marriageable maiden becomes a concubine”，(191—192) 可见译者对原文句法未解。

三 蒲乐道《易经》译文综合评价

蒲译本主要以预测实务为翻译旨归，主要是功能性的，属现代 “占筮” 派。其原文选材和编排、注释侧重点都符合这一目的。译者的翻译思路是，首先交代《易经》背景等基本情况，然后讲清如何使用《易经》进行预测操作和解读预测结果的要点，再给出《易经》译文，并辅以《易传》中与占测操作和解释经文有直接关系部分的译文，其他砍掉，最后附以必要的相关材料。译者依据传统易学对《易经》预测实务的详细介绍和提供的信息是基本准确的。译者解读《易经》经传时对卫—贝译本有所借鉴，另借助了几部为数不多的参考文献。译者根据自己特定的功能性翻译目的，对《易经》的理解主要沿着对《易传》的解读进行，对经文本身的哲学内涵涉及很少，基本不考虑其中的历史要素，也不考虑《易经》符形文本层面的文学、语音特征问题。

译文比较口语化，较易为初涉《易经》的、有实用倾向的读者接受，卦题、正文及脚注有不少地方译文非常精当，其音译比较准确。译者具有宗教色彩（主要是佛教禅宗），也熟悉道教、藏传佛教，但这些并未影响他对《易经》的理解和翻译。但因对《易经》的研究不够全面、深入，仅以预测实务为目标，翻译时间也较短，影响了翻译质量，译文在符形、符义和符用层面都存在许多问题。主要表现在，在符义层面，不少地方不符合传统《易经》注疏对经文的诠释，无视经文的历史内涵，尤其是其中一些有历史事实的词语，或者可能译者实际上没有这种历史意识，因此体现为一种翻译中的去历史化现象，存在不少概念错误和用英语上义词译原文下义词的稀释化现象等。在符形层面，译者虽再现了文本基本结构，但在一些卦的译文中没有考虑原文本的形式特征。在符用层面，译者对原文进行了改写，问辞和断辞的界限比较模糊。从译者所处时代看，20 世纪上半叶，随着考古学的诸多新发现，易学与之前的易学相比已出现一些新的倾向，取得了不少新成果，但这些成果都未进入译本。作为实用取向的译本，译文似有更大的自由发挥空间，但细究起来，若在相当程度上不合原文化面貌，无据原本解释的归化成分过多，其预测效果当令人生疑。

蒲译本问世后，对其优缺点的检讨也激发了其他学者复译《易经》的努力，例如 H. Wei 的 *The Authentic I Ching: A New Translation with Commentary*（1986）就是在谋求改进蒲译本的基础上产生的，因此这也不妨视为蒲氏在《易经》英译史上的一种贡献。卫德明为贝恩斯英译本撰写的序言（1966）曾提及几部译本，其中就有蒲译本。林理彰译本（1994）引言论及理译本、卫—贝译本和蒲译本。《易经》英译是一个逐渐完善的过程，众多译本将共同实现对《易经》的互补性阐释。蒲译本可能是英语世界《易经》英译本中唯一一部提供了可靠的卦名汉字发音的译本，这是他的译本在《易经》英译史上的贡献之一[①]。蒲译本的主要贡献还在于《易经》书名和一些卦名英译上实现了创新，并为其他一些学者接受，同时通过他实用功能为取向的《易经》翻译在一定程度上弥补了理译本和卫—贝译本留下的空白。

---

① J. A. Biroco. "Critical Survey of *I Ching* Books", *The Oracle: Journal of the I Ching Society*, No. 2, 2004, pp. 20-40.

第五节 林理彰译本

一 精研中国古典三经的美国汉学教授

林理彰（1940— ），国际知名的北美汉学家、东亚学专家，多伦多大学中国思想和文学荣誉退休教授（2005— ）。退休前任教于多伦多大学东亚学系，2006—2007 年在不列颠哥伦比亚大学做访问教授。曾在美国、东亚多所大学学习，获得华盛顿大学中国文学和历史硕士学位（1966）、斯坦福大学亚洲语言博士学位（1971），入多伦多大学前曾在多所大学任教或作访问教授，包括 1999 年在北京大学和香港大学作短期访问教授。林氏著作等身，身兼数种国际学术职务，主要研究领域在中国文学、哲学和历史，尤其对中国古典哲学、诗歌和诗学着力甚多，成果丰硕，在国际汉学界和中国学术界颇有影响。[①]

林理彰 60 年代初即开始致力于中国学术研究。他在斯坦福大学攻读博士学位时师承美籍华人汉学家刘若愚，研究中国古典文史哲多年，对中国传统易学也有相当把握。在《王弼注〈周易〉新译》前言中，他认为《易经》本为占筮手册，后逐渐获得智慧之书的地位。其成书（成系统的卦象、卦题、卦爻辞）可能在公元前 9 世纪，当时占筮已从沟通人神的方法发展成为另一种性质的途径，据此可透视宇宙秩序以获知“道”在某具体时刻的显现方式和趋向并藉此决定个人所处位置及该如何行事以趋吉避凶。[②] 他认为，在公元前 9 世纪《易经》编定前的一两个世纪卦爻辞已经完成，每一卦包括卦象、卦名、卦辞（彖）、爻辞，构成《易经》三层结构的核心层；爻辞序列是据彖的主题安排组织的，每一条爻辞即是该主题的一个实例化情势或变体（3）。

林理彰认为，王弼（226—249）易学被认为是从魏晋到唐代的正统易学，唐代由孔颖达进一步将王弼《周易注》经典化，其中许多符合儒

① 关于林理彰著作的详细情况参见加拿大多伦多大学林理彰教授学术论著介绍（http://www.academicroom.com/users/richard.lynn）。

② 此节林理彰关于《易经》的观点皆引自林译本引言。关于这些观点，笔者在此存而不论，仅作为他解易的易学知识并作为分析他的译文的基础。下同。

家精神的内容又被宋以来新儒家纳入其易学体系。经文意义多处过于晦涩，不得不赖前人注疏方可理解，而程朱易学之所以成为主流并非因其解读准确，实因新儒家在文化和知识界之主流地位。不存在唯一的一部《易经》，实际上有多少注疏本就有多少部《易经》（8）。王弼《周易注》[①] 与其他任何《易经》注本一样是历史产物，它出现在中国历史上一个非常具有创造性的时期。译者英译该书的目的就是要向西方展现中国传统思想所达到的多样与活力（8）。他认为王弼在《周易注》中，时常会谈及道家概念，但该书整体聚焦于人的现象存在，主要呈现的是儒家思想（15）。译者在引言中对《周易略例》的要点进行了阐明。

译本引言就主要翻译原则进行了说明。译者认为，王弼话语具有历史性，他所生活于其中的文化对我们今天所关注的一些事情认为理所当然。例如，人类社会有其自然等级；国为家族所有，而家族是小型的国；国和家自然是父权制的；宇宙本性上是二元的，宇宙万物各有其或阴或阳之性，也应呈现出其所属性质；人类社会作为宇宙之一部分也有阴阳二元性。译者并不试图将其话语现代化，也不刻意避免冒犯对诸如民主、平等、个性、女性意识或其他那些任何可能影响我们思考、感觉和表达的运动所塑造的当代情感。[②] 实际上任何试图忠实地重建原文语气和意义的译本都不可能抹除这些观点（8—9）。译者建议，现代读者读《易经》译本，若要真正体会其丰富意义，就需对译本持一种历史的态度。

二 以《周易注》解易的学术性英译

（一）卦名和术语

林译本的卦名基本沿袭卫—贝译本模式，包括卦名汉字、卦象、音译、意译、内外卦名音译，但省去了内外卦名释义。其卦名英译有的沿用前人译法，如《贲》译为“*Bi* [Elegance]”、《鼎》译为“*Ding* [The

① 王弼注涉及经文及“文言”“彖传”和“象传”，而《易传》其余则均未下注，后由东晋韩康伯续注。

② 例如王弼注《蛊》九二爻辞有“妇人之性难可全正”（参见孔颖达《周易正义》，北京大学出版社 2000 年版，第 110 页），译为“The nature of woman is such that she is incapable of perfect rectitude”（251）。

Cauldron]”。也有不少创新，如《无妄》译为“*Wuwang* [No Errancy]”、《损》译为“*Sun* [Diminution]”。《乾》《坤》两卦名分别译为“*Qian* [Pure Yang]” “*Kun* [Pure Yin]”，凸显王弼意义上的阴阳理论，如“Pure Yang”意为六爻皆阳爻和卦性为纯阳两层含义。爻题也用“Yin”和“Yang”分别代替“六” “九”，加顺序词构成，如“九二”译为“*Second Yang*”，“六三”译为“*Third Yin*”，较简洁，也合王弼易学。林译卦名是基于《易传》和王弼注解，另如《革》卦名“*Ge* [Radical Change]”，应主要基于彖传“汤武革命”译之为“剧烈变化”；《小畜》卦名译为“*Xiaoxu* [Lesser Domestication]”，“畜”音译为“xu”，解为动词名词化的名词，即“Domestication”，指驯养野兽为家畜。

有的卦名译文从指称意义看也有可商榷处。如，《大过》卦名“*Daguo* [Major Superiority]”，前人多译“君子”为“superior man”，译文可能有一定联想。《习坎》卦名“*Xikan* [The Constant Sink Hole]”，“贞”译为“constancy”，此“习”译为“constant”，王注“便习”译为“practice something constantly”，这些同根词过于接近。《既济》《未济》分别是“*Jiji* [Ferrying Complete]” “*Weiiji* [Ferrying Incomplete]”，此译名也值得进一步探讨。贝恩斯译为“After Completion” “Before Completion”，其中把“济”视为一个点，译为“Completion”，林译“济”为“Ferrying”，“既” “未”为“Complete” “Incomplete”，凸显的是过程。从这一点上看，两种译法各有所长。但因为“ferrying”主要指用船、木筏等运载而渡河，卦爻辞中的“济”却未必如此，有“曳其轮”者，况还涉及动物，因此此词并不理想。

经、传译文内部术语有些沿用现有译法，如理雅各“great man”（大人）、“sincerity”（孚）、“no blame”（无咎）等，卫—贝译本的“Judgment”（卦辞/彖）、“the petty man”（小人）。不同的如“君子”，林译为“the noble man”，与“the superior man”相比，可能更体现原语内涵。经过《易传》、汉代易学，王弼将《易经》进一步哲理化，尤其是其阴阳理论、宇宙论等，他的注解中使用了一些商周之际以后出现的哲学术语如“道” “中”等。因此，在林译中，不但《易传》、王弼注译文，《易经》译文也使用了相应的哲学术语，如《泰》象传曰：“君子道长，小人道消也”，译为“The Dao of the noble man is increasing, and the dao of the petty man is deteriorating”（205），两个“道”译法不同，肯定的是“君子之道”；《复》“反复其道，七日来复”，译为“The Dao [way] that he goes out and comes back on is such that he returns after seven days (285)”。尽管《易经》本身的“道”并非哲学术语，但在王弼注的体系内是作为哲学术语的，因此林英译如此。但译文在用语上不统一，如《复》初九“复自道，何其咎。”译为“In returning, one follows the appropriate Dao [path], so how could there be any blame involved?”(193)，“道”译为“Dao”，解释部分却都译为“the path”；《履》九二“履道坦坦”译为“The path to tread on is level and smooth”，王注“履道尚谦”，此“道”却译为“Dao”。另外，能否把内、外卦象之名拉入译文？如，《比》六二“比之自内”、六四“外比之”分别译为“Here one joins in closeness from the inner trigram” “Here one joins in Closeness from the outer trigram”。虽然王注基于卦象分析卦旨，但若爻辞没有卦题文字，则不应将卦名纳入爻辞译文。关于译文存在的问题下文将专门讨论。

（二）译文正文

林译本是王弼注《易经》经传译本，因此从性质上讲与前人译本有别，因为前人译本如理译本、卫译本等虽多取程朱易学，但总体上并不专依某人注疏翻译经文。因此，林译本实际上并非《易经》译本，而是王弼《周易注》译本，只不过《易经》和《易传》构成王弼注的对象而已。这就决定了林氏翻译策略是保持经传和注解的一致性。译者实际上也在相当程度上做到了这一点。当然，从外部来看这样处理是否合适则应另当别论。

王弼的注解思路是延续了汉代象数易学的部分理论并将经传以后产生的一些新易学和哲学理论纳入了注解。译文据王注的解释总体上是准确的，爻辞译文和王注译文是贯通一致的，基本上符合王弼的概念系统。王弼注不详之处，译者则借助孔颖达《周易正义》。有的地方也据王、孔之注解略加发挥。译者倾向于在译文中把自己所理解原文的隐含语义逻辑关系明示出来，这当然也是许多《易经》译者的惯常做法，只不过各人的解读不同。林译句法完整化也主要基于王注。如，《蛊》“元，亨，利涉大川，先甲三日，后甲三日。” “*Gu* is such that it provides the opportunity for fundamental prevalence, and so it is fitting to cross the great river, but let there be three days before a new law is issued and three days after a new law is issued.”（248），译文中增译了多个连词、副词并使用了英语特有句法结构（画线部分）。本例王弼无注（但该卦象传部分有王注），译者据孔正义在“先甲三日，后甲三日”译文中把“甲”部分译为“a new law is issued”，即孔颖达[①]所云“创制之令”。可以看出，译文的重构是基于王、孔注疏的符义重构的。对原文本的语言形式特征，译者的英译倾向是一律散文化。

译者在引言中提及理译本、卫—贝译本、蒲译本等，并列入书末参考文献。译文也有对前人译本有所借鉴的地方，如《中孚》九二“鸣鹤在阴，其子和之。我有好爵，吾与尔靡之”“A calling crane is in the shadows; its young answer it. I have a fine goblet; I will share it with you.”（524）译文大致与卫—贝译本和蒲译本相同。下文分析《坤》卦译文（142—151）的卦辞、前两爻包括注释部分，其他仅录爻辞部分。《周易正义》[②] 中相关的部分汉语原文参见脚注以便对照，其中经文用粗体，与王注区别。

HEXAGRAM 2 //䷁// 坤

Kun [Pure Yin] // (*Kun* Above *Kun* Below)

Judgment [③]

***Kun* consists of fundamentality, and prevalence, and its fitness is that of the constancy of the mare.** {The constancy of *Kun* is fitting just in the way constancy is fitting for the mare. The horse is a creature that travels by staying down [on the ground], but even more important we have the female of it, so it is something that represents the acme of compliance

---

① 孔颖达：《周易正义》，北京大学出版社 2000 年版，第 108 页。

② 同上书，第 28—38 页。

③ 原文（经传文字为粗体，据孔颖达《周易正义》，北京大学出版社 2000 年版。下同）：**坤：元、亨，利牝马之贞。**坤，贞之所利，利于牝马也。马在下而行者也，而又牝焉，顺之至也。至顺而后乃“亨”，故唯利于“牝马之贞”。**君子有攸往，先迷后得主。利西南得朋，东北丧朋。安贞吉。**西南至养之地，与“坤”同道者也，故曰“得朋”。东北反西南者也，故曰“丧朋”。阴之为物，必离其党，之于反类，而后获“安贞吉”。

[shun]. Here one will prevail only after becoming perfectly compliant, and this is why the text says that one will only achieve fitness in the constancy of the mare.} **Should the noble man set out to do something, if he were to take the lead, he would go astray, but if he were to follow, he would find a master. It is fitting to find friends in the southwest and to spurn friends in the northeast. To practice constancy with serenity means good fortune.** {The southwest is the land of utmost nurturing and belongs to the same Dao as *Kun*. 2 Thus the text says "find friends." The northeast is the opposite of the southwest. Thus the text says "spurn friends". When yin is manifest in something, that something must distance itself from its own ilk and go to the opposite [yang] kind, for only then will it gamer the good fortune derived from practicing "constancy with serenity".}

Here is the basic disposition of Earth: this constitutes the image of Kun. {In physical form, Earth is not compliant; it is its basic disposition that is compliant.} **In the same manner, the noble man with his generous virtue carries everything.** ①

First Yin **//The frost one treads on reaches its ultimate stage as solid ice.** {What starts out as frost that one might tread on ultimately becomes hard ice. This is what is meant when it [the Commentary on the Words of the Text] says, "*Kun* is perfectly compliant, but the way it takes action is strong and firm." Yin as a Dao is such that, although rooted in humble weakness, it thereafter brings about prominence through its accumulated effect. Thus the text chooses "frost one treads on" to clarify how *Kun* begins. Yang as physical manifestation does not involve things that first have foundations established so they can achieve prominence later. Thus the text clarifies yang things in terms of activity and inactivity, as, for instance, [a dragon] "submerged" in the first line [i. e., *Qjan*, First

① 原文：**象曰：地势坤**。地形不顺，其势顺。**君子以厚德载物**。

Yang].} ①

Second Yin **//He is straight [*zhi*], square [*fang*], and great [*da*], so without working at it, nothing he does here fails to be fitting.** {Here, finding oneself at the center and obtaining his correct position there, he perfectly realizes in himself the qualities inherent in the Earth: he allows things their natural course, so they produce themselves, and he does not try to improve upon and manage them, so success comes about by itself. This is why the text says: "Without working at it, nothing he does here fails to be fitting."} ②

Third Yin **//One who effaces his own prominent qualities here will be able to practice constancy. He might attend to his sovereign's business, and if he were to make no claim for its success, he should bring about a successful conclusion.**

Fourth Yin **//Tie up the bag, so there will be no blame, no praise.**

Fifth Yin **//A yellow lower garment means fundamental good fortune.**

Top Yin **//Dragons fight in the fields, their blood black and yellow.**

All Use Yin Lines **//It is fitting to practice constancy perpetually here.**

卦爻辞及其王注译文保持了《周易注》的行文模式，利于读者根据王注解读译文。译文适当使用"we"这样的词语在语用上增强读者亲和力，又补以代词（如"he"）、连词（如"for"）、衔接词（如"thus"）

① 原文：**初六：履霜。坚冰至。**始于履霜，至于坚冰，所谓至柔而动也刚。阴之为道，本于卑弱而后积著者也，故取"履霜"以明其始。阳之为物，非基于始以至于著者也，故以出处明之，则以初为潜。

② 原文：**六二：直方大。不习，无不利。**居中得正，极于地质，任其自然而物自生，不假修营而功自成，故"不习"焉而"无不利"。

等及文内注解（如“［on the ground］”），语言明晰流畅，又表现出严谨性。在概念系统上，经文译文和注解译文相当程度上是吻合的。译者一般用“here”表示在本卦、本爻的情势下，以引出后文。“象曰：地势坤。”译文虽有语义倒装，但不违背原文意旨，用“Kun”表示全卦，用“Earth”表示“坤”之象征物“地”，用“disposition”译“势”，都是准确的。其他词语如“直方大”译为“straight［*zhi*］, square［*fang*］, and great［*da*］”，“为物”译为“Yang as physical manifestation”，“黄裳”译为“A yellow lower garment”等皆合王注以及传统的理解。

译文也有可进一步探讨之处。译者没有注意原文卦爻辞的音律特征，当然这也不是王弼注所关注之处。《乾》卦辞“元亨利贞”译为“*Qian* consists of fundamentally［*yuan*］, prevalence［*heng*］, fitness［*li*］, and constancy［*zhen*］”（129），而《坤》“元亨，利牝马之贞”译为“*Kun* consists of fundamentality, and prevalence, and its fitness is that of the constancy of the mare.”（142）二者稍有不对应，前者“fitness”和“constancy”是独立而并列的，而后者“fitness”则属于“constancy”，这体现了“利”是解为名词还是动词的矛盾性。王注“贞之所利，利于牝马也”中“利”应解为动词。《坤》“西南得朋”，王弼注“西南至养之地，与‘坤’同道也。”译为“The southwest is the land of utmost nurturing and belongs to the same Dao as *Kun*”（143），“同”译为“belongs to the same…as”是不妥的。原文实际上说“西南”和“坤”之道都是滋养万物的，是性质相同。关于《坤》初六“履霜，坚冰至。”译文，王注“始于履霜，至于坚冰，……取‘履霜’以明其始”说的是全卦；象曰“履霜坚冰，阴始凝也。驯致其道，至坚冰也。”孔颖达引褚氏云：“防渐虑微，慎终于始也。”也未说本卦即至于“坚冰”，所以译文有违王注本义。译文中断辞多用英语虚拟语气译出，如《坤》六三“或从王事，无成有终”译文“He might attend to his sovereign's business, and if he were to make no claim for its success, he should bring about a successful conclusion”（147）实际上与原文是不太符合的，因为原文“无成有终”是断辞，本身并非假设和结果；“claim”是“声称”之意，而原文只是占问结果的客观描述。

《易经》几乎不用代词，而林译文中代词使用很多，有些代词在全卦横向和纵向语义网络中指代关系较为复杂。下面再简析《明夷》卦爻辞译文（仅录卦爻辞译文（357—360）），侧重卦爻辞译文代词指代关系的分析。

䷣ *Mingyi* [Suppression of the Light]

Judgment // Suppression of the Light is such that it is fitting to practice constancy in the face of adversity.

First Yang // Suppression of the Light finds this one in flight, keeping his wings folded. This noble man on the move does not eat for three days. Whenever he sets off to a place, the host there has something to say about it.

Second Yin // Suppression of the Light finds this one wounded in the left thigh, but he is saved by a horse's strength and as a result has good fortune.

Third Yang // Suppression of the Light finds this one on a southern hunt. He captures the great chief but must not be hasty to put constancy into practice.

Fourth Yin // This one enters into the left side of the belly and so obtains the heart of [him who effects] Suppression of the Light, this by leaving his gate and courtyard.

Fifth Yin // Suppression of the Light as a viscount of Ji experiences it means that it is fitting to practice constancy.

Top Yin // Not bright but dark, this one first climbed up to heaven but then entered into the earth.

本卦总的情势与判断是“利艰贞”，各爻若按《易传》和王注则是本卦所代表的情势之发展的六个阶段。本卦译文的明显特征是将卦爻辞中“明夷”都译为卦名的方式“Suppression of the Light”，对读者而言可能的理解是，译者将爻辞中“明夷”皆视为卦名所指全卦的情势，从译文大写特征看很可能是如此，但若这是译者本意的话，则译文与《易传》及王注对卦、爻关系的解释就出现不一致了。若将“明夷”视为一种固定态势的描述，不管全卦也好，各爻也好，仅是指这一状况，因此爻辞中“明夷”还是应写为“suppression of the light”，其文字表达则不必或不应专有名词化。“明夷”并不指某个人，但可与某个人联系，如可以指造成该状况的人或处于该状况的人。虽然爻辞译文用“Suppression of the Light”，但实际上译者似乎是作“suppression of the light”的，后者应是译者的解释意图。若作如此解释，可通过简单回译看出译者的思路。下面是大致据整卦译文补足原省略代词的原文。

> 初九：明夷（之状况下，）（君子）于飞，垂其翼，君子于行，三日不食，（君子）有攸往，主人有言。
>
> 六二：明夷（之状况下），（君子）夷于左股，用拯（君子）马壮，吉。
>
> 九三：明夷（之状况下），（君子）于南狩，得（上六）其大首，不可疾贞（其民）。
>
> 六四：明夷（之状况下，）（君子）入于（上六即造成明夷状况者）左腹（一侧），获（知）明夷（上六）之心，（君子）出于（自己的）门庭。
>
> 六五：（如）箕子（靠近）之明夷（者），（明夷状况）利贞。
>
> 上六：不明晦，（造成明夷状况者）初登于天，后入于地。

按译文惯例，“this one”指所在爻情势下的人。据译文注解，九三“大首”、六四“明夷”、六五“明夷”指的都是上六爻。初九译文用“This noble man”，说明之前“this one”指“君子”。由此可基本确定译文中人称代词的指代关系。这里的分析反映了《易经》英译的一个困难，即原文的模糊性在英译时必须转换为英语所要求的适度的明晰性。本卦也有一处问题。六四中第二个“this”，从句法上讲，应指前文“入”“获”两部分内容或仅指“获”部分。不管哪种情况，“by leaving his gate and courtyard”都是作为方式状语修饰前文动词，因此该译文回译为汉语即是“他进入腹部左侧，于是获得了造成明夷状况者的心，这是靠离开他的门庭实现的。”王注译文有“…by entering into the left side of [the ruler's] belly he gets at what is in his heart and mind. Therefore, though close to him, he is in no danger. To avoid adversity as the vicissitudes of the moment prompt, one need only repair to his gate and courtyard, but how could this not be taken for disobedience!"（360）这里的"his gate and courtyard"中，"his"指"the ruler"（即上六）。但六四王注的译文中有"This one enters into the left side of the belly…this by leaving one's gate and courtyard"，因此译文中"his"处用的却是"one"，如据此注译文，爻辞译文中"his"回指"This one"，即"君子"，"门庭"即为"君子"之"门庭"。因此，译者注中用"one"是错误的，应与正文一致，用"his"。虽然偶有这样的失误，译者的注解整体上可以说基本和正文吻合。译者在每卦译文正文后，提供了大篇幅的尾注，包含了译者本人的许多学术研究成果，尤其是译者在尾注中对王、孔和程、朱等人的注疏差异所作说明很有价值。

（三）存在的其他问题

本节将结合少数译例集中分析译本存在的符形、符义和符用三个层面的不足。

1. 经传与注解译文不统一

虽然总体上林译本在经传和注疏的英译上是相当一致的，但一些局部还是存在不一致之处。这种情况是由于解读方面的偏差所致。具体有以下几种表现：

一是译文非据王注，因无相关注解。例如，《比》"比，吉，原筮元永贞，无咎。"译为"For Closeness to result in good fortune, plumb and divine for fundamentality, perseverance, and constancy, for only with them will there be no blame."（184）译者尾注1中提到，《比》卦辞译文依据王弼注和孔颖达疏，而实际上无王弼注，只有孔颖达较为简略的正义（2000：64）。孔正义倾向于"比吉"和"原筮元永贞"断开，他疏解"比吉"为："'比吉'者，谓能相亲比而得具吉。"一般也认为"吉"是对《比》卦的总体判断。译文把"比吉"译为目的状语，实为不当。另外，"原"和"筮"皆译为动词，让人去"推原""占筮"以求"元永贞"，与爻辞意义不一致。

二是经传与注译文不一致。如《复》初九"无祇悔""there will be no regret here"，孔正义采韩康伯语云"祇，大也"，译者没有采纳，而取楼宇烈观点译“祇”为“here”（291）；九五“坎不盈，祇既平，无咎”的“既平”，孔正义云“险难既得盈满而平”，爻辞译文为“only when one is level with the top”，二者不太一致。

三是译文过于依赖注解，忽视经文实际意义。如，《家人》初九“闲有家”译为“this one maintains the Family with strict control”（364）。王注：“家渎而后严之，志变而后治之，则‘悔’矣。”孔正义：“初九处家人之初，能防闲有家。”（2000：186）译文仅尊注解而不译原文“闲”实际所指。初九译文实际上也与该卦上九才有的“有孚威如”及其王注“家人之道尚威严也”存在一定冲突。

2. 原文形式特征丢失

《易传》中有些部分也是四言韵文，译文提供了为数不多的诗体译法，见前文取自“系辞”的译例。就卦爻辞言，原文具有明显的形式特征，译者在这方面还是没有着力表现。例如，卦爻辞中的押韵部分，如《否》九五“其亡其亡，系于苞桑。”译为“This might be lost, this might be lost, so tie it to a healthy, flourishing mulberry.”译者注曰“The occurrence of sang (mulberry), instead of some other tree, is probably because it rhymes with *wang* (lost). Whether the mulberry has other significance here is uncertain.”（215）译者却没有给出押韵的译文，也未在注中说明原文的文学特征。爻辞中的叠字特征也未得到译文表现，如《家人》九三“家人嗃嗃”“妇子嘻嘻”译为“If the Family is run with ruthless severity, one may regret the degree of it, yet there will be good fortune. But if wife and child overindulge in frivolous laughter, in the end it will result in baseness.”（365）译文没有原文形式特征表现。因此，在《易经》语言文学修辞特征这一方面，译者未予考虑。

3. 句法结构问题

译者在解读经文时有时会采用调整结构的方式，而原文也的确存在句法倒装现象，因此这无疑是一种可取的做法，如《离》六二“黄离”，译为“It is to yellow that one coheres here”（325）、九五“有孚惠我德”，译为“As he has sincerity, his own virtue will be taken to be kindness.”（401）但译文有的地方存在问题。如，《小过》卦辞“小过，亨，利贞。”译为“Minor Superiority is such that prevalence may be had, if the fitting practice of constancy takes place”（530），译文为打通整个译文的语义关系，把居后“利贞”作为居前“亨”的条件译出，应属不当。译文中这样的处理较多。

译文的句法构建与原文意图也有不符之处，如《睽》上九“睽孤。见豕负涂，载鬼一车。先张之弧，后说之弧。匪寇，婚媾。”这一部分爻辞应是具有连贯性的叙述，译文是“Contrariety finds this one isolated. He sees a pig covered with mud, a cart filled with demons. First he draws his bow but later unstrings it. If it were not for the enemy, there would be a marriage.”（372）其中“a cart filled with demons”与“a pig covered with mud”在句法上是同位关系，因此与原文有别，“匪寇，婚媾”译文则与前文分开，是另起的一个假设情况。这些处理也与王、孔注解不太一致。译文个别之处也有句法错误，如《大壮》初九“壮于趾，征凶，有孚。”译为“Here strength resides in the toes, so to go forth and act would mean misfortune, in this one should be confident.”（346）译文中“this”不知何指，从译文本身看，或指本爻情势，或指爻辞前文，更可能的是指“to go forth and act would mean misfortune”。但王注“夫得‘大壮’者，必能自终成也”是指全卦，译文可能因此而来，但用于此处不当。从句法讲，“this”应为“which”，或之前逗号应为句点。

4. 语气和时态问题

卦爻辞译文使用了太多的英文虚拟语气结构，构成了林译《易经》的一个语言特征。如《井》六四“井甃。无咎”译为“If the Well were relined with bricks here, there would be no blame”（441），虚拟结构表达的多是与事实相反的假设，因此不应过多用于翻译原文非假设的卦爻辞。译文倾向于模糊原文问辞和占辞的界限，有些肯定的描述在译文中变成了应该如何。如，《萃》初六“有孚不终，乃乱乃萃，若号一握为笑，勿恤，往无咎。”“If this one has sincerity but does not let it run its course, there would be confusion one moment then Gathering the next. But if one declares that it would be for a handclasp and were to make smiles, he should feel no grief, for setting forth would incur no blame.”（419）问辞和占辞没有了分界，事实描述都成了条件、假设，断辞成了不确定。有的译文不知为何采用疑问语气，如《观》六三“观我生，进退”，译为“Here one's Viewing is of his own activity: should it involve advance or retreat?"（262）后面的九五"观我生，君子无咎"则是"Here one's Viewing is of his own activity: if it be a noble man, he shall be without blame."（263）爻辞中很多祈使句，可能有时是为了与原文无主句对应而为。如《蒙》上九"击蒙""Strike at Juvenile Ignorance…"（163）。但据王注，"童蒙原发而能击去之，合上下之愿。"孔疏"处蒙之终，以刚居上，能击去众阴之蒙，合上下之愿。"[①] 本爻之"击"是"击去"之意，用祈使句则不当，因为不知其"击"之结果如何。有的卦爻辞译文转换了角度，如《比》卦译文，不是从原文表现的卦性角度而是从问卦者角度着眼，存在叙述角度偏差，该卦注的英译基本都是这一思路。这些处理方法使得整个译文处于不稳定状态，这不是《易经》本身具有的动态特征，而是由于过多假设、不肯定语气所造成的，二者性质不同。

5. 原文词语语义区分不够等译文准确性问题

这一问题主要是译者对原文的某些词语没有进行细致的符义学指称意义分析，导致译文语义区分度降低或模糊化、上义词化。例如，《同人》"野""郊"分别译为"fields"（216）、"countryside"（220），王注、孔正义多不太涉及具体字义的细微差异，如这两个字，王注只在卦象内部解为"郊，外之极也"［译为"'Countryside' indicates that this is the very top of the outer trigram."（220）］，而实际上是存在差异的。不能因为译的是王弼注本就忽视这一语义问题。

从词语概念上看，其他存在不准确问题的地方还有，诸如《乾》初九"潜龙"译为"A submerged dragon"（132），其"submerged"与水直接联系起来，只是潜入水中之事实，但其引申之意与此无甚关联，好在"文言"部分译文对此有说明而弥补了其不足。另外《大过》上六"过涉灭顶"译文"he will submerge his head"（315），"灭"也译为"submerged"。"用"要么解为专用辞，指可以做某事，要么解为普通动词"使用"。前者为将来时间，后者则不确定，可能是就未做之事占问，也可能就已做之事占问。因此，译文时态、语义表达皆有问题。《巽》九二

① 孔颖达：《周易正义》，北京大学出版社2000年版，第49页。

“史巫”译为“invokers and shamans”（503），“shaman”一词不当。

其他还有对原文理解不准确或译文语义泛化问题，如《遯》九三“臣妾”译为“a kept servant”（342），是用上义词译下义词组（“male and female servants”）。《讼》上九“终朝三褫之。”“before the day is over he will have been deprived of it three times”（175），“终朝”译为“the day”属于语义泛化。其他存在误译、漏译处，例如，《革》卦辞的“革，巳日乃孚。”译为“Radical Change is such that only on the day when it comes to an end does one begin to enjoy trust”（44）。王注皆曰“巳日”，译者恐误以为是“已”（停止、结束）；《损》九二“利贞，征凶，弗损益之。”译文“It is fitting that this one practice constancy, but for him to set forth would mean misfortune”（390）漏译“弗损益之”。

三 林理彰《易经》译文综合评价

林译的对象是王弼《周易注》，这是一部中国经典诠释学的重要作品。在为林译本撰写的书评中，比洛克（1995）赞译者不仅译笔富有灵感，同时对待材料十分严谨，称该译本是“一本令人难以置信的译作，一部期待已久的王弼《周易注》译本”①。基于上文研究，笔者也认为，林理彰译本是一部出色的学术性易学译作，体制非常严谨，在本书涉及的译本中是涉及象数最多的一部。译文严格按王弼注翻译，在其注不明确或不及的地方再据孔颖达正义解释。然而，译者和译作皆在20世纪末，除引用了楼宇烈部分观点作为对照放入注释部分，实际上与20世纪易学关系不大，因此林译本属于传统易学范畴。译文聚焦于原文及王注的细微处，关注思想的阐发甚于字面的释义，译文在符义学层面总体上保持了原文王弼理论系统贯通的义理框架，思想概念体系的传译相当准确，可谓达到了客观、完整、缜密的水准。在符形学层面，译本采用了现代汉语拼音系统，可谓优点之一。林译本的语言属于学术化散文，具有较简明、通畅的特征，可读性较高（由于文本性质导致的晦涩则另当别论）。在符用层

① J. Biroco. “Two Contrasting Recent Translations of the *I Ching*”, *The Oracle: Journal of the I Ching Society*, No. 1, 1995, pp. 15 - 18.

面关注了译文的人称、语气问题，而就语用意图而言，译者的目的并非实用，适于有基础的易学学者而非一般对《易经》感兴趣的读者。

以王弼注作为原本进行英译，涉及的一个符义学问题是，《易经》经文符号文本在王弼注系统内保持着原貌，与其他《易经》文本不同的只是注的差异，而在英译时，如何处理经文和注解的关系？注解的英译容易处理，对经文大致有两种途径，一是保持经文译文的独立性，按照易学对经文符形、符义和符用三个层面的研究成果进行翻译，而将注解译为相对独立的一个系统；二是按注解解读经文，本案例中即意味着按王弼对经文的理解英译经文，将经文译文王弼化，这是林译本的做法。这就必然出现用后起概念代替原初概念问题，实际上这也是《易传》解《易经》的套路。因此，林译本的副标题的确是不可缺少的，其《易经》《易传》译文实际上是王弼、韩康伯和孔颖达所理解的《易经》《易传》。

因为译者将《易经》译文限制在王弼的注解框架内，笔者的分析显然也只能在此框架内进行，而且也不必对王注及孔正义本身进行评价。例如，王弼关注的是《易经》解释上义理的贯通问题，运用了一些后世理论和概念对经文进行解读，这些理论和概念进入译文中，需要依据王弼的解释进行分析，不能认为《易经》本身没有这些概念就加以否定。但即使如此设定，对译本所含的《易经》译文，还有一些问题，虽然王注并未予以注意，但在批评分析中也还是要涉及的。例如《易经》原文的文体、音律问题，经文字词的意义问题等。《易经》卦爻辞译文在符用层面存在的一个较大的问题是，译者在“重建原文话语字里行间的语气”时，用了过多的虚拟语气（如 if it were；Were he 等）、条件句式（如 if 从句）、表达不确定性的词句（如 would be，may 等）及各种代词，使整个译文出现了明显的不稳定性，原文问辞和断辞结构大都模糊化，有的卦译文人称、指代关系过于复杂。林氏关于《易经》的个别观点即使从 20 世纪 90 年代看也不准确。在语言风格上，因为林译基于王注更重视理论思想传译，译文语言的生动性偏弱，对原文一些文体特征也基本没有体现。因为是《周易注》译文，《易经》本身的译文由于注解的插入在符形上显得支离破碎。有些地方也存在着经传译文和王孔注解译文不一的情况。另外，译文对原文一些字词的解读存在偏差、表达不准确现象，也有个别误译、漏译、标记错误等。当然，有的问题是任何译本都难免的，尤其《易经》这样一部特殊古籍的英译本。

林译本向西方翻译、诠解了中国历史上魏晋这个“非常具有创造性的时期”开风气之先的义理派易学的最高成就及魏晋至宋以前最重要的易学传统，而且还在影响着今天的易学。译本问世后在西方易学界和读者中产生了较大的影响。因此，林理彰在《易经》翻译史上做出了重要贡献。

第六节 夏含夷译本

一 精通西周史和汉语古文字学的美国汉学教授

夏含夷（1952— ）[①]，美国汉学家，现为芝加哥大学东亚语言与文化系“Lorraine J. and Herrlee G. Creel”中国古史研究杰出讲座教授，顾立雅中国古文字学中心（Creel Center for Chinese Paleography）主任，曾任国际著名汉学杂志《古代中国》（Early China）主编。1970年进入圣母大学（University of Notre Dame），专业为宗教学，1974年毕业后在台湾留学三年。返美后，入斯坦福大学东亚语文系学习，获博士学位。自1985年入职芝加哥大学东亚语文系工作至今，1997年晋升为顾立雅中国古史名誉教授。他多次来华讲学，2013年曾任香港中文大学“中国文化研究所”访问教授。

夏含夷的主要研究领域是西周及战国史，特别是该时期古文字学、经学和《周易》。他在商周史及先秦文化史方面的研究，尤其是关于出土周代文字资料、从西周甲骨文和铜器铭文到战国竹、帛写本方面的研究成果在中国和国际汉学界有广泛影响。他还对传世的先秦文献，特别是《周易》《尚书》和《诗经》非常感兴趣，能够将出土文字资料和传世文献联系起来互相诠释（即王国维提出的“二重证据法”），取得了相当成就。他的学术研究成果十分丰富，有大量的学术论文和多部学术专著，如*Sources of Western Zhou History*：*Inscribed Bronze Vessels*（1991）被国际汉学界广泛认为是西周史研究的力作。

---

① 夏含夷学术论著情况可参见芝加哥大学夏含夷介绍网页（http：//ealc. uchicago. edu/faculty/shaughnessy）。

夏含夷的焦点学术领域，始终环绕着两个专题，即铜器铭文和《周易》。他认为这两种文献都是在西周晚期达到成熟，彼此也存在密切联系。早在20世纪70年代中期，他就对《周易》产生了兴趣，曾在1974年后三年间在台湾师从爱新觉罗·毓鋆学习三玄。他了解到长沙马王堆出土帛书本《周易》后，产生研究《周易》早期历史的想法。他在20世纪80年代初决定要把博士学位论文选题定在《周易》早期形成历史的研究，并打算纳入帛本《周易》的相关材料，可惜直到1983年他在斯坦福大学完成博士学位论文 *The Composition of the Zhouyi* 时，帛本《周易》仍未公之于世。直到1994年他才拿到帛本《周易》较完整的写本。于是，他开始和学生一起解读帛书《周易》文本，并着手英译。译文和相关研究成果于1997年 Ballantine Books 出版，取名为“*I Ching: The Classic of Changes Translated with an Introduction and Commentary*”(《易经：翻译、介绍和评论》，下文简称“夏译本”)，并声称是“*The First English Translation of the Newly Discovered Second - Century B. C. Mawangdui Texts*”。

夏译本是他关于马王堆帛本《周易》研究的主要成果之一。该书主体是帛书《周易》写本英译文，包括了经、传。他的翻译目的是鼓励西方易学学者参与秦汉时期中国易学传统形成关键期的重新评估（27）。译本的“介绍和评论”章节给读者提供了必要的预备知识，从这些知识程度看，译本目标读者应是具备一些易学基础知识并了解《易经》今通行本（简称“传本”或“今本”）概况的读者。因此，译本与占测实务基本没有关系。我们也可从这部分了解夏含夷的一些易学和商周史观点，如帛本《周易》的《鍵》《川》两卦形象似源于男女生殖器，因此很可能早于抽象化的传本《乾》《坤》（17）。据拉特（Rutt），夏含夷翻译帛本《周易》的目的一是了解帛本主人及其同代人是如何理解经文的，或许也有助于更多地了解汉代的注疏传统，二是文本性目的，即可更好地理解经文原始意义，因此译者要评估、传译每一个字特别是异文字的意义，以有助于更好地理解传本《周易》。[①] 夏译本兼此二目的。

---

① R. Rutt. “Opening a New Field for Dragons: Edward L Shaughnessy's Mawangdui *Yijing*-A review Article”, *The Oracle: Journal of Yijing Studies*, No. 8, 1999, pp. 38 - 47.

二 以今本弥补帛本残缺的分行缩进的语义翻译

本节主要研究夏译本帛书《周易》经文及其译文部分，书中其他部分作为参照。鉴于译本的帛本、传本原文用汉字繁体，且无标点，本书也用译本面貌照录。1984年《文物》载“马王堆帛书六十四卦释文”与廖名春1998年“马王堆帛书周易经传释文”有些字不同，如《鍵》九三爻辞前者为“君子終日鍵鍵夕泥若厲无咎”，廖本为“君子終日乾乾夕沂若厲无咎”。夏译本的帛本经文采用前者，下称“帛本”。关于帛本与传本《周易》关系，刘大钧认为，帛本是较早的今文本，是田何今文《易》传本，而传本为古文隶古定本，许慎时代已经不复得见战国古文本《周易》了。[①] 但夏含夷认为传本早于帛本（18）。关于这个问题本书存而不论。

帛本卦名与传本有很多不同者，卦序也大异。帛本卦序排列可能是一种专讲占筮用的卦序，以大阳之卦统其少中长三子，以大阴之卦统其少中长三女，这样的卦序排列体现了庄子“《易》以道阴阳”的精神。[②] 此外，帛本和传本之间存在大量异文字。其中有些异文属抄写错误，最明显的是有多处爻题抄错，如《既济》“初九”误写为“初六”（79），经文也有不少类似错误，如《泰壯》尚六“根則吉”显然应为“艰则吉”（88）、《椽》“先不利”应为“无不利”（42）。[③] 有些是字简化形式，如“否”写为“不”，“硕”写为“石”，而有些是通假字。古音同、音近之字不仅可以随意通假，相同之字亦可随意省简，古籍中多有此种省简之字。[④] 如，帛本“终”字作“冬”（如《禮》卦），传本“鸿”字，帛本作“鳿”（《漸》卦）。就帛本看，很多文字任意通假，故一字在经文中往往有多种写法，传本已基本无这种情况。[⑤] 据拉特（1999）统计，帛本4910个字中，有363个因帛质腐败破碎无法辨认，占7．4%；帛本至少560个字（平均每卦八九个），与传本不同，占帛本可读汉字数的12%；

① 刘大钧：《今、帛、竹书〈周易〉综考》，上海古籍出版社2005年版，第64—66页。

② 同上书，第5页。

③ 根据这些抄写讹误似乎可以推测，帛本《周易》是专为墓主人陪葬使用的，并不做实际占筮使用。否则，帛本上应该有对错讹之处进行改动的痕迹。

④ 刘大钧：《今、帛、竹书〈周易〉综考》，上海古籍出版社2005年版，第93页。

⑤ 同上书，第77页。

有30个异文字仅于帛本出现，其他古籍中未见，如《键》“䶕”，与传本对照，帛本至少有8处缺少断辞，如“吉”。[①] 但其中大部分与传本对应字在读音和构词法上类似，按照构字有些的基本含义大致可知。

虽然帛本《周易》是作为随葬品出土的，作为翻译的原文，与随葬活动无关，我们把它视为墓主入土时社会上或在某个地区存在或流行的一个《周易》版本的一个抄本。在翻译时，卦象符号的处理和其他译本没有什么不同，而文字符号部分则差别显著，这是下文要关注的部分。

（一）卦名、断辞和术语

夏译本文末参考文献列有理译本、卫—贝译本、林译本及瓦利《易经》经文译文信息。通过阅读译文可知译者对这些译文有所借鉴。夏译本卦名采用音译和意译结合的传统方法。帛本和传本卦名相同的部分，夏译本卦名有些沿用前人译法，如《损》“*SUN*，‘DECREASE’”。但多数有所不同，如《屯》“*ZHUN*，‘HOARDING’”。《明夷》“*MING YI*，‘CALLING PHEASANT’”，译文采用了高亨[②]的解释“鸣叫的雉鸡”。帛本卦名与传本不同的部分，翻译分几种情况，一是按帛本字英译，如《键》“*JIAN*，‘THE KEY’”；二是按传本英译，如《隋》按传本《随》译为“*SUI*，‘FOLLOWING’”“无孟”按传本“无妄”沿用瓦利译法译为“PESTILENCE”并加注（291）；三是若帛本卦名汉字残损，结合经文和传本情况翻译，如《泰》卦名缺损无法辨认，译者按该卦爻辞文字和传本对应文字补出“泰”，并据《泰蓄》之“泰”解为“大”，译为“*TAI*，‘GREATNESS’”；四是如果是抄写问题，如《禮》卦名，按传本《履》及全卦意义分析译为“TREADING”，但保留音译“*LI*”。另外，个别卦名未取汉字本义，而是据后人某种解释引申而来。如《欽》“*QIN*，‘FEELING’”（125），“To feel”意为“触摸、感觉”。“欽”有不同解释，《尔雅》：“钦，敬也。”《说文解字注笺》：“钦，戴氏侗曰：‘屏气钦敛之貌，引之为钦敬’。”清代段玉裁《说文解字注》：“钦者，倦而张口之貌也。引伸之，乃欿然如不足谓之钦。”传本为“咸”，后人多把“咸”

① R. Rutt.“Opening a New Field for Dragons: Edward L Shaughnessy's Mawangdui *Yijing* - A review Article”，*The Oracle: Journal of Yijing Studies*，No. 8，1999，pp. 38－47.

② 高亨：《周易古经今注》，中华书局1984年版，第263页。

解释为“感”，据译者注解，译文由此而来。

另有几处需要特别说明。《卒》“*ZU*，‘FINISHED’”的译法与《既濟》“*JIJI*，‘ALREADY COMPLETED’”存在冲突，都是“完成”，《卒》应取传本卦名“萃”英译为好。《襦》“*RU*（SHORTCOAT），‘MOISTENED’”，卦名译文提供了两种解释，即字面义“SHORTCOAT”（短大衣）和实际所取的意义“MOISTENED”（濡湿的）（73），译者未解释为何取后者。《少蓺》“*SHAOSHU*，‘SMALL HARVEST’”，卦名没有按照传本《小畜》英译，也不和帛本《泰蓄》的“蓄”对应，译者虽然未能识别该字，也不倾向于认为与“畜”“蓄”通假，认为在字形上可能跟“熟”有关，因此尝试译为“harvest”。也有少数译文可商榷，如《觀》译为“LOOK UP”（“仰观”）不准确；《泰壯》卦名译为“Great Maturity”，若考虑整卦的意指则不准确；把九三“小人用壯，君子用亡”译为“The little man uses maturity, the gentleman uses losses”（26），则没有把原文意图表达出来，因为小人用“maturity”（成熟、完备）有何不妥呢？译本第三卦卦名写为《掾》，音译“yuan”，但卦爻辞中皆为“椽”，卦题之字和音译皆误。卦名意译为“wield”，卦爻辞内也用其变体，皆误。

占断专用辞和术语与传本相同的，其英译与前人译法同和不同都存在，相同者如“大人”译为“the great man”等，不同者如“君子”译为“gentleman”，“小人”译为“little man”，“贞”译为“to determine”等。与传本有异者，如专用辞“閵”全按传本“吝”译为“distress”，有的采用了区别性译法，如“尚九”译为“Elevated Nine”，与传本“上九”区别。[①] 占断性“用”译为“herewith”。[②] 帛本多处以“冬”代“终”，经文中也有“终”字，如《家人》九三“終閵”。但如《比》初六“冬来或池”者，“冬”也应解为“终”，因此译文“when winter comes perhaps it will be harmful”（74）之“winter”是不当的。“眚”在传本中属于专用

① 刘大钧据郑玄和竹书《周易》分析，传本“上”是古文，帛本“尚”是今文，二者相通。参见刘大钧《今、帛、竹书〈周易〉综考》，上海世纪出版股份有限公司/上海古籍出版社2005年版，第3页。

② 《噬嗑》卦辞“利用獄”之“用”应为占断专用辞，译为“to use”（147），未按前文专用辞译为“herewith”。

断辞，在帛本中皆写为“省”，但译文不统一，例如《少过》尚六“是謂兹省”译为“This is called calamitous imperfection”，“省”译为“imperfection”，其前“兹”按传本“灾”译为“calamitous”。该卦以前各卦中“省”皆译为“to inspect/inspection”。本爻译文虽然注解“省”有“to inspect”之义，但取传本“眚”，译为“imperfection”，因此，这里有占断专用辞英译不统一问题。

译文有些地方也存在命辞和断辞界限不明的问题，如《讼》“不克訟歸而逋亓邑人三百户无省”，“省”译文“inspection”（47），未明确区分断辞。《大有》初九“无交禽非咎”“There is no exchanging of harm that is not trouble”（137），回译为“没有交害不是咎”。“无交禽”与“非咎”应断开，前者是命辞，后者为断辞。下文在经文英译分析中也涉及卦名、断辞和术语译文问题。

（二）译文正文

帛本由于和传本差异较大，解读和翻译起来难度很大。笔者初步研究认为，夏译文集中解决的问题主要是在文字指称意义上提供一个基本的解读本。译文所据诠释资源主要是传本及传统注疏、古文字学、易学文献和前人英译本等。译者在个别处对前人译文有一定借鉴，如前文所述部分卦名的英译，经文内部如《鼎》“亓刑屋”译文“his punishment is execution-in-chamber”（149），译者注明借鉴昆斯特（1985）的 *The Original Yijing* 译文“punishment - in - chamber”。帛本异文如何英译是译者考虑的首要问题。据拉特（1999），帛本经文汉字 560 个异文字中，译者在注释中涉及了 260 个（接近 50%，平均每卦 4 个），这些异读字中被作为异读译的不到 30 个（不包括重复部分）。其中一些规律性替代则按传本译，如“冬”（“终”，8 次）；“復”（“孚”，30 次）；“正”（“征”，12 次）；“亡”（“丧”，10 次）；“芳”（“享”，6 次）；“僕”（“臣”）；“茭”（“郊”）等。这些多数按异读译，其他按传本字译，个别的不按今本或帛本字面意义而按具体情况进行解读、英译。有很多字没有解出其义，只能如实说“unknown graph”，译时一般按传本字。下文首先通过译者对两个异字的译注看译者的翻译思路。

帛本第 63 卦《家人》九三“家人媄媄悬厲吉婦子裏裏終閵”，译为

(163):

Nine in the Third:

The family members so excited;

regret;

danger;

auspicious.

The wife and children are so introspective;

in the end distress.

译文和传本“家人嗃嗃悔厉吉妇子嘻嘻终吝”的意思有差异。“熋”和“裏”两字的译注(321)如下:

4. For the unknown graph (熋), which is composed of the “fire” signific and the phonetic *le* (which means “joy” and may lend itself to the word’s meaning), the received text reads *xiao* (for which the *Jingdian shiwen* cites a variorum; see Xu Qinting, *Zhouyi Yiwen Kao*, 74), which is variously—and contradictorily—defined as either “(a sound of) happiness” or “(a sound of) angry severity”. With the translation “excited”, I attempt to retain something of this ambiguity.

5. For *li* (裏), “internal, interior”, the received text reads *xi* (嘻), “the sound of happiness; giggling”.

译者对于不能识别的“熋”字未直接按照传本“嗃”两个可能的含义解读,而是据该字声旁“火”和形旁似“樂”推测可能意为“excited”[(或因高兴,或反之)激动的]。译文用该词以保持不同解读的歧义性。这是译者处理部分异文字的一个方法。译者更多的是借助传本翻译,如《習贛》六四“奠酒巧訪用缶入药自牖”之“巧”译为“tureen”(71)。据刘大钧,此处传本“簋”与“考”互借,“考”与“巧”通假,“巧”

此处读 kui。① “迹”字意义不详，刘大钧（2005）亦未及。译者按传本“贰”译出，“奠酒巧迹”译为“Offering wine and tureens in pairs”，与一般解释不同的是“贰”用了复数“（成）对”。以上都可谓可取的做法。“入药自牖”译为“Take the angelica from the window”，“药”古通“约”，译者译为可做中药的“angelica”（白芷），不知何来。由此可见异文字处理的复杂和困难，也考验着译者的易学学识。

虽然译者明确制定了翻译的总体原则，但实施时要考虑的细节因素还很多，可能会出现偏差。例如，《颐》六二“正凶”译为“to be upright is inauspicious”（67），经文中“正凶”大都如此，取“正”的一般意义“正直、诚实、端正”，但译文与传统思想倾向不合。原因在于帛本“正”虽写作如此，其本字却未必如此，按其所谓字面意义翻译，同样未必是本来的指称意义。这是其之所以难译的主要原因。就“正”而言，经文中有少数解为“征”，译为“to campaign”，如《登》卦辞“南正吉”译为“For the southern campaign, auspicious”（117）等。既然存在规律性差异，不如全部将“正”解为“征”。据拉特（1999），译者选择“正”而不是“征”实际上没有什么根据，只是为了表达该字的字面意义。若确如此，我们不得不心存疑问，译者在英译此种异读字时，按照字面意义英译和按照其他可能的解读英译有没有可靠的区分原则或者翻译规则？

下面通过一个完整的卦例英译文来进一步分析译者的翻译策略。帛本第一卦是《键》，通行本是《乾》，而通行本第二卦《坤》在帛本中则是第33卦《川》。帛本的《键》《川》两卦把六十四卦分为两半，各为首领。下面首先结合译注分析《键》卦。

夏含夷认为完整的爻辞含三部分，即爻题、命辞、占辞，因此译文中为了明显区分爻辞的三种成分，他把三者分行排列，爻题缩进一格，命辞缩进两格，占辞缩进三格，译文的三级结构一目了然。但也偶有出现四级

① 刘大钧：《今、帛、竹书〈周易〉综考》，上海世纪出版股份有限公司/上海古籍出版社2005年版，第46页。

排列，如下文《妇》初六，可能是失误。① 卦辞译文则无这种分割。每卦译文，尽管译者并非按照诗体翻译，但整体上给人以“自由诗”的面貌，如《鍵》译文所示。

䷀鍵 1

鍵元享利貞
初九浸龍勿用
九二見龍在田利見大人
九三君子終日鍵：夕泥若厲无咎
九四或蝓在淵无咎
九五罪龍在天利見大人
尙九抗龍有悔
迵九見群龍無首吉

䷀乾 1

乾元亨利貞
初九潛龍勿用
九二見龍在田利見大人
九三君子終日乾乾夕惕若厲无咎
九四或躍在淵无咎
九五飛龍在天利見大人
上九亢龍有悔
用九見群龍無首吉 (38)

The Key: Primary reception[2]; beneficial to determine.

Initial Nine:
Submersed[3] dragon;
do not use.

Nine in the Second:
Appearing dragon in the fields;
beneficial to see the great man.

Nine in the Third:
The gentleman throughout the day is so initiating;
at night he is ashen[4] as if in danger;
there is no trouble.

Nine in the Fourth:
And now jumping[5] in the depths;
there is no trouble.

Nine in the Fifth:
Flying[6] dragon in the heavens;
beneficial to see the great man.

Elevated[7] Nine:
Resisting[8] dragon;
there is regret.

Unified[9] Nine:
See the flock of dragons without heads;
auspicious. (39)

《鍵》卦尾注（287—288）如下：

① 可能是编辑、排版等原因，译文多处与体例规定不符。如《泰蓄》初九“有厲利已”译文分两行，先“There is danger”，后“beneficial to stop”，前者缩进三格，后者两格。两者都是占辞，同缩进三格方是。

1. For *jian*, "key; linchpin", the received text, in which this is also hexagram 1, reads *qian*, understood generally as "The Heavenly Principle" or "Vigor". In the Nine in the Third line, its only other occurrence in this hexagram, the word is used verbally, perhaps as *jian* "to establish; to initiate."

2. For *xiang*, "reception; offering", the received text reads *heng* "receipt". The two words are closely cognate. For discussion of their nuances, see Kunst, "The Original *Yijing*", 181 – 189.

3. For *qin*, "submersed", the received text reads *qian*, "submerged".

4. For *ni*, "muddy; ashen", the received text reads *ti*, "wary".

5. For the unknown graph 魚侖, which is composed of the "fish" signific and the phonetic *yue*, the received text reads *yue*, "to jump".

6. For *fei*, "red – feathered sparrow", the received text reads *fei*, "flying".

7. For *shang*, "elevated; esteemed", the received text reads *shang*, "high, top".

8. For kang, "to resist", the received text reads *gang* (or *kang*), "haughty".

9. For tong, "to penetrate; unified", the received text reads *yong*, "to use" (i. c., Use of the Nine).

本卦译文非常简洁，未用通常的增补主语做法，形式主语也有省略，存在大量短语结构。经文译文大都如此，是本译本的一个特色，也一定程度上反映了原文符形特征。译者把爻辞译文按照功能分行、层级缩进排列，有利于读者清楚分辨各成分。译者的这种行文格局设计是可取的。通过注释，译者指明了帛本与传本经文的文字差异要点，如本卦尾注 1 交代了帛本和传本卦名差异，及九三爻辞中同一字的译法；注 2 说明了卦辞“享”与今本“亨”的联系，并提供了进一步的资料信息。其他注多围绕帛本和传本异文部分解释，使两个版本既联系又区别。译文整体布局合理，译、注结合，具有学术性翻译的面貌。

从译文本身来看，卦题译作“THE KEY”是可行的，反映出与传本抽象表达的差异。卦辞按“元享”和“利贞”翻译，是主流解读之一。有的异文字译法体现出与传本的不同，如初九“浸”译为“Submersed”；九三“鍵鍵”未按原文标题译法英译，也未按传本英译，而是据句意解为“建”“to initiate”，这一译法接近“to create / be creative”，即卫—贝译本《乾》卦题的译法。缺点是与卦题译法不同，尽管是同一个字。九四“魚龠”，译者未能查得该字，据传本译为“jumping”；九五“罪”亦按传本处理。与传本相同的地方，译者按传本英译，异文则进行具体分析，有的按传本，有的若按该字本身的意义也合理则照之译出。译文总体上在保证一定可读性前提下倾向于反映原文字词“字面”意思。译文以指称意义表达为主，兼顾了符形和符用层面的一些特征，前者如分行、句法简化，后者如命辞和断辞分开。本卦英译基本上能反映出译者的翻译策略。

译文局部词句方面也有些值得商榷处。如《键》卦辞“元享利贞”之“享”，从经文判断，当为抄书者随意书之，其中并无深意。因此，应按传本“亨”译即可，而不必故意造成差异。“dragon”文化内涵如没有注释，可能与目标读者的设定有关。九二“见龙”译为“appearing dragon”强调正在出现，原文则是“现了”。九四译文前面的“And now”把本爻与前一爻联结起来，而且从九三到九四给人以时间短促之感，这实际上也与把六爻视为六个阶段（本卦含“迵九”）、内外卦分别是两个主要阶段之传统解释不一致。下面通过第二卦《妇》观察异文字翻译。

帛本《妇》卦对应传本《否》卦。与传本卦爻辞相比有18个异文字（不包括“尚”），按顺序是婦、非、犮、茸、枹、不、枹、憂、檮、羅、齒、婦、毄、枹、桑、頃、婦、不，各自的译文如表所示（译文多词则是下划线部分，括号内汉字是传本对应字）。

表 2—2　　**夏译本《妇》卦异文字及其译文**

汉字	婦（否）	非（匪）	犮（拔）	茀（汇）	枹（包）	不（否）	枹（包）	憂（羞）	檮（畴）
译文	wife	**non-persons**	**Plucking**	**Roots**	**Wrapping**	**negative**	**Enfolding**	sadness	split-log
汉字	羅（离）	齒（祉）	婦（否）	毄（系）	枹（苞）	桑（桑）	頃（倾）	婦（否）	不（否）
译文	**fastened to**	**blessings**	Wife	**tied to**	**Bushy**	**mulberry**	Momentary	Wife	**negative**

表中，译者按传本对应汉字或认为通假字英译的 12 个（黑体部分，同一个“枹”在三处译法都不同），6 个（包括三个重复字“婦”）按帛本字翻译。可见本卦多数异文字按传本英译。传本“否”字在帛本中对应两个字“婦”和“不”，三个字读音都相近。译者认为“否”和“婦”在西汉可能通假，但认为传本两个“否”字在帛本中变为两个不同的字，因此至少对抄写者来说，这两处的字原本应是有别的，所以应为“頃婦”，若此处为“婦”，其他两个“婦”也可以认为就是其本字。但从语义上，传本“倾否，先否后喜”较易理解，而“頃婦，先不後喜”较难理解，如何谓“Momentary wife”？前文提及，古音同、音近之字不仅可随意通假，相同之字亦可随意省简。“否”有两读音，可能经文中读“pi”。本是一个字，在传、抄的过程中，读音讹变造成字形不同，有的读“fou”，有的读“pi”，而“否”也可能简化为“不”，而造成帛本的情况。

从译文来看，“妇之非人”译为“The wife's non - persons”，其“之”有“的”和“到、至”两种含义；“非人”可指“不像人的人、不是人的人”；“人”可能是“丈夫”（单数），也可能是其他人（复数）。译文用复数，因此译者的解读应为后者，但这样一来译文较难理解了。六二“枹”按传本“包”译为“wrapping”；“承”译为“the steamed offering”（“蒸熟的供祀品”），括号内的应是原文错讹的文字。而六三译文（Wrapping）则不属于这种情况。

（三）译文其他问题

总体上看，夏译文虽然在一定程度上反映了原文的特征，译者也说明译文的目的不是为了提供轻松愉快的阅读体验，而是要真实地呈现帛本经文的奇异特征。但译文整体上还是有些过于晦涩、呆板、僵硬。译文中有些怪异表达方式，如“vexatious - like”（83）、“sighing - like”（123）、“indignant - like”（151），译者或许只是为了表现经文中副词的构词方式。有些译文令人很难想象是何情景，遑论获知其指称意义。例如《家人》尚九“有復委如”译文“There is a return stooped - like”、《滘》的“Aquatically the mole - cricket”等，这样的译文如果没有到位的注解只能令人莫名其妙。再如，《羅》尚九“有嘉折首獲不戠”，译者注“戠”曰该字不知何意，按传本“丑（hate, type, masses）”译为“masses”，译文“there is the joy of cutting off heads // and bagging the non - masses”（135）。这里“bagging the non - masses”是何意？《勒》（129）九五“大人虎便”、尚六“君子豹便”分别译为“The great man's tiger whip” “The gentleman's leopard whip”，译者注说，此“便”意为“convenience（方便）”，传本皆为“变”（to change; to alternate），而汉石经之字“辩”意为“争辩”（to dispute），译文未取这三者解释，而是取可能的“鞭”，译为“whip”，其意难“辨”。下文再对全篇译文的一些局部问题集中加以分析。

帛本与传本相同和不同的部分其译文都有一些不准确之处。关于相同部分的译文不准确处，如《既濟》［九三］“小人勿用”译为“the little man should not use it”、《狗》九二“不利賓”译为“to have audience”、《鼎》九三“雉膏不食”“the pheasant fat is not edible”（149）等。不同部分中，以下略举几例并稍作解释。《剝》“蔑”字，刘大钧考证认为是“蔑”古文[①]，若此确则译文“the military”（59）不准确；该卦六五“貫魚食宮人籠”之“籠”与传本“寵”通假；“籠”译者译为“steamer”，该字本义指竹笼，《说文》曰：“笼，举土器也”，后来和其他字结合为词用以指“蒸笼”，因此译文不准确。《狗》九三“［臀无膚亓行次且厲无大］咎”，据传本补齐的字中“次且”即“趑趄”，译为“his movements are hither and thither”（53）不准确。《损》六五“十傰之龜，弗克回”之“回”，传本作“违”；刘大钧认为，帛本“回”与传本“违”“围”

① 刘大钧：《今、帛、竹书〈周易〉综考》，上海世纪出版股份有限公司/上海古籍出版社2005年版，第37页。

义实相同，译文“deflect（转向、弯曲）”（61）不准确。[①]

有个别文献查考不够导致译文不准确。例如，《泰蓄》九二“緮”，译者认为是“unknown graph”，因此按照传本“輹”译为“axle - strut”（57），《康熙字典》第931页，解为“絹緮”，因此译者查考没有到位；尚九“何天之瞿”，“瞿”解为“frightened（恐惧），wary（警惧）”，译为“How wary is heaven”，似与先民对“天”的观念不一致，该爻辞应有它解，如“何”未必是感叹词。《蹇》“*JIAN*，‘AFOOT’”（77），“蹇”仅译为“afoot”（徒步）意思不够，没有表现出艰难之意；尚六“往蹇來石”“Going afoot，coming with swelled head”，这里“石”按照传本“硕”（译者注“big head，eminent”，无贬义）译为“swelled head（骄傲自大之人）”，有贬义，而《剥》尚九“石果不食”之“石”译为“stone”（58）。

有的词语译文与全卦主旨不符，如《屯》（83）初九“半遠”译者取传本“磐桓”，在注中解释为“to and fro（到处、来来回回地）；not making headway（不向前进）”（298），译文也是“to and fro”，考虑到“磐桓”本义和后文“利居貞”，应取“not making headway”更胜。英文“siring”对应的动词“sire”意为“make children（男性生育子女、成家）”，此义显然与原文不符。译者注中也存在一些不准确问题，例略。

译本对《易经》文化词语的内涵问题关注不够，因为译者把一般读者也视为目标读者，笔者只能认为这是一项缺失。例如，以下译文皆无注解，《益》“帝”译为“Di”、《登》“岐山”译为“Mountain Qi”、《旅》和《泰壯》之“易”译为“Yi”、《既濟》“高宗伐鬼［方，三年］克之”译为“The High Ancestor attacks the Devil -［land，// in three years］conquering it”（81）、《箇》“甲”译为“*jia*”、《筭》“庚”“the *geng* day”（151）。文化内涵问题还涉及译文所用英语词语其文化内涵是否适于原文的问题。如，《解》九四“栂”译为“hemlock”（97）。“栂”除了帛本经文外其他文献未见此字，但在日语中有此字，指一种树，该树在英语中称为“hemlock”。“栂”和传本“拇”相差不多，而且在马王堆帛

① 刘大钧：《今、帛、竹书〈周易〉综考》，上海世纪出版股份有限公司/上海古籍出版社2005年版，第66页。

本上该字左边的部分很不清楚（Rutt，1999）。译者把“解亓梅”译为“Untangling his hemlock”，不知用意何在。再如，《訣》九五“莧敓缺缺”译文“The amaranth burns”（121）中，“amaranth”① 在英语文学中指神话中一种永不枯萎的植物，在植物学中指热带美洲一个植物科，不可能为汉代中国人所知。

译文有些句子存在句法问题，如《泰》“不騢遺弗忘得尚于中行”译为“Not distantly leaving it behind and not forgetting // it, gains elevation in the central ranks.”（105）按照译文结构，第二个“it”是“forgetting”的宾语，“gains”则没有主语，但若视“it”为“gains”的主语，其后又有逗号，似乎句子结构有问题；《明夷》（113）九三“明夷夷于南守得亓大首”译为“The calling pheasant is wounded in the southern hunt, // getting its great head.”译文中“getting”的主语在语法上是“The calling pheasant”，但“its”所指则无着落；六四“明夷夷于左腹獲明夷之心于出門廷”，“The calling pheasant is wounded in the left belly: // Bagging the calling pheasant's heart, // in going out of the gate and courtyard.”本句用冒号分为两部分，但后一部分回译为汉语却是“在出于门庭的过程中获得了明夷之心”。这两爻译文若用词语不变，可用句点点开，则无此混乱。

译文有一些错误、失误、译文不统一之处。例如，帛本《根》卦原文据对应的身体部位分别把卦辞“北”、初六“止”、六二“肥”、六五“㪅”按传本对应的“背”“趾”“腓”“辅”译为“back”“foot”“calves”“cheeks”，这是可取的。但卦名“根”、初六到六五的卦爻辞中的“根”皆译为“stilling”，尚九“敦根”却译为“thick roots”（55），译者没有对此进行注解。《少蓺》尚九“既雨既處尚得載女貞厲”译为“Having rained and having stopped, // he still gets to ride; //for a maiden to determine is auspicious”（153），回译为“已经下雨了，已经停止了，他还得骑，少女贞吉”。显然，“尚得”解为“还得”不准确，“厲”译为“吉”是失误。《奪》原文爻题“六三”没有错，译文“（Nine:）Six in

① 翟理斯（H. A. Giles, *A Chinese - English Dictionary*（*Hua - Ying Zidian*）, Shanghai Kelly & Walsh, Ld., 1892）的《夬》卦中“莧陆夬夬中行”的译文中最早用“amaranth”，夏译本似借鉴了这一译法。

the Third"错，注也错。译本个别地方存在遗漏、错讹问题，如《豫》六二爻辞原文遗漏"勝奪"；《隋》"尚九"译为"Elevated (Nine:)"(131)，爻题实际应为"尚六"，译文标用圆括号记"Nine"错误，但遗漏了"Six"。帛本《歸妹》九四误写为六四，译者没有注意到，译文亦误（95）。《卒》初六"勿血""do not pity (them)"（123），译文中用圆括号标记原文错讹文字，这里是增补的词语，非原文错讹字，因此用圆括号失误。

三 夏含夷《易经》译文综合评价

夏译本并非帛本《周易》严格意义上的英译本，因为帛本文本是残缺不全的，而译本是几乎完整的，不是原文的真正面貌。作为译本，似乎应当体现这种原文的残缺性。然而，对帛本的外文翻译，如果不借助传本和已有的易学知识，就是几近不可能的。因此，翻译时存在的这种矛盾，只能靠文本之外的因素解决。夏含夷的策略是，借助今本解读帛本，对帛本本身的描述和分析及与今本形式上的主要不同放在译本副文本中，而对帛本文字尚不能解读的部分如实说明，由此形成一种侧重符义层面的诠释性、介绍性英译文。

帛本《周易》英译是一件非常困难的工作，主要原因不在于它的非文字符号，而在于它与今本的文字符号差异，尤其是其异读字（明显的抄写错误除外），有些字无法辨认，即使可确定的字有很多字不见于传世文献，加之帛本和今本何者在前尚无定论，而解读帛本又不得不参照今本，因此对许多异读文字的解读和英译只能依据在最大可能范围内的推测。即便如此可行，还存在依据什么来确定是照今本还是照异文解读的问题。在传、抄过程中，由于必然存在读音和书写错讹，及假借、简化等情况，帛本同今本一样许多字并非原来的本字。因此，若照"字面"意思解、译也未必就是原字之本义。译者只能在所掌握资源的限度内尽最大可能依据对经文指称意义的解读进行英译，或据帛本字字面，或据传本对应字，或据其他可能因素进行英译。对译本的研究、评价，也必须考虑这种复杂性和高难度。在分析夏译本时，对帛本与传本字相同的部分，主要以传本为准，对二者不同的部分，结合译者声明的翻译原则、译文本身和译者注解进行了分析。

夏译本的文本格局设计有自己的特色，其分行缩进有利于读者较清楚地分辨爻辞不同功能的构成。该译本的分行与卫—贝译本有所不同，体现了自己在翻译方法上的革新和创造。译者通过尾注交代了帛本和传本相当一部分的文字差异，有的也说明了翻译的依据，加之译本提供了帛本和传本经文原文，感兴趣的读者很容易发现帛本和传本的不同。有些译注对文字的解析体现了译者作为古文字专家的专业学识。在英文句子结构上，译者多用句法省略法，在保证基本的可读性前提下，译文显得较为简单，在一定程度上反映了原文符形特征。译文对原文大部分文字在概念意义表达上是准确的。译者在处理帛本和传本异字时，基本贯彻了自己的翻译原则，结合传本、帛本经文整体意旨，或按今本，或按帛本，或作其他合理的解译，如根据原字的构字法解读。译者为了反映帛本的独特之处，倾向基于原文字面翻译。译文不涉及原文的文学特征、哲理内涵和历史要素，而聚焦于文字层面。译文很大程度上实现了译者的翻译意图。

夏译本也有一些不足之处。这表现在译文整体上较为生硬，在指称意义上，许多辞句译文难解，对一些字辞解读、翻译的不准确，对文化词语的内涵关注不够，存在一些误解、误译和遗漏之处，有的卦名译文不太理想，专用辞、术语等译文有不统一之处。技术方面也有一些不规范。整部译作的译文和文本编辑工作给人似研究、英译时间不够而仓促完成的感觉。

总体而言，夏含夷开拓性的帛本《周易》英译工作为西方易学界和读者成就了一件基础性的文献，打开了西方马王堆帛本《周易》研究的领域，推动了易学的发展。夏译本也为将来更为完善的帛本《周易》英译本的出现奠定了基础。因此，夏含夷功不可没，在《易经》翻译史上做出了重要贡献。

第七节 傅惠生译本

一 深谙传统易学和国学的中国学者

傅惠生（1955— ）现为华东师范大学教授，主要研究领域为翻译学、中国古代文学、中西文化比较、《周易》专题研究等，研究成果丰硕，出版、发表诸多论著，并兼任多种学术职务。[①] 傅教授在中国文化典籍英译方面着力甚多，他主要译有儒学经典译丛之一《汉英对照周易》（2000，后收入"大中华文库"，2008），《汉英对照千家诗》（译者之一，1991；2003），《汉英对照老子》（英译校注，1994，后收入"大中华文库"，1999）等，并撰有一系列相关研究论文。在易学方面有专门研究，发表一系列《易经》专门研究学术论文。从"文库本"《周易》"前言"可见他对传统易学源流的精到把握和在易学方面的深厚造诣。

进入21世纪以来，20世纪中西文化交流存在的巨大逆差和落差并没有大的改观。中西"文化赤字"达到了1:100，因此当务之急是应该结束中西文化交流中的"单向透支"和"文化赤字"现象，唯一的办法就是文化输出，目的是减少误读、增进互信。[②] 为此，自20世纪末起，在国家新闻出版和广电总局、国务院新闻办等指导下正式启动了"大中华文库"，这是中国历史上首次系统地进行中华文化经典外译的一项文化项目，是自有汉译英作品问世以来规模最大的、以国家名义组织的大型翻译出版工程。迄今已经出版百余部典籍汉英对照本。《周易》也被纳入"大中华文库"，采用张善文今译和傅惠生英译，由湖南人民出版社于2008年出版。

二 以《周易》今译为"原文"的解释性英译

鉴于傅译本有3个文本并置，首先需要确定三者之间的大致关系。一般而言，古籍原文、今译和英译的关系应是今译译自原文、英译也译自原文，今译和英译是并列关系，只能有一定参照关系，据出现先后，可能英译参照今译，也可能反之，但不应今译和英译中一者成为另一者的"原文"。傅译本中所并置的3个文本，按照时间先后，首先是《易经》和《易传》原文，其次是张善文今译，最后是英译。从英译来看，笔者预测其关系可能是英译译自原文，并参照了今译，以在"大中华文库"体例

① 傅惠生教授学术研究情况简介，参见 http：//baike. so. com/doc/1283148. html。

② 参见王岳川《文化输出》，北京大学出版社 2011 年版。

要求的框架下，兼顾今译文，但不可能把今译作为“原文”。经过通读译本、初步研究，发现英译的确是以今译为“原文”的，除了个别处有意义表达上的差异，英译和今译非常对应。今译大致按王弼、孔颖达《周易正义》解读经传，只是个别处解读有少许不同。

张善文今译主要以王弼注解为概念基础。王弼的《周易注》既有道家思想来源，也有儒家来源，以后者为主。他的玄学易学理论仍沿袭以传解经，但注重抽象思维和义理、卦意分析，也有他本人的哲学理论诠释、发挥。他的《周易略例》把象数形式改造为表现义理的一种符号工具，恢复了《易传》的卦义说，把取义说与爻位说作为《周易注》解说卦爻辞的基础。其阴阳、卦主、爻位等理论概念也进入了今译，由今译而进入英译。例如，《夬》九三“君子夬夬独行，遇雨若，濡有愠。”《小畜》上九“既雨既处，尚德载妇，贞厉。月几望，君子征凶。”其中“遇雨”和“既雨既处，尚德载妇”分别英译为“…caught in the rain as a result of mixture of yin and yang …”（247）和“the accumulated clouds turn into rain and the accumulation of yang comes to a stop. The firm yang virtue has been excessively accumulated by the yin。”（67）译文“雨”是阴阳交合产物，“妇”也译为“阴”即“yin”。这一翻译思路即以《易传》、王弼注等为基本解经资源的传统思路，因此英译也属于传统易学的哲学、义理一派，除了译本前言略有介绍外，与二十世纪初以来的新易学基本无涉。

鉴于以上源流关系，该译本的评析存在着不少困难。一般而言，即便有经传合一问题，《易经》和《易传》英译也应该拉开一定距离。即便可让后世的一些易学观点进入译文，《易经》的英译文还是要相对独立。同时，既然是《周易》英译，应以《周易》原文为依据。然而，基于以上观点对译本进行评析，这显然不可行。这个译本与林理彰译本（1994）不同，因为后者标题就说明了译本是按《周易》王弼注解英译的。与汪榕培—任秀桦译本（2007）也不同，因为后者把《易经》与《易传》至少在名义上切割开来了。另外，既然是“大中华文库”之一，还要考虑该文库的翻译目的。

（一）卦名和术语英译

傅译本卦名英译有自己的特点，例如在表达方式上没有取一般做法，即音译和意译并置，而是把意译部分融入经文译文中，并采用了固定的结构模式，如《乾》卦名只有“The Qian Hexagram, the First”，而经文译文以卦象开头，紧接着是“The Qian hexagram symbolizes heaven…”，明确说明“heaven”是象征意义。一个卦名的象征意义很多，译者选择自己认为最主要的一个来译，其他各卦都是这一模式。象征意义部分，有些是译者新创，例如《蛊》象征意义译为“solution of troubles”，尽管这个说法与“蛊”字本身意义相反，但这是从全卦的意旨出发翻译的，应当说准确反映了全卦主旨。有些沿用或借鉴了前人译法。如，卦名象征意义译文与汪榕培—任秀桦译本用词相同者有16卦，几乎相同者8卦（如前者用“an army”，后者用“army”前者用“great power”，后者用“strong power”）。

卦名意译部分有的值得商榷。如，《革》卦名译为象征“change”（277）。《易经》多用“The Book of Change（s）”，即“易”解为“change”为主要意义已经成为通行做法。从《革》卦内容看，“革”有“变革”和“皮革”两义，其他译本多译为“Revolution”“Reform”，有的译为“Leather”。因此，若译为“change”应该是不当的。再如，《无妄》意译为“non - inappropriateness”（149），意为“无不适宜”。朱熹《周易本义》（36—37）解曰，“无妄”是“实无自然之理”，也可按照《史记》解为“无望”。“无妄之灾”即“无故之灾”。林译本据王弼注译为“No Errancy”（1994：293）。傅译文是否适当可通过一个爻辞译文来看，六三“the disaster even befalls without inappropriateness. It is as if someonc tethered a cow nearby, a passer - by led it away while the villagers were wrongly accused”（151），回译为“灾祸降临，甚至没有不适宜。就像有人把牛拴在附近，过路人牵走了，而邑人被错误地指责。”“邑人”的“灾”是被人误解、冤枉，而这件事是没有什么不适宜的吗？因此，此卦名象征意义的英译不理想。另外，《晋》意译为“progress”，和《渐》“gradual advance”区分度不够大；《未济》据传统解释是说事物（不是任何具体事物，但又可是任何事物）发展到最后必然有一个终结（最后一卦），但此一终结又是另一新的开始，若用“unsuccess”（失败、徒劳）就把该卦的开放性封死了。

傅译本的术语英译总体上体现出较强的多样性，如“亨”在不同上下文中译为不完全一致的词或短句，如“prosperity”“prosper”“The future is smooth”“There is a smooth future”等；“贞”一般以“to persevere”的各种变体英译，偶有增词，如《师》卦辞的“贞”译为“It is a must to persevere in the right way”（53）。同一术语在不同卦、爻中译法不同，以表示其卦位不同带来的内涵意义变化，如《噬嗑》“无咎”在初九、六二爻辞中译为“There is no serious harm”，在六三、九五中译为“There is no harm”（127—131）。

术语英译也存在一些问题。有些地方问辞和占辞没有界限，如《师》六四“师左次，无咎。”“the army retreats and is stationed temporarily to guard against any harm”（55），断辞“无咎”译为目的状语了。有的术语译文区分度不够，如“the weak and small men”或“the small one”（“小”）、“an inferior man”（“小人”）、“the inferior man”（“小子”）；“the great man”（“丈夫”）、“the great man”（“大人”）；“a superior man”（“君子”）、“the firm superior man”［“大（往小来）”］、“the great one”［“大（贞凶）”］。有的“君子”没有译出，如《屯》六三译文。《大有》“天子”译为“the king”，而《师》上六“大君”却译为“heavenly son”。译文中有些地方难以区分是否是术语译文，如《复》六四“中行独复”译为“he is in the middle position, perseveres in the right way and returns alone.”（145）。译文有“贞”的译法“perseveres in the right way”，但原文并没有“贞”字；《泰》九二“用冯河，……得尚于中行。”译为“…can cross great rivers…can assist the king who always perseveres in the just way”（77），按译文一般译法，译文应对应“涉大川”“贞”，但原文并无这些字。这些问题原因多在今译。但英译也有可讨论的地方，如“利涉大川”之“大川”英译为“great rivers”，今译是“大河巨流”，是汉语的一种四字表达方式，未必非得译为复数。

（二）译文正文

英译基于今译而来，因此英语用词较多，主要是由于解释性增添导致，译文平面化了。若以今译为参照，英译文本身比较简明，概念系统得到了较完整地保持，仅有个别处有出入。英语读者通过阅读译文，应当可了解中国传统易学解读《易经》的基本思路、方法和译本所反映的王弼传统的《周易》的基本概念系统。如果英语读者读过其他《易经》学术性较强的主流译本，也会发现傅译本与其他译本存在明显的不同。相对于《易经》原文，英译文由于被稀释而被拉平、拉薄，原文的缝隙都被填满了，例如《屯》"利建侯"译为"It is appropriate for the king to enfeoff vassal states for their pledged service"(29)、《恒》初六"贞凶，无攸利"译为"He should persevere in the right way to guard against any disaster. Or there is nothing beneficial."(187)，回译为"（他应）贞（以防有）凶。（否则）无攸利"（译文"or"使用不当），画线部分这样的添加使读者在该译文内部的解读空间大大缩小，而与其他译文的对比度加大了。

译本的个别爻辞译文对他译有借鉴，如《家人》九三"家人嗃嗃，悔厉，吉；妇子嘻嘻，终吝。"译为"all the family members complain about the strict rules. There are regrets and dangers, but they can receive good fortune. If the wife and children make merry all day long, they will have disappointments in the end."(213) 汪榕培—任秀桦译文为"If the family members complain // About strict disciplines at home, // There may be regrets and troubles, // But there will also be good fortune. //If the wife and children go merry, // There will be grief in the end."(77)，二者译文大致相同。英译者没有提供任何文外注释，只在译文内部有几个夹注，如"Diyi, the king of the Shang dynasty"(79)。译者对一些文化词语进行了去历史化处理，余下的未解释，如《蛊》"甲"译为"the 'jia' day"(111)、《巽》"庚"译为"the geng day"(325)（但未和"甲"音译一样用引号）。

译者对一卦的译文基于今译采用的是打通的译法，即各爻之间译文是通过语义衔接、替代等衔接手段联系的（参见下文整卦译文的分析），而有的卦辞和爻辞也通过词汇衔接连在一起，如《解》卦辞"有攸往，夙吉"，"When danger appears and he has the place to go to, he should rush there as early as possible and there is good fortune"(227)，初六译文"The danger has just been relieved, there is no harm."(229)"The danger"应指卦辞中的"danger"。

在语法上，今译—英译者倾向于调整原文的语序，例如《巽》九二"用史巫纷若吉"解为"用史巫若，纷吉"，今译为"要是能效法祝史和巫觋以谦卑奉事神祇则可获甚多的吉祥”，英译为“If he can follow the examples of pray masters or sorcerers to serve the ghosts and spirits obediently, he can receive good fortune many times”（325）。在词语处理上，译者主要按词的概念意义英译，总体对应性较高。也有一些变通处理方法，如词语上义化、抽象化。例如，《中孚》“翰”本指天鸡，又称锦鸡、山鸡，译为上义的“flying bird”（345）；《谦》“侵伐”译为“expedition”；《履》“视履”心理化译为“recalls his experiences of careful walking”；《困》“朱绂”抽象化译为“power and wealth”等。

无论在概念意义上还是在表达方式上，英译和今译的契合程度很高。对比今译，英译句法完整，全部增补第三人称单数代词，并从其角度阐述；语言简明、流畅，有较好的交际修辞，也避免了今译个别地方表达的冗繁。以下以《颐》卦为例进行综合探讨，其原文、张善文今译文和傅惠生英译文如下。

䷚ 颐，贞吉；观颐，自求口实。

初九，舍尔灵龟，观我朵颐，凶。

六二，颠颐；拂经，于丘颐，征凶。

六三，拂颐；贞凶，十年勿用，无攸利。

六四，颠颐，吉。虎视眈眈，其欲逐逐，无咎。

六五，拂经；居贞吉，不可涉大川。

上九：由颐；厉吉，利涉大川。

䷚《颐》卦象征颐养：守持正固可获得吉祥；观察事物颐养的现象，要明白用正道来自我求取口中食物。

初九，舍弃了你那灵异神龟般的美质，而来观看我垂腮嚼食，有凶险。

六二，颠倒其道向下求获颐养；有违背常理，向高丘上的尊者索取颐养，这样往前发展必有凶险。

六三，违背了颐养常理；守持正固以防凶险，十年之久都不可施展才用，倘若施用必将无所利益。

六四，颠倒其道向下求获颐养再用以养人，可获吉祥；像老虎一样圆睁双眼注视着，接连不断地迫切求取事物，必无咎害。

六五，违背颐养天下的常理；静居其位而守持正固可获得吉祥，不可涉越湍急广阔的大河巨流。

上九，天下都依赖他获得颐养；谨慎防危可获吉祥，利于涉越湍急广阔的大河巨流。

䷚ The Yi hexagram symbolizes nourishment. Perseverance in the right way foretells good fortune. We observe how all things of creation get nourished and understand how to obtain nourishment for our own through the right way.

Nine at the bottom line, the six at the fourth says to the nine at the bottom: "You forget about your own nature like a magic tortoise that can live without food, but you watch me eating and chewing with your mouth drooping. There is a disaster."

Six at the second line, he runs counter to the right way to seek nourishment from the one below and unreasonably seek nourishment from the nine at the top, an elder on the high hill. If he goes on like this, there will be disasters.

Six at the third line, he ignores convention to seek nourishment from the nine at the top. He should persevere in the right way to guard against disasters. In ten years he cannot put his abilities to good use. If he does, there will be nothing beneficial.

Six at the fourth line, he runs counter to the right way to seek nourishment from the nine at the bottom and then provide others with it. He will receive good fortune. He is bent on him like a tiger glaring on its prey with ceaseless desire. There is no harm.

Six at the fifth line, he ignores convention to seek nourishment from the nine at the top. He keeps contented in his position and perseveres in the right way, there is good fortune. It is not appropriate to cross great rivers.

Nine at the top line, people throughout the land rely on him for nourishment. If he is prudent to guard against danger, there is good fortune. It is appropriate to cross great rivers.

与经文相比，英译是不能体现其语言特点的，英文词数达到原文字数的近三倍，意义表达也一览无余，语言的生动性也不是太够。《易经》经文本身的占筮语言其高度简洁性使得读者从多种角度解读出多种意义成为可能，犹如冰山只露出一角。今译和英译则只能将这样的多种可能性简化为大致一种可能性，犹如取下冰山之一角，融化并加水铸成了另一座冰山。因此，基本失去了符用功能性的一面。

关于《颐》译文，首先是英文句子的主语问题。本卦译文与《讼》卦显然不同的一个特征是英语句子主语多样化了，既有代词、表示人的主语"we""he""you""people""it"，又有"the six at the fourth"这样将爻题拟人化的主语，和"Perseverance in the right way"抽象概念主语。读者阅读英译需仔细辨别，理清本卦英译文中这一略显复杂的指代关系。

其次，根据英译大致把爻辞间的互动关系分析一下。本卦今译与王弼注有差异。如六二爻，据王注之孔正义，"六二处下体之中，无应于上，反倒下养初""下当奉上，是义之常处也。今不奉于上而反养于下，是违此经义于常之处"[①]，其"养"是给予颐养，而不是今译所说"求获颐养"。英译比今译又略有发挥。据王弼的卦位理论，译者认为"舍尔灵龟，观我朵颐"的施动者是六四爻，英译用了直接引语，形成了初九和六四的对话（今译未如此明确说明这种互动关系）。六个阴爻的译文中都有"to seek"，需要确定它是目的状语还是后置定语。

六二译文"he runs counter to the right way to seek nourishment from the one below and unreasonably seek nourishment from the nine at the top"（今译六二"有"应为"又"），若认为"to seek"是状语，则回译为"他违背正道，向初九寻求颐养，而且不合理地向上九寻求颐养"，若认为是定

① 孔颖达：《周易正义》，北京大学出版社 2000 年版，第 145 页。

语，则是“他违背了向初九寻求颐养的正道，而不合理地向上九寻求颐养”。二者相较，后者似更合理。但若据此理解，六四回译为“他违背了向初九寻求颐养并养他人的正道”，而后文“He is bent on him”的“him”应指“the nine at the bottom”。因此，以上理解不正确，所以“to seek”应是状语，其他也应作此理解。下卦中位六二爻违背其道，向下即初九寻求颐养，同时又向上九寻求，“丘”即指上九。六三无视规约，而向上九求颐养。六四违背正道，而向初九求颐养而养他人。六五无视规约，向上九求颐养。上九是天下之人赖于获得颐养的尊者。彖译文说“sages provide nourishment for men of virtue as well as people throughout the land”，即说上九即“圣人”。

根据英文，初九是“忘记自己的本性”、六二违背正道、六三无视规约、六四违背正道、六五无视规约，只有上九是正面的，“天下之人依赖上九而获得颐养。”象译文说“nourishment in the right way brings good fortune”，即“以正道来养身才能获得吉祥”。初九、六二、六三都有“凶”，因为他们违反正道或规约，而六四为“吉”、六五为“居贞吉”，皆不能自圆其说。六四“颠颐”与六二“颠颐”相同，译者为了解释“吉”，在六四中增加了“and then provides others with it”。但总体看，在思想表达上英译的“原文”解读存在无法贯通之处。另外，英译和今译略有不同，即今译的“观看我垂腮嚼食”英译为“watch me eating and chewing with your mouth drooping”。英文初九译文的“but”似应为“and”；六五“不可”译为“not appropriate”，实际为“不利”。

本卦英译不能说是成功的。本卦这里涉及的英译主语问题，构成了傅译本英译文的一个特点。这里再稍加分析。关于英译的爻辞译文主语，据对上经 30 卦 182 条爻辞译文的统计，爻题译文之后，首先是第三人称单数男性代词主语的有 140 条，主要是“he”，有少量“the superior man”“the blind man”“the king”等；以“she”开头的有 3 条；其他有 38 条，以“child”“it”“people”“an army”等词开头。傅译本英译文的代词用第三人称女性代词多是受到爻位（即“六”）及其今译相关解读的影响，如《震》上六“震索索，视矍矍……”译为“When thunder roars, she is in panic, hesitates to walk forward and is restless to look around.”（293），本卦爻辞译文中的女性单数人称代词是基于“上六”爻位英译的。但有的似无必要，虽为阴爻，不见得非得译为“she”，正如大多数阴爻英译还是用“he”的。这个问题与女性意识无关。有的卦九五爻主语译为“king”，也是据“九五”之尊位而来。有个别爻辞英文句子主语用“he”显得怪异，如《同人》译文中有“he climbs high up the city wall and then retreats without attack”（89），似不应是单数。

（三）译文存在的其他一些问题

上文已涉及了英译文存在的一些问题。本节集中把在对比分析英译、今译和原文过程中发现的其他一些细节问题举例略析如下。

英译文的增译较多，但有些词语似不应出现在经文译文中，如《坤》初六“履霜坚冰至”译作“treading on thin frost implies that solid ice will appear soon”（21），“implies”应用于传或注解的译文较好。英译使用 as if 和 just as 结构过多，尤其是一些具体形象的描述，或者在联结一个抽象表达和一个形象表达的时候。爻辞大多本来即是象征性辞句，何必都要用虚拟结构？有的卦名意译和全卦的译文不协调，例如《涣》卦名意译为“dispersion”（333），意为“分散、散开”，本身和“水”无关。全卦译文除了大象辞提到卦象组成时内卦“坎”象征“水”之外，整卦译文与“水”没有明显关系，难以体现“涣”字内在意义。再如，《蒙》卦题译为“childlike ignorance”，应指成人还像小孩那样无知、幼稚。卦辞“童蒙”译为“the pupil”，说明问者是未成年人，但译文未译“筮”，问者实际上是占问者而非未成年的孩子。本卦初六、九二、六五爻辞译文也用“child”或“ignorant child”。另外，六五“童蒙”、上九“击蒙”之“蒙”皆译为其反义“enlightenment（启蒙）”，似都不妥。有少数地方译文和原文字面意相反，如《萃》六三“萃如嗟如”之“萃”译为“he finds no one to gather with”（257），可能受对“嗟如”的解读影响所致。

译文句法上多采用直接用逗号连接句子而少用连词（英文“thus”都被用为连词），是一种汉语化行文特征。有的地方存在语法和语义逻辑问题，如《同人》“同人于郊，无悔”译为“he establishes fellowship with people in the desolate suburbs. Although he has not found any fellow, he has no regrets”（91），既然“establishes”为何“has not found”？时态上“establishes”有问题。《井》译文有“… hold small fish that to be shot at”（273），关系从句不规范。《小过》“不及其君，遇其臣”的“he keeps far behind the king and dare not overtake him, the king then comes to meet his minister”（349），原文的主语应是一个。英译文整体上使用第三人称（以单数为主），除了原文为“我”处，偶有例外。如，“勿恤”英译文中多译为第三人称表达形式，两处译为祈使语气“Do not worry”（如257页），在文中显得很突兀。另有一处“勿忧”译为“Do not worry”。

英译有的地方令人难以想象是何种情景、有何寓意，如《大畜》卦辞“不家食”译为“Men of virtue should not live at home but gather at court”（155），有德之人或君子不住在家里吗（live）？上九“何天之衢”“how wide and straight the thoroughfare is in heaven”，为何用“wide and straight”（157）？《大过》上六“过涉灭顶，凶，无咎。”“he walks across the river and drowns himself in deep water. It is a disaster but no harm”（167），人都溺死了，为何还“no harm”？《离》六二“he attaches the mild yellow color to things”（175），如何可能？九二“鼎有实，我仇有疾，不我能即”译文“the tripod is stuffed with things. My wife has caught a disease and she will not come to be my burden at present”（285），说“现在不是负担”是何来之意？《归妹》六五“月几望”译为“It is just as the moon is almost full but never waxed”（307），是何种景象？

英译在概念意义表达上有些不准确处。有的可从王弼、孔正义判断，如《坤》六二“不习”译文“not learn anything”（21）。王弼注曰，“极地之美，自然而成，不假修营”。[①] 据此“习”似不是“学习”之意。上六“龙战于野”译为“dragons have intercourse with each other in the fields”（23）；王弼注曰，“阴之为道，卑顺不盈，乃全其美。盛而不已，固阳之地，阳所不堪，故‘战于野’”[②]，因此似不为“交合”之意。再如，《小畜》九三“夫妻反目”译为“husband and wife fall out and are divorced”（67）王注、孔正义以九三之夫不能正上九之室，故云“反目”，但未说

① 孔颖达：《周易正义》，北京大学出版社2000年版，第33页。

② 同上书，第35页。

"离婚"。[①] 有些可据译文连贯整体性或常识判断，《升》上六"冥升"之"冥"张译为"昏昧"，可指光线昏暗，也可指人昏庸糊涂，这里似应是前者，英译则是"fatuous and self-indulged"（263）；《震》"震来虩虩"译为"Thunder roars suddenly and causes all things of creation in awe and panic"（289），"all things of creation"指"万物"，在此实用应属不当；另外，如"gold carriage""gold arrow""gold""empire"（"国"非"帝国"）"August"（"八月"非"公历八月"）等皆属概念不准确或错误之例。也有个别漏译或难解处，如《师》六五"田有禽，利执言"译为"there are beasts in the fields and it is easy to catch them"（55），"言"未译。

三 傅惠生《易经》译文综合评价

傅译本是"大中华文库"丛书之一。该丛书的宗旨是"全面系统地翻译介绍中国传统文化典籍"（见该丛书总序）。译本的内容涵盖了经传，经传合一，包括今译和英译，今译以《周易正义》为主要解释基础，英译则主要依据今译，通过原文→今译→英译的路径向英语读者介绍了中国传统易学主流义理一派的《周易》诠释。应该说，译本在一定程度上是符合"大中华文库"的宗旨的。且在该丛书框架内，今译与英译并置，彼此在文字表达上有一定的协调统一也是合理的。较为理想的情况是，译者在前言中除了要介绍所译对象的基本情况和有关传统，还应交代原文、今译、英译的关系，阐明翻译的基本原则和策略及目标读者、所参考的文献等问题。译本的题名最好也应按实际的文本关系加以修改，可采用林译本模式。译文中还应附以适当的注解，以充分体现原著的文化内涵和文献价值。可惜译本这些方面都付阙如。

英译所据者，直接来源是该译本张善文今译文，其身份是《周易》的一个元文本，而《周易》原文只能算是间接来源。笔者的评析也只能转换所依据的原文本，以今译为主要参照。在译本每一卦的研读过程中，既有由原文到今译的比读，也有从"原文"到英译的比读，也有从英译

① 孔颖达：《周易正义》，北京大学出版社2000年版，第71页。

到今译、原文的逆向比读。总的说来，今译对原文的解读，主要依据《周易正义》在文字上对原文进行了扩充，基于王弼注的解释框架和理论概念比较详细地对《周易》原文进行了诠释，关注原文义理的阐发并兼顾当代生活的结合，在原文文字的大量缝隙处基本上都填满了自己的解释，并有意识地在文字上进行了润色加工。今译不涉及《易经》经文的音律、文学特征，也不关注经文的史实元素，更未受到一个世纪以来《易经》诠释学倾向的影响。英译文在很高程度上契合今译的概念系统和语义逻辑。英译部分语言比较朴实、简明，较重视译文的交际修辞而弱于生动性，与今译一样没有多少体现原文文学艺术特点和历史要素的意愿。也和今译一样倾向于把原文拉平、压缩读者解释的空间。在哲学义理层面上，天地阴阳观念、卦位卦主关系等忠实地在《易传》译文中得到译出。不但如此，更是直接进入了《易经》卦爻辞译文，而且有些卦的译文比今译更加清楚。

对最后一点，笔者最难苟同。把《易经》作为文化典籍译为英语，应该区分经文和后人的传和注疏，不管用什么理论解读经文，经文的译文应是相对独立的，对经文的解读应尽量以其原意为本，注释性文字应通过注解呈现。即便是翻译《易传》，其译文和经文尽管需要一定程度的贯通，二者也应有所区别，不能完全合一。若是依据这一观点，傅译本以今译为“原文”，就不能说是严格意义上的《周易》英译本。若在《周易》之名下这样做，其不妥之处是译者塑造了“《周易》”，也塑造了“过去”，隔绝了读者与另一种“过去”的接触。因此，严格来说，该英译本之名称似应是“张善文《周易》今译之英译”。在评析过程中，也发现今译和英译文的一些不足之处，就英译而言，许多问题根源在今译，也有些是英译自身的问题，涉及诸如个别卦名英译不太理想；有的卦名意译和全卦译文不协调；个别卦的译文整体上未能贯通；概念意义的表达上存在一些不准确处；英译文有的令人难以想象是何种情景、寓意；个别语句存在语法不规范、漏译、误译之处等。

张善文今译、傅惠生英译的这部汉英对照《大中华文库·周易》，和其他译本一样存在着一些不尽如人意之处，但还是为英语世界感兴趣的读者，尤其是那些希望了解中国传统易学中王弼意义上的《周易》义理诠释传统的读者，提供了一部较为简明易懂、诠释较为准确的读本，因此具有其价值和意义，译者也为《周易》的对外传播做出了贡献。

第八节 裴松梅译本

一 力图中性化解读《易经》的美国女汉学家

裴松梅是美国的一位当代汉学家，现为纽约州斯基德莫尔学院历史系荣休教授。她在华盛顿大学攻读博士学位期间曾师从卫德明学习中国文学，在中国台湾台北“国立”台湾大学学习汉语时曾把《老子》和《荀子》译为现代汉语。1977 年她在剑桥大学克莱尔学堂做客座研究员，并多次在该校李约瑟研究所做访问学者。自 1980 年起，她在斯基德莫尔学院历史系及其他多所大学教授中国史和日本史，并曾担任该系主任和哥伦比亚大学历史系主任。裴松梅自 1997 年起开始研究《易经》，她的翻译工作主要在 2004—2005 年于剑桥大学李约瑟研究所完成，2011 年美国 Tuttle Publishing 出版她的译本 *The Original I Ching*: *An Authentic Translation of the Book of Changes*。

裴松梅的英译目的是利用各种“最新”考古成果和一些商周历史研究新成果，力求剥除周以后历代学者在自己所处朝代的背景中对《易经》所做的种种注疏（15），向读者再现《易经》完整的“原始面貌”，并指导读者将《易经》应用于当下生活。她认为现代与《易经》有关的考古发现和研究发展已能让人们对《易经》的理解好过孔子及其后学。她接受一些当代学者的观点，如《易经》与公元前 1045 年前后周朝的建立及其前后一代人有关。在宗教方面，周代宗教氛围浓厚，和商代一样举行各种季节祭祀和政治礼仪。祭祀对象是天（上帝）、祖先和各种自然神祇。在社会结构方面，精英统治阶层即王室和贵族的人数不到总人口的 1/10，女性可再婚。各个领域都存在等级制度，在各种等级交叉的情况下，等级和年龄在重要性上往往超过性别。她指出，女性的权利在历史上是经历多代逐渐失去的。商周是父系社会，但也有母系社会因素，如一些商王室女性成员有自己的统治城邦。裴松梅（30）指出，那时男女身高差别不大，但到周代后期女性身高一般明显不如男性，主因是膳食结构的变化。商周时女性应当培养的品德被认为和男性类似，例如智慧、谦虚、自制力。

裴松梅声称，所有阅读《易经》的女性应该拥有一本由具备中文和中国历史知识的女性学者翻译的译本（12），当然也不拒绝男性读者，因此她采用了“执两用中”的策略，尽量消除译文语言的性别差异。她不赞成斯泰恩那样极端的“女性主义”《易经》翻译。因此，在自己的翻译目的下，她的翻译原则主要是基于整体性解读的“中性翻译”，其整体观照主要体现在对一个卦进行整体解读和英译。

她把《周易》视为远古占筮辞的选编本（17）。她认为，自己的译本既非纯粹预言性的，也非纯粹哲学性的（14）。她的译本关注阐释卦象（19），旨在帮助读者决策未来、成就变化。她的目标读者是非专家的普通读者。她指出，现代易学倾向于认为《易经》卦爻辞是具象而非抽象的，其解释应避免过度哲理化、抽象化（20）。她的论点之一，便是原始《易经》并未包含后来被广泛接受的“阴阳”性别论，经文中甚至没有提到“阳”这个概念[①]。关于阴阳观念，一些学者认为王弼似乎犯了时代错误。[②] 她认同这种观点，认为基于王弼注疏的林译本（1994）存在这个问题[③]，需要通过新的翻译加以解决（20）。因此，她认为，离开传统注疏，可能误解经文，但如果不做尝试，就意味着会错失极为丰富的含义、智慧和触动灵魂的美。

据裴松梅译本（以下简称“裴译本”）引言，译者主要参考的汉语文献有楼宇烈《王弼集校释》（1980）、伍华《周易大辞典》（1993）和刘兴隆《新编甲骨文字典》（1993）等。译者还借鉴了其他译本，如卫—贝译本、林译本和夏译本。她认为，卫—贝译本非常详尽，林译本提供了《易经》全译和王弼注译文，资料非常丰富，而夏译本概括了《易经》通行本和帛本的主要差异。她指出，对《易经》这样古奥难解的典籍，其文字过于简洁、难懂，合理解释也不止一种，因此理解译文背后的意义最

---

① 管黎明：《裴松梅推新书教现代人读原始易经》，《侨报》2012 年 3 月 5 日。

② 尽管可以认为《易经》本身并没有后来所说的哲理性的阴阳对立概念，但王弼未必有所谓时代错误。如同《易传》和一些后代解易者一样，王弼在注易时有自己的借题发挥。因此，笔者认为，我们只能把他的注疏视为一种对《易经》的解读，是今天的一种研究参照，而今天的《易经》应该有今天的解读。

③ 这一观点似对林译本有失公允，因为林译本明白说明了译本的原本是王弼《周易注》。

好的方法之一就是比较阅读几个好的译本。因此，书中提供了卫—贝译本、林译本和夏译本对应经文部分的查阅信息。

二 温和女性主义取向的当代“占筮”派英译

裴译本并非纯学术性译本，而是一种学术和非学术存在较大张力的实用性翻译。其学术性主要体现在译者据文献和自己的研究论证了《易经》的几个理论问题，包括《易经》与后世阴阳理论的关系和《易经》时代的女性身份、地位等。在实践上，通过翻译让这部古老文献向现代读者开放时有意识地考虑到了译文和读者的性别问题。但另一方面，为让译文体现自己预设的面貌，译者有意识地对经文涉及的史实进行了取舍，因此必然偏离了自己声称的“原始易经”之追求。其实用性是把译本作为一部占卦手册通过一些翻译策略使其可较容易地用于读者当下的生活，这主要体现在译者对原文的选择和倾向性解读、采用的主导翻译策略等方面。总体上，后一取向在译本中占据主导地位。

（一）卦名和断辞、术语

裴译本因为对《易经》原文进行了不同版本的融合并进行了独特的解读，其卦名译文显示出一些与众不同之处。有一部分显然是继承了前人的一些译法，例如卦名的符号集合包括卦序号、卦名汉字、卦象、卦名现代汉语拼音音译、卦名意译，《乾》《坤》两卦的卦名和全部爻题的译法及部分词语的译法，如“乾”译为“The Creative”“贞”译为“perseverance”，这些都沿袭了卫—贝译本的译法和做法。有的借鉴了其他译者如夏含夷译本，如《羅》 “The Net”。译本也有不少新译法，如《蒙》“New Grass”，既不失去原文基本意义，又具有与读者的较高亲和力，可见译者的翻译策略是读者取向的。在表现形式上，有的卦名用两个词或词组，以一个为主，另一个为次并置于括号内作为解释，如《解》“Released (Untied)”。有的卦名之汉字在卦爻辞中翻译时有不同解释，如《巽》卦辞的“巽”译为“calculation”，爻辞中“巽”既有“calculation”也有“choosing”，卦名译为“Calculation, Choosing”。但有的卦名汉字在卦爻辞中译文有多种，如《革》卦辞的“革”［也为卦名，译为“Molting (Shedding)”］译为“molting”，卦爻辞中有“leather” “shed” “change” 三种译法（190）。

有些卦名译文不太理想。卦名中成对的除《损》《益》等外，有些译文在用词上未形成对比，如《乾》“The Creative”和《坤》“Earth, The Receptive”、《小畜》“The Smaller Herd”和《大畜》“Great Nurturing”、《既济》“After the Crossing”和《未济》“Not Yet Across”、《大过》“Greatly Surpassing”和《小过》“Minor Surplus”。书末所附原文卦名有的和正文卦名译文不统一，如《夬》原文处是“Resolute Action”，而正文内是“Resolute”。

断辞的译法有些是沿袭固有译法，如“吉”“good fortune”“凶”“misfortune”“无咎”“no blame”等。但也有许多译法不一致处，如《比》卦辞“凶”译为“disaster”与“灾”“眚”译文相同了，这种译法有多处。“咎”有的译为“calamities”（184），与原文对照，就看出译文断辞译法有些混乱。术语的译法，裴译本还引入了一些新的表达方式，有不少是从读者实用角度出发翻译的。术语也多没有统一的表达方式，而是把读者涉及进来而生活化、当下化，如把“利见大人”译为“Seek someone greater than yourself / someone wiser than yourself”，所谓“大人”即与读者相比更强、更聪明的人，于是在读者使用译本作为谋事参照时，这样的人即为“大人”。有的仅是“a wise one”。同样，“君子”有些地方译为“one worthy of power / one worthy of authority/the noble/the best person”等第三人称，而有的译为“you / your / you should”第二人称，这就是说读者即为“君子”。这一读者涉入的英译策略显然是译者特殊的翻译目的使然。

（二）译文正文

译文的突出特点是“译”和“释”结合，两条线索尽管有所交叉，但是以“释”为主。这里先说“释”，然后重点讨论“译”的部分。译者认为应当剥离《易传》等后世注疏，以体现《易经》原貌，这无疑是可取的。但还是在译本中纳入了《易传》大象辞部分，并结合一些日常生活处事原则，对卦象内外卦构成及寓意和大象辞主旨进行了阐发。虽然“释”部分也涉及了对有关爻辞的解释，但比重较小。为拉近与当下非专家读者的距离，译者在这部分引入了一些当代人、事，例如甘地的非暴力原则、瑜伽等。如《咸》卦的象和解释：

> Image: Above the mountain, a lake: the image of reciprocity / respect. You should receive others with emptiness. [That is, truly hear them.]
>
> Lakes rarely lie high in the mountains, much less above them. Yet when we find pure water at high elevations, we welcome it and are refreshed. Rain or a spring has found a hollow in which to collect. In order to be truly receptive to others, we need to empty ourselves of expectations and our own ways of seeing, lest they prevent our accurate hearing.
>
> The inner stillness necessary for true receptivity is as hard to reach as the summit of a mountain. The hexagram's progression through the parts of body suggests that it refers to yuga – like physical exercises designed to bring stillness to the mind through stillness in the body.
>
> Respect and reciprocity are essentially synonyms here. Think on that while stilling your own body, bit by bit, and trying to bring as much stillness to your mind as a clear mountain lake, sheltered by surrounding rocks. (145)

这部分是对《易经》卦象符号以《易传》象辞解释为基础的双重解释（方括号内的文字也是译者的解释）。对读者来说，这部分紧跟经文译文方便读者对译文的解读；从译本整体上说，译者的解释部分占篇幅较多，旨在实现让译本用于读者当下生活、贴近读者日常生活的目的。即使在卦爻辞译文部分，译文内部增加的解释性信息也不少。这部分行文是一种虚构的与读者的直接交流，因此有很多建议性、祈使性的句子主语用中性 you，而其他部分女性化倾向较明显，多用女性第三人称。如《泰》卦解释部分有 "First, an educated person recognizes her limits, what she can and can not control, and applies her analysis to the great forces in a positive way" (94)。译本"释"的部分本身也存在一定内在张力，即译者所主张的避免过度哲理化和抽象化的解释与不可避免地对卦象和象辞进行抽象化阐明的矛盾。下面再看卦爻辞译文。这部分译文在卦层面上有几个特征，结合译例简析如下。

一是译文在符号文本形式上整体保留了《易经》卦爻辞的文本框架，但若对照原文，原文内部的标点符号形同虚设，译文断句大都和译者提供的原文标点不同，特别是问辞和断辞失去了原有界限，如《乾》卦九三“君子终日乾乾。夕惕若厉。无咎”（234）的译文是“One worthy of power is active all day, yet still anxious at night. Danger but no blame”（64）。译本的占断专用辞译法总体呈现多样化。

二是译者把一卦的卦爻辞作为一个语义整体英译，尽量使不同卦爻辞的译文有内在联系。虽然有些地方英译处理是适当的，但一卦内的两条爻辞并非一定存在语义内在联系。译文有的地方出现了一些无中生有的强行联系，例如《中孚》，译者以“诚信”为卦旨，采取了“祭祀”的整体视角，卦辞“豚鱼吉”译为“[Even small offerings of] piglets and fish bring good fortune”，上九“翰音登于天”译为“The sound of the sacrificial bird rises to the sky”（223—224），“豚鱼”可能是祭品，但“翰音”之鸟却未必是祭品了。

三是译文尽量采用现代日常语言英译，倾向于简化，如《大壮》“壮于大车之輹”译为“strength around the wheels of the cart”（150），“輹”字译文虽用字较多，但省去了注释；《无妄》“不菑畬”简译为“plant without preparing the earth”。译文中有少量文内注释，几乎不用文外注释。在少数地方译者提供了两种译文，或因译者本人认为两者皆可（92），或因原文版本有别（105），或因译者没有确定（205）。有个别处把爻辞译为文内注释的形式，如《坎》六四（139）。

在卦、爻两个层面上，译文人称有女性化倾向。译者声称使用中性人称代词以方便男性和女性读者，例如用“you should”而不是“gentleman”或“superior man”译“君子”，有的也用物主代词“your”。经文“我”皆译为第二人称。译者的理由是，“君子”指的是“the best kind of person”，如其字面意思一样，是一个其德行可以继承王位的人；在原文中多有警戒、劝勉之意。她有时也译为 ruler，有时也据上下文用 one worthy of power，the best person 等。其他的一些代词有的也译为第二人称，如《艮》“其”都译为“your”。以上做法是译者称自己的译文是“中性译文”的依据，但实际上译文总体上是偏于女性化的。在卦爻辞各种可能的解读中，译者倾向于选择含有女性意象的进行翻译。这主要体现在对一些没有明显性别标志的人称用语的译文上，有些直接用女性用语，如《谦》“不富以其邻”译为“Not rich by using her neighbors”，《明夷》“得其大首”译为“She gains her great leader but can not be hasty in (promising) constancy”；有的男性词语则用中性形式如复数，如《比》“王用三驱”中“王”译为“rulers”，女性词语有的换为中性，如《蒙》九二“纳妇”译为“finding a mate for your child”。但消极、否定性人称则不用女性词语，例如《师》上六“小人勿用”中“小人”译为“a petty man”(P83)。

以下通过《姤》（译文见 176—177；原文见 244）卦进一步说明译者的翻译策略（见表 2—3）。

表 2—3 **裴译本《姤》卦原文和英译文**

《姤》	44 姤 ䷫ // (gòu) The Royal Bride
姤女壮。勿用取女。	The woman is great. Do not grab the woman. *A royal bride [was met with great ceremony,] not taken by force.*
初六：系于金柅。贞吉。有攸往。见凶。羸豕孚蹢躅。	Six in the first place: Bound together with a golden spindle. Persevering brings good fortune. Though [you] have a place to go, you face misfortune. With a scrawny piglet to sacrifice, you hesitate.
九二：包有鱼。无咎。不利宾。	Nine in the second place: A fish in wrappings (conception). No blame. Do not entertain guests.
九三：臀无肤。其行次且。厉。无大咎。	Nine in the third place: Buttocks without skin. Her actions halt repeatedly. She hesitates before proceeding. Danger but not much blame.
九四：包无鱼。正凶。	Nine in the fourth place: Wrappings but no fish (fetus). True misfortune.
九五：以杞包瓜。含章。有陨自天。	Nine in the fifth place: She protects the babe within, just as a gourd is protected by being wrapped in flexible willow twigs. You hold great beauty within you. If you miscarry, this is Heaven's will.
上九：姤其角。吝。无咎。	Nine at the top: The royal bride's horns. Danger but no blame.

据译本引言，《姤》卦是译者探讨最深入的一卦，也是标志其“中

性翻译”原则和方法的一卦。这里主要从女性意识角度分析该卦英译。译者据刘兴隆[①]给出的甲骨文“姤”字认为，该字甲骨文符号由“女人”和“婴儿”两部分形象组成，而且“婴儿”头朝下，因此该字似乎刻画了一位母亲分娩的情形，于是她认为，这一解读和该卦的整体形象相符。与卫—贝译本的消极解读不同，她把此卦积极性地解读为：两个国家获得了和平，双方通过王室联姻结成了联盟；来者是“王”的新娘，并据此英译（见下引），附解释“*A royal bride was met with great ceremony, not taken by force.*”（176）[②] 象辞译为：“The image: Below the sky, awind: the image of the royal bride. [*As gentle and persistent as the wind,*] the queen spreads her influence and makes proclamations which reach the four corners of the world”（177）。译者认为此卦与王室联姻有关的依据之一是，各爻出现了当时普通的修辞形象即生殖意象，它们见诸《诗经》。另外，《诗经》中有描写文王迎太姒的诗歌，她认为应是卦爻辞所本。该卦爻辞中初六“系于金柅”（译为“Bound together with a golden spindle.”[③]）、九二“包有鱼”、九四“包无鱼”和九五“以杞包瓜。含章。有陨自天”的译文或直陈，或通过隐喻、提喻，表现的是女人和怀孕生子的主题，体现的是译者女性主义解读倾向。译者的翻译无疑有自己历史文献研究的根据，而从译文本身看，译者对“臀无肤。其行次且。厉”和“姤其角”却没有给出较好的贯通解释。当然，似乎任何译本都难以对所有的卦爻辞做出连贯的说明，或许原文卦爻辞本身也原本不具备这种连贯性。

译者从研究《易经》到完成译本仅用不到两年的时间，显然是仓促的。从《易经》文本的前文本而言，据译者前言介绍，译者是从几部主要译本入手进行经文解读和翻译的。译者实际上采用了一种简便办法，即通过几个主要译本和一部分文献研究《易经》并翻译。这虽是

---

① 刘兴隆：《新编甲骨文字典》，国际文化出版公司1993年版。

② 斜体部分（原文如此）是译者的解释。

③ 如果说理雅各、卫礼贤译“金”为“gold”情有可原，此译则属于文化误读、误译。近年来在一些殷商时期中原地区之外的地方出土了金器，但金器的制作和使用，本非中原文明的特长，经文中“金”皆指铜而已。参见叶舒宪《四重证据法：符号学视野重建中国文化观》，《光明日报》2010年7月19日。

一条较为便捷的进入《易经》学术和翻译领域的途径，但终非正途。在没有对原文进行足够深入的研究时，译者不得不依赖现有译文及其注解，有点“汇译”的样子了。卦爻辞译文受对卦象和大象辞的解释影响而趋向卦象解释的主旨。虽然字面上大部分卦的译文与现有译本表述存在不同，但也存在不少类似处。若以译者原文据帛本改动今本的四卦看，译文多与夏译本类似，如《羅》九三“不鼓缶而歌，則大絰之嗟”译为“Not drumming on the earthenware jar yet singing, then the sigh when the kerchief is worn for mourning.”（142）夏译文（1997：135）是“not drumming the earthenware jar yet singing, // then the sighing of the great mourning kerchief.”

弗罗托（Flotow）曾总结了女性主义翻译策略的三种做法：补充，即译者对两种语言的差异之处予以平衡处理，属于译者的创造性行为；加注和前言，即译者对翻译过程的描述，以突出女性译者的差异性翻译；劫持，即女性主义译者对原作的挪用，赋予不具有女性主义色彩的文本以强烈的女性主义意识。[①] 在实践中，三种做法的表现程度不同，有激烈、激进的女性主义，也有温和的女性主义。就裴译文看，这三种做法在译文中都有体现，但并不那么激进，而且这一倾向并未在译者对原文的改动中明显表现出来。因此，可称为温和女性主义翻译策略，以有别于一些激进女性主义翻译做法。

（三）译文问题

除上文所及外，在翻译上，裴译本还存在一些问题。在符形意义上，译本只有框架结构，卦爻辞的形式特征如音韵特征几乎没有体现，译文占问和占断与自己确定的原文文本多有不符。译文过于拘泥于汉字，但原文汉字并非是本来的面貌。在符义方面，问题很多，多处对原文所指的理解失于深入。在符用方面则解释发挥过多。作为占卦实用手册，对原文的主观解释压倒了基于缜密符义和符形分析的解读。有些地方用后起概念代替了原始概念；对女性倾向的关注遮蔽了对本源的探究。

对原文中多处叠字，译文仅给出拟音，有的所指不明。如《家人》

① 参见谢天振《当代国外翻译理论导读》，南开大学出版社2008年版，第388页。

“家人嗃嗃” “妇子嘻嘻” 分别是 “The family goes ‘shyow - shyow’” “Wife and children go ‘shee - shee’”。《震》“震来虩虩，后笑言哑哑” 译为 “Thunder comes, with renewal, ‘hu, hu.’ After it, laughing words, ‘ya, ya!’”；六三 “震苏苏” 译为 “Thunder threatens, ‘Su, su’”；上六 “震索索” 译为 “Thunder sounds: ‘suo, suo’”；六二 “億” 和六五 “意” 都译为 “Yi!”，这些拟音皆无注释。译文也有不必要的重复，如《否》卦辞 “大往小来” 译为 “The great depart; the petty gain” 已经足够，但后又有 “This is a time of great losses and small gains. Do not persist in this direction” (95)，前句属于多余，后句属于误加。另外，译本的一些细节问题这里举出一部分例子，列入表 2—4。译本由于存在诸多问题而显得有些粗糙。

表 2—4 **裴译本存在问题举例**

问题	译例			备注
	卦、爻	原文	译文（页码）	
漏译	贲六四	匪寇婚媾。	（无）(120)	
	未济上九	有孚失是。	…, there is sincerity. (232)	“失是” 漏译
	睽上九	往遇雨则吉	（无）(162)	
断辞错乱	泰九三	无咎	no regrets (92)	“无悔” 的译文
无注释	大壮六五	丧羊于易	Loss of a ram at Yi. (150)	Yi 没有注释
译文前后不一致	小畜上九	月几望	after the full moon, … (87)	
	中孚六四	月几望	The moon is nearly full (223)	
	归妹六五	月几望	. After several months, … (204)	
	萃六二	禴	spring sacrifice (179)	
	升九二	禴	summer sacrifice (181)	
	既济六三	禴	herbage (229)	
	损六五	十朋之龟	ten strings of turtle shells (169)	
	益六二	十朋之龟	ten double strings of turtle shells (171)	
	屯六二	匪寇婚媾	When a bandit seeks to marry a woman (70)	
	睽上九	匪寇婚媾	If, at dusk, there is no enemy, there will be plenty (162)	

续表

<table>
<tr><th rowspan="2">问题</th><th colspan="3">译例</th><th rowspan="2">备注</th></tr>
<tr><th>卦、爻</th><th>原文</th><th>译文（页码）</th></tr>
<tr><td rowspan="8">误读</td><td>随初九</td><td>渝</td><td>notified（107）</td><td>误为“谕”</td></tr>
<tr><td>贲六五</td><td>束</td><td>east（120）</td><td>误为“東”</td></tr>
<tr><td>剥上九</td><td>簋</td><td>Gourd（122）</td><td>误为“薦”</td></tr>
<tr><td>大过九五</td><td>枯</td><td>Bitter（136）</td><td>误为“苦”</td></tr>
<tr><td>旅六五</td><td>终</td><td>winter（210）</td><td>误为“冬”</td></tr>
<tr><td>巽九二</td><td>纷</td><td>indignant（213）</td><td>误为“忿”</td></tr>
<tr><td>晋六五</td><td>失得</td><td>The arrow is gained…（154）</td><td>误为“矢”</td></tr>
<tr><td>大有六四</td><td>威如</td><td>dangerous（100）</td><td>误以为“危”</td></tr>
<tr><td rowspan="6">误译</td><td>丰九三</td><td>濆</td><td>Small stars（207）</td><td>按通行本“沫”译</td></tr>
<tr><td>震六五</td><td>意</td><td>Yi（195）</td><td>按通行本“億”译</td></tr>
<tr><td>大有九三</td><td>芳</td><td>tribute（100）</td><td>按通行本“享”译</td></tr>
<tr><td>艮初六</td><td>止</td><td>feet（197）</td><td>按通行本“趾”译</td></tr>
<tr><td>损六五</td><td>益</td><td>decrease（169）</td><td></td></tr>
<tr><td>随上六</td><td>从维之</td><td>set them free（108）</td><td></td></tr>
<tr><td rowspan="5">整卦译文中不当或误译问题（以《剥》为例）</td><td>六二</td><td>牀</td><td>the good</td><td>误以为“休”</td></tr>
<tr><td>六二</td><td>辨</td><td>Disputes</td><td>误以为“辯”</td></tr>
<tr><td>上九</td><td>硕果</td><td>the fruit with a pit</td><td></td></tr>
<tr><td>上九</td><td>簋</td><td>Gourd</td><td>误以为“薦”</td></tr>
<tr><td>上九</td><td>君子得、小人剥</td><td>The noble obtain…the inferior peels</td><td>前后数不一致</td></tr>
</table>

裴译文总体上倾向于口语化，但有些地方表意过于晦涩，如《小畜》“尚德载”译为“Esteemed for moral strength and honored by a carriage”（87），虽然前半部分很清楚，但后半部分则令人迷惑。夏译本否定“笛笛”而转用“戛戛”，不知裴译本为何又拾起。译文也有些模糊化处理的地方，如《谦》“利用侵伐”之“侵”和“伐”两个概念皆译为“a decisive move”、《小过》六二“臣”译为“helper”。个别卦的译文和卦名译文似乎关系不大，例如《同人》译为“Friendship”，但是整个卦译文没有出现这个词，出现的却是“fellowship”；《蹇》卦名“Impeded”（阻滞），而译文“蹇蹇”皆译为“Going on foot”（步行），卦名和爻辞译文

存在不协调现象。

三 裴松梅《易经》译文综合评价

裴译本与蒲译本类似，以实用功能为取向，属现代“占筮”派译本。总体上看，裴译本并未反映原文符形层面的一些特征，在符义和符用两个层面与原文相比变化更为显著。裴译本是一种有女性主义倾向的解读。正如女性主义者试图推翻女性对男性的顺从，女性主义译者则试图通过重新思考历史上翻译的功能和价值颠覆原文对译文的权力。[①] 女性翻译理论之核心是识别、批评那些把女性和翻译放逐到社会和文学底层的一套概念。在女性主义者看来，中国历代累积的注疏透露出对女性的敌视。译者对《易经》的理解确有独到之处，尤其作为具有女性意识的女性译者，能见到一些他人之未见。她没有像有的激进女性主义者那样把译文过分女性化，而是主要依据《易经》自身“中”的观念进行翻译，淡化了原文父权和人的自然等级观念，也呈现出一些明显的、温和的女性主义倾向。因此，与林译本很不相同，裴译本既有对前人的继承，又有原创特色，尤其是她的“中性翻译”策略，虽然在实践中并未真正做到“中性”，但在《易经》翻译理论上是有一定创见的。这一策略使裴译本有别于其他体现女性意识的译本。总体而言，她的译法是“直接”的，辅以一定的时代文化背景解说和相关野生动物知识，还有对一些爻辞的随文解释，对于非专家读者既有相当可读性，又有一定学术性。

裴译本的主要目的之一即为一般读者提供一部实用性的、有助于日常生活的占卦读本，这一功能性翻译目的可以说是基本实现了。译本具有一部《易经》操作手册的特征。卦爻辞总体上第二人称化，给读者的感觉，就像是卫—贝译本前言作者荣格所说，《易经》是一位可与之对话、讨教的智者。虽然由于卦爻辞本身的特征而使译文不免多有晦涩难解之处，但每卦的解释文字都以简明通俗的语言，向人们介绍如何理解每个符号的含义并可利用《易经》为自己“占测”，为个人生活和事业提供咨询参考。

① 马会娟、苗菊：《当代西方翻译理论选读》，外语教学与研究出版社 2009 年版，第 217 页。

同时，译本也吸收了一些新研究成果。通过译本对卦象、《易传》大象辞的解释，结合卦爻辞译文，一般读者不但可从实用方面也可以从文化文献方面大致了解中国这部古老的文化典籍的概貌。

裴译本的另一个主要目的，即该译本标题“原始易经”所意谓的，从前文分析来看，却是名实不符的。首先，译者提供的原文已很难说是严格意义上的《易经》经文了。前人译本要么是基于通行本，要么明确说明所依据的版本，如林译本据王弼注本、夏译本据马王堆帛本。译者的原文“The Zhou Text”融合了今本和帛本，又有少量自己的创造，在文字上有些改动，因此其成为《易经》文本的合法性成为一个问题。但鉴于原文文字的改动比例不大，笔者还是倾向于称裴氏译作为一部《易经》译本。其次，译本的“原始”也仅限于切断《易经》与阴阳理论的联系、较全面地反映《易经》的女性因素等方面。译者的翻译和解说主要是功能性的，她的“中性翻译”也必然影响到《易经》“原始面貌”的“真实”体现。对有些概念的理解较肤浅，对卦象的阐释有不少地方也离不开古代注疏。实际上，由于在她的译本框架内难以较好地阐述卦象意义，只好借助《易传》对卦象的解说加以发挥，这势必影响到她翻译初衷的实现。另外，译者自2004年开始英译《易经》，但近年来《易经》研究取得的新成果有些并未在译本中得到反映。译者对学术界《易经》研究成果的取舍也明显具有倾向性。实际上译本表现出两种相反的倾向：一是叩问本源，二是避开对本源的探索。二者的目的却是同一个，即构建一个预设的译本。因此，支持此目标者取之，否则弃之。这也是大多数当代《易经》译本在对待文献和易学研究成果的共同倾向和表现。《易经》辞和象的表意模糊性和开放性使得这一做法具有相当的“可行性”。

基于前文目标定位的评析，译文在其他一些方面也存在不少问题。例如译文几乎没有表现经文的韵律、节奏等符形特征；有些卦爻辞译文指称意义过于晦涩难懂，而译文总体上未能形成一个较为完整的概念系统；一卦译文中同一个字的译法有的竟然多达四种；占断专用辞的译法较乱；译者提供的原文标点和译文本身的断句没有多大关系；相对今本文字改动部分的译文也较乱，有的今本字按帛本译，而有的帛本字按照今本译。个别卦题和卦爻辞译文不协调。译文中存在的表达不准确、译文不统一、误读、误译、错讹、漏译等偏多。译本原文和译文的鲁鱼之误也相对较多。这些问题很大程度上影响了译本的质量。裴氏译文已具有了比尔曼（Berman）所谓超文本翻译（hyper - textual translation）[①] 的特征，是一种对原文的改编和翻译的改写。

虽然存在上述不足，裴译本是近年来英语世界出现的一部有意识追求"中性翻译"原创特色的译本。它主要面向当代一般读者，有较强可读性和实用性，又不失一定的学术品味。译者尝试剥离历代注疏，力图直达《易经》最古老深邃的层面，据此对经文进行忠实而明晰的独具特色的解说，揭示了一部男性和女性都可从中寻求智慧的经典。通过她的译本，普通英美读者可较容易地理解《易经》的基本精神，并可作为自己内省和自修的实践指南，具有一定易学基础的读者也可从中获得启发。可以预测，作为一部后现代的、女性主义倾向的并具有一定原创特色的《易经》译本，它在《易经》翻译史上应占有一定地位。

第九节 七部译本《易经》英译文的综合研究

一 译本定位和分类

前文研究的七部《易经》英译本在时间上跨越一个多世纪，基本反映了英语世界之《易经》翻译、诠释的历史，涉及了易学中的文本、义理和占筮等主要流派。

理雅各译本可谓英语世界《易经》英译真正的开山之作。译文虽尚有些基督教色彩，但总体上已基本没有了早期传教士译文的那种比较神学倾向。经传分开，向读者明白地表明彼此间隔大约 7 个世纪的经、传之不同。他的解读依据是程朱易学和康乾官方易学，主要是《周易本义》《周易折中》。基于英国实证主义传统，他注重原文辞句"原始"意义的挖掘而不重功能，开创了《易经》英译文本派，为后人复译《易经》奠定了文本解读和比较基础。

① A. Berman. "Translation and the Traits of the Foreign", in L. Venuti, *The Translation Studies Reader*, Routledge, 2000, p. 290.

卫礼贤—贝恩斯译本规模庞大，是一部宽而厚的哲理之作。卫译本奠定了他作为西方汉学大家的地位，对孔子的崇拜和怀旧的理性主义促使他在翻译中采用经传合一的格局，也以程朱易学为主要解释基础并吸收清末儒师劳乃宣等人的见解，注重经传哲理的诠释，译文简约，解说随译文进行，联系现代生活，但不关注经文的历史元素和一些美学特征及功能。贝恩斯英译使译本增色不少。这部皇皇巨译已成为西方《易经》翻译史上的一座高峰并为《易经》翻译创设了一些规范，对西方理解传统经学意义上的《易经》具有一定典范作用。

蒲译本问世于20世纪60年代，其经文解读也建基于传统易学，不过主要把《易经》作为预测未来、塑造生活的实用工具来译介，属现代“占筮派”。译者热爱中国传统文化，热心向西方传播中国文化、英译中国古代典籍。蒲译本包含了彖传、大象、文言部分的译文，语言较口语化，也有不少自己独特的解读，有的部分译文相当准确。受特定翻译目的影响，蒲译本总体上对经文哲理、历史、文学等方面都涉及不深，是一部以《易经》迷的实用功能为取向的译作。

林译本是一部纯学术性译作，问世以来受到较高评价。翻译对象是王弼《周易注》，解读基础是《周易正义》，因此是一部王弼玄学的解易之作。由于翻译对象的限制，译文诠释主要限于王、韩、孔注解体系范围，经文英译也有王弼色彩。译本为西方了解中国传统易学主流之一即王弼易学意义上的《易经》提供了一部较为可靠的译本。该译本具备学术上的严谨性，内容丰富，在七部译作中涉及象数最多，但语言生动性较弱，也基本未注意经文的文、史内容。

夏译本是英语世界第一部马王堆帛本《易经》的学术性英译本，是帛本《周易》英译的开拓之作。该译本向西方介绍了这一《易经》考古的重大发现。译者基于自己在易学、古汉语文字学等学科的专业知识，重点关注帛本和传本经文的不同，尤其是其间的异读字，采取了多样性的诠释性英译方法，提供了帛本、今本和英译的对照，较少关注帛本经文文史方面的内容。该译本的爻辞英译文按照不同部分的功能分行、缩进排列，是译本形式上的一大特色。

傅译本列入中国传统文化典籍翻译出版工程“大中华文库”，是一部经传合一的英译本，与国内其他几部《易经》译本相对而言，总体上英译质量较高。其主要特征是基本据张善文的《周易》汉语今译进行英译，是《易经》特定今译而英译的义理之作，因此和经文原文拉开了距离，有超额翻译倾向，难以称为名副其实的《易经》英译本。由于缺少注释使得译本在学术性方面偏弱，亦基本不涉及经文的文史内容。经文的今译—英译主要依据王弼的诠释传统，以通俗易懂的语言向英语读者解读了这一传统解读框架内的《易经》。

裴译本是七部译本中唯一一部反映了西方当代思潮之一即女性主义的作品，译者也是诸译者中唯一独立英译《易经》的女性译者。这一点使它在诸译作中独具特色。其原文是据帛本经文改动过的今本原文。译者声称采取了“中性”翻译策略，而实际上是一部“温和女性主义”的《易经》译作。尽管作者有意识地考虑了一些学术研究成果，但该译作应属重功能的实用性作品，可谓当代“占筮派”译本，是一部旨在供男女读者用以积极构建自己之生活的智慧之书。

对7部译本的原文版本和诠释资源分类说明如下：

A. 按所据原文版本可分三组，一是按通行本的，包括理译本、卫—贝译本、林译本、蒲译本，二是按帛本为主、参照今本的夏译本，三是其他，有傅译本（主要按今译进行英译）和裴译本（按自己的原文，以通行本为主，纳入四卦帛本经文）。

B. 按经文诠释资源，可分为主要基于程朱易学的理译本、卫—贝译本，主要基于王弼易学的林译本、傅译本，和兼取各家的蒲译本、夏译本和裴译本。

对7部译本的经文译文翻译策略和方法分类说明如下：

A. 按属于学术思想取向还是实用功能取向，七个译本分为两组。一是理译本、卫—贝译本、林译本、夏译本和傅译本，这些译本主要是学术性的，以哲学义理、思想观点的翻译、诠解为中心，内容上多涵盖经传；二是蒲译本和裴译本，以实用为主，二者译文也主要是古经部分。

B. 按爻辞译文呈现方式，也可分两组，一是按语义分行的卫—贝译本和据对爻辞功能性切分分行兼缩进的夏译本，二是其他五个译本，都是不分行的散文译文，按照原文段落分段。

C. 按卦名的处理方式，有三类：一是理译本和傅译本，前者只有音译，意译部分融入卦辞译文，后者还提供了明确的象征意义之意译；二是既有音译，又有意译，包括蒲译本和夏译本；三是卫—贝译本、裴译本、林译本，既有音译、意译，也有汉字。

D. 诸译本卦名音译所采用的拼音系统也有三类，一是用“东方圣书”系统的理译本，二是据威妥玛拼音系统的卫—贝译本、蒲译本，三是用现代汉语拼音的林译本、夏译本、傅译本、裴译本。

E. 根据诸译本的注释篇幅，分为三组，一是注释较多和详细的，有理译本（逐句注释）、林译本和夏译本（二者尾注较多）；二是只有少量注释的，有蒲译本和裴译本（仅有少量脚注），卫—贝译本也划入此类，有少量脚注，但随文解说篇幅很大；三是没有注释的，只有傅译本。

二 译本综合对比分析

（一）书名：“I Ching”为译文核心

西方第一部完整的《易经》译本可能是雷孝思的拉丁文译本，名为 *Y-king, antiquissimus Sinarum liber quem ex latina interpretatione*，《易经》书名为音译。后人译名中偶有相当于“change”的词附于音译之后出现。英语世界《易经》翻译起步较晚，第一部《易经》英译本，即麦丽芝的 *A Translation of the Confucian Yi King with, or the 'Classic of Changes', with Notes and Appendix* (1876)，其译名亦为音译附以意译。[①]本书研究的7部译中，理译本“Yi King”包括“The Text”（文本）和“Appendixes”（易传，属于副文本、元文本），卫—贝译本的“I Ching”也包括“The Text”（文本）和“The Commentaries”（易传，副文本、元文本）。二者都把古经视为正文。蒲译本“I Ching”指古经部分（Text），但在译本中加入了“象传”“大象”和“文言”部分，称“Commentaries”，从其副标题即可知译本的

① 在比洛克“A Critical Survey of I Ching Books”（*The Oracle: Journal of the I Ching Society*, No. 2, 2004, pp. 20–40）一文简评的54种不同译本中，有46种译本的标题使用“I Ching”，3种使用“Yi King”或“Yijing”。只有5种译本标题未用这些说法，包括 *The Oldest Book of Chinese* (Terrien & Lacouperie), *Book of Change* (Neil Powell), *Ruling Lines* (Leichtman & Japikse), *The Tao of Organization* (Thomas Cleary), *Language of the Lines* (Nigel Richmond)，但译本内部也多用“I Ching”之类名称。

属性。林译本主标题用“*The Classic of Changes*”，副标题说明是“I Ching”译本，包括经（The Texts）、传（Commentaries），从其副标题也可知译本属性。夏译本“I Ching”包括马王堆帛本经文及传。傅译本的“*The Zhou Book of Change*”（《周易》）包括经、传。裴译本“I Ching”仅指经文，在译文中加入了“大象”部分。实务操作性译本倾向于用该名仅指《易经》即经文部分，而学术性译本倾向于用该词指经和传，传被作为《易经》的经典注释而成为不可分割的一部分。由以上母语为英语的译文看出，“I Ching”之名，本来用于指称汉语原书，后来也指译本。尽管所指不完全一致，在英语世界已确立起来，可以说已经成为一个专名。尽管也有人撰文提出一些别的译法，该英语音译已约定俗成，最好不要强行改变。实际上“I Ching”“Yijing/Yi Jing”“Zhouyi/Zhou Yi”在一些译本中是兼用的，如林译本、夏译本，但作为标题还是用“I Ching”。

从符号学来看，原文标题《易经》或《周易》是文本的副文本，最初的音译是再现了原文符号的语音特征，没有涉及其本身的指称意义，而是通过命名以指向文本。“易”的部分指称意义用“change（s）”译出。“I Ching/Yi King”之初立，因该书具有筮书、儒理书、智慧书等多种属性，后又为道教、佛教所阐发，因此与《诗经》《尚书》等译名不同，采用音译，盖因如玄奘所言佛经翻译中“五不翻”之故，即秘密故、多含义故、此无故、顺古故、生善故。[①]《易经》之“易”不管其本义如何，用作书名，该字已经含有多种含义，如甲骨文“易”字符号之“日出云、光见”义、日月为易、郑玄三义、“易”即“生”[②]及其后来的多种引申义。而译为“change”则仅凸显其“不变之易”或形上之“易”（如蒲译本译者所言），而“changes”则侧重各种具体的变化之义。因此一般以异化的“I Ching”为主，以归化的“Book（Classic）of Change（s）”为次，二者结合，既成通例。当然，就现在而言，“I Ching”作为专名已经通过

① 王宏印：《中国传统译论经典诠释——从道安到傅雷》，湖北教育出版社2003年版，第53页。

② 黄保罗认为，将“天”与“世界万物（包括人类）”沟通起来的是“易”（即“生”），而“易”或“生”的本质就是“理”。参见黄保罗《基督教的“造”与儒家的“生”》，《国际汉学》（第25辑），大象出版社2014年版。

英译积累约定俗成而进入英语词汇，难再说是“异化”的了。

（二）卦名译文：音译加意译为普遍做法

《易经》卦名的出现晚于卦爻辞，基本上是取自卦辞的第一个或两个字。但与《论语》内部各章取名方式不同的是，一个卦的卦名多集中表达了该卦的主旨或主题或主要形象、寓意。对卦名的英译也在一定程度上反映了译者对该卦的认识。

帛本与传本卦名相同的只有 30 卦，为了能够在原文相同的条件下进行译文分析，本节仅研究该 30 卦，另外鉴于《乾》《坤》两卦（帛本称《键》《川》）是传统易学两个最重要的基点，这里也增加这两个卦名。各译本的卦名英译或处理方法见下表 2—5。因各译本体例不同，表中统一按照首字母大写正体排列，但保留原有的括号。各译本卦名前都有卦象符号，卦象在翻译中保持不变，此处未录。卦名英译部分（不包括音译部分），除理译本外，用词数量依次为卫—贝译本 73 个、蒲译本 71 个、林译本 49 个、夏译本 49 个、傅译本 51 个、裴译本 59 个。理译本的卦名英译是异化倾向的，仅用音译，而对卦名的内涵、寓意等主要通过卦辞加以解释。这一处理方法和理雅各最初翻译书名的方式一样。但书名可增补以意译，卦爻辞却很难。总的说来，理译本卦名的处理方式其意义不集中，读者不易把握，也不易使卦名符号作为一个意义单元进入英语语言文化系统。卫—贝译本的处理方式融合了异化元素与归化诠释，较易为英语读者作为整体符号集合接受，因此这一模式为以后的四个译本所沿袭，傅译本也可认为是该模式的一个变体。就傅译本《乾》《坤》卦名而言，不是严格意义上的翻译，而是指出了其象征意义中最主要的“heaven”“earth”，但并非“乾”“坤”的译文。卫—贝译本开创的卦名音译（异化）—意译（归化）并置的翻译模式，是较为理想的。意译多取一卦名可能的多义中主要者，而个别的卦名，有的译者给出两义、三义，甚至更多义。如，蒲译本的《同人》卦名意译“Lovers, Beloved, Friends, Like - minded persons, Universal Brotherhood”竟有五义。这可能与该译本的实用意图有关、也与该卦涉及的“爱人”“友情”“博爱”等概念在英语世界可能会引起共鸣有关，如此处理或可吸引更多读者。有时采用一个意译，特别是对《易经》这样的文本，可能会造成同一卦译文上下不统一的情况，因此这也使得译者采用不止一种译法，如卫—贝译本《观》译为“Kuan / Contemplation (View)”。有的译文会更详细，如蒲译本《颐》“I (pronounced Yee) Nourishment (Literally Jaws)”，不仅有读音提示，以免和英文“I”混淆，而且把“字面意思”明示出来，缺点是显得过于烦琐。

表 2—5　　　　不同译本 32 个卦名的英译文

卦名	译本						
	理	卫—贝	蒲	林	夏	傅	裴
乾（鍵）	The *Khien* Hexagram①	Ch'ien/The Creative	Ch'ien The Creative Principle	Qian [Pure Yang]	Jian "The Key"	The Qian Hexagram② (heaven)	(Qian) The Creative
坤（川）	Khwan	K'un/The Receptive	K'un The Passive Principle	Kun [Pure Yin]	Chuan "The Flow"	Kun (earth)	(Kun) Earth The Receptive
屯	*Kun*	Chun/Difficulty at the Beginning	Chun Difficulty	Zhun [Birth Throes]	Zhun "Hoarding"	Zhun (difficulty)	(Zhun) Sprouting
蒙*	Mang	Meng/Youthful Folly	Meng Immaturity, Uncultivated Growth	Meng [Juvenile Ignorance]	Meng "Folly"	Meng (childlike ignorance)	(Meng) New Grass
讼	Sung	Sung/Conflict	Sung Conflict	Song [Contention]	Song "Lawsuit"	Song (a lawsuit)	(Song) Strife
师*	Sze	Shih/The Army	Shih The Army	Shi [The Army]	Shi "The Troops"	Shi (an army)	(Shi) With a Multitude of Followers
比	Pi	Pi/Holding Together [Union]	Pi Unity, Co-ordination	Bi [Closeness]	Bi "Alliance"	Bi (close assistance)	(Bi) Closeness with Others

① 理译本卦名都是用“The X Hexagram”模式，其中“X”为音译，表中除第一卦外仅录其音译部分。理译本对卦名的意译涉及整个卦辞或部分卦辞，表中未录。

② 傅译本卦名的译文主要用“The X Hexagram”模式，“X”为音译，表中除第一卦外仅录其音译部分；该译本卦名意译统一采用卦辞译文内的“The X Hexagram symbolizes…”模式，表中仅录象征意义部分译文的中心词，置于括号内。

续表

卦名	译本						
	理	卫一贝	蒲	林	夏	傅	裴
同人*	Thung Zan or ' Union of men'	T'ung Jen/Fellowship With Men	T'ung Jen Lovers, Beloved, Friends, Like-minded persons, Universal Brotherhood	Tongren [Fellowship]	Tongren "Gathering Men"	Tongren (fellowship)	(Tong Ren) Freindship
大有	Ta Yü	Ta Yü/Possession in Great Measure	Ta Yü Great Possessions	Dayou [Great Holdings]	Dayou "The Great Possession"	Dayou (great possessions)	(Da You) Great Possession
观	Kwan	Kuan/Contemplation (View)	Kuan Lowing Down	Guan [Viewing]	Guan "Looking Up"	Guan (observation)	(Guan) Gazing (Contemplation)
噬嗑	Shih Ho	Shih Ho/Biting Through	Shih Ho Gnawing	Shihe [Bite Together]	Shi Ke " Biting and Chewing "	Shihe (bite)	(Shi Ke) Taking a Bite
剥	Bo	Po/Splitting Apart	Po Peeling Off	Bo [Peeling]	Bo "Flaying"	Bo (strip)	(Bo) Peeling
颐*	I	I/The Corners of the Mouth (Providing Nourishment)	I (pronounced Yee) Nourishment (Literally Jaws)	Yi [Nourishment]	Yi "Jaws"	Yi (nourishment)	(Yi) Jaws
恒	Hang	Heng/Duration	Heng The Long Enduring	Heng [Perseverance]	Heng "Constancy"	Heng (constancy)	(Heng) Duration

续表

卦名	译本						
	理	卫—贝	蒲	林	夏	傅	裴
明夷	Ming I	Ming I/Darkening of the Light	Ming I (pronounced Ming Yee) Darkening of the Light. Injury	Mingyì [Suppression of the Light]	Mingyi "Calling Pheasant"	Mingyi (obscurity of light)	(Ming Yi) Wounded Light
家人	*Kia Zan*	Chia Jen/The Family [The Clan]	Chia Jen The Family	Jiaren [The Family]	Jiaren "Family Members"	Jiaren (family)	(Jia Ren) Family
蹇	*Kien*	Chien/Obstruction	Chien Trouble	Jian [Adversity]	Jian "A-foot"	Jian (difficulty in walk)	(Jian) Impeded
解	*Kieh*	Hsieh/Deliverance	Hsieh Release	Xie [Release]	Jie "Untangled"	Xie (relief of danger)	(Jie) Released (Untied)
损	Sun	Sun/Decrease	Sun Loss, Reduction	Sun [Diminution]	Sun "Decrease"	Sun (decrease)	(Sun) Decrease
益	Yi	I/Increase	I (pronounced Yee) Gain	Yi [Increase]	Yi "Increase"	Yi (increase)	(Yi) Increase
夬	Kwai	Kuai/Breakthrough (Resoluteness)	Kuai Resolution	Kuai [Resolution]	Guai "Resolution"	Guai (resolution)	(Guai) Resolute
困	Khwan	K'un/Oppression (Exhaustion)	K'un Adversity, Weariness	Kun [Impasse]	Kun "Entangled"	Kun (confinement)	(Kun) Exhaustion
井	3ing	Ching/The Well	Ching A Well	Jing [The Well]	Jing "The Well"	Jing (a well)	(Jing) The Well

续表

卦名	译本						
	理	卫一贝	蒲	林	夏	傅	裴
鼎 *	Ting	Ting/The Caldron	Ting A Sacrificial Vessel	Ding [The Cauldron]	Ding "The Cauldron"	Ding (a tripod)	(Ding) The Cauldron
渐	*Kien*	Chien/Development (Gradual Progress)	Chien Gradual Progress	Jian [Gradual Advance]	Jian "Advancing"	Jian (gradual advance)	(Jian) Gradual Progress
归妹	Kwei Mei	Kuei Mei/The Marrying Maiden	Kuei Mei The Marriageable Maiden	Guimei [Marrying Maid]	Guimei "Returning Maiden"	Guimei (marrying off a young girl)	(Gui Mei) Coming Home
丰	Fang	Feng/Abundance [Fullness]	Feng Abundance	Feng [Abundance]	Feng "Abundance"	Feng (full greatness)	(Feng) Abundance
旅	Lu	Lu/The Wanderer	Lu The Traveler	Lu [The Wanderer]	Lu "Traveling"	Lu (travel)	(Lu) The Wanderer
涣	Hwan	Huan/Dispersion [Dissolution]	Huan Scattering, Disintegration, Dispersal	Huan [Dispersion]	Huan "Dispersal"	Huan (dispersion)	(Huan) Dispersion (Spreading Waters)
节	*Kien*	Chieh/Limitation	Chieh Restraint	Jie [Control]	Jie "Moderation"	Jie (regulation)	(Jie) Limitation
既济	*Ki* 3i	Chi Chi/After Completion	Chi Chi After Completion	Jiji [Ferrying Complete]	Jiji "Already Completed"	Jiji (success)	(Ji Ji) After the Crossing
未济	Wei3i	Wei Chi/Before Completion	Wei Chi Before Completion	Weiji [Ferrying Incomplete]	Weiji "Not Yet Completed"	Weiji (unsuccess)	(Wei Ji) Not Yet Across

* 帛本卦题汉字残缺，但卦爻辞中有传本卦题汉字的，学界一般视为卦题与传本相同。

对于《乾》《坤》两卦卦名的英译，理译本未有意译（该译本只有

《同人》提供了文内注释，其他未译）；傅译本是象征之意译；夏译本是帛本之卦名意译，林译本受王弼理论影响译为“Pure Yang”“Pure Yin”；蒲译本、裴译本和卫—贝译文接近，唯蒲译《坤》用“passive”一词，但不如“receptive”更能反映该卦名内涵，而所加“principle”却较卫—贝译本更能体现该两卦的特殊地位。其他30卦的卦名，6个译本有24卦用词相同或相近，如《家人》《井》《夬》《同人》等关键词相同或几乎相同。尽管有些细微差异，但可以认为译者们对这些卦名的意译基本达成了共识。除此之外，夏译本《屯》用“hoarding”（屯聚、储藏），与其他译文不同，裴译本的“sprouting”（萌芽）与其他五种译文（“困难”“初始之难”）相近。夏译本《观》译为“looking up”似不当。裴译本《蒙》译为“New Grass”（新草）应是后起之义。夏译本《明夷》译为“鸣叫的雉鸡”，与其他不同，却也是该卦题可能的一个解释。夏译本《归妹》是“Returning maiden”、裴译本是“Coming Home”取的都是“归”的“回”之意。傅译本《未济》“unsuccess”与其他译文的“尚未完成或渡过”之意都不同，该词意谓“失败、徒劳”，因此不佳。《颐》译文的不同仅是字面（“jaws”）与可能的寓意（“nourishment”）的差别。夏译本和裴译本都译为“jaws”。其可能的原因是，前者有自己与传本不同的卦名系统，后者的解读角度与其他译者不同。

三　卦例分析：《渐》

本节选《渐》卦（传本第五十三卦，帛本第六十卦）及各译文进行分析，原文依据传本，仅限卦爻辞译文。夏译本据帛本英译，另有裴译本原文与今本稍有不同，笔者据其注解和译文，给出其原文与传本不同的字（见脚注），其他残缺字和异读字因按传本英译，因此不再注明。各译本对原文的断句不同，下面原文只给出汉字。对各译文解读、翻译思路的分析主要根据译者的解说或注解。为便于分析，下面将《渐》原文录于下（标点省略）：

䷴《渐》第五十三

渐女归吉利贞

初六 鸿渐于干小子厉有言无咎

六二 鸿渐于磐饮食衎衎吉

九三 鸿渐于陆夫征不复妇孕不育凶利御寇

六四 鸿渐于木或得其桷无咎

九五 鸿渐于陵妇三岁不孕终莫之胜吉

上九 鸿渐于陆其羽可用为仪吉

理译本译文（178—179）注释认为本卦的主旨是“渐进”，主要是指在地位、官阶上的渐升。他指出，他无法从卦象推得这个概念即“意”。因此，他力图从“言”即“意”。他认为本卦所言的渐升就像卦辞所说的“女归”，涉及从开始到成婚一步步的渐进过程。“鸿雁”形象自古在中国人婚礼中有重要作用，因此成为各爻中的主要象征形象。初六“小子”是该爻的真正主角（the subject），刚入仕途，“厉”“有言”，因此要处处小心方能无咎。六二“鸿雁”前进了一步，暗含“小子”也晋升了一级。六二虽属阴爻，但处中位，在爻中有九五与之相应，因此“吉”。九三是阳爻，居下卦上位而当位，因此会过于刚强，就像丈夫不顾妻子或妻子不顾孩子，但他的刚强终会有用。译者对每一爻的译文都如此这般进行了简要解说，其思路大致如此。译者也有自己独特的理解。例如，把“小子”译为“a young officer”，认为他是全卦的主角，但只在初六爻中出现，在其他爻中只有象征的“鸿雁”，其他如“夫”“妇”“羽”等都是寓指“小子”的“渐进”过程中各种情势的，因此九三和上九同一个“陆”字译法也不同。译文把有“鸿”的部分都和后续文字区分开而译为独立的句子，在一定程度上能反映原文的语言特点，但没有反映六二、九三原文的音韵特征。译文句子增补词语也较多，显得较繁重。可商榷处主要是，译者对“小子”的解读难从文字本义上得到支持，也不见于《周易折中》等文献。对卦题“渐”仅有音译处理使人难以与爻辞中该字译文联系起来。

卫—贝译文（204—208）也认为本卦主旨是“渐进”，但据上巽下艮之卦象，主要侧重由内而外的渐进，正如女子成婚前要经过各种程序一样。这一“渐进”原则也适用于其他许多情形，需要坚持不懈（“利贞”），而急躁匆忙是不明智的。译者指出，“鸿雁”是婚姻忠诚的象征。

各爻都有这一象征。初爻主要描述的情势是一个男青年孤身一人正在开始自己人生的一段历程，因为无人帮助，他显得犹豫，为危险和不利的人言所包围，但这些使他避免了冒进，因此开始的进展是成功的，因此“无咎”。六二之雁更进一步，克服了原来的危险，因为雁有发现食物便呼叫同伴的习性，它们愉快地分享食物。爻主之人也不独占吉祥而与他人分享。九三之雁进到高原，由于走得过远而进入了不适宜的环境，人如果冒进也同样如此。他不但使自己处于危险，也使家庭趋向毁灭，这都是违背渐进原则的结果。若他避免固执、冲突，而是贞守本位、努力避害，一切都会顺利。沿着从雁的自然习性入手，译者分析了各爻对人生各阶段渐进发展的寓意。与理译文相比，在卦爻辞解读上没有太多涉及爻位关系，对人事的指涉也不仅限于仕途，更多地考虑到雁的自然品性内涵的寓意。语言上采用分行排列格局，有英语自由诗面貌，但没有关注六二、九三原文的音韵特征。二者类似的是都把人的渐进作为全卦主旨，其他都以此为旨归，言“夫”“妻”也是比喻手法而已。译文用词和句法较简洁，比较符合原文特点。只是“cliff”“plateau”“cloud heights”与原文指称意义不合，但从主旨表达上看，也属适当变通，总体上解读比理译本更合理。

蒲译文（189—190）出于实用目的，其解说略及卦象并指出六爻的君位即九五。译者的卦爻辞译文注解指出，“雁”被称为“向阳鸟”，文中六爻之“雁”前行方向不变，它象征求“夫”的少女。因此，译者认为本卦主要指婚姻之事，六爻各指不同情状的婚姻。初爻，尽管婚事无不当，但有流言；六二象征物质上成功的婚姻；九三是不幸的婚姻；六四与一位体贴周到的人成婚；九五有福的婚姻；上九与一位心系天下之人成婚。上九之“羽可用为仪”即指中国人认为对治国齐家极为重要的礼仪，礼仪能够有助于人们尽责成事，好的婚姻能成为模范。译者把含有“鸿”的句子也都译为独立的句子，反映了原文句法特征和与后文的比兴关系，而且这一部分表达相当准确；译者在断辞结束时多用破折号和叹号，通过标点符号表达了原文的隐含语气，句子长度也适中，这些都是可取的。可惜也未注意六二、九三原文的音韵特征，而且译文有两处不当，一是“The wife is pregnant, but the child’s birth is delayed”如何可能？令人费解；二是没有英译“妇三岁不孕”。

林译文（473—477）按王弼注认为本卦“渐进”意味着矜持（下卦“艮”）而柔顺（上卦“巽”），此为渐进之道，即“女归吉”之意。“雁”为水鸟，因此六爻以“雁”为隐喻，从水而进，各爻各有其道德原则。初六起始而无伴，处境危险，人处此爻，虽进但无据，为“小子”所欺凌、所恶言，但这种艰难不会动摇人的道德原则，因而“无咎”。六二处中位，上应九五之阳，其“雁”获得适宜之所而安乐饮食。人摆脱了原来的不利状态，获得饮食的满足，而无他求，因而“吉”。九三阳爻居上位，本为下卦“艮”之三爻，今上交于六四之阴，即“妇”，而无复回“艮”之可能，因此“夫征不复”，耽于淫乐。六四“妇”亦不能“贞”，非自己丈夫使自己怀孕，因而“不育”。“夫”“妇”皆失道而求进、而忘记自己的本分，因此“凶”。下卦九三之阳与上卦六四之阴结合紧密，因为无人能够介入，因而“利御寇”。六四说明鸟获得了适宜之所。尽管承九三之刚，二者存在共同旨归，因此“无咎”。九五居中位，其“陵”仅次于上九之“陆”，但为九三和六四所隔，不能与六二相应导致“妇三岁不孕”。九五、六二各守已道，九三、六四不可能永远构成阻隔，因而“终莫之胜”，三年之后，道必流行。上九之“陆”，位高而纯洁，无有所处爻位而生的羁绊，因此他人不可能乱其心志，相反，他受到尊敬，所以“吉”。由此可见，译者从卦内部解读经文，“夫”“妇”皆是爻，九三译文中“the husband”指九三爻、“the wife”指六四爻，九五的“The wife”指六二爻，“this one”指九五本身。对其他词句的解读也服从这一主要路径。语言上未反映六二、九三原文的音韵特征。

夏译文（157）①，若抛开原文差异，对卦主旨的理解与前几个译文有不同，因为“advancing”基本没有“渐渐”之意。另外，卦辞的“归”译为“return”；九五“终莫之胜”解为“最终还是不孕”。断辞“利贞”译为“beneficial to determine”，理解有独到之处。爻辞译文的形式很有特点，与卫—贝译文同是分行，但这里不是按照语义单元而是按照爻辞各部分的功能分行并依次缩进，层次分明。尽管译者同卫—贝译文一样并非有

① 夏译本原文与今本不同的字有，初六“干”为“渊”、六二“磐”为“坂”“衎”为“衍”、九三“御”为“所”、六四“桷”为“寇毃”、爻题“上”为“尚”。

意追求译文的诗体格局，但给人以英语现代诗的面貌，可惜也未反映六二、九三原文的音韵特征。译文不求句法完整，因此有一些短语甚至独词句，总体上用词较少。爻辞译文含“鸿”的部分句法结构相同、用词基本相同，且独立成句并用冒号与后文隔开，断辞部分用分号结束，各分行并列。全卦译文的问题是寓意较为晦涩，卦爻辞语义与主题连贯性较弱。

傅译文（299—303）对卦主旨的理解与前四个译本相同，即“渐进”。译者把卦辞第一个字“渐”作为卦题解释，指出其象征意义，而不是该字的意义。卦辞译文中，把“女归吉”解为一个说明“渐进”之义的例子。初爻用“a swan goose”，其他五爻皆用“the swan goose”，以此表明各爻是同一只“鸿雁”；“小子厉”也用来作为类比的例子说明“鸿渐于干”的寓意。九三也把“夫征不复”“妇孕不育”作为例子，而且是按照传统爻位理论解读，如把后者解为“妇不守己道而失去贞操而怀孕，对让孩子出生感到羞耻”。九五“妇三岁不孕，终莫之胜”同样译为例子。本卦译文认为“swan goose”寓指爻主之人，其他文字都是说明其人的，即“鸿渐”部分不是起兴修辞手法，而是隐喻，而后文也多是隐喻。译本未有注释，译文用词达269个，原文隐含之意多译出，包括有些本应放入注释的文字，显得冗长、浅平，失去了原文的语言特征。

裴译文（200—201）[①]对译文的解说注重与读者拉近距离：人们在人生历程中应关注旅途中的休憩之所，在前行中人需要歇息、补充物质和精神营养，稳固与同行伙伴的关系。当然，也要注意选择之休憩之所的环境。文中“妇”已“归”，已找到自己的家，但地位还不稳定，因为一是还没生下儿子，二是如果发生战争，必然“夫征不复”。尚未有子的“妇”和迁徙中的“鸿”一样还未找到自己安全的港湾，然而都需暂时停下来获得休整。译者还指出，当时妇女有正当理由可再婚而不受道德指责。若无子，一个正室妻子也可以丈夫的妾所生之子为子。当时有女首领统兵打仗，女子可进行占筮，也可做学问。当然这并不意味着和男性完全平等。因此，译者的解说有明显女性化倾向，从当下应用以及女性的视角

① 裴译本原文有三个字与今本不同，即初六“干”为“渊”、六二“磐”为“坂”、第二个“衎”为“洐”。

来解读经文并与现实生活联系起来，与传统解读很不相同。这个译文是7个译文中唯一把“鸿”译为复数的，“小子”就是“雏雁”了。另外，译者倾向于理解的积极正面化。这些都符合其翻译的实用目的。本卦译文的不足是，“渐”在卦爻辞译文中各译为“Gradual progress”和“reach/attain”，二者意义不太一样，从整卦译文看似无明确联系。译者把“利贞”译为“Persistence is effective”，这一译文与原义、语气都不太一致，可能主要是出于实用目的做出的变通。六四译文可能是受到《大过》爻辞影响。九三、上九之“陆”译为“plateau”不太准确。

以上7个译文在卦题主旨的解读上大致相同，对卦爻辞“鸿”的象征理解都基本相同，不同主要是对卦旨的解读路径和角度差异较大，有的从卦内部解读（如林译本），有的从外部解读（如蒲译本），有的则二者结合；一些具体字句的理解和译文及一些断辞的译法不同。在文本修辞和结构层面，除了保留原文基本的文本结构，诸译本大都进行了类似的英译处理，都保留了原文的形象，且基本上都译为独立的句子，这在一定程度上体现了原文的修辞特征，但都没有表现原文音韵。不同之处也很明显。诸译文都存在程度不等的“平面化”，译文的特征变化与原文相比显著性降低。各个译文用词数量差别较大。按照卦爻辞译文单词数（电脑统计）由多到少顺序为：傅译本（269）、理译本（242）、林译本（181）、蒲译本（176）、卫—贝译本（169）、裴译本（165）、夏译本（149）。在经文纵向上，译文呈现方式有两个分行排列，其他未分行；有的未较好地表现原文的起兴模式。断辞英译存在标记差异，有的明显，有的模糊。

总体上，就普遍存在的不足而言，诸译本都有据翻译意图对原文进行的或多或少的改动、断辞译文较混乱、对原文的解读和英译与自己的诠释框架不一致、用后起概念解释先前词语、不符合原文文化事实、译文内部义理框架缺乏连贯性、对原文形式特征再现得不够、译文平面化和冲淡化等问题。另外，诸译本都多少存在相当数量的责任性误译。原文爻辞在纵向和横向上呈现的韵律特征未在各译文中得到表现，因此在原文本符形结构再现上存在缺失。另外，卫—贝译本以后译本的译文基本没有反映同时期的一些易学新观点，夏译本的翻译对象是马王堆帛本经文，但也仅限于异读字的语义解读，不涉及其中的历史元素和文学特征。

由于《易经》卦象在翻译过程中没有变化，以上研究针对的是辞部分。在此就卦象问题一并简要说明。七部译本中，从译本前言、引言等中可见译者对卦象性质之认识大致类似，大都按《易传》进行解说，即使译文没有包括《易传》全文，如蒲译本和裴译本，也将其中的象传译出附于文中作为象的诠释。因此，诸译本关于象多据传统易学或详或略地进行了解说，其中理译本、卫—贝译本和蒲译本的解说较详细，裴译本较略。林译本对卦爻象的解释遵从王弼注的做法，主要据王弼《周易略例》及其译文，另外在译本正文内部进行一定的解释。夏译本几乎没有针对象的解说，因为其目标读者主要是具备传统易学解释基础知识的专家型读者。傅译本内部基本没有专门解释卦爻象的内容，主要依靠《易传》英译文自身的解释。

第三章 《易经》卦爻辞的结构与文史哲三元模式的确定

研究《易经》原始经文首先要把六十四卦的象和辞分开，因为尽管二者可以共同构成一个符号文本，从发生角度看，二者是两回事。从符号学上看，二者都是人工制造的纯符号，在文字符号系统中，已经存在用文字表示的卦爻象。本章主要分析卦爻辞中的历史、古歌和哲理材料，确定卦爻辞不同成分之来源，最后提出《易经》经文拟定本，作为进一步进行《易经》英译评析的文本基础。

第一节 《易经》的成书和编作者蠡测

一 《易经》的成书时间和大致过程

《易经》卦爻辞作为文本是作者为实现特定目的而组织起来的一系列连续辞句。关于《易经》卦爻辞成书的时间，笔者倾向于成书于周初的观点，也基本接受李镜池关于《易经》经文“编纂说”的思路。他认为：

> 卦爻辞的大部分，是西周以前的筮辞；有一部分是殷周间的事情，如所记“帝乙归妹”“康侯用锡马蕃庶”“箕子至明夷”等故事；又一部分，就是卦爻辞编著者的文章，他或者将旧材料加以润

色，或者另铸新词，即兴写作。①

但是，关于卦爻辞基本框架的产生和这些所谓“故事”还要根据新的证据加以分析。黄凡的《周易：商周之交史事录》（1995）一书提出的《周易》（该书主要指涉古经，亦即本书《易经》所指）古史体系认为六十四卦卦爻辞是周王室的编年日记体历史记录。黄凡（1995）认为，八卦历法和筮法本来是各自独立发展的，而《周易》借用了远古纪年符号作为占筮记录的日期标志，从而将二者结合了起来，六十四卦变成一种专门的占筮历法。②《易经》即周王室按这种纪年形式隔6天或9天占筮一次而记录下来的问辞和断辞编集，涉及了商周之交的主要历史。《周易》六十四卦各卦爻辞所记录而可考的史实，其时间顺序、细节证明《周易》是按9天或6天一占筮而顺次记录下的商周之交周王室文存。卦辞是一个卦期的总筮辞，是这个周期开始时的占筮记录，有时或补充极少量该周期中其他时间的记事。他按《周易》月朔时间等推算，武王灭纣在公元前1054年。他的结论是，

> 《周易》实际是从商末（周文王）“受命”七年（公元前1058年）五月丁未日起，到周初成王继位，周公摄政三年（公元前1050年）四月丙午日止，共2880天的周王室编年日记体筮占记录。……这段时期是商周易代的重要转折时期，流传下来的筮辞是最重要的历史资料，也是最真实的资料。③

笔者基本上接受黄凡的思路和解释框架。黄凡《易经》古史体系的主要贡献在于说明了《周易》八卦符号的来源、意义，论证了卦爻辞所

① 李镜池：《关于周易的性质和它的哲学思想》，转引自杨庆中《二十世纪中国易学史》，人民出版社2000年版，第84页。

② 黄凡认为，后世所谓《周易》六十四卦占筮方法和六十四卦产生时的本来意义及作用，是截然不同的两回事。《周易》占筮可能沿用了商代通行的筮法，只是在记录下来时把筮辞编入了历史更加悠久的六十四卦各卦爻中，因此六十四卦只是作为记录占筮的日期符号序列。参见黄凡《〈周易〉——商周之交史事录》，汕头大学出版社1995年版，第36—39页。

③ 黄凡：《〈周易〉——商周之交史事录》，汕头大学出版社1995年版，第1—2页。

含的历史内容和日期结构，阐述了商周之交8年间的历史事件与卦爻辞的关系，明确指出《易经》是商周之交8年间的改朝换代史，并推定文王和武王的连续纪年和武王克殷的具体年份即公元前1054年，指出了《易经》的可能作者，制作了《易经》历表，利用《周易》辨误，而且他对“九”“六”的解释也有独特之处。然而，这个体系存在的问题或值得商榷之处主要有：

（1）把占筮的记录和卦爻辞编定成书等同起来，似乎卦爻辞是一次编定的；

（2）认为伏羲作八卦是定论并认为文王将六十四卦和占筮结合起来；

（3）没有考虑六十四卦实际存在的多种排列方式①；

（4）没有说明卦序的问题，例如为何首卦是䷀的问题；

（5）提出的每卦、每爻的占筮日期不合理，例如，除第一卦外，每一卦最后一爻的最后一天的占筮和下一卦卦期第一次占筮是连续的两天?②；似乎每个爻期只有一次占筮，而且六十四卦的各卦占筮内容不存在重复。

（6）按照该书的解释，有的卦内容与常识不合。例如，第五十一卦《震》每条卦爻辞都有“震”，黄氏解释为大雷电、大暴雨，但如果不是隐喻性用法，可能每个爻期都有“震”吗？同一件自然事件，不太可能连续重复出现。再如彗星，在卦爻期内只能出现一次。

（7）另外，对有的卦爻辞的解释还存在一些前后不一致或矛盾之处，例如，该书第215页解释《萃》六三：“萃如嗟如”说，是人聚集在一起有所嗟叹，可能是对武王的年迈病态而言，而第274页解该爻辞为“七骑（边陲蛮夷国主）会聚”；第655页《大畜》“利已”注解说，古代每逢大事求助于占筮时，先要通过占筮选定占问的吉日，决定日期后，再在该日正式占筮。这一说明似乎和前文关于占筮日期的设定说法不一。

① 黄凡认为，周初完成了对六十四卦顺序的确定，显示了六十四卦卦爻辞是经过精心编排的。参见黄凡《〈周易〉——商周之交史事录》，汕头大学出版社1995年版，第39页。

② 更合理的做法是，在初爻第一天占筮得卦期卦辞，然后在同一天占筮该爻爻期得初爻爻辞。总体看，每卦的爻辞都存在联系，因此一个卦期的占筮似是有一定主题的，因此不像是卦期完后补的（不排除有例外）。

除去一些枝节问题，在接受把《易经》六十四卦经文视为脱胎于商周之交周王室占筮活动的编年日记体的基本框架之下，本书认为在该编年期间的占筮记录是《易经》编订的主要素材。远古卦象构成要素，即后人所称的阴阳符号，起初是远古历法标记日期的符号，经长期发展逐渐形成以八个卦象作为一年的标志符号，这可能是在伏羲时期发生的。后来又形成了六十四卦系统，并出现了现在所见的阴阳符号。六十四卦卦象系统是历时性的，其指称对象是一年连续而循环的不同时期。和占筮活动结合起来后，八卦成了一年中进行占筮活动的历法，原来作为自然时间切分方法的作用，被后来发展起来的更准确的历法所取代。因此，逐渐不再作为官方历法使用，仅作为占筮历法存在。卦象及其组成要素是所指优势的。它既有历时的时间指称意义，又获得了共时的空间指称意义，古人的体验范围内所有事物都被涉及于其意义空间中。

《史记》云文王拘羑里而演六十四卦，或许是指他把六十四卦旧历法进行了重新编排，以 ䷀ 和 ䷿ 各为第一卦和第六十四卦的卦序。周初时“三易”并存，前两者仅有卦号，后来只有“周易”出现卦名。[1]“三易”之前或同时应存在多种筮法（《周礼》云有“九筮”），“周易”本来也只是一种筮法，口头进行，后来开始用文字记录筮辞。但对筮辞进行选择、加工，并加入其他素材形成卦爻辞乃至《易经》成书则更是后来的事。因此，旧占筮的筮数与卦象原无关系，后来才逐渐演变为按卦象和卦爻辞作为判定吉凶的新筮法，即由筮得数，由数得卦。周王室按文王卦序进行的占筮活动未必是每一个爻期只有一次，因此占筮的日期也就不必如黄凡（1995）所设想的那样限定在爻期的最后一日。占筮内容肯定存在重复情况，只是在周初编撰成书时，编者对筮辞进行了增删加工，也采用了其他来源的素材，进行断辞的重新确定等主要过程。《乾》《坤》两卦的“用

---

① 《周礼·春官·大卜》所说的“掌三易之法，一曰连山、二曰归藏、三曰周易”，三者的卦象类似，但排列顺序不同。据黄凡研究，若真有夏“连山”、商“归藏”，二者也多半是夏商两代使用的六十四卦历数的不同名称而已，且只有六十四卦卦象，而无《周易》那样的卦名和卦爻辞。后来，前两种佚失，仅存《周易》（参见黄凡《〈周易〉——商周之交史事录》，汕头大学出版社 1995 年版，第 42 页）。“易”似乎是筮法的类名，“连山”“归藏”“周”皆区别名，类似于今日“长江”“金沙江”等名字中类名“江”与区别名“长”“金沙”之关系。虽然对三“易”性质及彼此关系尚未有确论，但很可能是兴于不同时期的六十四卦历法—筮法系统。

九”“用六”本来当是指用“九天”“六天”的爻期，其爻辞也来自前面的爻辞。后来新筮法出现后，被赋予了新的作用和解释。

据前文分析，象和辞的产生经历了先民对客观世界（主要是以中国北方黄河流域的气候和生态为依托）的范畴化、概念化、符号化和文字诠释（系以卦爻之辞和名）等过程，时间跨度可能数千年，其间也经历了一些变化。[①] 例如，商周之际的阴阳爻符号不是现在的阴阳爻符号这个样子，现在的阴爻符号“--”在东汉时才出现。[②③] 原始卦象系统建立以后的很长时间，汉文字才逐渐发展起来，于是古人开始对占筮过程进行记录，主要是官方实施，类似于用甲骨文对占卜活动进行的记录。先周时代早已有占筮活动，可能有少量筮辞记录，但似乎没有用文字写成而编辑成册的卦爻辞编集，也无爻题。由此，文字记录的既有占筮时间、占问之事，也有占断结果以及验证之辞。文字记录的占筮具体时间可视为用文字符号表示的卦象符号的客体对象，其解释项则是将这一对象视为占筮历法中应进行占筮的日期。

基于以上分析，笔者认为《易经》成书时间应晚于六十四卦占筮最后一卦完成的时间，因此应大致在成王主政时期。[④]《易经》卦爻辞由国家机密经解密而转入公开流行之前，可能根据一定的目的（如传播一定的价值观、让民众建立某种观念）经过了进一步的编辑过程，经文以筮辞为主，也编入了其他材料，历史故事部分大都抹去了人名、时间、地点，每卦大致围绕一个基本主题，整个经文不同的卦、爻辞之间存在着价值观和人生态度的差异；卦爻辞人称不一，不同的卦的个别爻辞有重复现象；散文、韵文相杂，而且含有其他占术对自然界、日常生活中所见的异

---

① 本节论述基于通行本王弼本和朱熹本《易经》卦爻辞。

② 徐瑞，《周易符号学概论》，上海图书馆/上海科学技术文献出版社2013年版，第37页。

③ 距今6400—4500年的大汶口文化考古发现的遗物“象牙梳”和“獐牙勾形器”上有类似今日八卦符号的刻画图案，有的与八卦符号相同，包括“象牙梳”上的☰、“獐牙勾形器”上的一、--、☳和☷。这些符号和后世八卦符号的关系尚无定论。有学者认为是八卦符号的来源（参见薛宁东《大汶口文化破译“八卦”起源之谜》，http：//www. sdsqw. cn/region/criticism/201107/article_ 17177. html）

④ 有的学者认为《易经》经文到孔子前的一个世纪才最终确定下来。如卫德明在为卫礼贤《易经》德译本的英译本第三版写的序言（*xv*）即认为《易经》中可辨认出在孔子之前的世纪被添加和改动的部分。

常现象中得到的兆示的（“象占辞”[①] 一类）等。若按《易经》卦序的卦爻辞反映的是商周之际和周初占筮的实际情况，即编定者基本没有改变实际占筮的顺序，那么多数卦爻辞中的文字应反映了周人国家大事的基本进程。《易经》成书并进入传播当与实际占筮日期有一定时间距离，某些文字所指随社会发展可能会发生变化，在经文进入流传时或已几乎不为人们所确知。实际文本最后的编定，包括卦象次序及其系统，在一定程度上体现了周王室的意图、朴素的哲学观念、世界观和价值取向等，涉及商亡周兴的历史教训、试图确立的社会规范和价值取向等，形成了一定的吉凶判断标准。

认为《易经》为占筮之书，只是说它成书后主要见诸占筮活动，并不意味着卦爻辞全部来自占筮活动记录，也不一定意味着它的成书之唯一目的是为占筮活动提供一部占筮手册。《易经》编撰成书的目的不仅是为了占筮应用，或者说作为占筮之用是一种表面形式，因此它并不完全是一部占筮之书。当然，在作为筮书使用时，不管问辞还是断辞都会有占断功能。

二　《易经》卦爻辞编作者

关于《易经》卦爻辞作者，传统观点倾向于卦象由伏羲作或文王作，卦爻辞由文王所作，或文王作卦辞、周公作爻辞。因此，传统易学认为卦象和卦爻辞中隐含着许多神秘的微言大义，并以阐明这些微言大义为易学研究之目标。如同传统学术对许多上古文献的作者之判定一样，《易经》“作者”也是后世解释的结果。这一解释现象是较为普遍的现象，中西方皆然。真实作者和隐含作者可能很不一样，因为真实作者和解释者的背景不一样，解释者解释出来的“作者”必然不同，甚至有的时候为了预定的意图故意朝不同的方向解释，制造出与真实作者大相径庭的所谓“作者”。历史上儒家对《易经》的解读，必须从经书追回圣人的意图，强行制造了发送者的“意图”来解释经文，并提出“世历三古、人更三世”之说。20世纪易学的《易经》历史研究基本上否定了关于《易经》作者

① 朱伯崑：《易学知识通览》，齐鲁书社1993年版，第13页。

的传统观点，但可以肯定的是，周王室特别是文王、武王、周公对卦爻辞的成书有相当之影响，而《尚书》“康诰”“酒诰”“梓材”“无逸”等篇章所反映出来的周公的一些思想在经文中也多有体现。按照上文对《易经》成书时间的分析，在经文最后一卦指涉的时间周公仍在世，《易经》成书可能直接受到周公的影响。占卜时，操作者和解释者多是分开的，解释者一般是商帝王，而占筮也存在类似的情况。周公可能参与、指导了占筮和编订卦爻辞的活动。文王虽然有可能调整了六十四卦卦序，但非卦爻辞的编作者。按照《易经》经文的发生情况，因为卦爻辞中涉及了文王去世后发生的历史事件，卦爻辞的作者应非一人，因为有筮辞记录者、历史故事记录者、部分卦爻辞的创作者和最后的编集者等都对卦爻辞的成书做出了贡献。当然，起主要作用的是卦爻辞最后的编撰者，这里权且称为卦爻辞主要编作者或简称作者。《易经》卦爻辞的真正作者是谁？

顾颉刚（1931）认为《易经》作者是周初掌管卜筮的巫史之流。[①] 现在多数学者也倾向于《易经》卦爻辞主要作者应是周人最高决策者的高级谋臣之一，且具高级巫史身份或负责王室占筮活动，例如可能是南宫适（亦称南宫括）[②]，或散宜生[③]，抑或其他王室近臣。相较之下，散宜生的可能性更大。散宜生，散宜为复姓，他原为商臣，后因不满纣王无道，投奔周西伯而被重用。他的封地在现在的陕西大散关地区。[④] 黄凡（1995）认为，散宜生可能是《易经》经文作者，或至少是作者之一。[⑤] 其依据主要是，有些古代文献记载散宜生是文王和武王的亲信谋臣，文王“四友”之一，武王所谓“乱臣十人”之一，也是周人高层中的卜筮者之一和决策参与人之一，他参与了拯救文王脱离羑里的活动和武王伐纣的谋划及实施过程。卜筮在商周之际的周人政治生活中具有非常高的地位，也使得卜筮者享有崇高地位。[⑥] 散宜生的事迹、身份和在周统治集团中非比寻常的

① 顾颉刚：《古史辨》（三），上海古籍出版社 1982 年版。

② 谢宝笙：《易经之谜是如何打开的》，北京出版社 1995 年版，第 3 页。

③ 黄凡：《〈周易〉——商周之交史事录》，汕头大学出版社 1995 年版，第 83 页。

④ 参见陕西省地情网（http://www.sxsdq.cn/dqzlk/sxsz/rwzsc/200903/t20090311_4055.htm）。

⑤ 黄凡：《〈周易〉——商周之交史事录》，汕头大学出版社 1995 年版，第 83 页。

⑥ 李学勤：《周易溯源》，四川出版集团巴蜀书社 2006 年版，第 34 页。

地位，使我们有理由认为他至少是《易经》卦爻辞的主要作者之一。其必要的前提是，在《易经》卦爻辞成书于成王时期时，散宜生仍健在。

《易经》卦爻辞的历史事实涉及周公平叛时期，最后的爻辞终止于平叛最终胜利之前。根据前文假设，《易经》六十四卦筮辞实际发生的期间是从周西伯姬昌“受命”七年即公元前 1058 年起，到周初成王继位、周公摄政三年即公元前 1050 年，仅八年时间。文献记载散宜生辅助武王伐纣，从伐纣成功到成王即位、周公摄政三年只有四五年的时间。虽然传世文献似未有成王时期散宜生活动的记载，但散宜生在成王主政时期仍然在世的可能性较大。基于散宜生与前两代周人最高统治者的密切关系、他对周人国家大事的熟悉、他的周人上层占筮者身份等因素，存在着他在成王主政初期仍健在的极大可能性，但有可能年事已高。因而，综合以上情况，散宜生很可能是《易经》卦爻辞最后的编作者。关于《易经》卦爻辞的作、编，笔者的观点是，若考虑周人占筮的运作过程与直接和间接参与此过程的实际情况，可认为《易经》卦爻辞的作者主要是商周之际和周初包括周文王、周武王、周成王在内的周人最高领导集团，而《易经》卦爻辞中部分辞句的作者和全部经文最后的编订者很可能是散宜生。他的编作时间在六十四卦占筮最后一卦记录完成以后，即在周公平叛后期或以后、周成王主政初期。[①] 笔者关于《易经》卦爻辞成书编者的这一观点主要来自黄凡（1995），但还需要进一步研究。

第二节　卦爻辞结构和三元解读模式[②]

一　《易经》卦爻辞的占辞和断辞

本研究的《易经》卦爻辞主要是依据《易经》通行本卦爻辞部分。目前刊行的通行本中，笔者拟选用经当代学者勘定的版本。李学勤教授领衔的“十三经注疏整理委员会”北大版《周易正义》的勘定工作主要有

---

① 笔者尚不能解决确认《易经》卦爻辞中各辞条的具体作者归属问题，这可能是无法解决的问题。

② 本章第二节至第五节部分内容经改写以“《易经》卦爻辞的文史哲三元构成”为题，发表在《江西社会科学》2015 年第 9 期。

规范标点、文字的规范化处理、对错讹文字的勘定等，并吸收了清代阮元和孙怡让以及近代一些学者的校勘成果。因此，该版本应属于当代的《周易》较权威的版本之一。朱熹《周易本义》重在阐释经文义理，苏勇校注、北京大学出版社1992年出版的《周易本义》在《四库全书》的《原本周易本义》基础上参照了十多种该书版本考订而成。因此，本研究主要以北大版《周易正义》(2000) 和苏勇校注《周易本义》(1992) 中的文本为卦象和文字底本，以前者为主。二者古经部分卦象相同，文字上几乎相同，但标点差异较大。另外，也参照了台北艺文印书版《周易正义》(1955)、楼宇烈《王弼〈周易注〉校释》(1980) 等书籍。笔者虽未主要据帛本进行研究，但在研究中也将对它有所参考，主要参考的将是刘大钧《今、帛、竹书〈周易〉综考》(2005)、张立文《帛书周易注释》(2008) 等。当然，不管哪个版本，由于历史久远，在传抄、契刻等流传过程中必然会发生错讹、遗漏、增益等问题，应该和《易经》的原始文本 (Ur-text) 的文字存在着不同。

商代的占卜法和占筮法为《易经》符号文本提供了赖以产生的符码基础，《易经》文本与卜辞之间存在水平和垂直的互文关系。在水平互文方面，其筮辞用语中相当一部分必定来自商代的占卜辞记录，可见于商代甲骨文；在垂直互文方面，《易经》一定程度上承袭卜辞的撰写规范。目前已经发现的大约15万片甲骨上共有4071个单字[①]，其造字方式主要是象形、会意、假借、形声四种。[②] 甲骨卜辞为筮辞句法提供了借鉴，二者的断辞结构和用辞方法大致一样。完整的甲骨卜辞有四个成分，即前辞(或称序辞)、问辞(或称命辞)、占辞和验辞。《易经》的卦爻辞只有问辞和占辞，其中的断辞，例如“吉”“利”等，大体上和甲骨卜辞相同，在结构上也有类似之处。因此，二者之间存在一定的继承关系。但不同也很明显，例如，在操作程序、占断原理(前者直接成象，后者有象和数)和人的认识水平等方面。龟卜、骨卜等占卜所依靠的都是甲、骨上的兆纹，占卜本身虽然较为直观、简单，但其准备、仪式和解释活动非常繁

① 关于甲骨文的单字数，历来有不同的统计数字，参见朱彦民(2014：50)注1。

② 沈建华、曹锦炎：《新编甲骨文字形总表》，香港中文大学出版社2001年版。

杂，而且甲骨占纹种类繁多，辨别占纹也需要专门的知识和身份。相比之下，占筮程序较为简单、易于掌握。卜辞的占断语是决断分明的，而占筮断辞则显然出现了人为、人谋之迹象。

据黄凡、朱彦民等研究，一条完整的商代甲骨文卜辞的结构包括四部分，分别是：

（1）前辞（叙辞）：记录占卜日期、占问者和占卜者姓名甚或占卜地点等的文字。

（2）问辞（命辞）：记录所占问之事，往往在“贞”字之后。

（3）占辞（断辞）：占辞即占卜结果，即据兆得到的吉凶内容，有贞人占，也有王占。

（4）验辞：验辞是占卜过后补加上的关于实际发生的事态是否与原来占卜结果相符的记录。[①]

通过对甲骨卜辞的研究，人们已经基本确定了《易经》经文中一些字的含义，而且与过去对这些字的解释有不同之处。如“贞”字在经文中出现111次，自《易传》以来，多解为“君子四德”之一、“正固”“刚正”“坚持”等意义。而从甲骨文来看，“贞”字（甲骨文写作“[illegible]”）其本义应是“通过占卜决疑”[②]，主要是通过外在因素如卜兆来就某事做出决定。此即该甲骨文字符号原本的客体对象和指称意义。筮辞中“贞”字当大致保留了占卜中“贞”字的所指对象，是“通过占筮决疑”这一过程，还可能指占筮得到的象兆。至于其他意义如“正固”者，该是后人或引申或附会而产生的。西周继承了商代的文字系统，《易经》卦爻辞应该就是用的该文字系统。卦爻辞的语言接近当时口语的普通书面语，简古清丽，而卜辞等用的殷商诰颂卜铭语言是西周前期文学语言的主流。[③] 这部分地说明了《易经》卦爻辞采用了一些民歌谣和商代故事。

---

① 参见黄凡《〈周易〉——商周之交史事录》，汕头大学出版社1995年版，第93页；朱彦民《商代社会的文化与观念》，南开大学出版社2014年版，第45页。

② 关于“贞”字本义的不同观点，参见张玉金《甲骨文中的“贞”和〈易经〉中的“贞”》，《古籍整理研究学刊》2000年第2期。

③ 陈桐生：《20世纪的〈周易〉古史研究》，《周易研究》1999年第1期。

前文已经分析到，卦爻辞中的“初九”“六二”之类所谓爻题相当于卜辞前辞中的日期，因为占筮者大致是固定的人，因而其名字省略不记录，或者即使有记录，名字或在编订成书时也已经抹去。卦爻辞大体由问辞和占辞构成，占筮专用辞是占筮术语，一般在筮辞的后部，是占辞的一种抽象概括。少数爻辞仅有问辞或占辞，验辞几乎绝迹，但也可能存在于不同的爻之间，例如后面的爻辞中可能含有对前面爻辞中断辞的验辞，问辞有时也可能具有验辞的功能，也可能存在一句话既是问辞，又是验辞的情况。例如，第三十卦《离》的卦辞中“利贞”“吉”的验辞可能是上九“王用出征，有嘉，折首”，同时是该爻问辞，而其具体内容，则可能是六二“元吉”，或更早的如《颐》上九“利涉大川”等的具体验辞。卦题或卦名原本实际上是卦辞开始的一部分，大多数卦名，属于问辞，即所筮问的事项、问题。商代及其以前的占卜活动已经在漫长的历史进程中产生了不少占卜辞专用语，如上文引用卜辞中的“贞”“咎”和“灾”，它们在成为占卜专用术语后，原先的意义多被忽略不用。《易经》卦爻辞中的占筮专用语多不是新创的，只有非专用语部分是新加的。因此，该部分专用语是可以首先区分出来的，分为占筮专用辞和附加占筮专用辞的断辞。其余部分，除了一部分无占断专用辞的断辞外，就是问辞。

因此，《易经》断辞有三类：（1）纯由抽象的占筮专用语构成；（2）纯由形象化的语言构成，在一定程度上是占筮特有的方式，体现了其特色，适应了占筮时广泛解释、模棱两可的需要（问辞中也有此类文辞）；（3）抽象的占筮专用语和形象化的语言一起构成。[①] 一般来说，问辞中含事实性元素最多，因为问辞往往产生于现实生活：或是出现了什么情况使人生疑而占问；或是要做什么事，不清楚前景如何而筮占吉凶、如何行事。有些问辞是比喻式的，即不直书其事，而借用类似事体作比而立为筮问的题目，在不能有效根据占筮专用语来判断时，需要根据史实性、现实意义和习惯用法来综合判断。[②] 相较而言，断辞的史实性较薄弱，因为占辞不能过于具体，而多用抽象、隐晦、含蓄、模棱两可的说法，以参照具

① 黄凡：《〈周易〉——商周之交史事录》，汕头大学出版社 1995 年版，第 112 页。

② 同上书，第 114—116 页。

体情形而灵活占断，这是卜筮文字的特征。

《易经》卦爻辞存在文字讹误脱落等情况。[①] 另外，根据各种典籍、文物、前人注解、不同版本等，结合《易经》卦爻辞实际内容，确实可以发现更多的文字讹误。[②] 除了文字脱讹，还有不同历史文献中同一句爻辞出现的异文情况，例如传本《归妹》六五“月几望”，东汉荀爽《易传》则是“月既望”。[③]荀爽本自费氏易而来，而费直《易经》特点是“本以古字”，因此可能较准确。虽然卦爻辞文字有这样的问题，本书的《易经》六十四卦拟定本的确定仍以通行本《易经》卦爻辞为主要依据，个别有文字脱漏或讹误而需要说明的地方，在行文中略作说明或注释。对经文中有脱漏字的地方，一般按今本经文进行分析，不拟进行研究并增补。

二 《易经》卦爻辞文史哲三元构成假设及解读模式

《易经》主要从占筮活动中产生，经编撰加工和官方推动而进入流传，从而获得了多重身份，主要是作为占筮操作、查阅的手册和在宗教外衣下的警惕天命、德治保民的历史教训与人文教化的典册文献。但编者在多大程度上是有意调整占筮记录为占筮以外的目的服务的，我们现在却不得而知。卦爻辞中有筮事记录，亦有撰人之创作，即取旧占筮记录加以订补，并将其对于事物之观察、涉世之经验、哲理之见解，纂入书中，旨在显示休咎之迹象、指出是非之标准、明确取舍之途径。[④] 按照各卦的主题领域，卦爻辞可分为农业、行旅、战争、婚姻等多种类别。关于卦爻辞的来源，其编作者的社会语篇实践可能既有对长期、大量占筮活动中的占问和占断的直接记录或对以往记录即筮辞的选编，又有采自民间话语（如

---

① 黄凡：《〈周易〉——商周之交史事录》，汕头大学出版社 1995 年版，第 120 页。

② 汉代学者已经发现许多《易经》传本有脱讹问题。据《汉书·艺文志》，刘向以中古文《易经》校施、孟、梁丘《经》，或脱去“无咎”“悔亡”，唯费氏经与古文同。《易经》原始文本今日已不可及。

③ “既望”作为一个词语是周人根据月相计时的词语之一，一个月分为四期，每期七八天，分别称为“初吉”“既生霸”“既望”和“既死霸”。参见王宇信《西周史话》，中国国际广播出版社 2007 年版，第 39 页。

④ 高亨：《高亨〈周易〉九讲》，中华书局 2011 年版，第 9—10 页。

歌谣、谚语、谜语等）和历史素材（主要是过往历史事件即故事）与编者之创作部分，包括对当时歌谣的仿作、历史事实的叙述和对朴素哲理、道德观念、政治思想等方面的阐发。还可能有来自其他占术，尤其是对自然界和日常生活中异常现象的占断经验。因此，《易经》文本呈现出体裁意义上的杂合性。李镜池认为，《周易》在社会史料、哲学思想和文学价值三个方面都是文化遗产。[①] 当然，商周之际，人们并无后来独立、自觉的文学、历史和哲学意识。

《易经》文字符号的表意区间构成了一个一端是纯粹客体对象（实在或虚构）到另一端是纯粹解释的连续体。《易经》文本的意义分析也极为复杂，因为除了非文字符号外，卦爻辞文字符号的表意总体上看也是一个从指称客观对象到需要跳过对象直接进行解释的区间，不同的字、不同的部分侧重不同。而作为文本，卦爻辞的指称意义、言内意义和语用意义在不同的部分存在不同的侧重。例如，在一般的古籍中，有的文字反映客观世界，特别是指向一些历史事件，侧重客观世界中实际发生的事物；有的如古歌谣则侧重符号载体的形式特征，如韵律、叠字等；有的如哲理辞句需要分析指称意义和言内意义，而更侧重语用解释，有的甚至会对读者的行为产生实际影响。语言符号语用意义是指它与使用者的关系，一般有常规性的语用意义（如基于民族文化心理的联想意义）和特殊的语用意义（主要是作者赋予文本中的语言符号特有的意义）。《易经》中的断辞涉及的语用意义主要是后者。当然，一个文本中的语言符号应该同时具有指称意义、言内意义和语用意义，这里所谓对一方面的“侧重”也是建立在另外两方面基础之上的。

关于《易经》经文的来源和构成问题，20 世纪以来已经有一些观点。总体而言，受 20 世纪 20 年代学术分科影响，这些观点主要分为哲学、历史和文学三类，彼此之间多相互独立，有的仍然经传不分，例如洪迪《周易三读》（2014），尚未着力从《易经》经文发生和结构的整体观点并加以论述。可以认为，卦爻辞中含有可定性为文史哲的材料，这是以后起的文史哲理论概念对卦爻辞的考察结论，即卦爻辞中有历史、有文学、

① 李镜池：《周易通义》，中华书局 1981 年版，第 2 页。

有哲理。经文中有哲理文字应是比较明确的。认为六十四卦是编年日记体记录而每条卦爻辞皆为历史内容和认为六十四卦每卦每爻皆有古歌，两者都是不可取的观点。基于前人相关研究成果，通过整合20世纪初以来《易经》文本的文学、历史和哲理三个方面的一些主要研究成果，笔者尝试提出《易经》文、史、哲三元构成假设和分析模式以朝综合性地解读《易经》迈进。

中国古代并无文、史、哲分立的概念。20世纪20年代以来，受西方学术分科影响，中国学术文化分为文史哲三个基础学科。文即文学、文本，是世界和人生之表征；史即历史、事实，是世界和人生之真相；哲即哲学、哲理，是关于世界和人生的理解和解释。今日来看，任何学问都离不开对文史哲的考察，而且任何学科都有文、史、哲的不同层面和与之不同的联系。[①] 20世纪以来，在经传分离基础上，对《易经》卦爻辞的研究也主要在此三个维度展开，并取得了相当的成果。分析的目的是为了更好地综合，这些研究成果要求进一步走向综合研究。本书既以广义的文史哲作为概念基础，又从具体而狭义的文史哲入手来分析。从广义上看，文学涵盖历史和哲学，因为它们是文学表达的素材；历史涵盖文学和哲学，因为历史需要文字记载，而历史观念也需归于哲学；哲学涵盖了文学和历史，因为哲学要总结文学和历史的规律，因此三者是联系在一起的。在狭义上，文、史、哲各有侧重，具有一定独立性。

具体到卦爻辞分析，本书的文学分析侧重形式特征和意象；历史分析主要涉及历史、言行和史实；哲学分析主要涉及经文辞句中具有的朴素哲理，这些辞句还不能说是严格意义上的哲学观点。因此，在宏观分析上本书有时也用文学、历史和哲学的说法，但在具体分析中多用“古歌”而不用“文学”一词，多用“哲理”而不用“哲学”一词，而“历史”基本不变，也有用“古史”一词。通常认为，历史指的是人类过去的活动、创造和经历，历史学则指人们对过去活动的记述和认识。[②] 但“历史”又不同于“史料”，因为前者是讲“发展过程”，是个有系统的整体，而后

① 王宏印：《新译学论稿》，中国人民大学出版社2011年版，第4页。

② 章伟文：《易学历史观研究》，上海图书馆/上海科学技术文献出版社2013年版，第1页。

者则是一盘散沙。[①] 本书所用“历史”一语多兼有两者概念，主要是指商周之际的活动和经历。古歌、历史、哲理三者结合，可以大致描述《易经》经文主要来源的范畴。笔者假设，从发生学角度看，《易经》卦爻辞的构成组分，作为素材在进入卦爻辞系统之前，都分别归于文学、历史和哲学三个范畴中的一个，因此卦爻辞可分析为文史哲互不重叠的三类文字。

依据上文对《易经》文本的分析和关于《易经》文本构成材料的假设，《易经》含有三部分主要的原始构成成分。那么，我们如何识别《易经》文本中含有的今日所谓的历史、古歌和哲理成分呢？这首先要靠我们长期以来所累积起来的对《易经》伴随文本的理解，靠我们的文史哲知识，靠语文学、符号学、考古学等学科的知识，初步对卦爻辞的原始构成进行判断、对文本进行初步切分，然后针对各部分进行专门研究，再进行综合研究，完成一个解释的螺旋式上升，并进入新的分析和新的综合，新的螺旋上升。从文史哲三元框架和符号学来看，对三部分的分析要求有不同的侧重（参见第一章研究设计一节图1—1所示）。

对卦爻辞的切分程序不是一次完成的，而是一个尝试、分析、确认的过程。下文首先进行一般的历史事件、古歌和哲理辞句的分析，其主要任务是，确定史事、古歌和哲理辞句，力图最后形成一个三分模式。这里一个基本的认识前提是，一句卦爻辞不会同时是记述史事的，又是古歌片段，又是论述哲理的。对《易经》文本的历史部分，笔者将依据历史文献研究，努力借语义学向历史事实靠拢。当代《易经》文本的历史维度研究不仅要依靠传世文献，而更特别要借助考古学的相关研究成果。对其哲理维度的研究，将努力寻求基于文本指称意义和言内意义向语用解释靠拢，其解释实际上更加依赖符形学（句法学）和符义学（语义学），以图对宇宙人生、家国社会等本质、规律和价值获得透彻的认识、认知。对《易经》文本的古歌研究则需要以符号载体分析为基础在文本指称意义和文本语用解释之间实现更大程度的互动，是综合历史和哲学维度的解释努力。基于这样的分析过程，我们对《易经》卦爻辞文本的解读有望更加

① 王玉哲：《中华远古史》，上海人民出版社2000年版，第7页。

深入、更加全面、更加透彻。

第三节　侧重符义学的《易经》卦爻辞叙事与历史事件记录解读

一　《易经》文本中商周之际的历史事件和隐含历史叙事

从广义的历史概念看，《易经》卦爻辞都是历史的产物，有历史记录、古歌记录、哲理格言记录、占筮实时记录、断辞记录、编撰记录等以及部分仿造、创造也是基于历史记录。从狭义的历史概念上看，《易经》卦爻辞中的历史材料指其文字记录的、主要涉及周人的史事，即通过占筮占问的、实际发生的国家大事、重要自然和社会现象等。本书所谓《易经》经文中的历史记录是狭义的。这里所说的“历史”，如宇文所安所说，指的是某种已经结束和消失的、完整的东西，说它还存在——存在于典籍、碎片和记忆里——只是一种比喻的说法。[①] 经文中有一部分已得到众多学者认同的、较为确定的历史事实，如“箕子之明夷”，其他还需要进一步进行系统的研究。

（一）商周之际的历史与卦爻辞历史元素识别

关于商周之际的历史，有不少文献可参考。除了一些传世文献、考古学发现、历史传说和《易经》相关的古今研究文献外，主要以现当代有关商周古史论著作为参考资料，这些文献是现代和当代著名历史学家经过研究、论证、汲取古今历史文献而编撰成书的，主要包括杨宽《西周史》(1999)、许倬云《西周史》(2012)、王玉哲《中华远古史》(2000)、王宇信《西周史话》(2007)、［日］白川静《西周史略》(1992) 等以及吕思勉 (2009)、范文澜 (2008)、白寿彝 (1999) 分别主编的三部《中国通史》等涉及商周部分，另外有近年来有关的研究论文。

黄凡 (1995) 古史体系的构建建基于多重证据，较之其他古史体系基础更为扎实。他的思路是首先寻找六十四卦中最为确定的历史事实及其

① ［美］宇文所安：《追忆：中国古典文学中的往事再现》，郑学勤译，生活·读书·新知三联书店 2004 年版，第 17 页。

具体发生时间，如《离》卦“武王伐纣”之日期。他通过文献记载的千年不易的月朔时间和考古证据，论证武王伐纣之事，特别是该卦上九的牧野之战事发生时间在周历三月甲子日，再据文献推算出对应的公历年期。以此为时间参照点，制定其《易经》历法的时间轴。再向前、后依据文献记载商周之际的史事，逐渐确定更多的史实和六十四卦时间点的对应关系，并论证卦爻辞中包含的历史材料，由此建立《易经》八年的历史，得出《易经》是商周之交八年间以编年日记体形式记录的历史事实的结论。

然而，《易经》卦爻辞虽源自这样的占筮记录，但经过人工编排，有文字增删、筮辞顺序局部调整等情况，也有大量其他材料，所谓历史记录只是提供了一个基本的叙事框架。黄凡也指出《周易》历表的时间范围也不是绝对的，因为商周之交夏历、商历和周历并存，而且古籍多不明言所据是何种历法，难以确知实际闰月的情况。因此，他的历表也属假说，难成定谳。至于武王克殷之具体公历年份，无论是夏商周断代史工程，还是各当代商周历史、中国通史等著作，至今仍聚讼纷纭，未有定论。经过综合分析，笔者基本上认同黄氏假说所提出的古史框架，即卦爻辞中相当一部分反映了当时的历史事实，而且卦爻辞的顺序，除了引用之前的历史故事外，基本上和历史事件发生的顺序一致。

下文的分析不拟通过卦爻辞的研究去追寻史事发生的（公历）确切时间，而主要关注的是依据各种资料探讨卦爻辞和史事及其发生顺序的关联。笔者综合考虑各种文献和当代诸家之说，认为可以基本确定以下为商周之际历史发展脉络的历史事实（其他的史实结合具体卦爻辞文字分析再说明）：

·古公亶父因局势所迫，率周众由豳西迁岐山之下，大致位于渭水、泾水流域，仍用原居住地名称之周原，发展农业，建立宗庙和城郭，革除戎狄之俗，国家形态初见雏形。

·古公亶父死后，继任者季历很有德行，他开拓领土，有显赫武功，曾被商王赐牧师之封号即诸侯之长。因见周人势力不断增长，商王文丁寻机杀死季历，由此商周结下世仇。

·季历子昌嗣立，是为文王，周仍为商的属国。文王早年曾伐商失败，后不得不继续臣服商王。他勤政爱民，礼贤下士，发展农业。经多年励精图治，周族势力大有发展。

·文王为商“三公”之一时，获罪纣王，被囚羑里，险遭被杀。后经近臣全力相救，方才得脱，并被授予西伯之号即西方诸侯之长，有征伐方国之权。[①] 文王把获释并获封的一年作为其受命（天命）之年。

·文王趁机开疆扩土。伐犬戎以解后顾之忧；伐密以巩固西北；伐耆(即黎)、邘以扩充东面；两次伐崇；后在沣水以西作丰邑。迁丰次年去世。文王时，周人社会发展阶段和文化之总体水平落后于商人。

·文王死后，其子发即位，是为武王，不自改元，而顺续文王受命之年即九年即位。商周矛盾空前对立。武王凭借季历的开拓和文王的经营，联合少数族如羌族，决心伐纣。

· 此时，商纣王暴政残虐，万民愤恨，周围方国多乘机叛商，各种矛盾空前尖锐。纣王用费仲、恶来等人而疏远甚至囚禁、杀害自己的亲族，导致一些亲信如微子启及太师疵、少师疆奔周，至于众叛亲离。纣王与方国战事频繁，与东夷的战争导致国力元气大伤。

·武王在受命九年有约期会盟观兵之事。

·武王于受命十一年在太师姜尚、周公、召公及太颠、闳夭、散宜生等辅助下渡黄河伐纣，在甲子日早上到达殷之牧野，时东方有岁星当空。牧野之战虽兵力悬殊，但因纣兵倒戈而攻入殷都“沬”，当日黄昏即告胜利。纣王自焚而死，又被武王射身、斩首。周获殷王鼎。后在牧野行告捷礼、祖先祭，到殷都举行社祭，以示周朝建立。

·武王渡河西归、在宗庙举行祭祀、献俘礼。武王定都在沣水以东建的镐京即后所称宗周，离丰邑不远，而丰邑仍继续使用。镐京为成王东迁以前的政治中心。

·武王曾与周公商讨在伊洛建设东都之事，有初步建设并有迁九鼎之举。

---

① 也有学者认为，文王被纣王杀于羑里，持此观点者如丁山（1960），倾向于此的如王玉哲（2000）等。王玉哲认为，武王与纣王有不共戴天之仇，因而在伐纣誓师时极言其父无罪，载以文王木主，显示文王死于非命，归骨未得，借木主以激励士气，但最终还是认为只能两说并存。参见王玉哲《中华远古史》，上海人民出版社 2000 年版，第 489 页。

·武王对商民采取宽容政策，封纣子武庚禄父以续商祀，并立管、蔡、霍三监，进行了初步封建。

·武王于受命十二年去世。成王即位，时年尚轻，因时局所迫，周公摄政称王。

·周公摄政后，发生三监及武庚叛乱，周公率师平乱，一年杀管放蔡，并乘胜东征，二年诛武庚于北土，完成二次克商，征服东方和南方原商之残余势力。在这一过程中，太公、召公都发挥了重要作用，最后一年成王消除对周公的疑虑，也曾亲自参与战事。

·后两年，周公主持建设东都洛邑即成周，迁入大量殷遗民，该城分隔水相邻的两部分即王城和成周。

·周公摄政七年，宣布改元，并在成周举行仪式，归政成王。成王回宗周，周公留在洛邑主持处理政务。成王几年后正式迁都成周。

·周朝大规模的第二次封建以拱卫周王室，如封鲁、燕、齐等，也封微子于宋、改封康叔于卫，并对成周外其他地区的殷遗民实行宽严相济的政策，令其改属各自的封国。自此，周朝政权得到真正之巩固。

《易经》的历史叙事不是叙事学上真正的叙事，或只可说其历史叙事具有特殊性。首先，史事发生的具体时间地点、事件中活动的主体是何人绝大多数是不明确的；其次，事件在不同的卦爻辞条之间其起因和过程基本上没有明确的标记，卦爻辞条内只有只言片语、一鳞半爪；再次，不同的辞条之间有非历史性材料间隔、混杂，历史性文辞之中也存在历史叙事之外的成分。因此，识别卦爻辞中的历史元素具有相当的难度。我们在前文基本确定了卦爻辞是以商周之际的周王室筮辞为主题和主体编撰的，而且在该时期政治风云变幻、风雨频仍的情况下，筮辞多与周人国家大事有关，因此上文所述历史发展大事都应该能够在筮辞中得到体现。这里以第三十卦《离》卦为例着力分析辞中所录史事。

《离》卦是今本第三十卦，上经最后一卦，卦象为 ䷝ 。《易经》本无上下经之分。汉代《易经》被分为上下经以象阴阳，“乾、坤者，阴阳之本始，万物之祖宗，故为上篇之始而尊之也。离为日，坎为月，日月之道，阴阳之经，所以始终万物，故以坎、离为上篇之终也。”[1] 这是后人对分上下经之解释，且用的是与六画卦同名的三画卦坎、离，因为二者都各自含有两个同名三画卦。这里尽量从卦爻辞字的本义尝试探索其本来的指称意义。《离》卦的卦爻辞主要以《周易本义》（1992）和《周易正义》（2000）提供的文本为文字基础，依据初步分析重新标点如下，问辞用黑体：

离。利贞。亨。**畜牝牛**。吉。

初九：**履错然，敬之**。无咎。

六二：**黄离**。元吉。

九三：**日昃之离。不鼓缶而歌，则大耋之嗟**。凶。

九四：**突如其来如，焚如死如弃如**。

六五：**出涕沱若，戚嗟若**。吉。

上九：**王用出征，有嘉折首，获匪其丑**。无咎。

本卦的断辞都是占断专用辞，其他部分是问辞（“敬之”也有可能是断辞）。以下分析主要涉及问辞即黑体字部分，尝试与商周史实建立关联。对《离》卦爻辞的文字考释、历史考证和史事分析如下：

卦名“离”，繁体为“離”，说明其本义与鸟有关。“离”这个字在多种古文献中解为鸟名，如《说文》“离，离黄，仓庚也，鸣则蚕生，从隹，离声”；《玉篇》“离，亦作鹂，仓庚也”；《广雅·释鸟》“仓庚。商庚”；《诗经·豳风·七月》“春日载阳，有鸣仓庚”，毛传“仓庚，离黄也”；《文选·张衡》“长离，朱鸟也”等等，具体是何种鸟则见解不一，但多数认为是离黄、黄鹂、黄莺、仓庚等。《易传·序卦》云：“离者，丽也。”“丽”古通“鹂”，即黄鹂之“鹂”。可能本为鸟之“鹂”，后又写为“丽”，被错解为“附着”之义（可能与“丽”字形有关）。黄凡详细考论多种古籍并根据有关训诂学、动物学知识认为，本卦之“离”即

① 孔颖达：《周易正义》，北京大学出版社2000年版，第2页。

指“黄鹂”之“鹂”。[①]笔者认同这一结论，即卦辞“离”指称意义为“黄鹂”之“鹂”，即“黄鹂”。

关于“黄鸟”，有武王伐纣时旗画黄鸟等传说，如《墨子·非攻》云“天赐武王黄鸟之旗”；《太平御览》卷三四〇引《随巢子》云“天赐武王黄鸟之旗以代殷”等。《诗·周颂·载见》“载见辟王，曰求厥章。龙旂阳阳，和铃央央。鞗革有鸧，休有烈光。”此谓武王伐纣时战车所插旗帜上所画是“鸧”，即“鸧鹒”“仓庚”。据上文，仓庚即是黄鹂。因此，这里把“离”解为周人伐纣时所尊的圣鸟，因此“离”具象征意义。初民氏族往往以动植物之名为名，间或也以其他自然现象为代替，陪伴这种取名方式的还有许多以氏名为中心的信仰和习俗。[②]“离”对周人当即此种情况。

卦名“离”来自卦辞第一个字，基于上述分析，在指称意义上既指实际存在的鸟，在经文中当指鸟之图案（如周人军旗上所画“黄鸟”）。这种图案不同于实物之鸟，它本身属于人造符号，对其解释具有文化意义，这里定位为历史性文字。卦辞“离。利贞。”即关于“离”的筮问。“利”即“利于”“有利”“便于”等，古今歧义不大。“亨”解为“祭祀、供献”，可引申为“通神”“亨通”之意。“吉”为“吉祥”。“贞”多解为“卜问”。[③]《周易·乾·文言》说“贞者，事之干也”。“贞”在一些古文献如《左传》《大戴礼》中也解释为“干”。“干”字与文献中“桢”多有联系，如《尔雅》有“桢，干也”，邢疏引舍人云：“桢，正也，筑墙所立两木也。”这可能是“贞”也被后人解为“正、固”的原因。笔者综合各家解释，倾向于解名词“贞”为“征兆”，也兼有“问卜”之意，动词“贞”可解为“卜问”。卦辞“畜牝牛”即畜养母牛，牛对处于农业社会的周人是一种极为重要的牲畜，母牛则有牛之繁殖意，也可定为历史性文字，但非具体史事。由此，卦辞可解释为：“黄鹂。有

---

① 黄凡：《〈周易〉——商周之交史事录》，汕头大学出版社1995年版，第684—688页。

② ［英］罗维（R. H. Lowie）：《初民社会》，吕叔湘译，凤凰出版传媒集团/江苏教育出版社2006年版，第82页。

③ 关于此解的详细分析，参见张玉金《甲骨文中的“贞”和〈易经〉中的“贞”》，《古籍整理研究学刊》2000年第2期。

利的征兆。亨通。畜养母牛。吉祥。”与历史事件可能有关联的仅是“离”一字，其关联性还需依赖于对下文爻辞的分析。

初九爻辞的“履错然，敬之”中，“履”本义为皮制鞋子，“错”意为“交错、错杂”，“然”即“（似乎是某种）样子”。因此，“履错然”可解为“脚步声错乱的样子”，有“慌张奔走”之意。“敬之”的“之”当指前文“履”，而“履”当指穿履之人，即“足登皮履、慌忙奔走之人”。考虑到商周当时的局势，这很可能指商王近臣多人归周的事件。周武王尊敬他们并请他们帮助伐纣大业。重用投奔而来的殷贵族中的知识分子，是周文王以来的一贯政策，武王、周公一直延续这一政策。周武王起兵伐商时，也曾有一些殷商官员投奔周，得到武王善待。例如，据司马迁《史记·周本纪》载，“（殷）太师疵、少师疆抱其乐器而奔周。”[①]《吕氏春秋》“殷内史向挚见纣之愈乱迷惑也，于是载其图法出亡之周，武王大悦以告诸侯”。[②] 这从侧面说明了纣王的无道。实际上，辛甲、太颠、闳夭、散宜生等人皆本为商臣，后投奔了周西伯。“履错然”当表现弃商奔周之人的内心不宁和行为慌张之貌，而武王“敬之”，当必“无咎”。

六二的“黄离”即“黄鹂”（见前文分析），应是以图案符号的形式呈现，该图案符号属于周人，指称对象是黄鹂鸟（原型），解释为周族和周军兴兵的象征。“元吉”即比大吉程度更大的至大吉祥。本条爻辞谓黄鹂是至大吉祥的，即对周武王和周军兴兵灭商，“天意”谓之至大吉祥，必能成就大功。

九三的“昃”在甲骨文中指“中日”（即中午）以后、“昏”（即黄昏）以前的时间，即太阳开始偏西。[③]“耋”据《诗经·秦风·车邻》毛传“耋，老也，八十曰耋”，因此“大耋”解为八十多岁老者之义。“不鼓缶而歌，则大耋之嗟”释为“黄昏前的黄鹂。不敲击瓦缶而歌唱，则老人会嗟叹。凶险。”很可能谓，黄昏之前，周军有的部队放松警惕，导致有经验的老者嗟叹，担心被敌人偷袭。因此会有凶险。

九四爻辞“突如其来如，焚如死如弃如”之五个“如”字皆意为

① 司马迁：《史记》，中华书局2005年版，第88页。

② 杨宽：《西周史》，上海人民出版社1999年版，第83页。

③ 白寿彝：《中国通史》（第三卷上），上海人民出版社1999年版，第590页。

"样子",连续使用"如"使得爻辞在言内意义上紧凑而生动,情况瞬息万变之状跃然纸上。爻辞可释为,"突然敌人来了,烧、杀而致多人死,(敌人)弃之而离去。"

六五爻辞"出涕沱若,戚嗟若。""沱"本为江河名。"若"即像某某样子。本条爻辞可释为"(周军)痛哭,泪如滂沱,凄惨嗟叹之状。吉祥。"哭者当是周军之人,而断辞却为"吉",当谓失败不足惧,从中吸取教训则为"吉"。九四、六五爻辞似乎承接九三爻辞,指由于放松警惕,被敌人偷袭,伤亡惨重之实情。六五的"吉"可能和上九爻辞有关,即前文所说的,后一爻问辞,有可能是前一爻的"验辞",这里上九问辞可能是六五占辞"吉"的"验辞"。这一情况本书存而不论。文献中尚未发现有关于武王伐纣牧野之战前被商军偷袭的情况记载,或有可能是爻辞编者故意编入以前关于周军作战的筮辞,或可能借此在叙事上使得上九爻辞所述之事来得更加顺理成章。

上九爻辞字面上大意是"王"出兵复仇,大破敌军,斩敌之首,获得大批俘虏。胡朴安早在1942年就指出《离》卦所谓是殷末之时,惜未能详细论证。据占筮时间和牧野之战的基本情况可初步认定本爻辞所述为牧野之战。根据出土文物"武王征商簋"即青铜利簋铭文记载:"武王征商,唯甲子朝,岁鼎,克昏夙有商,辛未,王在阑师,赐有事利金,用作檀公宝尊彝。"可知牧野之战战事在甲子日,后第八日赐有事利金。如果《易经》文本编者没有改动该筮辞记录本来的位置,该爻期占筮时间应在武王克商牧野之战当日,即甲子日,但具体指哪一天尚无法确定,各种论点有几十个。黄凡根据哈雷彗星、鲁国纪年、西周各王纪年、西周金文纪年等文献为多重证据推定的甲子日是公元前1054年2月21日,但尚有不周密之处,可作一说。按受命之年则是受命十一年初。爻辞中"用"当不是占筮专用辞,即意为一般的采用之意。"嘉"即"美好""善",引申为"功勋"。"折首"即"砍头"。甲骨文字形,右边是"斤"(即斧子),左边是断开的"木",意即斤砍断木,后来断木演变为"手"(提手旁),意为用手拿斧弄断东西。史载武王砍纣王之首用的是"黄钺",此"钺"即"圆刃大斧",与经文契合。"获匪其丑"中"获"即获得、俘获,"匪"应是古通"彼"之"匪"。用例见《诗·小雅·小旻》"如匪行迈谋，是用不得于道。”“丑”本字即“醜”，指“众多”。《尔雅》云：“醜，众也。”“其”是句中助词。该句爻辞可今释为“王兴兵出征，成功破敌，斧砍敌首，俘获众多。没有咎害。”“获匪其丑”也有可能指纣王军队大量阵前倒戈之事。基于以上分析，本句爻辞问辞实际上是指武王伐纣最后成功之战事，即牧野之战（关于该战事之描述可见诸多种文献，此略），“王”即周武王，“折首”即指武王斩殷纣王首之史事。

基于以上，《离》除断辞外的文字皆源自历史素材或史事记录，初九为一事、六二为一事、九三至九五为一事、上九为一事，因此共有历史元素四例，彼此有所关联，也有可能指同一历史事件。也就是说，在指称意义上，本卦的卦爻辞占问部分皆在于历史事实。本卦诸爻所述的史事具有先后的纵向关联，与事件的实际发生顺序一致，形成一个历史故事自然叙事的格局。在横向上，特别是在上九爻辞中，“王用出征，有嘉折首，获匪其丑”，有人物、行为、结局，也是一个完整的横向叙事单元。从言内意义看，问辞均有押韵之字，如初九“之”、六二“黄离”和九三“离”；九三“歌”“嗟”；九四多用“如”、六五两个“若”；上九“首”“丑”。这些文字构成的辞句之美感，虽然不是诗歌，但也颇为显著，反映了辞作者的大手笔。在语用意义上，这部分文辞记录了重大的史事，彰显了周王和周军的丰功伟绩和战争的艰难困苦。据上文分析今译《离》之卦爻辞如下（历史事件文字用黑体）。

黄鹂。有利的征兆。祭祀。畜养母牛。吉祥。

初九：**脚步声音似错杂而来。尊敬他们**。没有咎害。

六二：**黄鹂**。至大吉祥。

九三：**黄昏前的黄鹂。不敲击瓦乐器而歌唱，则老人嗟叹**。凶险。

九四：**突然敌至，烧杀致死，离弃狼藉而去**。

六五：**痛哭，泪如滂沱，凄惨嗟叹之状**。吉祥。

上九：**王兴兵出征，成功破敌，斧砍敌首，俘获众多**。没有咎害。

以上通过援引多重证据，分析了《离》卦经文所含的历史材料和指称的历史事件问题，证明《易经》卦爻辞中确有历史事件记录，《离》卦的主要史事即众多古今文献所述的牧野之战。以上分析中对该卦所述为"牧野之战"的定性主要来自黄凡（1995）对该卦的分析，但笔者的分析更为详细，且有新的内容。按本书假设，本卦之前的诸卦文字中，应有对牧野之战前的史事的记述，而本卦之后的诸卦文字中，应有牧野之战后的历史事件记述。若能将各卦所涉及的史事分析出来，应该可以说能够构成与前文所列商周历史事实大体一致的商周之改朝换代历史大事的历时叙事。

（二）更多卦例分析：侧重指称意义

下面通过分析四个卦例即《师》《剥》《姤》和《革》的卦爻辞以进一步说明《易经》文本中隐含的历史事件，侧重于对有关文字指称意义的分析。笔者对这些卦经文的分析都有不同于前人的独到之处。为便于观察，下文中的卦例卦爻辞已首先通过问辞和断辞的切分并用不同的标记将问辞和断辞区分开来，其中断辞文字用黑体标记，问辞中所确定的不同性质的文字材料分别用不同的字体标记，历史材料用仿宋体（在后续小节中，卦例的卦爻辞问辞部分涉及文学性文字的用宋体标记、哲理性文字则用黑体标记）。对卦爻辞中史事的定性分析程序参见上文对《离》卦中史事的分析。

例 1. ䷆《师》第七

师。**贞：丈人吉。无咎。**

初六：师出。**以律否臧，凶。**

九二：在师。**中吉。无咎。**王三锡命。

六三：师。**或舆尸。凶。**

六四：师左次。**无咎。**

六五：田有禽。**利执言。无咎。**长子帅师，弟子舆尸。**贞凶。**

上六：大君有命：开国承家，小人勿用。

要点解析：

“师”古字是“師”，甲骨文作“𠂤”，周初也写“𠂤”，如“殷八𠂤”即“殷八师”。该字原指土堆、屯聚之义，后指军队，古文献有时与“军”换用。关于“师”的人数，古说不一。《公羊》何注有2500人称“师”。今人石璋如据出土文物考证亦认为是二千。[①] 本卦题之字指周军的建制单位，也指周军。卦辞“丈人”本指年长而有威望之人，在卦辞中或可能指姜尚这样的人，当时姜尚和周文王等人都年事已高。卦辞可释为“军队。征兆：丈人吉祥。没有咎害。”谓关于军队的筮问，征兆是老者是吉利的，不会有灾殃。

初六爻辞，这里断句为：师出。以律否臧，凶。“以”意为“因为、由于”，卦爻辞中该字多以此解。“律”是古代以十二节竹管制成的不同音高的标准发音器，谓之十二律。[②]《史记·律书》云：“武王伐纣，吹律听声。”《正义》说：“《兵书》云，夫战，太师吹律，合商则战胜，军事张强；角则军扰多变，失士心。”“否”即“不”，古有简写法，“否”有时简写为“不”，即其例。“臧”据《尔雅·释诂》：“臧，善也。”另据各爻结构，九二、九四分别有“在师”“师左次”，初六也应断为“师出”。这种断法也见诸古籍，如《左传·宣公十二年》说到本爻辞，云“有律以如己也，故曰‘律否臧’”，这里“律否臧”连在一起，即意味着说者认为断句是“师出。以律否臧”，而不可能是“师出以律。否臧”。因此，本句可释为“军队出动。律音不嘉，有凶险。”

九二“在师”即“在军队中”；“中吉”即“（战事）中间吉祥”；“王三锡命”中“三”可指多次，也可指三次，前者更好一些，“锡”通“赐”，此即发布、给予，“命”即命令、训示等。本部分可释为“在军中”“王多次颁发命令”。

六三断为“师。或舆尸。凶”，即关于“师”的筮问，结果是“可能会用车装运尸体，凶险”。本条可释作“军队。或会用车运载尸体。凶险。”本句反映出战事的激烈、伤亡惨重。

六四爻辞之“左次”，据殷人尚右之说[③]，“左”为下。当是在军队

① 王玉哲：《中华远古史》，上海人民出版社2000年版，第491页。

② 黄凡：《〈周易〉——商周之交史事录》，汕头大学出版社1995年版，第568页。

③ 参见朱彦民《商代社会的文化与观念》，南开大学出版社2014年版。

行动而言，应为后撤。关于“次”，《左传·庄公三年》：“凡师一宿为舍，再宿为信，过信为次。”因此，“次”指宿营三日以上。因此，“师左次”即意为“军队后撤宿营三日以上”。

六五爻辞中“田有禽”即“田猎时有禽兽”，“禽”通指鸟兽猎物；“利执言”为断辞，“利于坚守（自己）所说的”。“长子”和“弟子”本义是大儿子及其年少的弟弟。“长子帅师，弟子舆尸”可解为“由长子率军阵前临敌，弟子在后面处理战后事务”。

考虑到周西伯去世前进行的征战较多，本卦爻辞当涉及其中的某次战事，综合各种情况，本卦很可能与周人伐崇有关。西伯伐崇史载为两次，第一次未能成功（见《左传·僖公十九年》记载：文王闻崇德乱而伐之，军三旬而不降，退修教而复伐之，因垒而降）。该卦按时间推算与《离》卦相距 23 卦，大致有 3 年间隔。武王伐纣在受命十一年（延续文王受命之年）初，两年前即周文王受命九年去世，前一年第一次伐崇即在受命八年初，即有 3 年间隔。该句爻辞应是描写周国第一次伐崇之战事。这次讨伐作战激烈、伤亡惨重，最后并未取得成功。因此，“长子”和“弟子”应分别指文王之太子发（文王长子伯邑考死后即太子位）及其弟弟（不一定只有一人）。过去多有解“尸”为文王木主而伐纣之说，今人也有从此说者，如范文澜①，当非是。由此，可知前面“王”指文王。

上六爻辞之“君”，商周时，诸侯国王称为“君”，在文献中多有记载。据《史记·周本纪》，武王克商后追封古公亶父为“太公”，也称“太王”，在此以前周人称古公亶父为“大君”。因此，根据上下文，爻辞中“大君”应指率周人至岐山之下的祖先古公亶父。“小人”多与“君子”“大人”相对称，指出身卑贱者，一般百姓之人、务农之人，后来多指没有德行之人，卑劣之人。该句爻辞可能是在伐崇失利后，周人反省“大君”古公亶父的教训而记录的“问辞”。

本卦经文可据上文分析今译如下（史事文字用仿宋体字体）：

军队。**征兆：丈人吉祥。没有咎害。**

① 参见范文澜《中国通史》（第一册），人民出版社 2008 年版。

初六：军队出动。**因为律音不嘉，因而有凶险**。

九二：在军中。**中间吉祥**。**没有咎害**。王多次赐发命令。

六三：军队。**或会用车运载尸体**。**凶险**。

六四：军队左面后撤宿营三日以上。**没有咎害**。

六五：田猎时有禽兽。**利于坚守所说之话**。**没有咎害**。长子率领军队，他的弟弟负责用车运载尸体。**征兆凶险**。

上六：大君有遗命：建国、立家之大事，不能任用小人。

卦辞和前五爻问辞涉及的历史事件和史实可总结如下：文王和姜尚（后者为军事统帅）决定伐崇。军队出动，文王多次发布命令。军队中间有后退宿营之事。文王长子姬发率军临阵，他的弟弟们负责运载阵亡将士。最后的爻辞述古公亶父的言论。据笔者分析，文王第二次伐崇并获胜之事在第十三卦《同人》卦爻辞中有述。《同人》卦与《师》相距 6 卦，间隔约 9 个月时间，也就是说，第二次伐崇在第一次之后 9 个月。

例 2. ䷖《剥》第二十三

剥。**不利有攸往**。

初六：剥床以足蔑。**贞凶**。

六二：剥床以辨蔑。**贞凶**。

六三：剥之。**无咎**。

六四：剥床以肤。**凶**。

六五：贯鱼以宫人宠。**无不利**。

上九：硕果不食。**君子得舆，小人剥庐**。

要点解析：

本卦之题“剥”，会意字，从刀从录，本义为用刀去除物体表面之物。《说文》解为“剥，裂也”。《广韵》：“剥，落也，割也，伤害也。”《广雅·释诂》卷三：“剥，击也，落也，离也”，卷四：“剥，脱也”。因此，其基本意义是打落、剥夺、脱落之意。又有“剥蚀”一词，指因如风雨侵蚀而落或离。因此，导致“剥”的也可能是水之类。据对全卦分析，卦题“剥”应是因水而侵蚀而剥落之意。

初六之“床”本写为“牀”，在古代是可坐、可卧的用具，也可指井上围栏（《韵会》）。根据全卦意象，“床”之“剥”由“足”开始，及“辨”，最终及“肤”，很可能是由于水浸泡而腐蚀以至于掉落。井上围栏有可能长年因水渍而腐烂，但此解难以说明“肤”之义。若解为坐卧之床，既可按实际发生之状理解，即有人的床长时间有水侵蚀而逐渐损坏，以至于不能使用，也可按隐喻辞理解，可能比喻某种情况变得越来越糟糕或危险。“蔑”，《说文》段注为“引申之意为无”，古文献也多解为“灭、无”。因此，爻辞大致意为“剥蚀床以至于足灭”。六二“辨”据《韵会》解为“床月坒足笫间也。”据此及《周易释文》《周易集解》可知“辨”即指床之“腿”。六三“剥之”应是总括之辞，按理应据一系列“剥”之后，可能在经文编订中有调整。六四“肤”即皮肤，当指人坐卧床时与床面接触的平面。初六、六二和六四所述剥的程度越来越高。

六五爻辞“贯鱼以宫人宠”，“贯”解为以绳穿物之意（《一切经音义》），“宫人”古代是负责君王的日常生活事务的官员。《周礼·天官·序官》云：“宫人中士四人，下士八人。”孙诒让正义说：“此官掌王寝，亦主服御之事。”“宠”本义为家养的无毒之蛇，引申为溺爱、供养之意。黄凡认为，“宠”当是“笼”，“宫人宠”实际指捕鱼笼。[①] 黄氏之解有一定可能。关于爻辞，这里先提供两种可能的解释。一是解“贯”引申为从中穿过之义，“宠”解为“笼”，爻辞是描述水中之鱼都穿过笼口进入了捕鱼笼（或宫人的捕鱼笼）。这可能是“鱼贯（而入）”（见《三国志·魏志·邓艾传》）之说的来源。二是认为，“贯鱼”之“贯”古代指穿钱币之绳，引申为钱币量词。在商周时期存在青铜鱼币，已经有不少出土。爻辞中的“鱼”可能指鱼币。因此，“贯鱼”即“鱼币之贯”，指钱币。商末时起货币功能的主要是海贝，青铜铸币较少，更为贵重。该句指送上钱币以获取宫人之宠，即宫人接受钱物而承诺什么，因此可能是一种贿赂。

上九爻辞“硕果不食”本义是硕大、成熟的果子不吃，可能留作种

① 黄凡：《〈周易〉——商周之交史事录》，汕头大学出版社1995年版，第646—647页。

子，按照有的地方现在尚保留的古代民俗，一颗果树上把最大的果子留下作为果树的精气，以便来年再结更多的果子。“君子得舆，小人剥庐”属于断辞，意为“君子将得到车舆，小人之庐将被剥去。”应是隐喻性表达。

结合六五和上九问辞以及本卦总体的意旨，本卦当与周西伯被囚羑里有关联。前四爻“剥床”寓指西伯姬昌被囚羑里，处境愈发险恶。六五爻辞的“贯鱼以宫人宠”指西伯近臣如太颠、闳夭、散宜生等人贿赂纣王近臣以营救西伯。周西伯是西方诸侯之长，在诸侯中有很高声望，也是纣王三公之一，可谓“硕果”。上九“硕果”即指周西伯，而“硕果不食”当指纣王最终没有处死周西伯这一史实。本卦的历史材料是取的历史故事或过去的筮辞。整个卦爻辞的编选体现了编订者谋求意象大致统一的意图。《剥》经文今译如下（文字标记同上一例。下同，不再说明）：

剥去。**不利于有所前往行事**。

初六：把床的足剥去。**征兆凶险**。

六二：把床的腿剥去。**征兆凶险**。

六三：剥去它。**没有咎害**。

六四：把床的座卧面剥去。**凶险**。

六五：送贯鱼以获官人之宠。**没有不利**。

上九：硕大成熟的果子不吃。**君子得到车舆，小人之庐被剥掉**。

本卦的初六至六四爻辞虽然是比喻手法，有寓指、类指，却都是实际上可以发生的事件、情况，因此定位为历史性材料。这样的历史性文字具有叙事性。体裁即以社会规约方式表达的特定文本/语篇行为。本卦爻辞的叙事具有“事实性”，即体裁引发的期待，文本接受者可能会把文本视为事实性叙事。成为叙事的两个基本条件一是有人物参与的变化，形成情节，被组织进一个符号文本，二是此符号文本被接收者理解为具有时间和意义向度。[①] 本卦卦爻辞在纵向上（针对卦爻辞现在的横写而言，但历史

① 赵毅衡：《符号学原理与推演》，南京大学出版社 2011 年版，第 327 页。

上多为竖写）具有叙事上的关联性（有些卦的爻辞并无此种纵向关联，或只有几个爻有关联，如本小节例3)，本书称卦中这样的叙述为该卦的“纵向叙述”，而一爻内的叙述称为“横向叙述”。因此，将初六至六四爻辞定位为历史叙事材料，与六五、上九一样，指同一历史事件。但这一史事不属于六十四卦隐含的历史叙事系列，而是卦爻辞编订者增入的历史旧事，即过往的历史事件。

例3. ䷫《姤》第四十四

姤。女壮。**勿用取女**。

初六：系于金柅。**贞吉。有攸往，见凶**。羸豕孚踟躅。

九二：包有鱼。**无咎。不利宾**。

九三：臀无肤，其行次且。**厉。无大咎**。

九四：包无鱼。**起凶**。

九五：以杞包瓜，含章。有陨自天。

上九：姤其角。**吝。无咎**。

要点解析：

关于卦题之字“姤”，据侯乃峰《〈周易〉文字汇校集释》引《异文释》之说可知，古本《易经》是“遘”，即“遇”之意。[①] 王弼本用“姤”。对今通行本“姤”字，《彖传》云：“姤，遇也。柔遇刚也。一曰好也。”按照《广雅·释言》，“姤，遇也。”因此，可以认为“遘”和“姤”相通。《说文新附》则说：“姤，偶也。”两种解释或有关联，因为要成为“偶”要先有“遇”，二者都与婚嫁有关。但通观整个卦爻辞，尤其是卦辞和上九爻辞，取此两解对各“姤”及全卦的理解都较难贯通。王弼本（今通行本）用“姤”字恐怕不是没有根据。《后汉书·鲁恭传》云：“案《易》五月《姤》用事。”李贤注：“本多作‘后’，古字通”。或可能上古“后”“遘”和“姤”皆通。按照刘兴隆（1993）《新编甲骨文字典》，甲骨文有“姤”字。虽然如此，“姤”字用于《易经》该卦卦

① 侯乃峰：《〈周易〉文字汇校集释》，台湾古籍出版有限公司2009年版，第356页。

名，由“女”和“后”构成。“姤”字很可能是“女”字和“后”字的合文①，本为两字，后来在契刻、传抄过程中被当作一字，如《坤》卦“土”和“申”合文而被认为是“坤”字一样。②

“女”是未婚女子，如卦辞“勿用取女”之“女”所示。“后”历来作为一部分写在该卦“姤”字中，非“後”之简体，也不指时间、方位，因此其字古今同。关于“后”，《姤》象曰：“天下有风，姤；后以施命诰四方”。《说文》曰：“继君体也。”似乎是认为“姤”与“君”有关系。“后”字是会意字，一说从反“司”，即本字是把“司”字左右反转所造成。夏王室出身于“司空”家族，夏启即位后，认为自己的头衔必须比大禹的低一级，因此把本族名称“夏司氏”中的“司”反转而造“后”字为新王号。夏后氏的原名“夏司氏”见于宋代出土的齐国青铜器“叔夷钟”铭文，其中有“刻伐夏司”等字。③ 因此，在夏代，“后”字是最高统治者的称呼。“后”字承袭了“司”字本义，即子继父为帝王，以适应夏朝“家天下”的新政治制度。至商代夏后，开始用“王”字代替“后”字称呼最高统治者。《书·舜典》有“乃日觐四岳群牧，班瑞于群后。”蔡沉《集传》曰“羣后，即侯牧也。”《史记·殷本纪》（2005）云：“维三月，王自至于东郊。告诸侯群后：‘毋不有功于民，勤力乃事。予乃大罚殛女，毋予怨。’”④《汉书·韦贤传》有，“庶尹羣后，靡扶靡卫。”颜师古注：“庶尹，众官之长也；羣后，诸侯也。”其中所说的“群后”即“群司”，“多后”即“多司”。“群司”或“多司”皆指“司空”“司徒”“司马”“司稷”这类官职，泛指公卿，此“后”当读若“司”。“后”用为帝王正妻的头衔则是商以后的事，且读音不同。据《白虎通》，

---

① “合文”指把两个或三个字写（刻）在一起，在行款上只占一个字的位置。合文是古文字常见的现象，尤其以甲骨文特别多见，有左右相合和上下相合。甲骨文中合文主要是数字、人名、地名、月份名等。参见朱彦民《商代社会的文化与观念》，南开大学出版社 2014 年版，第 95 页。

② 黄凡：《〈周易〉——商周之交史事录》，汕头大学出版社 1995 年版，第 539 页。

③ “刻伐夏司”当为“翦伐夏祀”。即“司”和“祀”通。王宁认为，卜辞之“司”“后”均当读为“司”；“刻伐夏司”应为“划伐夏祀”，谓伐灭夏国祚，故释为“夏后”不可据。参见郭沫若《夏禹的问题》，转引自王宁《叔夷钟镈铭释文补释》（http://www.gwz.fudan.edu.cn/SrcShow.asp?Src_ID=1921）。

④ 司马迁：《史记》，中华书局 2005 年版。

“商以前皆曰妃，周始立后。”“女后”后来也称为一个词，指帝王之正妻或母亲。基于以上，周初的“后”可解为高级官职之一称谓。“女”字在名词字前作形容词的用法最早见于《诗经》。《诗·豳风·七月》有“猗彼女桑。”郑玄笺曰：“女桑，荑桑也。”朱熹《集传》曰：“女桑，小桑也。”本卦中“女后”（“后”读为“si”）之说很可能指称的是未婚女性做的高级官员，虽然不一定实有，但可以作为虚拟存在，寓指“女壮”之体现。

初六“金柅”，“金”指“铜”；关于“柅”，孔颖达《周易正义》引马融曰：“柅者，在车之下，所以止轮，令不动者也。”另一说为纺织之具，见孔颖达疏引王肃说。《广韵》云：“络丝柎也。”若按照前者，可能爻辞有倒装，或本是“羸豕孚踟躅，系于金柅”，指俘虏（“孚”字所指）被捆绑于铜制车柅上。“羸豕孚踟躅”意为“像疲惫的猪般的俘虏艰难前行”。若按照后者，当与卦辞相联系，即女子应与纺织、络丝之器具相系，不要追求其他。两者似皆通。笔者倾向前者，后文也支持这一理解。

初六很可能与九三“臀无肤，其行次且”在所指对象即俘虏上相关联。据黄凡分析，“柅”是一种铜制捲车，用于吊或拉重器物。[①] 初六和九三联系在一起考虑，“系于金柅”“羸豕孚踟躅”和“臀无肤，其行次且”应指的是《左传·桓公二年》载“武王克商，迁九鼎于洛邑”和《竹书纪年》载“冬，迁九鼎于洛”之事。两条爻辞指战争俘虏用“柅”搬运九鼎而疲惫不堪、步履蹒跚的史实。

九五爻辞中的“杞”可指一种乔木即枸杞，或另指某种树木，有多种树木名字中含有该字，如梠木、杞树、杞柳等（但这些树名起于何时需要进一步考证）。按照这些解释，“以杞包瓜”有可能指用某种树木枝叶或编成框子之类把瓜包住，或有某种寓意。“杞”也是古代国名，国君为姒姓，据说为禹的后裔，国祚延绵1500多年。曾为公元前11世纪周分封的诸侯国，公元前445年为楚国所灭。“杞国”的存在被殷商甲骨文所证实，例如甲骨卜辞有“杞侯”之字，商王武丁曾娶杞国女子为妻（他

---

① 黄凡：《〈周易〉——商周之交史事录》，汕头大学出版社1995年版，第757页。

60多个妻子之一），杞国被册封为侯国。“陨”指从高处掉下、坠落之动态过程或其物，如陨石。“有陨自天”当指有陨石从天上落下。黄凡论证认为，该爻辞与《列子·天瑞》记载的“杞人忧天”故事有关，笔者认为较为可信。周武王逝世之年冬天，有陨石从天而降，落于杞国，很可能是瓜田之中，引起巨大震动和火光，导致当地人极大恐慌，担忧天崩地坏。[①] 这可能就是产生“杞人忧天”故事之背景。若此为确，则爻辞可能存在句法倒装，即该句爻辞可能本来是“有陨自天，以杞包瓜，含章。”“以”是“应在”“因”“落于”等义，“包瓜”在句法结构上与《泰》九二“包荒”相似，“包”即“为……所包围”。因此，该句爻辞可解释为“有陨石从天上来，落于杞地，为瓜所包围，含有光彩。”

本卦的九二“包有鱼”、九四“包无鱼”之“包”本指“庖厨”，和“鱼”联系在一起可能寓指女子生育之事。两者指称意义是苞厨中有没有鱼，两者应解释为寓指女性婚后是否能够怀孕、生育的问题。“包”通“胞”之意，“鱼”自远古就有繁殖力强的象征意义，见于一些早期出土陶器上的图纹，如1955年出土于陕西省西安市半坡的“人面鱼纹彩陶盆”等。上九的“姤其角”根据上文对卦题的分析应为“女后其角”，即女后的角（厉害，会顶撞人），实为寓指女子过于强壮而易于伤人，可与卦辞“女壮”相呼应。三者在指称意义上相联系，都与未婚女性婚嫁有关。因此，本卦的历史材料涉及初六、九三和九五三条爻辞。

根据以上解析，将《姤》第四十四经文今译如下：

女后。女子强壮。**不要娶该女为妻。**

初六：系于铜制捲车之上。**征兆吉祥。有所前往行事，会见到凶险**。像疲惫的猪般的俘虏艰难前行。

九二：庖厨里有鱼。**没有咎害。不利于招待宾客**。

九三：臀部没有好肉，行走赼趄蹒跚。**危险。没有大的咎害**。

九四：庖厨里没有鱼。**生起凶险**。

九五：落于杞地，为瓜所包，含有光彩。有陨石从天上落下来。

① 黄凡：《〈周易〉——商周之交史事录》，汕头大学出版社1995年版，第761—762页。

上九：女后的角会顶撞人。**有艰难。没有咎害。**

在指称意义上，初六和九三爻辞相联系，其指称的史事属于经文隐含历史叙事的史事系列，而九五应属较为独立的指称，但其史事也很可能属于该史事系列。这两部分属于历史实景记录而成为问辞。九二“包有鱼”、九四“包无鱼”和上九“姤其角”都属于文学比喻性、虚构性文字。

例 4. ䷰《革》第四十九

革。**巳日乃孚。元亨。利贞。悔亡。**

初九：巩用黄牛之革。

六二：巳日乃革之。**征吉。无咎。**

九三：**征凶。贞厉。**革言三就。**有孚。**

九四：**悔亡。有孚。**改命。**吉。**

九五：大人虎变。**未占，有孚。**

上六：君子豹变，小人革面。**征凶。居贞吉。**

要点解析：

“革”是象形字，金文中的“革”字，像剥下的兽皮，中间的圆形，是剥下的兽身皮，其余部分是兽头、身和尾等部分。《说文》解：“兽皮治去其毛。”该字本义为去毛的兽皮，后也引申为指称用“革”做成的东西，如古人的“冠”。卦题“革”在卦爻辞中出现 5 次，所指不完全相同，指“去毛的兽皮”和“冠”及其相应的动词。

卦辞中“革”解为“皮革”，其意义较泛，可指该种物品，也可指用之做成的物品。“巳日乃孚”应是断辞，内容是筮问何时乃孚的结果，六二也有“巳日”，即为在卦辞中占得的日期举行“革”。因此，卦辞“革。巳日乃孚。”谓关于“革”进行占筮，筮得“巳日乃孚”的结果。“元亨。利贞。悔亡。”即“有大供献或举行大祭祀。有利的征兆。悔恨消失。”

本卦为第四十九卦，与《离》卦相距 19 卦，大致相当于两年半的时间间隔。第四十六卦《升》“冥升。利于不息之贞。”论武王去世之事，两卦（大致3个月）后是本卦。据黄凡论证，本卦题“革”指周成王的冠礼（或称“加元服”），以示成人、即王位。[①] 六二和九三爻辞中的“革”都是此意，其他“革”与此意有关联。因此是可信的。卦辞中“巳日乃孚”即是占断举行仪式的日期，结果是“巳日”，和六二“巳日乃革之”对应。因此，本卦中，“革”除了指去毛后加工的兽皮，主要指用皮革做成的王冠之一部分。

初九“巩用黄牛之革”之“巩”意为“加固、巩固”，其对象应是“革冠”，象征巩固王权。“黄牛之革”对于崇尚农业的周人而言应是最高等级的“革冠”，因此为王冠之革。六二“巳日乃革之”，这里的“革”是动词，该辞指在筮得的日期举行“革”的典礼。“之”指“革”的仪式。

九三的“革言三就”，意为（周成王）冠礼时加冠三次，念祝辞三次，方可完成，“就”即完成。[②] 据《仪礼·士冠礼》，加冠礼的三次加冠的名称分别为，先“缁布冠”，其次“皮弁”，最后“爵弁”。《太平御览》卷五四〇引《孔子家语》云：成王年十有二而嗣立，明年六月，冠成王而朝于祖庙，以见诸侯。周公名祝雍作颂，曰“祝王辞达而勿多也”……其颂曰“令月吉日，王始加元服。去王幼志，乃心衮职。钦若昊天，六合是式。率尔祖考，蒸蒸无极”。入周以后，“冠礼”形成周朝礼制的一部分。对于一般周人而言，成人“冠礼”的三加中“缁布冠”“皮弁”“爵弁”分别意味能够参加政事、兵事和祭祀了。爻辞中“征”即“出征”之意，卦爻辞中的“征”皆作此解。

九四“改命”之“命”与《师》“王三锡命”之“命”不同，指的是新王即位，改易王权，以示新王承受天命为至尊。

九五“大人虎变”之“大人”指有高位、重权之人，“虎变”即像老虎那样“变”，属于文学性语言。《周易集解》引马融云：“虎变威德，折冲万里，望风而信”。即“大人”变如虎般威严，或寓指“大人”使巨

---

① 黄凡：《〈周易〉——商周之交史事录》，汕头大学出版社1995年版，第805—806页。
② 同上书，第808页。

大变化发生，或使全新气象出现。“未占，有孚”即“没有占问，便知有所符合。”

上六“君子豹变”如同指“大人”的“虎变”，“君子”面貌也转变如同豹之毛皮那样给人以威严之感，或说“君子”也使大的变化、新的面貌发生，但“大人”和“君子”二者程度不同，后者低于前者。“小人革面”之“革”是去毛兽皮，本来的颜色、花纹已变得单一、没有什么变化。“革面”即是象革那样颜色单调而没有变化。这两句属于文学性文字。九五和上六的问辞可能说在新王改命的情况下，大人和君子都会有新的面貌、有新的作为而树立新的威望，从而产生新气象，而小人不会有如此变化，正如去毛之兽皮颜色单调而无斑斓变化。

基于上文解析，将《革》卦爻辞今译如下：

皮革。**巳日乃是符合的日子**。有大供献、祭祀。**有利的征兆。悔恨消失**。

初九：用黄牛之皮革巩固。

六二：巳日进行皮革冠礼。**出征之兆吉祥。没有咎害**。

九三：**出征之兆凶险。征兆危险**。加皮革冠礼进行三次祝辞。有所符合。

九四：**悔恨消失。有所符合**。即位改元。**吉祥**。

九五：大人物变如虎般威严。**没有占问，便知有所符合**。

上六：君子变如豹般威严，小人如去毛之皮般无变化。**出征之兆凶险。居静之征兆吉祥。**

本卦卦爻辞涉及的史实是周成王加元服之历史事件，从占筮以求得即位的吉日“巳日”，在该日举行大典、大祭，进行三次加冠、念三次祝辞，即位改元，到新王即位后不同人物的变化。由此我们可以了解周成王即位大典的情况。“革”字在经文中有三种所指，即“皮革”“革冠”和“举行加革冠之礼”。

需要说明的是，在所有的卦中，整卦都与某史事相关的只是少数。有一部分卦较难以看出与某史事有什么关联，而与历史材料有关的卦中，某一卦的卦爻辞条可能有一部分涉及某一史事，或一条、两条，或三条、四条，乃至五条，都与某一史事有关，其他的则没有关系，如《姤》卦爻辞只有三条，而且也不是一条爻辞的问辞文字都涉及某一史事。这里通过一个表大致通过爻例说明以上情况（见表3—1）。另外，也有的一卦之中涉及不同的史事，如前文《姤》卦。有很少的一部分卦，某一史事在不同卦的卦爻辞中分别述及，如《损》六五"或益之十朋之龟，弗克违。元吉。"和《益》六二"或益之十朋之龟，弗克违。永贞吉。王用享于帝。吉。"两卦的爻辞都涉及武王病，应是指称的同一历史事件。

表3—1 **含历史事件的爻数不同之六卦举例**

卦 / 史实相关爻数	卦题、爻题	历史事件
一爻	《益》初九	东都洛邑的初步建设
二爻	《姤》初六、九三	迁九鼎于洛邑
三爻	《泰》初九、九二、九三	周国饥荒
四爻	《大过》初六、九三、九四、上六	武王伐纣途中遇恶劣天气、过涉大河
五爻	《师》初六、九二、六三、六四、六五	文王第一次伐崇
六爻	《同人》初九、六二、九三、九四、九五、九六	文王第二次伐崇

《易经》六十四卦中有相当一部分卦的卦爻辞含有史事记录，加上卦爻辞中含有历史故事和其他历史性材料的部分，共计317条卦爻辞（不含断辞）。但三类卦爻辞有少数重叠，即同一条辞中，含有不只一类。在这些卦爻辞（主要是问辞）中，周人和周国的史事构成了《易经》经文主要的历史叙事线索或叙事框架结构。综合来看，这些事件大致和传世文献所记载的历史事实相符合。由此说明，《易经》文本基本上保留了8年期间原始占筮活动记录的顺序，尽管卦爻辞最后编订成书时对实际顺序有一定的调整，我们还是可以从卦爻辞中识别出该段时间周人所占国家大事和实际发生的一些历史事件的基本轮廓。因此，可以说验证了前文关于

《易经》卦爻辞主要素材来源的假设。

二 《易经》卦爻辞中历史成分举要

（一）卦爻辞中的商周之交历史实录

根据商周历史文献、当代学者关于商周历史的论著、《易经》古史研究文献和笔者对《易经》六十四卦卦爻辞文字的分析，对《易经》六十四卦卦爻辞按照上文所示进行了研究，认为至少有44卦的卦爻辞文字中隐含着商周之际史事的记录，这些事件和前文所述的实际发生顺序一致。一卦与史事的关联点可能是全部卦爻辞问辞部分，也可能只是一部分文字。下面把《易经》卦爻辞中记录的历史事件要点列入表3—2，这里不拟详细说明所涉史实的细节，卦的顺序基本上和传世文献所载的有关周人的历史事件对应。

表3—2 **卦爻辞中的商周之交历史事件**

卦名卦序	历史事件、史实
《乾》第一	周国①发生干旱，周文王②姬昌等周国“君子”日夜操劳
《坤》第二	周国“君子”谋划联络西南方一些诸侯国以建立盟友关系
《屯》第三	作为伯国的周国谋求建立侯国地位
《师》第七	周国第一次伐崇侯虎。文王长子发及其弟参加，战事激烈，周军伤亡惨重，战事不利
《比》第八	周国采用“比”户口管理和征役赋税办法
《泰》第十一	周国饥荒、灾情严重
《否》第十二	周国饥荒继续，但最终缓解、解除

① 在商代后期，真正的“国家”刚出现不久，国家的边界还不像后来那样清晰，所谓“国”，仅限于国都，实际上是一个大的邑，大的邑有城墙，“国”即这个城（参见王玉哲《中华远古史》，上海人民出版社2008年版，第334页）。这里所谓“周国”仅指以丰邑为中心周人控制的区域。

② 关于“文王”是否为死后追封，学界有两种观点，多数认为是，有些学者认为否，如王玉哲（《中华远古史》，上海人民出版社2008年版，第431页）据文献认为是当时尊号，非后人追称。然而，《诗经》等文献中《周颂》乃他死后所作，很可能是尊称他为“文王”的。更可能的情况，两种情况并存，即姬昌接受商王封号“伯”，而在本国内是称王的。

续表

卦名卦序	历史事件、史实
《同人》第十三	周国第二次伐崇侯虎。周军进军经过门水至崇都城，最后获胜回到周国
《大有》第十四	周国农业丰收。周文王主持向商朝先帝和周先祖如古公亶父①等人祭祀
《豫》第十六	周国准备为建立侯国而兴兵作战。文王生病、去世。周国即成体制有所变化
《随》第十七	周武王即位，官吏体系有变。获得战俘，处理战俘。武王向文王行祭祀于西山（或岐山）
《蛊》第十八	周武王对周文王生前的一些做法进行改革，如由力图建立侯国改为伐商以图建立中央王国。武王确定和各路盟友会盟的日期
《临》第十九	周武王会盟，“甘”“至”和“知”各地盟友到来。盟友观周武王祭祀
《观》第二十	周武王会盟观兵，盟友前来看武王演兵，观周人之气势
《噬嗑》第二十一	周国实施严厉的刑罚，惩处各种犯人，包括商人奸细
《贲》第二十二	周人整备伐商战争物资
《复》第二十四	周人派出各路探马，打探商人消息，为伐商做准备
《大畜》第二十六	周国牲畜养殖兴旺
《颐》第二十七	周武王出师讨伐商纣王，途中有彗星出现
《大过》第二十八	周人用白茅祭祖。周军大规模过涉，行进艰难，遭遇恶劣天气，旗杆折断
《离》第三十	周武王伐纣，旗画黄鹂鸟。商王近臣多人归周，武王尊敬他们。牧野之战，伐商成功。武王斩纣王之首，获大量俘虏
《咸》第三十一	周军继续进剿商王羽翼，由近及远，抓住不少俘虏，取得克商阶段性胜利
《晋》第三十五	周武王封康侯等众人，晋升勇猛善战之人，以讨伐邑国
《明夷》第三十六	箕子到朝鲜
《蹇》第三十九	周国臣子为国事奔忙，发展同盟国及其他族群的关系
《解》第四十	周武王克商而大规模封建，留周公佐武王
《损》第四十一	周武王病重。周公为武王祷病
《益》第四十二	周武王祭祀。周国谋划迁都计划
《姤》第四十四	周国迁九鼎于建设中的洛邑。陨石自天落于杞地
《萃》第四十五	周武王大祭祖庙。周武王病逝，群臣悲痛
《升》第四十六	周人把周武王运往岐山下葬。周成王在岐山进行祭祀
《困》第四十七	周武王下葬

① 有人认为古公亶父和太王亶父是两人，但多数学者认为是同一人（参见王玉哲《中华远古史》，第429页）。综合各种文献，笔者认同后者观点。

续表

卦名卦序	历史事件、史实
《革》第四十九	周国举行周成王冠礼，以示新王承受天命
《鼎》第五十	周公被谗
《震》第五十一	周国发生大雷电、周人庄稼受灾
《艮》第五十二	周公平叛时期，周人及其盟友追击叛军
《丰》第五十五	周成王至周旧都丰邑。丰邑的房屋家户实行分区管理
《巽》第五十七	周国选拔军人。周公继续平叛，与盟军约定行动日期
《兑》第五十八	周国发布诰示，尤其是对商遗民
《节》第六十	周国任命官员
《中孚》第六十一	周人平叛中打了胜仗。战事艰苦。叛军有人乘马逃走
《小过》第六十二	周人小规模移兵。周公、召公平叛，最后取得决定性胜利。① 商顽民叛军残部向北方奔逃。周公实施以殷师攻夷的策略
《既济》第六十三	周军一部追击叛军残部，已渡过济水，艰难涉水行进
《未济》第六十四	周军一部尚未渡过济水。周军盟友得到赏赐

（二）卦爻辞中的其他历史元素

本研究在对六十四卦经文进行古史分析的过程中，除了以上记录史事的筮辞，还发现《易经》六十四卦中有 11 卦的卦爻辞中还编入了以往的筮辞记录或一些商人、周人的历史故事（可见于其他有关文献，此略）。例如，《夬》九四“臀无肤，其行次且，牵羊。悔亡。闻言不信。”其中“次且”即“趑趄”，即行走困难之状，与《姤》九三“臀无肤，其行次且”字同而意近。孔颖达疏：“次且，行不前进也。”“牵羊”的羊即家畜羊。在汉字系统中“羊”作为构成成分的字基本上都表达美、善、良、佳等义。《史记·宋微子世家》云：“周武王克殷，微子乃持其祭器造于军门，肉袒而缚，左牵羊，右把茅，膝行而前以告。于是武王乃释微子，复其位如故。”该爻爻辞“臀无肤，其行次且，牵羊”中“次且”“牵羊”当与此事有关，而“闻言不信”如果不是另有所指，且其主语与前文相同，则可能是微子对他人劝诫他不要归周以免被害之言“不信”。该

① 据出土彝器金文记载，讨伐武庚禄父的是召公；顽殷逃亡东北后，追击他们的大约也是召族以及同族的匽（燕）侯和一些归周的殷人。参见［日］白川静《西周史略》，袁林译，三秦出版社 1992 年版，第 27—29 页。

卦九三爻辞的“君子”或指微子。微子，本名启，殷商王帝乙之子，纣王之兄，在商代初封于微国，爵位为子，因此称微子。武王先复其位，后周公主持东征平叛后，微子启被封于宋地而承嗣殷祀。微子曾以纣王淫乱，商代将亡，屡次劝谏，但纣王不听，遂出走。笔者认为，《夬》卦主要叙述的是微子苦谏纣王（扬于王庭，孚号。告自邑。），言周西伯有克商之势（惕号。莫夜有戎。），纣王不听，反而加以迫害，微子出走（君子夬夬独行，遇雨若，濡有愠。），后归顺武王（臀无肤，其行次且，牵羊。），其行为如“苋陆夬夬中行”，最终纣王之庭“无号”而“终有凶”。本卦卦爻辞文字中，九三及以前叙述历史往事，九四、九五是爻辞问辞直接相关的史事。上六则是对纣王不纳忠言的最终判断，以此作为警示后人的辞句。这些历史故事有的属于周人之事，但无法纳入上文按照自然发生顺序记录的历史事件序列（具体卦及历史故事略）。

卦爻辞中除了重要的历史事件，还涉及一些与日常生活有关的事项，这一部分较多且杂，散布于卦辞和爻辞之中。例如，“亨”所指的祭祀、献祭活动，有些本身是占筮活动的一部分或一个环节（后有引申为亨而通神之意，即“亨通”，经文中两种意义并存）。“原筮：元永贞。”概指原来占筮结果的记录。“匪我求童蒙，童蒙求我。初筮告，再三渎。渎则不告。”是对占筮活动中事件的叙述、记录，可能与强调占问者态度要虔诚有关，“童蒙”可能指成人如同儿童般蒙昧，未必实指儿童。“纳妇”可能是占问事项记录，而“取女见金夫，不有躬”则是对占问之事实对象描述并占断的记录。这里的“夫”当为“矢”之误，可能意为“娶女时见到铜箭头，会不能怀孕”。这些材料虽然不是史事，但也具有历史的性质，是在现实中会实际发生的，反映了周人社会生活的各个方面。

第四节　侧重符形学的《易经》卦爻辞中的古歌解读

虽然有人早就注意到卦爻辞中的韵语问题，如《韩诗外传》已有将《诗》与《易》引文并举，唐孔颖达亦云卦爻辞“皆为韵语，与诗相类”，但涉及经文的语言形式问题的专题论说不多。现代学者对《易经》

从文学角度进行的研究始于20世纪初。关于《易经》引用古歌的缘由，黄玉顺提出三条，即引经据典的传统、赋诗言志的传统、引诗为占的传统。[①] 三者之中可能最后一条是主要的。近年来，也有一些学者的论著探讨了《易经》卦爻辞的诗学问题，取得了新的成就，构成本节研究基础。就文本自身而言，其自携元语言对文本解读非常重要。《易经》卦爻辞不同的组分的自携元语言不同，诗歌的不同于散文的，文学的不同于历史的。当然，与现代诗不同，其中有的古歌之所以被认定为诗歌在很大程度上是因为其韵律，但实际上对当时编者而言却未必是诗的。这里的研究对象是经文中的古歌。前一节之所以首先分析卦爻辞中的历史材料，原因在于该类材料是原初构建卦爻辞的主要材料，隐含着一条商周之际史事的链条。将历史材料识别出来以后，再剥离断辞系统，剩余的就较为容易进行古歌分析了。前文曾指出，卦爻辞中，押韵的未必是古歌。历史材料中也有一些押韵的文字，如《离》上九问辞，以及《同人》《咸》《剥》《井》等卦爻辞，前人在分析卦爻辞所含古歌时，有的也把这样的文辞定性为古歌，如傅道彬（1993）等。前一节的分析就排除了这样的文辞进入下文分析的可能。

一 《易经》的诗歌特征：自携元语言分析

据本书文献综述，《易经》卦爻辞中含有古歌成分，使得《易经》成为比《诗经》更早的中国诗歌的源头。《易经》古歌片段有的可能是对早已流行的民歌的记录。这些古歌反映了远古的风俗习惯，由于它们长期反复出现，引起筮者注意，一些片段进入了筮辞，或被直接吸收进《易经》。除了古歌，还有的可能是编者根据古歌而编撰的仿作。卦爻辞中还存在一些散文形式的、比喻象征的、有寓意的文字，属于文学材料。古歌文字主要是在问辞中，少量出现于断辞中。有些卦爻辞语句模糊性较强，例如《未济》卦辞的“小狐汔济，濡其尾”，既可能是实景描述，也可能是文学虚构，这样的辞语在下文分析中没有纳入。有的实景描写有较明确的比喻意义，如《小过》初六“飞鸟”。商人是崇拜神鸟的东夷族。《诗

① 黄玉顺：《周易古歌考释》，巴蜀书社1995年版，第20—21页。

经·商颂·玄鸟》:“天命玄鸟,降而生商,宅殷土茫茫”。[1] 该卦初六“鸟”有商人之寓意,因此定性为文学材料,但非古歌。

决定一个文本的解释方式最重要的是其体裁,也就是一个文化和特定文本之间的如何写与如何读的约定。在体裁上,《易经》是一部复合体裁作品,这就要求《易经》符号文本的读法也应当是复合型的,历史体裁的需要历史读法,诗歌体裁的需要诗歌读法,哲学体裁的需要哲学读法,当然其前提是对卦爻辞中各种材料有明确的定位。解读某一文本所需的元语言集合中的体裁是对文本的解读有重要影响的符码,同一文本作为文学作品来读,还是作为历史作品来读,其解释结果大相径庭。解释《易经》卦爻辞中的古歌部分所需要的符码大致可参照在它之后出现的《诗经》来确定。尤其是符形学方面,如韵律、节奏和叠字等;文学手法方面,如赋比兴。当然,《易经》古歌与《诗经》之诗歌相比,远不如后者那样普遍运用复沓回环、双声叠韵等修辞手法。汉字构字有“二合”特征,汉语句子句法也有“二合”特征,就是中国古代诗歌也呈现出“二合”性。“兴”,就是上句起兴,下句抒情或叙事的方法,[2] 就是两个句子既排偶又模拟,排偶在前模拟在后,构成一个相对独立的文本单元。[3] “兴”可以是语言的、语音的等。《易经》“鸿渐于陆,夫征不复”“明夷于飞,垂其翼;君子于行,三日不食”等当皆构成中国古诗“兴”的发端。当然,总体上讲,《易经》古歌比《诗经》尚显得古朴、短小,在艺术成就上显然无法与后者相比,但这也说明了前者较后者更古老,更有原发价值、肇始意义。[4]

据此,《易经》卦爻辞中古歌的判断依据一般认为主要有三:一是形式上呈现出一定的韵律(但不一定全部押韵)和字数(二言、三言或四

---

① 关于“玄鸟”所指,现有三种观点,即燕子说、凤凰说和鸱鸮说。叶舒宪基于四重证据分析认为“玄鸟”应指鸱鸮,“玄”本义为“旋”,源于鸱鸮会360度旋转头和眼睛,并提出鸮女神孕育出龙与凤等神话生物的图像学线索。参见叶舒宪《玄鸟原型的图像学探源——六论四重证据法的知识考古范式》,《民族艺术》2009年第3期。

② 王宏印:《西北回响》,文化艺术出版社2009年版,第262页。

③ 傅修延:《文本学》,北京大学出版社2004年版,第209页。

④ 一般认为我国传世文献中最早的且是最简单的诗歌是先秦《弹歌》:断竹,续竹;飞土,逐宍。诗句质朴简短、句式整齐、韵律和谐,真实反映了原始时代狩猎的生活。关于该诗分析及英译,参见王宏印《中国古今民歌选译》,商务印书馆2014年版,第3页。

言，但字数不一定完全一致）；二是运用了诗歌常用的一些表现手法或修辞手法；三是具有意象、诗意、形象，言此意彼，或者抒情言志，或者写景状物（实有或虚构）。由于上古语言文字即使不是诗歌也多有押韵，而文字内容从不同角度也会有不同的解读，因此卦爻辞中根据韵律进行古歌判定具有相当难度，因此需要结合其他两个条件。“意象”一语很早就出现在中国古代典籍中，如刘勰《文心雕龙·神思》篇中就有“窥意象而运斤”之说。这一“意象”，简言之即“物象”，诗人心中的物象又不是纯粹的客观事物，而是经过他的主观情感濡染的外物，因此是一种客观形象和主观感情的融合。

关于古歌的表现手法，如同一般文学、诗歌一样，离不开比喻，大多数文学修辞手法都是建立在比喻之上。经文中的比喻俯拾即是，许多日常语言进入经文后也具有了比喻性、类比性，其所指因此得到重构。关于《易经》文本的诗歌表现手法，前人已经有一定研究，如郭沫若、高亨、傅道彬、黄玉顺、洪迪等。洪迪较为全面地总结了《易经》古歌的12种诗美创造艺术手法，包括省略与跳跃、原始蒙太奇、瞬时艺术、意识流、意象象征、映射震荡、暗示、意象叠加、总体象征、反讽与矛盾预发、意象临摹与抽象叙述相融合，言之有物、有理。[①] 尽管笔者并不全部接受他对《易经》古歌研究的结论，也不认为他定位为古歌的部分全部是古歌，但他总结的这些手法即使在笔者不认为可以定性为古歌的部分也是存在的，另外还有一些其他文学手法，如前后呼应。因此，笔者认同这些艺术手法在《易经》古歌部分的符码价值，这些艺术手法也是解读《易经》卦爻辞所含古歌所需的元语言集合的一个重要部分。

下面以《渐》卦经文为例，说明卦爻辞的自携元语言问题以及笔者对卦爻辞中古歌的识别、分析思路。关于该卦，前人多有认为其卦爻辞与《诗经》作品如“鸿雁”[②]者之似，也有不少学者认定爻辞含有古歌，但对问辞的解读并不完全一致。《渐》卦象是䷴，卦爻辞如下（标记的含

① 洪迪：《〈周易〉三读》，中国出版集团东方出版中心2014年版，第147—153页。

② 《诗经·小雅·鸿雁》：“鸿雁于飞，肃肃其羽。之子于征，劬劳于野。爰及矜人，哀此鳏寡。鸿雁于飞，集于中泽。之子于垣，百堵皆作。虽则劬劳，其究安宅？鸿雁于飞，哀鸣嗷嗷。维此哲人，谓我劬劳。维彼愚人，谓我宣骄。”

义如前）：

> 渐。女归。**吉。利贞**。
>
> 初六：鸿渐于干。**小子厉。有言。无咎**。
>
> 六二：鸿渐于磐，饮食衎衎。**吉**。
>
> 九三：鸿渐于陆。夫征不复，妇孕不育。**凶。利御寇**。
>
> 六四：鸿渐于木，或得其桷。**无咎**。
>
> 九五：鸿渐于陵。妇三岁不孕，终莫之胜。**吉**。
>
> 上九：鸿渐于陆。其羽可用为仪。**吉**。

卦题和卦辞考释：卦题"渐"字本为河流名（《说文》），转为慢慢行进、缓慢靠近、渐次之义。"归"字从止，从妇省，本义是女子出嫁。《说文》"归，女嫁也。"《诗·周南·桃夭》有"桃之夭夭，灼灼其华。之子于归，宜其室家。"黄凡认为，此处"归"同"帝乙归妹"之"归"，不能解释为"嫁"。[①] 但若从整个卦爻辞来看，说的只是"妇"，即已经嫁人的女子，为丈夫之"妻子"或公婆之"儿媳"。"女"古为"年少未嫁之女子"，因此还是解为"嫁"为胜。卦辞之问辞"渐。女归"似是两件事，一是渐次行进，二是女子嫁人，但实为一事，意为女子渐渐长大而嫁人，或本为"女归，渐"，意为女子婚后生活的渐次阶段。卦辞可释为："缓慢行近。女子嫁人。吉祥。有利的征兆。"

爻辞考释：初六"鸿"即"雁"，自古有象征夫妇、婚姻之说。据《仪礼》的"士昏礼"，其节目有六，即"纳采""问名""纳吉""纳征""请期"和"亲迎"，其中新郎到女家"亲迎"时，"执雁而入，揖让升堂，再拜奠雁。"[②] "干"即河涯、岸边。"小子"是年少的儿子，"有言"即"有议论"。六二"磐"指大石头，"衎衎"言快乐貌。九三"陆"指"高平之山地"。"夫征不复，妇孕不育"，据钱锺书，"征之于实，则远役长离，不保无其事。"[③] 六四"鸿渐于木，或得其桷"中，

---

① 黄凡：《〈周易〉——商周之交史事录》，汕头大学出版社 1995 年版，第 837 页。

② 吕思勉：《中国通史》，上海古籍出版社 2009 年版，第 8 页。

③ 钱锺书：《管锥编》（第二版），生活·读书·新知三联书店 2007 年版，第 62 页。

“桷”有多解，如房屋之椽（屋上与栋梁作垂直方向架设以安放瓦之类东西的方木条）。雁足有蹼，难立于树枝，因此见“鸿渐于木”，猜想可能是落在方而平的树枝上。九五“终莫之胜”当本为“终莫胜之”。该爻断辞“吉”可能是为了避免“雪上加霜”，而平衡阴郁之气氛。上九“陆”应不同于九三之“陆”，当指更高的山地。“其羽可用为仪”可解为无夫、无子之“妇”持贞至终，成为社会的妇德高尚之楷模。

《渐》卦爻辞可基于上文分析今译如下，可确定为古歌文字的部分用楷体标记（未严格符合原文韵律）：

初六：鸿雁慢飞，落于河涯。**少年危险。有议论。没有咎害。**

六二：鸿雁慢飞，落于涯石；其乐悠悠，饮水进食。**吉祥。**

九三：鸿雁慢飞；落于山地。丈夫出征不能归，妻子有孕不能育。**凶险。利于防御敌寇。**

六四：鸿雁慢飞，落于树木，或落大枝。**没有咎害。**

九五：鸿雁慢飞，落于高丘。妻子三年未怀孕，最终仍不能克服。**吉祥。**

上九：鸿雁慢飞，落于高原。雁羽可作祭祀之饰。**吉祥。**

古歌考释：上引经文楷体字部分，形式上以四言为主体，尾字多有押韵，如初六“干”与六二“磐”“衎”；九三“陆”“复”“育”和六四“木”。其主题与修辞手法上都与《诗经》的“鸿雁”诗类似，但兴的部分较多。从本卦爻辞中，可辑录出一首可能的“古歌”如下，但对原句序稍有调整，文字稍有删减：

鸿渐于干，饮食衎衎。
鸿渐于磐，鸿渐于陆。
夫征不复，妇孕不育。
鸿渐于木，或得其桷。
鸿渐于陵，鸿渐于陆。
三岁不孕，终莫之胜。

这些文字以“鸿”为形象，运用了兴的手法，主题是丈夫出征不复（可能阵亡），妻子有孕而不能育之情势。从原始社会学来看，诗句反映了当时战争频繁，丈夫出征而难复，妻子守家而难持的社会现实。在进入经文后，编者增写了“其羽可用为仪”，即使“夫征不复”，“妇孕不育”“不孕”，“妇”也应坚贞不渝，以隐喻的手法蕴含了当时崇尚的妇人之道德因素。

《易经》卦爻辞中的古歌，其分布以一卦之内为主，或涉及全部爻辞，或只是一部分。因此，主要以一整卦为基本单位进行分析。从主题上看，个别的存在跨卦现象。应如笔者曾指出的，因为《易经》编撰是引用业已存在的古歌或也有少量仿作，所以必然存在古歌引用的片段性、残缺性，所以在分析中不必追求从每一卦中都试图找出古歌成分。

二 《易经》卦爻辞中的古歌

本章第三节论证了《易经》卦爻辞中存在隐含的史事，这一论证的结果意味着否定了诸如黄玉顺（1995）认为用韵的地方是引用的古歌，无韵的地方是占断，卦爻辞除了断辞，皆为古歌的观点和洪迪（2014）认为几乎每一卦经文都含有一首或两首古歌的观点。前文已经指出，因为经文的主要内容是建基于商周之际史事的隐性叙事框架上，因此更多的卦爻辞与历史有关，而非古歌。其古歌部分就其数量而言必定会少得多。以下结合更多卦例问辞进行具体分析，程序如上文《渐》卦所示。本着“以意逆志”的精神，在基于多重证据解读问辞指称意义的基础上，立足于经文古歌的原生态研究，重点探讨其中的古歌成分的形式特征及其艺术风貌。分析中，参照了黄玉顺（1995）基于王力古歌韵部理论的有关分析。卦例分析分为两部分，第一部分“要点解析”以卦爻辞指称意义分析为主；第二部分“古歌分析”以古歌考释分析为主。

例 1. ䷀《乾》第一

乾。**元亨。利贞。**

初九：潜龙。**勿用。**

九二：见龙在田。**利见大人。**

九三：君子终日乾乾，夕惕若厉。**无咎。**

九四：或跃在渊。**无咎。**

九五：飞龙在天。**利见大人。**

上九：**亢龙，有悔。**

用九：**见群龙无首，吉。**

要点解析：

本卦题“乾”字，据《玉篇》《字林》等多种古代文献，其本义为“燥、竭”，即干燥、干旱。《噬嗑》卦九四的“噬乾胏”、六五“噬乾肉”都有该字。“乾”用于指天等概念、物类，实为后起概念。本卦卦辞之“乾”，据黄凡研究，指周国发生干旱之史事，因此周人进行大的献祭、占筮活动，占筮结果出现有利的兆头（即雨兆）。[①] 商周时代，干旱、饥荒似是常见之事（参见《诗经·大雅·云汉》的描写）。诸爻辞中的叙事部分都有隐喻意义。“君子”最初可能指国君的儿子中有贤德继承其位的人（继承国君之位者未必一定是儿子，如商王继承制度），后来指这一类有贤德之人，不一定要继承君位，不一定是国君之子，具有了强烈的道德内涵。《易经》中，“君子”与“小人”相对，但其概念与孔子所说的“君子”“小人”有所不同。该爻“君子”可能指周西伯这样的周人统治者或其近臣中的一些人，他们为干旱之灾而忧心忡忡，日夜不宁。九二爻的“大人”即位高权重、有大影响力之人，但非确指，其他卦爻辞中的“大人”亦是如此。九三爻辞断句为“君子终日乾乾，夕惕若厉”。此种断句也见于古籍，如陈寿《三国志·先主传》云：“常恐殒没，孤负国恩，寤寐永叹，夕惕若厉。”[②] 如果断句为“夕惕若。厉。”把该种情势判定为“厉”似乎与内涵的价值取向不符。九三爻辞的“君子”也可视为“龙”。这也可能是后人将“龙”“君子”“君”联系起来的源头。“亨”，如前文所言，在《易经》中主要指实际的供献、祭祀，有时也可能指占

① 黄凡：《〈周易〉——商周之交史事录》，汕头大学出版社 1995 年版，第 533—535 页。

② 陈寿：《三国志》，中华书局 2005 年版。

筮仪式中一种固有的供献活动，仍按照传统解释定位占筮术语，具有“亨通”之类的意义。整卦中的龙除了上九有可能是单数之外，其余应全是复数。这里的“龙”与水、雨等气象有密切关系。“潜龙”当指干旱无雨，“飞龙在天”可能是“降大雨”之隐喻。关于“龙见”一语分析。[①]“龙”字产生过程大致是古人作为认知主体通过体验世界而形成概念并用文字符号确定下来的，该字的指称意义和解释意义随着时代的演进而愈加丰富且具体。《易经》之“龙”不似后来的“龙”那样神通广大、有多重象征意义。

古歌分析：

根据前文所述分析《易经》古歌之基本原则，即依据初九至九五爻辞中尾韵、“龙”的形象以及整体意蕴，可辑录出一首关于“龙”的古歌如下：

潜龙。// 见龙在田。// 或跃在渊。// 飞龙在天。[②③]

除二言的首行外，该古歌的后三行尾字押韵，皆为四言。或有可能“潜龙”原本是“龙潜”，这样四行尾字就全部押韵了。四行歌辞中的主要形象“龙”很可能是当时古人想象之中的“实有物”。对龙的描写，四行歌辞逐行递进，由“潜”到“田”，再由“跃”到“飞”，读来铿锵有力、动感极强。就该古歌的内容而言，很可能与节气或节候有关。后世把“乾”解为“天”，可能主要由九五爻辞和整个卦的形象而来。上九和用九的“亢龙”和“群龙无首”应由编者根据所引古歌补写之辞，具有哲理内涵，借助其断辞，提醒人们不要做亢龙，否则必有所悔恨，而群龙无首则是吉祥的，这也含蓄地表明爻辞所倾向的凡事要适中之原则。

---

① 参见黄凡《〈周易〉——商周之交史事录》，汕头大学出版社1995年版，第536—537页。

② 古代诗歌是不分行的，本章辑录的诗歌按照后来诗歌的分行体例分行排列，但为了节省篇幅，文中有的用“//”做分行标记。

③ 本文从经文中辑录出的诗歌是在首先对经文进行了古史分析之后，然后对其他文字进行的古歌成分识别基础上得到的，因此即使和前人从某一卦经文中辑录出的古歌文字相同，在这一意义上，也存在区别。

将古歌纳入爻辞，从语用意图上讲，不但言简意赅、通俗易懂，而且易于记忆和讲诵。《乾》卦爻辞存在哲理性素材和文学性素材的交叉。“诗言志”是《易经》成书前或同时期的原则，诗歌既有意象、情感，也要有一定的志趣、道理。在该歌谣的意象呈现、事态叙述之背后，整个爻辞教导人们在条件不成熟的时候不要轻举妄动，随着情势的发展，到了一定态势，就需要有所行动，并应根据具体情况尝试向更高的目标迈进，最终达到理想之目标。但是，要避免不考虑自己的能力和条件而行事过度，还应该考虑群体的情况，使群体最大地获益，如此便是吉祥有福的。这里将本卦古歌部分今译如下：

潜身之龙不见。// 龙现野外之田。// 有龙跃出深渊。// 龙飞翔于昊天。

今译中使用每行 6 字（下文中也有 5 字者），仅是笔者给出的一种形式上每行用字数量相同而又比较自由的解释，形式上也不严格按照诗歌规范。

例 2. ䷁《坤》第二

坤。**元亨。利牝马之贞。君子有攸往，先迷后得。主利西南得朋，东北丧朋。安贞。吉。**

初六：履霜。**坚冰至。**

六二：直方大。**不习，无不利。**

六三：含章。**可贞：或从王事。无成有终。**

六四：括囊。**无咎无誉。**

六五：黄裳。**元吉。**

上六：龙战于野，其血玄黄。

用六：**利永贞。**

要点解析：

卦题“坤”从卦辞首字“坤”而来，很可能是“土”“申”两字合文，本来指地点、时间，即关于周土 7 月的筮问。[①] 卦爻辞中出现了向西南方向寻求盟友（建立侯国）、占问可否讨伐纣王之事等史事。“牝马”即母马。马在商人的家畜中，不仅供以驱使，而且也役于征战，应当是最重要的畜力。[②] 马在周人的文化中占有非常重要的位置。周人对马的爱首先是源于早期的马神崇拜，一年四季的马祭活动除了对马祖、对先牧之神及马社的祝祷外，还包含有禳除马灾，祈求马健体硕的部族生存的集体意识。[③] 初六的“坚冰”似指向北方或在北方，“坚冰至”定位为断辞，寓指事物的发展趋势。六二的“直方大”可做整体理解，即“正直、有方、高大”。“不习”之“习”指商代实行的习卜制度，如一习三卜，一卜用三龟，后为节省龟甲，改为一龟卜三次。[④]《尚书》中“卜不习吉”，朱熹解“习”为“重”。[⑤] 因此，“不习”即“不用习卜”“不用重复卜”。六二爻辞强调，有“直方大”之品格者（人或事物），不用习卜就可知道没有什么不利。上六用“龙”的交战和血色形象，指秋天的颜色。虽非属于古歌，但也属于文学性语言。古人可能认为，寒霜落地、绿树变黄、大地逐渐暗黑，是“龙战”之结果（或者把它比喻性地视为“龙战”之结果），眼前一切如黄裳，难道是龙在交战，把一切都变玄黄？用六及《乾》卦的用九之爻辞原来可能分别属于《坤》上六和《乾》上九爻辞。后来由于筮法的变化，将其分开，另行起一爻，“用六”意为所用六爻皆为六，“用九”指所用六爻皆为九。[⑥]

---

① 参见黄凡《〈周易〉——商周之交史事录》，汕头大学出版社 1995 年版，第 539 页。

② 朱彦民：《商代社会的文化与观念》，南开大学出版社 2014 年版，第 230 页。

③ 方蕴华：《〈诗经〉中马意象的宗教与文学情结》，《云南民族大学学报》2014 年第 2 期。

④ 参见李大用《〈周易〉新探》，北京大学出版社 1992 年版。

⑤ 李细成：《〈尚书〉的“卜不习吉”观及其与〈易传〉的关系》，《中州学刊》2012 年第 5 期。

⑥ 尽管有些学者试图重建古代的占筮方法，但实际上古代占筮方法现在已经失传。李大用（《〈周易〉新探》）认为用九和用六之辞可分别和前面的爻辞连起来解读。黄凡（《〈周易〉——商周之交史事录》，第 92 页）认为“用九”“用六”起初只是占筮取日的具体说明，分别指出该卦是通用九天或六天的爻期，以与其他不同的爻期取日筮法相区别；在后来的筮法中，或被赋予新的作用，如果缺少这两爻，会造成占筮中卦爻变化的若干障碍，使占筮不能圆活进行而出现说解的不通和矛盾。因此，可以假设用九和用六之辞本来是和前面的爻辞连在一起的，但后来因占筮方法变化而出现了分离，既有说明性，也能起到爻的作用。

古歌分析：

六二至上六爻辞中，六二“直方大”之“大”很可能是散宜生在编订爻辞时的增写，若据此解读，五条爻辞各含有两个字，尾字都是押韵的，而且也能够形成关于一个旅人的整体意象。该二言古歌如下：

履霜。// 直方。// 含章。// 括囊。// 黄裳。

对此意象可能有不同的解读。例如，一种解读是可能是这个旅人脚踏寒霜，他是个诚实、正直、有原则而光彩内敛之人［也可能指“（道路）笔直伸向远方”］，现在背起行囊、穿上黄色衣裳（整装待发）。另一种解读可能是，一个旅人，脚踏严霜（知道寒冬将要到来）；眼前一切直正、端方、高大，含着光彩（或谓大地在收敛光彩，类于“秋杀”）；大地如同快要扎上袋口（即要所谓的“冬藏”），已经变得一片黄色。或者也可将该古歌的主题直接解为“大地（及其承载的万物）”，“大地”也即“土”：（大地）履霜。//（大地）直方。//（大地）含章。//（大地如）括囊。//（大地如）黄裳。编定者把古歌拆开分置于不同爻辞中，分配以不同的断辞，此为卦爻辞编撰的一个通例。这里较倾向于第二种解释，尝试将《坤》卦以上二言古歌今译如下：

皮鞋踩上霜。
直正宏高方。
含秀敛华章。
收口于大囊。
黄色下衣裳。

《易经》中的古歌多是二言、三言、四言，其行中间或杂以五言，甚至六言，交错推进。《坤》卦的这首古歌类似《弹歌》的纯二言古歌，在形式上各行以同一字结尾、押韵。至少从本卦古歌来看，其尚未达到《诗经》诗歌的发展阶段。

例 3. ䷂《屯》第三

屯。**元亨。利贞。勿用有攸往。利建侯。**

初九：磐桓。**利居贞。利建侯。**

六二：屯如邅如，乘马班如。匪寇，婚媾。**女子贞：不字，十年乃字。**

六三：即鹿无虞，惟入于林中。**君子几，不如舍。往吝。**

六四：乘马班如。求婚媾。**往，吉。无不利。**

九五：屯其膏。**小贞吉，大贞凶。**

上六：乘马班如，泣血涟如。

要点解析：

本卦之名“屯”之意应与六二爻辞“屯如邅如”之“屯”相近，本义为聚居、屯守，卦中指人们聚集起来而前行。卦辞和初九爻辞中“利建侯”都指建立侯国之事，属史事。虽然周先祖曾为“侯”，但后来降为“伯”，姬昌即位时即为“伯”，即周国当时在商朝系统内是属“伯”一级的，比“侯国”低一级。周人所占问的即是否可力图建立侯国之事，即提高国家级别，尚未致力于克商大业，而第三十卦“离”则指武王克商之事（参见前文）。纵观卦爻辞，“利建侯”都出现在《离》卦之前，也可视为对“利建侯”上述分析成立之佐证。初九爻辞“磐桓”指事情的艰难，也指意志的坚决。初九、九五问辞都属文学性质的文字，该两条爻辞可释为“威武、坚固如巨石。利于居静之兆。利于建立侯国之事。”和“囤积脂膏。小事之兆吉祥，大事之兆凶而有灾咎。”六三爻辞的“即”指追猎，“惟”为句首助词；断辞说在“即鹿无虞，惟入于林中”的情势下，君子应舍弃而不要前进，原因是君子对山林可能不熟悉，“无虞”而深入林中则有艰难。六二、九五、上六爻辞之问辞为古歌材料，其分析见下文。

古歌分析：

六二、九五、上六爻辞的问辞部分，除了明显的形式特征和彼此在句法上有相似之处，整体上也能够形成一个完整的古代会婚或抢婚的意象，从中可辑出古歌如下，其中“乘马班如”重复了三次：

屯如邅如，// 乘马班如。// 匪寇，婚媾。

乘马班如，// 求婚媾。

乘马班如，// 泣血涟如。

关于对此古歌的解释可能不止一种。笔者倾向于认为是古代会婚主题的描写。古歌描述的景象是一群人和马车，人们有步行的，也可能有坐车的，在缓缓前行，似乎行进很艰难（可能因天气不佳，可能因携带的东西太多等）。前三句是说，在远处看，这群人和抢劫的匪寇相似，细看实际上却是前往会婚的，第四、第五句重复前两句的内容，但是起到使前文判断更加确定无疑的作用。最后两句是说所娶之女因离开娘家而悲伤哭泣。这里尝试今译如下：

屯聚而行啊，艰难前行啊，// 车、马齐进啊。// 不是贼寇，是会婚队伍。

车、马齐进啊，// 来求会婚。

车、马齐进啊，// 伤悲哭泣、泪水涟涟。

在艺术手法上，这首古歌的特点在于把瞬时的景象与判断变为永恒的意象，即所谓瞬时艺术。该古歌运用了“原始蒙太奇”，将近景和远景直接结合。[①] 这首古歌反映了古人的婚俗。据本卦和《贲》有相似主题的爻辞（六四：贲如皤如，白马翰如。匪寇，婚媾），两卦中很可能有来源于同一首民歌的文字。[②]

例 4. ䷈《小畜》第九

小畜。**亨**。密云不雨。自我西郊。

初九：复自道。**何其咎**！**吉**。

九二：牵复。**吉**。

① 洪迪：《〈周易〉三读》，中国出版集团东方出版中心 2014 年版，第 148 页。

② 参见王宏印《中国古今民歌选译》，商务印书馆 2014 年版，第 5—6 页。

九三：舆说辐。夫妻反目。

六四：**有孚**。血去惕出。**无咎**。

九五：**有孚挛如，富以其邻**。

上九：既雨既处。尚德载。**妇贞厉**。月几望，君子征。**凶**。

要点解析：

本卦主题是关于农业和农人夫妇的，卦题“小畜”来自卦辞首两字，诸条卦爻辞都与主题有关。卦辞“密云不雨。自我西郊”当为问辞，后面可能脱落了断辞①。九二“牵”即“牵着牛车”；六四“血”通“恤”，即担忧；“惕”意为“恐惧”。上九“德”通“得”；“月几望”指月几近最圆的时候。按照现在的农历，圆月一般在农历十五（小月）、十六日（大月），但西周历法有所不同，此略。月亮几近圆满，君子要离家远征，占断为凶险，其语用意义自然是君子居家为吉。月满家人团聚之俗的起源或与其有关。卦辞中“自我西郊”当本为“我自西郊”，且“我”是复数所指，指称下文的夫妇二人。卦爻辞试今译如下：

小量的牲畜。献祭。乌云密布而未雨。我们自西郊归来。

初九：自大道回来。**有什么咎害呢？吉祥**。

九二：牵牛车回来。

九三：牛车脱落轮辐。夫妻相对瞋目。

六四：**有所符合**。担忧消除，恐惧消无。**没有咎害**。

九五：**有所符合，其兆如挛聚。会因邻人（国）而富有**。

上九：已经下雨，已经和好如初。保佑牛车所载。**妇人的征兆显示有危险**。月亮几近圆满，君子要出征。**凶险**。

古歌分析：

除了九五爻辞、卦辞首两字和断辞，其余文字可以构成一首古歌，按

① “密云不雨。自我西郊”也出现在《小过》六五爻辞中：“密云不雨，自我西郊。公弋取彼在穴”。二者用字完全相同，当来自同一首古歌。

照原文顺序和押韵情况可分为四部分如下：

(1) 密云不雨。// 自我西郊，// 复自道。

(2) 牵复。// 舆说辐，// 夫妻反目。

(3) 血去惕出。//既雨既处。

(4) 尚德载。

或可按照全诗意蕴将“复自道”和“牵复”合并为“牵复自道”，变为以下形式（左），把前文今译中的诗句（宋体部分）（右）摘出并按后者调整如下（右）：

密云不雨。	乌云密布而未雨。
自我西郊，	我们自西郊归来。
牵复自道。	牵牛车从大道来。
舆说辐，	牛车脱落轮辐。
夫妻反目。	夫妻相对瞋目。
血去惕出。	担忧消除，恐惧全无。
既雨既处。	已经下雨，已经和好如初。
尚德载。	保佑牛车所载。

这是一首描写夫妇从郊外（收获）回家，途中牛车车轮辐条有的脱落，可能妇人因天要下雨耽误赶路而埋怨丈夫，导致二人怨目相向。不久，二人又和好如初。收成得到保佑。在形式上，全诗几乎全部押韵，主要是“ao”韵和“u”韵。在人称上前后有变化，由第一人称转变为第三人称叙述。在艺术手法上，诗中“舆说辐，夫妻反目”属于映射振荡手法之例。[①] 诗中用乌云密布的形象起兴，最后用下雨与开头照应，古歌中的“既雨”和“密云”呼应，“既处”和“反目”呼应。整首诗语言生动、情感真挚、诗意浓厚。

① 洪迪：《〈周易〉三读》，中国出版集团东方出版中心 2014 年版，第 149 页。

例 5. ䷍《大有》第十四

大有。**元亨。**

初九：无交害。**匪咎。艰则无咎。**

九二：大车以载。**有攸往，无咎。**

九三：公用亨于天子。**小人弗克。**

九四：匪其彭。**无咎。**

六五：**厥孚交如威如。吉。**

上九：自天佑之。**吉。无不利。**

要点解析：

本卦主题与农业丰收有关。九三爻辞中“公用亨于天子”的“公”可能是指周西伯，因为他是殷纣王所封的三公之一，即“以西伯昌、九侯、鄂侯为三公”，也可能指周初三公，即周公旦、召公奭和太公望中的一位。其中，从卦爻辞涉及内容来看，周西伯的可能性为大。“天子”可能指商朝先帝或者周先祖如后稷、公刘、古公亶父等人，因为“天”是周人的固有信仰，在克商后才逐渐和商人的“帝”结合，因此以周西伯可能性大。笔者基本倾向于将本爻辞中的“公用亨于天子”定为与周人史事有关。上九“自天佑之”之“天”即周人信仰的“天”。

古歌分析：

初九和九二问辞有押韵，九四和上九问辞虽未押韵，但四行可作为一个整体呈现古歌的面貌。另据黄玉顺考证，“佑”通“祐”，“载”和“祐”（或“之”）用古韵“之”部。[①]“自天佑之”也可能本是“自天之佑”。因此，从爻辞中可辑录出如下古歌（右为笔者今译）：

无交害，	没有频杂不断的灾害。
大车以载。	丰收后用牛车来装载。
匪其彭，	不是求雨之巫的神通。

① 黄玉顺：《周易古歌考释》，巴蜀书社 1995 年版，第 79 页。

自天佑之。　　　　　　而是来自上天的保佑。

这首古歌中，“害”当指影响农事之灾害。《左传·桓公六年》：“奉盛以告曰，‘絜粢丰盛’。谓其三时不害，而民和年丰也。”牛车在文献中称为“大车”[①]，九二“大车”即牛车。关于九四“彭”，隋唐陆德明《周易释文》（简称《释文》）云：“彭，子夏作‘旁’。虞作‘尪’”。笔者从之，将“彭”解为“尪”，该字本指跛足或脊背骨骼弯曲之人，古代巫觋多由此类人充当，这里当指求雨之巫尪。该诗在形式上，前两行押韵；在艺术手法上，现实景象（前两句）与心理活动（心理活动）交织在一起，与现代“意识流”创作路子相近；其表现手法类似“赋”的直陈，颇有“风”的味道。

例6. ䷙《大畜》第二十六

大畜。**利贞**。不家食。**吉。利涉大川。**

初九：**有厉。利巳。**

九二：舆说輹。

九三：良马逐。**利艰贞**。曰闲舆卫。**利有攸往。**

六四：童牛之牿。**元吉。**

六五：豮豕之牙。**吉。**

上九：何天之衢。**亨。**

要点解析：

“大畜”与“小畜”相对，意指大量的牲畜，或大量蓄养牲畜。“小畜”只说一对夫妇，而“大畜”则是泛指了。初九爻辞的“利巳”是通过占筮确定巳日进行另一项更为重大的占筮活动。九二的“輹”与《小畜》的“辐”不同，指垫在车厢和车轴之间的木块。根据全卦意旨，此“说”也与《小畜》“舆说辐”的“说”不同，后者为主动动词，前者为受动动词，是车主人主动把“輹”卸去。九三的“曰闲舆卫”之“曰”

① 朱彦民：《商代社会的文化与观念》，南开大学出版社2014年版，第248页。

是发语词，“闲”指木栏之类的遮拦物。一说是连在车轴上的绳子。[①]《说文》言，“闲，阑也，是有意解开。从门中有木。”“舆卫”，犹今所谓车棚、车库，常与马厩、牛栏建在一处。[②] 六四的“童牛”指尚未长角的小牛，“牿”指牛栏，一说指驯养牛等家畜的木制器具。[③] 但此处似非驯养之事。六五的“豮豕之牙”中的“豮豕”指去势的公猪，“牙”通“厍”，指猪圈。上九爻辞“何天之衢”中“何”通“荷”，意为“承受、承蒙”，“衢”，据高亨《周易古经今注》云：“衢疑当读为休，古字通用。休即庥字，谓受天之庇荫也。此云‘何天之衢’，即‘何天之休’也。”

古歌分析：

依据以上分析和韵律、主题意象和艺术手法，笔者认为可从爻辞中辑录出古歌如下（右为今译）：

舆说輹，	车脱去轴上垫木，
良马逐。	良马在奔跑追逐。
童牛之牿，	无角小牛入牛栏，
豮豕之牙。	去势公猪入猪圈。
曰闲舆卫，	那木栏与车棚啊，
何天之衢。	承蒙上天之佑护。

这一首古歌前三句押“u”韵，后三句的“牙”和“衢”隔行押韵。“牙”和“衢”二字按古韵是古鱼部韵。[④] 其艺术手法与《大有》古歌类似，是“赋”的直陈。如果考虑第十四卦辑录出的歌谣主题内容，可以将该歌谣和本卦辑录出的歌谣跨卦合为一首如下：

无交害，// 大车以载。// 匪其彭，// 自天佑之。

① 黄玉顺：《周易古歌考释》，巴蜀书社 1995 年版，第 126 页。

② 同上书，第 127 页。

③ 王玉哲：《中华远古史》，上海人民出版社 2000 年版，第 307 页。

④ 黄玉顺：《周易古歌考释》，巴蜀书社 1995 年版，第 128 页。

舆说輹，// 良马逐。// 豮豕之牙，// 童牛之牿。// 曰闲舆卫，// 何天之衢。

据本书对全部卦爻辞的分析，《易经》六十四卦共有108条卦爻辞的问辞涉及古歌，除有两卦可能存在同一首古歌的情况之外（有两例，即《大畜》和《大有》，《屯》和《贲》），其他古歌皆限于一卦之内。其他未在上文分析而问辞含有古歌的卦有《震》《旅》《晋》《中孚》《咸》《大壮》《明夷》等，如《中孚》"鸣鹤在阴，其子和之。我有好爵，吾与尔靡之"。在断辞中，仅发现《否》九五"其亡其亡，系于苞桑"一例，用于断辞而具有了判断功能。

据笔者分析，含古歌的卦至少17卦。这些所谓古歌却不是原封不动地直接照录于其中的，而多是呈碎片状态，有的只是只言片语，有的是单句引用，有的可能被拆开编入不同的爻辞，甚至不同卦的爻辞之中。除了引用实有古歌，卦爻辞中也当有编者仿作的古歌成分。在试图从卦爻辞中辑录出古歌谣时，不应也不必强行把每一卦的爻辞都敷衍出一首或多首古歌，尽管由于卦爻辞语言的高度模糊性和解读开放性这样的尝试是可能的。上文的尝试是通过分析卦爻辞中的历史成分，首先把较为明确的史实性记录部分剔除，然后根据晚于《易经》的《诗经》诗歌特点，结合前述三条《易经》古歌谣记录原则，同时考虑诗歌意象的相对完整性，分析可能的古歌的原始指称意义并对其象征意义进行解释，从一些卦的卦爻辞中辑录出《易经》古歌谣而不必追求完整性、完全性。当然，这些古歌只是"假设"，而不是说实际"古歌"即如此或它们就是古歌本身。

三 《易经》中的文学性散文

本书对《易经》经文的文学分析以古歌为主，本小节仅对经文中文学性散文进行简要分析。《易经》卦爻辞在编定后整体上具有了象征性。从素材来源看，卦爻辞中有一部分不属于诗歌，但属于象征性、比喻性文字，以形象的文字说明一定的意义。本研究将这部分归入文学性散文材料。实际上存在不少模棱两可的情况，可能是实指，也可能是虚指。《易经》经文中的文学性散文介于其他散文部分和歌谣成分之间。《易经》卦爻辞文本虽然含有部分古歌谣，但被断辞分割而散文化，因此语言总体上属于散文文本。从语言特征上看，《易经》卦爻辞在一定程度上继承了卜辞的语言风格。商代卜辞文字属于商代口头语言的记录，由于契刻的缘故，卜辞表达非常简约，一般只保留一些最重要的辞句，逐渐形成了卜辞文字的风格。《易经》文字上属于周代的口语，但首先是接受了商人的文字系统、沿袭了卜辞的简单句法结构，又纳入了一些商周之际周人口语的特征，是周初语言文字的代表作品。卦爻辞文本整体上用字少、用韵律较多，有的卦爻辞节奏感很强，虽然有一些倒装，总体上语言结构非常简单。即使不属于文学散文的纪实散文部分，也很有特色。例如《离》六四爻辞“突如其来如，焚如死如弃如”，运用排比结构、语言生动、气势非凡。又如《睽》上九“睽孤。见豕负涂，载鬼一车。先张之弧，后说之弧。匪寇，婚媾。”外在动作与心理活动、意象的临摹和情节叙述，如此融合地交织在一起，简直是一部意识流作品。就作者文字运用而言，他的文字就如同文字符号化的“赤裸裸的思想”（叶斯柏森语），剪除了一切多余的东西。就形式而言，该爻辞是一种具有诗的部分形式的行文，主要以四字为主，有韵律和节奏，与抒情言志之歌谣的界限已模糊。

《易经》卦爻辞中文学散文部分与非文学散文的不同主要在于指称对象和解释的关系，后者如前文所引《睽》上九爻辞，它是写实的，虽然也可称为纪实文字，但笔者将之归入历史性素材。文学散文部分是比喻的、隐喻性的、有寓意的、言此意彼的。当然，二者有时的确难以明确区分开来，尤其是在《易经》卦爻辞这样的模糊性极强的文本中。《易经》六十四卦中问辞全为文学性散文的有《鼎》《蹇》《咸》和《艮》四卦，涉及一条或几条卦爻辞的有《屯》初九、六三，《颐》六四，《恒》初六、上六，《大壮》初九，《晋》九四、上九，《家人》九三，《夬》初九、九三，《归妹》上六，《丰》六五，《节》初九、九二，《中孚》上九《小过》卦辞、初六、上六等。另外，《姤》九二、九四、上九和《革》九五、上六卦前文已有分析。

第五节 侧重符用学的《易经》卦爻辞的哲理辞句解读

一 《易经》卦爻辞中的哲理材料

就中国传统哲学而言，哲学和哲理虽然不像在西方哲学中那样截然不同，但也并非一个概念，也不在一个层次。哲学是系统性探讨关于自然、社会和人类思维最一般规律的科学，它是以抽象思维形式表现出来的，是范畴、概念的提出、阐明、丰富和发展。而哲理则是关于宇宙人生的原理和智慧，通常以箴言式文字表达出来，是反映自然、社会和思维一般规律的片段性陈述，因此是不系统的、是前哲学的。本书所说《易经》卦爻辞中的哲理文字主要是指那些有一定哲理内涵的格言隽语之类及对一些事体的价值判定能够反映出编订者价值取向的文字。因此，这里具体指涉的是《易经》经文本身所包含的具有朴素哲理性的辞句和占断之辞，而非《易传》对它进行哲学发挥的文字。

《易经》文本的哲理问题涉及多重含义。总体而言，经文在哲理上强调变化，但又认为变化是在一个不变的范围内循环往复，如“小往大来”“大往小来”“无平不陂、无往不复”，还不曾发展出进化的观念。[①] 它的卦象和卦爻辞系统整体上反映了古人对宇宙人生、家国社会的思考。它的卦爻辞的断辞部分即使是保留了真实的筮辞记录也当不是原占筮结果的原封不动的保留、记录，而是经编订者进行了调整、加工的结果，因此可以认为是编者对历史、古歌等来源于现实生活的原始材料进行了哲理分析之结果。因此，这些断辞在一定程度上也反映了周人上层统治集团对卦爻辞系统其他部分涉及诸多事项的总体态度，隐含着其世界观、人生观、价值观以及对社会生活各种领域的问题所持的价值取向、经验总结和哲理思考以及方法论上的辩证观。因此，断辞部分与其他部分结合起来，具有哲学性质，如《坤》第二，初六“履霜。坚冰至”，断辞“坚冰至”包含了人们要了解事物变化趋势、并要未雨绸缪的道理；《家人》六四：“富家。

① 曹伯韩：《国学常识》，中华书局 2010 年版，第 68 页。

大吉”的断辞“大吉”是对问辞“富家”的肯定，表达了对治“家”的指导方针；《比》第八，上六“比之无首。凶”与《乾》用九“见群龙无首。吉”二者问辞意指类似，断辞却相反，体现了《易经》部分卦爻辞的辩证性。下面分两小节分析《易经》卦爻辞中的哲理辞句和断辞系统的哲理问题。

二 卦爻辞中的哲理辞句解读

（一）整卦文辞的哲理内涵

对《易经》卦爻辞中可能的哲理辞句的分析应避免用后起的哲理或哲学概念解释卦爻辞。后人从哲学上解易存在着用后起概念附会经文之倾向，例如阴阳、五行以及道的观念是在战国时期发展起来的，所谓“阳爻”“阴爻”之名也是后起的；经文中虽然有四次出现“道”字，但都是指实际的道路，而非哲学的“道”。对《无妄》卦辞“其匪正”之“正”；《泰》九二、《复》六四、《益》六四和《夬》九五各有的“中行”之“中”，因中国传统哲学中“中正”和“中庸”之概念、范畴的提出和论述在后世，经文中“正”和“中”皆不定性为哲理辞句。如此还有《随》九四“道”《益》九五“心”，这里虽归类为哲理材料，但其概念尚不是后起哲学概念上的“道”“心”。就整卦而言，卦爻辞均涉及哲理的卦数量较少，据笔者初步分析，仅有《谦》（主张为人处世，谦卑为要）、《无妄》（倡导无虚妄、无妄想）、《恒》（论述恒心的重要性）等少数几卦。在少数不同的卦之间，实际上也存在联系在一起的哲理辞句，如《泰》“小往大来”、《否》“大往小来”，本书认定为断辞，两句卦辞共同表达古人的关于变化的观念，补充了“无平不陂，无往不复”只强调方向而不涉及大小程度的问题，而整个经文也具有整体的哲理内涵。下面首先以《无妄》卦为例进行分析，与前文相似，分析也分为两部分，前一部分侧重阐明指称意义，后一部分侧重哲理内涵的诠释。

䷘《无妄》第二十五

无妄。**元亨。利贞。其匪正，有眚。不利有攸往。**

初九：无妄。**往，吉。**

六二：**不耕获，不菑畲。则，利有攸往。**

六三：无妄之灾。或系之牛，行人之得，邑人之灾。

九四：**可贞。无咎。**

九五：无妄之疾。**勿药有喜。**

上九：无妄。**行，有眚。无攸利。**

要点解析：

《释文》解“无妄”为“无虚妄也”。马、郑、王肃皆云：“‘妄’犹‘望’，谓无所希望也。”笔者综合对全卦的解读而从前者，“无妄”即意为“没有虚妄、混乱”。卦辞之“匪”通“非”，“正”据黄玉顺当指旧历一月，可能是正解。[①] 也有可能指“端正”之“正”。六二爻辞的“不耕获，不菑畲”，《尔雅·释地》云“田一岁曰菑，二岁曰新田，三岁曰畲”，但也有不同说法，如王宇信认为，新地第一年称“菑”，第二年称“畲”，第三年则是“新田”。[②] 鉴于这一辞语涉及不同等次的田地，这里把“则”理解为其动词本义，即定出等次、区分物体等级，用例如《书·禹贡》所云“咸则三壤，成赋中邦。”中的“则”字。除此之外，《易经》其他卦爻辞中的“则”全为连词。六三“无妄之灾”和九五“无妄之疾”的“之”指“到”“致”，其他“之”皆解为“的”。这里尝试今译卦爻辞如下：

没有虚妄。**大供献、祭祀。有利的征兆。不是正月，有灾异。不利于前往行事。**

初九：没有虚妄。**前往行事，吉祥。**

六二：**不耕种，何来收获？没有一年田，何来三年田？划分等次，利于行事。**

六三：没有虚妄而致于灾异。某人把牛拴在那儿，路人得到牛，邑人却因此被责。

① 黄玉顺：《周易古歌考释》，巴蜀书社 1995 年版，第 121 页。

② 王宇信：《西周史话》，中国国际广播出版社 2007 年版，第 78 页。

九四：**可以的征兆。没有咎害。**

九五：没有虚妄而致于病疾。**不用药就会转忧为喜。**

上九：没有虚妄。**出行，有灾异。没有什么利处。**

哲理分析：

首先关于六二爻辞的问辞（上文标记为黑体字）。“不耕获，不菑畬”原本当是“不耕而获，不菑而畬”，指称一种事态，意为“不耕种，何来收获？没有一年田，何来三年田？”强调事物间的因果关系。这一思想也体现于《尚书·无逸》之周公所言：“君子所其无逸！先知稼穑之艰难乃逸，则知小人之依。相小人，厥父母勤劳稼穑，厥子乃不知稼穑之艰难，乃逸，乃谚。”《尚书·大诰》也有周公所说“厥父菑，厥子乃弗肯播，矧肯获”。因此，将它定位为哲理格言，表达先有付出才会有收获的道理。关于整卦而言，卦辞“元亨，利贞”是“无妄”的直接肯定性断辞，初九“无妄”为问辞，“往，吉”为断辞，即关于“无妄”的筮问，断为若“往”则“吉”，仍属对“无妄”之肯定。六二问辞虽无“无妄”字眼，但其意也在强调要“无妄”，九四也可视为如此。六三通过失牛之例说明人有时会遭受“无妄之灾”，而九五则认为“无妄之疾”可不治而愈，暗含对“无妄”的肯定态度。上九比较特殊，对于“无妄”的筮问，断为（即使“无妄”）出行也遇到灾异，与六三之倾向相类。因此，从本卦文字来看，着重说明了两种情形，一是强调主观上要“无妄”，二是“无妄”会使人吉祥，但即使“无妄”，也可能会遇到灾异，这是生活实情。总体上本卦主张要“无妄”，即“没有或不要虚妄”，这是本卦主要的价值取向及哲理内涵之所在。

（二）单条卦爻辞中的哲理辞句分析

在卦爻辞的问辞和断辞中，也存在着一些辞句，具有哲理格言的特征，可以单独列举出来。笔者将这部分卦爻辞中的哲理性辞句称之为哲理辞句。辑出的哲理辞句主要在各卦单条卦爻辞层次上，特别是在断辞之中，因为断辞的功能就是就某种情况或事态进行评判，往往用简洁的文字点出其中的理性内涵，就文本本身而言并非随机的断辞记录；而问辞之中，也可能存在少量哲理辞句，主要是一种对某种情况或事态的隐喻说法，作为问辞而包含着一定哲理。前文分析已涉及一些，如《无妄》六二问辞。下面以从单条卦爻辞辑出的哲理辞句中的6条为例，通过解释再作阐明。

（1）《泰》九三：无平不陂，无往不复。→无平不陂，无往不复。

解释：本爻辞为断辞，属于对事态的判断说明，谓“不会只有平坦的地方而没有斜坡，不会只有去而没有来”。本句反映了一定的辩证法观念，但仍局限于封闭性思维。

（2）《豫》六二：介于石，不终日。→介于石，不终日。

解释：本句意为“拘谨、耿介如石，不能过完一天”。强调的是为人处世的一般规律，即不能过于僵化如石一样，否则一天也过不下来。此属人生哲理。

（3）《随》九四：在道以明。→在道以明。

解释：句中“明”字由“日”“月”两字组成，寓指日月之光华；“以”即“因”“凭”；“道”即道路。大意为：凭借日月之光明行于正道，明则道，无明则不能在道，无正道则歧迷。如《明夷》卦之“明夷”“不明晦”，则无道、没有正道。后世哲理化的“道”“阴阳”以及“一阴一阳之谓道”可能源自此语。

（4）《复》（卦辞）反复其道，七日来复。→反复其道，七日来复。

解释：本句本意为“沿着同一道路回返，第七日就可回来”，与泰九三“无往不复”有一定关联。本句反映了周人的时间和谋事的观念。古人以天干地支记日，天干有十（甲至癸）。若以十日为限，七日为事态变化之转折点，若进入第八日就无法改变事态的发展了。对周人而言，这是一种哲理，反映了其“规律性认识”。

（5）《大壮》九三：小人用壮，君子用罔。→小人用壮，君子用罔。

解释：“壮”意为“强壮”“有力”，此句偏于“蛮力”之意，与“智慧”相对；“妄”本义是渔猎用网罗，引申为“无”“虚妄”等，该句当是“罔用”之倒，即原为“小人用壮，君子罔用（壮）”。《易经》中有些断辞没有给出明确的吉凶悔吝这样的占断语，而以“君子”“小人”这样的道德人格来表明价值取向，因此在语用意义上其占断可能就取决于文本接收者要做“君子”还是“小人”了。

（6）《益》九五：有孚惠心，勿问元吉。→有孚惠心，勿问元吉。

解释："惠心"即"仁爱之心"，"问"指筮问。意为只要有强烈的仁爱之心，不用占问就知道是大吉的。此"仁爱之心"之"仁"，尚不是孔子"仁"的概念，但这和后世儒家的"仁"的观念是大体一致的，是一种哲理性道德价值判断。

相对于前文分析的历史和古歌材料，以哲理论述取向为主的整卦其数量和卦爻辞条的数量要较指涉历史和古歌的部分卦和辞句数量少。然而，有关哲理的文字还有断辞部分，这一部分数量就相当大了，因为虽然个别卦爻辞条有占断文字脱落现象，今本《易经》绝大多数卦爻辞条都存在断辞。笔者不拟对所有辞条的断辞文字进行逐字分析，因为笔者对这部分文字的解读，和其他学者并无大异。然而，《易经》断辞系统也是经编撰而成，并非"实际占筮记录"的照搬，而所谓"实际"也不意味着当时的占筮本身是完全客观的，因为占筮过程是有"人谋"涉及在内，很多情况下是为特定目的服务的。下面仅从文化符号学标出性理论的视角，探讨《易经》断辞的文化标出性问题。

三　《易经》卦爻辞断辞的文化符号学标出分析①

《易经》文本的产生经历了对筮辞、古歌、历史故事、哲理格言等素材的编撰过程，其素材进入卦爻辞系统后，除原来筮辞外，便会附上一定的吉凶占断语，或自身成为占断语成分。而筮辞部分的断辞也会经过编者确认、调整和增删而最终确定。这些吉凶断辞整体上反映了周初文化的价值取向和通过文本在社会中传播以实现文化价值体系社会化构建之意图。因此，《易经》本来就是一部所谓"天""人"关系、沟通"人""神"，"究天人之际"的书。本节选择应用文化符号学的标出理论考察卦爻辞的文化标出现象。

（一）文化符号学的标出理论

文化符号学主要属于符号学范畴。赵毅衡（2011）把语言学标记理

① 本节内容经修改以"从文化符号学标出理论看《易经》经文的标出性"为题发表在《符号与传媒》2016年春季号。

论推演至符号学，提出了文化符号学标出性理论[①]。文化研究中的"标出性"指涉的是文化中普遍存在的对立项不平衡问题，属于符号学范围。符号文本的产生与解读离不开伴随文本和深层伴随文本，即大量的文本生成于其中的特定社会文化的约定和联系。标出性在文化中普遍存在。文化对立项中，标出的一项即标出项是异项，其对立项是正项，而二者之间存在着中项。中项的特点是无法自我界定，也没有自己独立的符号，必须靠非标出项来表达自身。两项对立中，导致不平衡的是第三项，即中项。标出项之所以成为标出项，就是因为被正项和中项联合排斥。这种中项偏边现象是文化符号中判断标出性的关键，也是各种文化标出共有的特征。中项无法自我表达，甚至意义不独立，只能被二元对立范畴之一裹卷携带，即只能靠向正项才能获得文化意义，此即中项偏边问题。语言的二元对立间不一定有中项，而文化对立范畴之间必然有中项。任何一个文化范畴内的二元对立都落在文化价值正项、中项、异项三个范畴之间的动态性关系中，例如健康/病态，清醒/疯狂等各自的二项对立。赵毅衡指出，文化标出理论仅适用于文化符号学。[②]

中项偏边现象是文化符号学中判断标出项和确定主流思想的关键。正项或非标出项被文化视为"正常"而获得了在文化中为中项代言的意义权力，反过来说也成立，即正是因为非标出项能为中项代言，才被认为是"正常"的，是正项。例如，一个文化中，人、行为和概念意义上的"善"和"恶"之间总有大片的中间地带既非善又非恶。至善和至恶属于少数，当中项认同善而以恶为耻，该文化的社会才能趋于稳定。对于善恶，要维持一个文化中的意义秩序，消灭"恶"在定义上就不可能，只能把"恶"明确标出为异项，以控制其发生率，阻止中项认同恶，使社会大多数因为恐惧而被标出从而趋向于善，即存在中项偏边。中项倾向的善与恶不是伦理道德问题，而是取决于文化符号的意义解释，也就是说，

---

① 汉语"标记性"一语译自英语"markedness"，一直作为语言学术语使用，但其汉语译名的意义过于宽泛，容易被误用。赵毅衡建议译为"标出性"。（参见赵毅衡《符号学原理与推演》，南京大学出版社 2011 年版，第 281 页。）本节依据的主要是赵毅衡提出的理论，因此使用"标出性"一词。

② 赵毅衡：《符号学原理与推演》，南京大学出版社 2011 年版，第 286 页。

关键不在于一个人做了什么，而在于文化如何理解并命名这个行为。而对于何谓善、何谓恶，对不同文化则不尽相同，同一文化的不同时期也是有一定程度的变动的。文化标出性分布并不是一成不变的，存在标出性历史翻转现象。就《易经》时代而言，《易经》为少数人所及，文字为少数人所及，物被非生产性地使用于祭祀等活动皆为文化标出现象，如识字者为正项，大多数人倾向于自己能够识字，不识字者为标出项。

（二）《易经》卦爻辞文本的文化符号学标出分析

《易经》卦爻辞的编订所反映出来的主要是商周之际周人最高统治集团的价值观念，当时的周人已将自觉的理性活动推进到一个新的境界，萌生了人事可改变天命的意识，集中表现在周初周人的“天命靡常，唯德是从”（《尚书》）的理论。这表明，与商人不同，周人在更大程度上改变了自己的整个精神世界。据前文文化符号学标出性理论介绍的文化中项偏边观点，文化价值体系中的“善”与“恶”“吉”与“凶”“君子”与“小人”“男权”与“女权”等二元对立项之间应存在中项，而且文化价值中项应该有偏边现象。

《易经》卦爻辞中的断辞是其卦爻辞中论断休咎的辞语。在一定程度上，断辞体现了其中变化了的文本发送者的文化价值倾向。问辞部分也有一些文化二元对立项。下文拟主要通过断辞尤其是占断专用辞部分进行研究，重点分析典型辞例。对《易经》文本这一问题，苏智（2013）分卦象和辞两部分内容探讨了标出问题，但其辞部分的研究对象限于有明确的断辞文字部分中的一些，内容单薄。① 本节拟扩大范围，以求较全面地通过中项偏边现象分析反映卦爻辞所反映的周人文化价值取向。

卜筮专用语是在漫长的历史进程中产生的。占筮专用语对占卜用语有一定的继承。在《易经》经文中，如果把卦爻辞大致二分为问辞和断辞，占筮用语几乎都属于后者，是一种对占问部分较为抽象的概括性评论。高亨认为，《易经》中所用表示休咎之字凡七，即“利”“吉”“吝”“厉”“悔”“咎”“凶”，并对每一个字进行了释义。② 这七个字都是可单独使

---

① 苏智：《文化中项与价值建构—〈周易〉的一个文化符号学分析》，载曹顺庆《中外文化与文论》（25），四川大学出版社 2013 年版，第 115—121 页。

② 高亨：《高亨〈周易〉九讲》，中华书局 2011 年版，第 43 页。

用（或加否性词）的抽象占断语，意义比较单一、明确。若以明确标示的价值取向来看，这一类字词当不只这7个。

据黄凡的分类[①]，按照有无占筮专用语，《易经》占辞有三类：一是纯抽象的卜筮专用语。区别占断专用语主要依据该词语在卦爻辞中出现的次数、位置、作用和规律性等。一般说来，占筮专用语有："亨""贞""吉""利""祉""喜""凶""厉""眚""悔""吝""咎""用""勿用"。例如，"亨"是占筮专用语。在卦爻辞中，"亨"有时并非占筮专用语，例如在《益》六二"王用亨于帝"中，"亨"指祭祀之意，非占筮专用语。在《乾》卦辞"元亨。利贞"中，"亨"视为占筮专用语，指"献祭""祭祀"之意。此外，像"有攸往""无攸往""勿忧""勿恤""有言""有誉"等也属于断辞。二是形象化的语言，例如《随》初九"出门交有功"，含蓄地说明吉凶预示，属于"无占断专用辞断辞"，下文简称"无占断专用辞"。三是上面两类组合而成，例如《大壮》九三"小人用壮，君子用罔。贞厉。羝羊触藩，羸其角"。占筮专用语"贞厉"对该辞条中的其他形象化占辞起到一种概括、总结、提示、说明、评论，或进一步加深发展的作用，称为"附占断专用辞"。因此，按照有无占断专用辞，断辞分为占断专用辞、附占断专用辞和无占断专用辞三类。如果按断辞的抽象性，断辞有概括性占断和具体占断，后者据占断对象的主题，又可进一步分为四种，即就事、就人、方位和时间占断等。[②] 现把《易经》文本中占断专用辞或基本属于专用辞的分布情况，包括本字、解释和辞例统计列如表3—3，其中不包括同一字词的非断辞用法，基本避免重复计数，如"贞"（征兆、占问、正）几乎都与其他主要断辞连用（如"利君子贞"），不再单独统计；"不利有攸往"，计入"利"而不计"有攸往"。断辞一般在其他辞之后出现，也有一小部分出现在之前，如《未济》九四"贞吉，悔亡，震用伐鬼方三年，有赏于大国。"也有位于中间的，如《泰》九三"无平不陂，无往不复。艰贞。无咎。勿恤其孚，于食有福。"有的形象化辞句没有出现专用字，却也属断辞，如《坤》卦六

① 参见黄凡《〈周易〉——商周之交史事录》，汕头大学出版社1995年版，第112页。

② 参见朱伯崑《易学知识通览》，齐鲁书社1993年版，第111—112页。

三“或从王事，无成有终。”

表 3—3 **《易经》卦爻辞占断专用语**

占筮专用辞	基本意义解释	例辞	在经文中出现次数
吉	吉利、吉祥	往遇雨则吉	147
利	利于……；有好处	利牝马之贞	114
咎	有灾难、罪过	匪咎；何其咎	98
凶	凶险	有凶；贞凶	58
用	可在某时或根据某卦占辞做某事	用涉大川；勿用取女	44
亨（享）	有供献；亨通	元亨；光亨	43
悔	悔恨、可恨	无祇悔	34
厉	病邪、恶疫、疾病	往厉	27
吝	可惋惜、有艰难	以往吝	20
得	得到	先迷后得	9
复	回复、复得	七日来复	8
有攸往	有所往	有攸往，无咎	6
尚	帮助、保佑	得尚于中行	6
眚	灾异	是谓灾眚	6
勿恤	不要、不必担心	勿恤其孚	6
誉	荣誉	无咎无誉	6
言	谗言、闲话	小有言	5
终	有一定好的结果	无初有终	5
喜	欢喜、喜事	介疾有喜	4
可	可以（做）	可小事不可大事	4
福	福气	于食有福	4
宜	适宜	宜日中	3
小	（价值、程度等）小的	小往大来	2
大	（价值、程度等）大的	大往小来	2
祉	福禄	以祉元吉	2
不可	不可以（做）	可小事不可大事	2
初	有一定好的开始	无初有终	2
无成	不成功、无成果	无成有终	2

续表

占筮专用辞	基本意义解释	例辞	在经文中出现次数
不宜	不适宜	不宜上宜下	1
勿忧	不要、不必担忧	勿忧，宜日中	1
有事	有（难）事情	亿无丧，有事	1
无丧	没失去	无得无丧	1
成	成功、有成果	成有渝	1

据笔者统计，下面对出现频次较高的前9个断辞的具体情况进一步进行统计说明，作为主要分析对象。若以各自本身的程度为据，可用表3—4大致表示不同程度的断辞在《易经》卦爻辞中出现的频次。例如，在通行本《易经》文本中，“吉”共出现了147处，包括“大吉”（5处）、“元吉”（15处）、“吉”（76处）、“初吉”（1处）、“中吉”（1处）、“终吉”（9处）、“贞吉”（39处）、“引吉”（1处）。

表3—4　　不同程度的断辞在《易经》卦爻辞中出现的频次

占筮专用辞	程度高（频次）	程度中（频次）	程度低（频次）
吉	大吉、元吉、引吉	吉、初吉、中吉、终吉、贞吉	
	21	126	
利	利、利贞、利……之贞	无不利	无攸利、不利、不利……贞
	85	13	16
咎	为咎	无咎、匪咎、何咎、何其咎	
	1	97	
凶	凶、终凶、有凶、贞凶		
	58		
用	用	勿用	
	35	9	
亨	元（光）亨	亨	小亨
	11	31	1
悔	悔有悔	悔，有悔	无悔、悔亡
	2	4	26

续表

占筮专用辞	程度高（频次）	程度中（频次）	程度低（频次）
厉	厉、有厉、贞厉		
	27		
吝	吝、终吝、贞吝		小吝
	18		2

关于“吉”“凶”二字，《说文》曰，“吉，善也，从士口。”“凶，恶，象地穿交陷其中也。”《易经》中的“吉”字均为“善”“福祥”之意，“凶”字均为“恶”“祸咎”之意。二者分居《易经》卦爻辞价值判断的两端。其他的占断往往吉凶兼有，程度不一，从吉凶的尺度判断是不明确的，按照卦意往往要凭借人事的努力以趋吉避凶、逢凶化吉，因此这些占辞所指向的态势一般居于吉凶之间。如果按照统一的价值尺度比照，那么，在同一轴上，以“吉”为一端，“凶”为一端，上述其他各项分别落入两端之间：“吉”（善、福）—“亨”（亨通）—“利”（益）—“用”（可行）—“悔”（懊恨）—“吝”（艰难）—“厉”（危险）—“咎”（较轻之灾）—“凶”（灾祸）。把各项的分项大致相近的部分累加，相关数据见图3—1。

由图3—1数据可以看出，居于吉凶价值判断中间地带的部分共计占到378次，其中299次偏向吉，大约占80%。因此“吉”属于文化价值系统中的正项，而“凶”属于标出项或异项。从文化符号学来看，这378次价值判定属于中项，它们明显表现出了价值偏边现象。在“吉”的一端，又分出了“大吉”等更高程度的断辞，然而“凶”则没有。这些特征表明，在《易经》卦爻辞系统的占断价值判定方面，趋吉避凶的取向特征非常明显。因此，《易经》的价值建构由于中项向吉的一端的主要取向而明显受到中项的主导，异项被标出，这样的价值系统可能通过占筮活动向社会中下层人群传播，以促进整个周族的价值体系的构建。

实际上，与此相关的文化标出现象还有很多，文化系统中的正项—中项—异项呈现出复杂的动态关系。例如，在商周之际和周初，占筮者在族群中占有很高的地位，设有专门的官职，最高层也参与国家和王室层面的占筮活动，大量人财物非生产性地使用于占筮、祭祀等活动。《易经》文

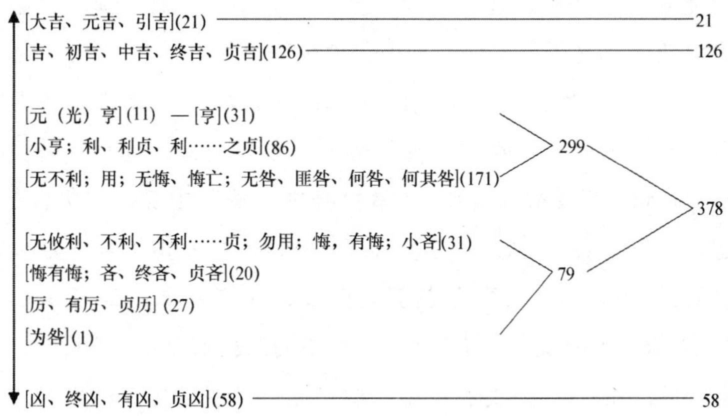

图 3—1 占断专用语中项偏边数据

本原为少数人所及，文字也为少数人所掌握。因此，在识字与不识字的二项对立上，识字者为正项，大多数人属于中项，他们倾向于自己能够识字，完全不识字者成为标出项。《易经》在译为外语时，其标出性问题可能会随着文化交流和在应用层面的日趋广泛而逐渐减弱。此问题将在后文结合对《易经》译本的研究进行讨论。

既然“吉”“凶”是《易经》文本反映的文化价值取向的正项和异项，那么相关的卦爻辞表达或蕴含着什么具体的价值取向呢？这里，以含“大吉、元吉、引吉（‘引’当为‘弘’之误）”的卦爻辞为主进行简析。卦爻辞中含有这三个断辞（表中用粗体标示）的辞条共 20 条，其中卦辞 3 条，爻辞 17 条。例如，《损》卦辞，“损，有孚，元吉。”在有损的情势下，“有孚”则“元吉”。“孚”历来多解释为“信”，“有孚”即有诚信、有信用。当然，这样的解释并不适用于经文中所有的“孚”字。“孚”本义为“俘虏”之类，后又有“符合”之意，多是根据卦象做出的判断，如《尚书·君奭》“若卜筮，罔不是孚”①，这应该是经文中大多数“孚”字的意义。基于“符合”之意，亦有可能进一步抽象化而引申出人之“信用”“诚信”之意，因此“孚”在《易经》经文中表达的

① 黄凡：《〈周易〉——商周之交史事录》，汕头大学出版社 1995 年版，第 109—110 页。

意义较为复杂。本例中，将“有孚”解为“有信”，把“损，有孚，元吉”解为对任何情况下要诚信如一的价值强调。第三十卦《离》之“黄离”解“黄鹂”，为周国或周军旗帜所画的标志物，因此认为是国家象征。第四十五卦《萃》九四“大吉”的断辞前没有出现问辞，需要根据整个卦的主题和上下爻辞来解释。《萃》卦之“萃”主要指“集合”“召集”之意，这里将此“大吉”之象征意义解为“凡事群策群力必定大吉”。有的爻辞的问辞和占辞存在部分倒装，如第五十九卦《涣》六四“涣其群，元吉。涣有丘，匪夷所思。”其中的结构似是：“涣其群，涣有丘，匪夷所思，元吉。”其意大致是，即使族群遭受涣之灾亦无妨，因为“有丘”，因此“元吉”，可认为象征任何困难必有解决之道的意义。

据笔者分析，在20条卦爻辞中，判定为大吉而十分重要的、与人事有关内容主要有：帝、父之尊贵；建国、富家及占事、祭祀之重要，个人和族群讲诚信、团结，民之食、畜之养，凡事有度、有主见、有分享，凡难有解决之道，包括讼之用。以上所涉完全可视为封建时代建设家国方针的大纲，周初统治集团作为《易经》文本发送者所力图构建的国家社会价值体系之要点可见一斑。

第六节 《易经》文本素材来源分析和拟定本的确立

一 《易经》原始经文素材的文史哲来源

《易经》文本的形成是编订者借用了8年期间的占筮活动主要的筮辞记录作为基本框架，并纳入一些其他素材，编撰、加工而成。为了使文本指称意义模糊化、解释更加开放化，原本可能存在的具体日期记录已经被去除了，导致所指优势减弱，能指优势上升。后来，卦象的阴阳爻也被用文字符号进行了命名，即“六”指阴爻、“九”指阳爻，“初”至“上”（帛本为“尚”，二者应通假）指爻在卦象中的位置。有学者如马承源（2003）指出爻题在先秦时候已经开始用“九”“六”[①]，但爻题的

① 马承源：《上海博物馆藏战国楚竹书》（三），上海古籍出版社2003年版。

具体出现时间尚无定论。这是一种指称关系，也是一种解释关系。在本书关于卦象的假设下，卦象作为占筮历法标记，属于客体对象性突出的符号。因此，它在占筮中的解释余地不大。但由于具体时间点难以确定，出现解释困难和复杂化则难以避免。黄凡古史体系的多个时间节点虽然大致和传世文献包括一些出土文物铭文所记相对应，但也不是没有问题。而且，在作为占筮之书流传于世之后，这些符号所指向的具体时间已经不再重要。春秋时《易传》的出现，使得卦象符号的新解释走向了哲学化，因此如果考虑对《易经》卦象的解释历史，更是一个纷繁复杂的图景。

上文的《易经》卦爻辞文史哲三元模式分析证明了卦爻辞基本的三元构成，古歌、历史和哲理文字分别来源于文史哲三个范畴的素材（参见图3—2）。

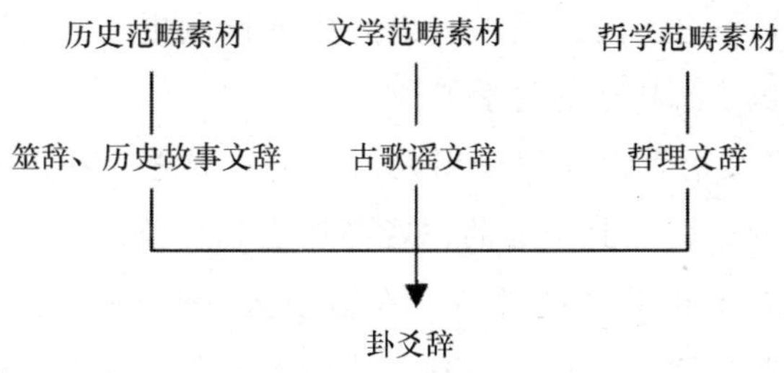

图3—2 《易经》卦爻辞素材三个主要来源

（一）历史来源

卦爻辞中存在的历史事实多在问辞之内，特别是隐含的商周之交和周初历史叙事。筮辞中含有历史活动记录也为西周甲骨的文字所证实。但若认为每一条卦爻辞的内容都是依据史实的，则显然与卦爻辞实际情况不符，因为卦爻辞中有一部分显然并非史实。认为整部《易经》是一部编年日记体占筮记录，本章的研究不支持这一极端假设。《易经》文本内部的古史文字主要有两个层面。一是占筮内容本身是历史事件的一部分。商周之际周人的占筮活动是在最高统治集团内部进行的，涉及一些重大历史事件，它们必然作为史实出现在占筮记录里，如第四十六卦《升》六四“王用亨于岐山”。二是经文含有史实内容，即实际发生过的历史事件进入了卦爻辞，如“箕子之明夷”。一个史实的发生可能在卦爻辞之前，作为史实用于卦爻辞记言中只是用其象征寓意。[①] 在成书过程中，为了使卦爻辞能够通用，大部分史事的实际日期和历史人物信息抹去了。除《明夷》六五的“箕子”外，卦爻辞中没有直接或明显使用与纣王或殷商有关的词语，这似乎与周对殷商遗民的政策有关。但有些历史痕迹还是保留了下来，如“康侯”。总体上，因隐去了理解经文的参照点，使得经文中的历史因素复杂难辨。有的故事拆解而分系于不同爻题之下，如《睽》《旅》《益》等卦。从文字数量上看，隐含的或显在的历史文字占到问辞的多数。

（二）文学来源

最早的民歌起源于劳作、祭祀和其他集体活动，而且和歌舞等活动相伴随。[②]木心在谈到《诗经》时说，把《诗经》不当作品，而当作伦理、道德、教条等，始自汉朝，其文学价值、文学光辉湮没了。[③] 《易经》何尝不是如此，只不过不同的是《易经》中的诗歌更早，而汉朝只把《易经》当作了意识形态构建的哲学工具。

《易经》经文语言大体属于周人口语。商周之际和周初已经是一个诗歌颇为流行的时代，卦爻辞的作者必然受到影响。《易经》的古歌和占筮本来或是互不相关的两件事，在被引入《易经》筮书之前，作为古歌谣的一些卦爻辞诗句或早已独立流传于社会，唯有广泛传播才有被占筮者引用的可能。卦爻辞中存在的古歌成分，除了《易经》编订者可能仿古歌而作的部分，有的可能是直接通过摘取局部的方法由古歌而通过筮辞进入经文的，有的原初完整的古歌在进入卦爻辞时可能是被拆解过的。考虑到占筮的实际需要，这样不仅利于背诵、讲诵，也利于解读时附会。卦爻辞总体上呈现了诗的结构，具有诗的言说方式特征，与《易传》的散文式结构不同。[④]《易经》卦爻辞的文学价值主要是保留了殷周之际民歌的片段，体现了当时民歌创作的风格特点。洪迪总结了经

① 李学勤：《周易溯源》，四川出版集团巴蜀书社 2006 年版，第 15 页。

② 王宏印：《中国古今民歌选译》，商务印书馆 2014 年版，第 2 页。

③ 木心：《文学回忆录》，广西师范大学 2012 年版，第 138 页。

④ 叶维廉：《中国诗学》，生活 · 读书 · 新知三联书店 1992 年版，第 79 页。

文古歌 12 种创作手法，认为在艺术上不亚于《诗经》。[①] 但前者内容较为简单，语言更加古奥、质朴，由此可知前者更早。前文研究表明，无论在语言形式上，还是在内容上，《易经》经文中确有远古诗歌成分，可以辑录出数首古歌，但不能把整部《易经》每卦都辑录出一首古歌而成为一部“上古诗集”。《易经》文本中文学文字部分数量较历史文字要少。

（三）哲理来源

卦爻辞中含有哲理辞句，整个断辞部分都具有哲理内涵。这部分卦爻辞多在前文所述的诗歌和历史文字之外。哲学的发生在于对宇宙、心灵的思考从而对实在形成系统的观念。在经文中，追求客观规律和社会规范价值倾向的人谋还是通过“天意”“神意”来体现的，二者的矛盾性说明了人对占筮本身的怀疑。卦爻辞涉及对自然世界普遍规律认识的部分，尤其是对立、变化、对立面转化等辩证法思想，如“无平不陂，无往不复”；卦爻辞许多内容表明，吉凶的判断往往和道德联系在一起。哲理性卦爻辞表现出来的内容多涉及修身、待人、处事、伦理等问题，如“君子终日乾乾”，属于社会实践理性，被认为是中华民族重精神境界和道德修养的传统之萌芽。经文本身的哲学价值和系统性的确不如《易传》，但它仍不失为中国哲学的原点和始点。

卦爻辞反映出人们关注社会发展规律，以朴素逻辑的形式确定了一套初见轮廓的道德伦理规范。然而，《易经》卦爻辞本身的哲学思想是片段的、不完备的，而且语言简短，只有论点，尚未构成一个体系。[②] 而且，经文中没有体现出连贯的和成熟的哲学。[③] 除了卦爻辞中的哲理辞句，整个断辞系统也具有哲理性质，因为它也是经过编作的，表达了周人的吉凶悔吝的价值观念和“君子”的道德取向。

① 洪迪：《〈周易〉三读》，中国出版集团东方出版中心 2014 年版，第 147 页。

② 高亨：《高亨〈周易〉九讲》，中华书局 2011 年版，第 95 页。

③ ［英］鲁惟一（M. Loewe）：《中国古代典籍导读》，李学勤等译，辽宁教育出版社 1997 年版，第 231 页。

二 《易经》文本切分和六十四卦拟定本的确立

第一章曾交代本研究以《周易正义》（2000）和《周易本义》（1992）的《易经》卦爻辞文字作为底本。从文本来看，两本书的卦爻辞在文字上差别并不大，归结起来，其不同点有四处：

第一、《周易正义》（以下简称《正义》）中，《周易》古经文本的《大畜》初九爻辞是“有厉利己”，而在《周易本义》（以下简称《本义》）中，其《大畜》初九爻辞是“有厉，利已。”黄凡认为，《大畜》初九爻辞是“有厉利巳”。[①] 这里“巳”即指“祭祀”或“巳日”。因此，二者可能皆为“巳”之误，笔者取“巳”。

第二、《正义》的《震》六五爻辞是“震往来厉，意无丧，有事”，而《本义》的《震》六五爻辞是“震往来厉，億无丧有事”。《正义》中《震》六二爻辞有“亿丧贝”。笔者的《震》六五爻辞取《本义》的“億”，即“亿”。

第三、《正义》的《中孚》初九爻辞是“有它不燕”，而《本义》的《中孚》初九爻辞是“有他不燕”，笔者取《正义》的“它”，按今义指物而不指人。

第四、《蒙》六三“金夫”之“夫”，笔者根据对该卦的分析，认为该“夫”应是“矢”之误，因此取“矢”。类似的还有：《大过》“桡”当为“挠”之误；《萃》“引吉”当为“弘吉”之误；《归妹》六五“月几望”，按东汉荀爽《易传》是“月既望”，而《中孚》六四荀本是“月几望”，传本却为“月既望”，因荀本自费氏易而来，而费直《易经》特点是“本以古字”，可能较确，因此循之变动，分别采用“既”“几”。

除了卦爻辞文字，经校注者校注后，二者的卦题有不同之处，《正义》中如果卦题是卦辞第一个字或前两个字，不再单独列卦名，而直接用卦辞开始，如“履虎尾，不咥人，亨。”《本义》则单独列卦名，如“履 履虎尾，不咥人，亨。”这一点本书采用前者做法。

① 黄凡：《〈周易〉——商周之交史事录》，汕头大学出版社 1995 年版，第 655 页。

两个校注本的标点断句差别较大，如《正义》的《乾》九三“君子终日乾乾，夕惕若厉，无咎”，在《本义》中是“君子终日乾乾，夕惕若，厉无咎”；前者《坤》卦辞“元、亨，利牝马之贞。君子有攸往，先迷后得主利。西南得朋。东北丧朋，安贞吉”，后者是“元亨，利牝马之贞。君子有攸往，先迷后得，主利。西南得朋，东北丧朋。安贞吉”。笔者根据自己对《易经》经文的历史、古歌和哲理研究对卦爻辞重新进行了断句、标点。

据前文对《易经》卦爻辞的研究，提出本研究的《易经》拟定本，作为下一步研究的主要文本基础。本拟定本和7部译本的原文都不一样，在断句标点方面也有较大差异。拟定本勘定的基本原则是维持通行本的基本面貌，包括可能的脱字、讹误等除了上文提到的个别字外基本上暂不变动。可能存在合文的字，如“坤”（“土”和“申”合文）和“姤”（“女”和“后”合文），在拟定本中仍然保持原貌不变。

《易经》卦爻辞在古代没有标点，而且多是竖写，笔者根据自己的研究用现代汉语标点符号对原文本进行了重新标点，以横写呈现。例如，先把卦爻辞切分为问辞和断辞，用句号分开，对同一条卦爻辞中不同的断辞也基本上用句号分开，再在卦爻辞中标出文史哲三类文字（见下文论述）。本节仅举两例对本《易经》拟定本略加说明。例如，《乾》卦《正义》（该书中文字为竖排，这里改为横排）、《本义》版本如下：

《正义》	《本义》
乾：元、亨、利、贞。	乾 元亨利贞。
初九：潜龙勿用。	初九 潜龙勿用。
九二：见龙在田，利见大人。	九二 见龙在田，利见大人。
九三：君子终日乾乾，夕惕若厉，无咎。	九三 君子终日乾乾，夕惕若，厉无咎。
九四：或跃在渊，无咎。	九四 或跃在渊，无咎。
九五：飞龙在天，利见大人。	九五 飞龙在天，利见大人。
上九：亢龙有悔。	上九 亢龙有悔。

用九：见群龙，无首，吉。（《正义》） 用九 见群龙无首，吉。（《本义》）

乾。**元亨。利贞。**

初九：潜龙。**勿用。**

九二：见龙在田。**利见大人。**

九三：君子终日乾乾，夕惕若厉。**无咎。**

九四：或跃在渊。**无咎。**

九五：飞龙在天。**利见大人。**

上九：**亢龙，有悔。**

用九：**见群龙无首，吉。**

“乾”是该卦卦辞的第一个字，属于问辞。后来被用为卦名。在卦辞中，“乾”是问辞，“利贞”属于断辞，但“元亨”表明的是获得断辞的条件，即先有大供献，然后进行占筮而得筮问结果。初九爻辞“潜龙”为问辞，“勿用”为断辞，二者用句号分开。其他爻辞亦循此例。上述《乾》拟定本中除卦爻题外用宋体标记历史类文字、用楷体标记文学类文字、用黑体标记哲理类文字。

屯：元、亨、利、贞。勿用有攸往，利建侯。

初九：磐桓，利居贞，利建侯。

六二：屯如邅如，乘马班如，匪寇婚媾。女子贞不字，十年乃字。

六三：即鹿无虞。惟入于林中。君子几，不如舍，往吝。

六四：乘马班如。求婚媾，往吉，无不利。

九五：屯其膏，小贞吉，大贞凶。

上六：乘马班如，泣血涟如。（《正义》）

屯 元亨利贞。勿用有攸往。利建侯。

初九 磐桓。利居贞。利建侯。

六二 屯如邅如，乘马班如，匪寇婚媾。女子贞不字，十年乃字。

六三 即鹿无虞，惟入于林中。君子几不如舍，往吝。

六四 乘马班如，求婚媾。往吉，无不利。

九五 屯其膏。小贞吉，大贞凶。

上六 乘马班如，泣血涟如。（《本义》）

屯。**元亨。利贞。勿用有攸往。利建侯。**

初九：磐桓。**利居贞。利建侯。**

六二：屯如邅如，乘马班如。匪寇，婚媾。**女子贞：不字，十年乃字。**

六三：即鹿无虞，惟入于林中。**君子几，不如舍。往吝。**

六四：乘马班如。求婚媾。**往，吉。无不利。**

九五：屯其膏。**小贞吉，大贞凶。**

上六：乘马班如，泣血涟如。

《屯》卦六二爻辞中的断辞“女子贞：不字，十年乃字”之“贞”意为“征兆”，用冒号表示征兆内容，即“不字，十年乃字”。六四爻辞中，断辞“往，吉。无不利”的“往，吉”和“无不利”视为两个相对独立的断辞，因此用句号分开。上六爻辞只有问辞，而无断辞，有可能存在断辞脱落。

关于单条卦爻辞的构成，现有研究成果多对卦爻辞进行功能性切分。例如，黄凡的问辞和占辞两分法①；朱伯崑的贞事辞、贞兆辞和象占辞三分法②；臧守虎的叙事类、象征类和占断类三分法③；兰甲云的吉利类、凶险类和一般类三分法④；高亨的记事、取象、说事、断占四分法⑤以及成中英提出的多种分类标准等。⑥ 多数切分是对问辞和断辞二分的进一步细化。这里仅对高亨的四分法进行简要分析。

① 黄凡：《〈周易〉——商周之交史事录》，汕头大学出版社1995年版，第93页。

② 朱伯崑：《易学知识通览》，齐鲁书社1993年版，第13页。

③ 臧守虎：《〈易经〉读本》，中华书局2007年版，第3页。

④ 兰甲云：《〈周易〉卦爻辞研究》，湖南大学出版社2006年版，第2页。

⑤ 高亨：《高亨〈周易〉九讲》，中华书局2011年版，第17页。

⑥ 参见成中英《易学本体论》，北京大学出版社2006年版。

高亨把单条卦爻辞分为四部分，即记事之辞、取象之辞、说事之辞和断占之辞，论述较详细。[①] 记事之辞是记载古代故事，以指示休咎，进一步分为古代故事，如“高宗伐鬼方”（《既济》九三），和记录当时筮事，如卦爻辞中言“亨”者之“亨”，即指当时祭祀之事。取象之辞是采取一种事物以为人事之象征而指示休咎，所言之事故出于想象，而有客观事实为依据，虽非实有而是能有者，如《大过》九二“枯杨生稊，老夫得其女妻”。说事之辞是直说人行事以示休咎，其行事之是非成败，即为休咎之原因或现象，本身就含休咎之意义，如《乾》九三“君子终日乾乾，夕惕若厉，无咎”。断占之辞是论断休咎之语句，是前三者之外的部分，有占断专用辞、附占断专用辞部分和无占断专用辞。卦爻辞中并非每条都分四部分，有的只有其中之一。高亨《周易古经今注》（1984）中提供了“《周易》筮辞分类表”（亦复见于2011年版《高亨〈周易〉九讲》）。[②] 该表据上述卦爻辞四分法制作，指出了原文中可能的脱字、衍字等问题，但有的地方和作者自己制定的标准不太一致。基于前文研究结果，笔者提出本书的卦爻辞切分系统模式（参见图3—3）。

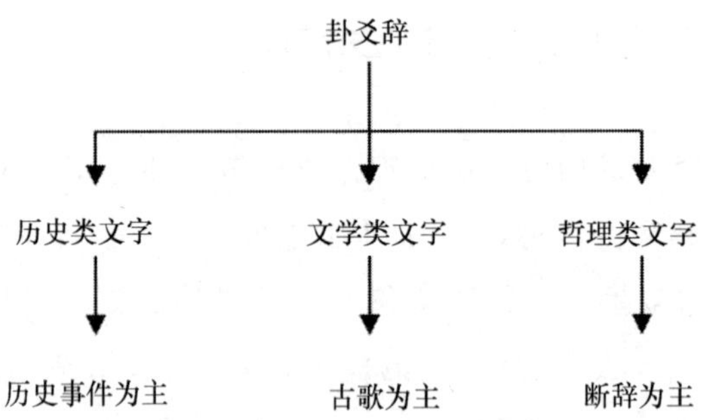

图3—3 《易经》卦爻辞文史哲三元结构模式

从原初意义上讲，整体卦爻辞在占筮功能上有占问和占断两大类，每

① 高亨：《高亨〈周易〉九讲》，中华书局2011年版，第17—26页。
② 参见高亨《高亨〈周易〉九讲》，中华书局2011年版，附录二，第140—160页。

条卦爻辞也具有问辞和断辞的基本功能二分结构。结合这种功能二分法，可把全部卦爻辞中的每一条的问辞和断辞各定性、划分两类。其中，问辞分为历史类、文学类和哲理类文字，而断辞总体上具有哲理性质。由此共同构成《易经》卦爻辞的一个三元模式结构。在以上这一卦爻辞原始构成模式中，历史类主要是历史事件，也包括一些史实、故事和象征性的可实际发生的事件等，文学类主要是古歌，哲理类主要是断辞，也有少量类似格言的辞句。下面举几个卦爻辞切分例子以说明上述模式（见表3—5）。

表3—5 **卦爻辞文史哲三元切分举例**

类别 / 卦爻题	卦爻辞		
	历史事件辞	古歌辞	哲理辞
师·六四	师左次		无咎
大有·九三	公用亨于天子		小人弗克
豫·六二			介于石，不终日。贞吉
晋·卦辞	晋康侯		用锡马蕃庶，昼日三接
渐·六二		鸿渐于磐，饮食衎衎	吉

《师》六四的问辞“师左次”直陈历史事件，“无咎”是占断专用辞。《大有》九三“公用亨于天子”也是直陈历史事件、问辞，但“小人弗克”则是没有占断专用辞的断辞。《豫》六二“介于石，不终日”是断辞，具有哲理内涵，“贞吉”为占断专用辞。《晋》卦辞“晋康侯”是历史事件问辞，其后的“用锡马蕃庶，昼日三接”属于断辞，其中“用”是占断专用辞，因此它属于附占断专用辞的断辞。《渐》六二“鸿渐于磐，饮食衎衎”是古歌类问辞，“吉”是占断专用辞。根据上文提出的卦爻辞切分模式，将卦爻辞逐条进行分析，分出问辞和断辞，再根据前文文史哲三元分析识别出的文史哲三类文字，最终确立本研究的《易经》六十四卦拟定本（参见附录）。

第四章 《易经》主要英译本第二轮评析

本章将对第二章主要译本第一轮评析的七部《易经》英译本进行进一步的评析即第二轮评析，主要是从评者角度进行，可定性为基于返回本源基础上原文研究的译文评析。本章评析的翻译标准与描述性取向较强的第二章不同，具有较强的规定性。主要方法是采用第三章对《易经》文本分析的三元模式，并以其研究成果为进一步的学理基础，内容上侧重《易经》原文和译文在历史、古歌和哲理三个层面的对比分析和诸译本的综合比较分析。

第一节 评价标准的设定

本章主要按照第三章对《易经》文本研究的结果，并吸收其他学者的相关研究成果，重新设定针对性的评析标准，作为统一的尺度以观照七部译本。新的标准设定主要涉及《易经》的性质和对经文的三元切分。这里的哲理成分无关乎《易传》等传统哲学、义理易学的延续，而是基于经文本身对其朴素哲理性文字进行识别、定性和解读的结果。

一 原文“真善美”与译文“信达雅”

翻译评价离不开对译文进行的价值判断。从哲学上看，价值不仅有客观性，也有主观性。关于事物的价值，似都可以分解为“真善美”三种价值成分。关于什么是“真善美”，历来存在着不同的价值取向和理解，而且随着时代的发展而变化。在西方哲学史上，康德的《纯粹理性批判》《实践理性批判》和《判断力批判》首次对“真”“善”和“美”进行了严格的区分。[①] 一般而言，理性的“真”、道德的“善”、审美的“美”分别侧重于精神价值的知识价值、道德价值和审美价值。“真”关乎知识，而“善”关乎“道德”，二者并非属于一个哲学范畴。而“美”关乎主观感受（康德的“美”主要与形式有关），应是以“真”和“善”为前提的。在一般的艺术作品评价中，所谓“真”主要指涉艺术之真实性，也就是艺术作品是否真实地反映了生活的真谛和本质；所谓“善”，也就是艺术作品在道德价值上的倾向性，即要对人们产生什么样的影响、有什么意义；所谓“美”即艺术品内容和形式的和谐统一性，亦即审美的倾向性。

据源自西方学术文化的文史哲框架，虽然三者各有其“真善美”，但就一般侧重而言，可以认为“史”学对应求“真” “哲”学对应求“善”，而“文”学对应求“美”。就文学作品而言，可用“真善美”作为一般文学作品的整体质量指标。如果说文学作品特别是诗歌有所侧重，可以认为它是“美”。“真善美”主要指涉人（符号）和世界的关系。王宏印认为，就创作标准而言，文学作品其“真”指向客观世界，其“善”指向主观世界，其“美”指向作品世界，三者分别是就原作的社会素材（真实、充实、可塑）、主题提炼（精妙、独特、含蓄）和艺术表现（音美、形美、意美）而言的。[②] 而关于文学译作，对应于原作的“真善美”，翻译作品的评价标准是“信达雅”。

> 信达雅模式来源于中国传统文论和写作思维模式，具有很深厚的文化底蕴和简洁、易记的特点。我们可以将它和创作模式中的“真善美”标准加以比较，便会发现一种翻译上的失落和错位。[③]

按照王宏印对严复“信达雅”的现代阐释和理论推演并藉此为文学翻译批评提出的二级标准，“信达雅”三字之“信”主要指涉事理要求方

---

① 实际上康德价值论的顺序是“善”“美”“真”，和西方古代哲学主要“求真”之倾向不同。参见汤一介《再论中国传统哲学的真善美问题》，《中国社会科学》1990 年第 3 期。

② 王宏印：《文学翻译批评论稿》（第二版），上海外语教育出版社 2010 年版，第 164 页。

③ 同上书，第 156 页。

面，具体而言要追求客观、完整、缜密，真实、充实、适度；“达”主要指涉语言要求，具体要追求准确、流畅、鲜明，形象、得体、新颖；“雅”主要指涉风貌要求，具体要追求简约、匀称、统一，音美、形美、意美，总体上彰显原作的意象性。[①]

以上是就一般的文学翻译批评而讲的。历史类作品在创作上当然也要求“真善美”，但更倾向于追求“真”。其译文也是要追求“信达雅”，而就一般历史类作品的翻译评价而言，如果原文对于其文化历史事实是“真”的，首要的则是对该文化历史事实传递的“信”，也就是再现的“真”。就哲理类作品创作而言，总体上也是要以“真善美”为鹄的，其译作评价也离不开“信达雅”之标准。就其侧重而言，如果原文理性化的语言阐发了深刻的道理即是“善”的内容，译文首要的则是充分地传达原文之道理，即可谓事理内容传译的“信”。二者在语言上都要求“达”、在风貌上要求“雅”。总之，不同于“真善美”，“信达雅”作为翻译标准关乎符际关系或文本间的关系。实际上，整体而言，各类原作的创作质量都可以“真善美”进行评价，各类作品的译文都可以“信达雅”作为评价依据，相对于原作“真善美”，“信达雅”是依次下降的。而就文、史、哲不同类别的原作，考察其译作时既有相对统一的标准，又有不同的侧重。关于一部具体作品的翻译评价，则可根据其性质，既要综合考虑原文“真善美”和译文“信达雅”，又要在三者中各有所侧重。就一部作品内部的不同部分，也可考虑根据其内容和形式的不同，对不同的部分在翻译评价上有不同侧重。因此，在具体的翻译批评案例中，需要根据评价对象的具体情况，设定针对性的译文评价标准。

根据以上分析，关于《易经》英译文的翻译评价问题，其标准的设定需要考虑《易经》文本的特点。前一章通过研究将卦爻辞切分为历史、古歌和哲理三个主要部分。由此看来，《易经》就不能不被视为哲理书、历史书和文学书。就本研究而言，在实践意义上，《易经》卦爻辞之古史、古歌和哲理文字三个主要组分的翻译及其评价应有不同侧重。《易

① 王宏印：《文学翻译批评论稿》（第二版），上海外语教育出版社 2010 年版，第 155—156 页。

经》英译文的评价当然可以据“信达雅”作为统一的标准。但若对三类文字各有侧重来讲，《易经》翻译总体上可以应用“信达雅”作为标准来评价，在此基础上可通过设定更为细化的二级标准以体现《易经》古史、古歌和哲理文字英译的重点。

二 《易经》翻译评价标准的设定

从基本面上讲，译文的一般分析所注重的各方面是类似的，如在思想、事理方面，译文及其注解要达到完整、贯通，还要符合所据原文文本的整体理论精神和概念体系；在语言方面，译文总体上应使用现代英语，面向现代英语读者，译文及其注解应表达准确，有相当可读性；在总体风貌上，译文应匀称、统一，具有适当的语言表达之美感。这是和第二章的译文评估侧重相似的方面，同时也是本章设立《易经》译文评析标准的起点。

从《易经》文本三元分析结果来看，其古史、哲理和古歌在内容上大致和“真”“善”“美”对应。《易经》文本分为古史、哲理和古歌三大组分，即表明文中内含着分别侧重“真”“善”“美”的三类文字，即古史文字之“真”、哲理文字之“善”、古歌文字之“美”。卦爻辞中断辞所表达的价值取向，特别是以“君子”为关键词所体现出来的道德人格取向，总体上是属于“善”的。对这三类文字的翻译之评价，总体上以“信达雅”为共享标准，同时笔者将在其基础上提出凸显不同侧重的二级标准。这里在王宏印对“信达雅”的重新界定①基础上，首先基于原文三类文字的区分对该标准在本研究中的特殊所指进行如下说明。

《易经》原文的古史、哲理和古歌从素材来源上讲分别侧重“真”“善”和“美”，对三个不同组分的英译评价应旨在再现原文的这三个侧重点。从符号学意义分类上讲，即是要在意义表达上分别侧重原文指称意义、语用意义和言内意义，而三者之中原文原生态的指称意义更为基础。因此，三者分别是针对历史、哲理（属于广义的哲学）和古歌（属于文

① 王宏印：《文学翻译批评论稿》（第二版），上海外语教育出版社2010年版，第164—165页。

学）文字进行评价的关键点。在“信”的方面，古史翻译要点在于侧重原文之“真”，即译出原文古史文字的史实之“真”；哲理翻译要点在于译出原文之“善”，即译出原文哲理文字的价值和道德内涵；古歌翻译要点于在“美”，即译出原文古歌文字的艺术手法和形式之美。因此，《易经》卦爻辞三个主要部分评析的观察要点就不完全相同。若在“信达雅”共享标准基础上，对应于原作“真”“善”“美”，就可以设定各以凸显“信”“达”“雅”的三元标准作为《易经》文本英译的评析标准。为了在批评实践中提高可应用性、可操作性，这里需要进一步提出更具适用性的次级标准。因此，笔者借鉴王宏印的文学创作标准与再现类和表现类翻译批评标准之设定思路[①]，对“信”“达”“雅”三者按照原文文史哲三类文字各进一步分析为不同的二级标准，参见表4—1。

表4—1　**《易经》英译本二次评价的标准**

共享翻译标准		信（事理要求）	达（语言要求）	雅（风貌要求）
《易经》卦爻辞	古史文字（侧重真）	客观、真实、准确	完整、贯通、鲜明	简约、匀称、庄重
	哲理文字（侧重善）	深刻、缜密、集中	整齐、精练、简明	朴素、隽永、统一
	古歌文字（侧重美）	真实、充实、适度	形象、得体、新颖	音美、形美、意美

对表4—1“共享翻译标准”下的二级翻译标准部分，再结合符号学进一步说明如下：

卦爻辞内部历史部分译文的“信”，要求注重指称意义的忠实再现，其译文（包括副文本，如解说、注释等）整体上应客观、真实、准确。这里的“真”与文学创作的“真”不同，也不是逻辑学的“真”，更不是哲学上柏拉图的“理念”、康德的“物自体”；这里的“信”主要是相对原文的陈述表达、原文指涉历史事件和文化事实的文本世界而言，也就是针对历史材料的完整、贯通和鲜明的再陈述。原文的历史成分大多是非明确化的，译文一般需要通过注释加以说明。此外，译文相对于原文古史

① 参见王宏印《文学翻译批评论稿》（第二版），上海外语教育出版社2010年版，第163—164页。

的再现应在风貌上字句简约、结构匀称、文辞庄重。以《离》卦为例，就某一条卦爻辞而言，亦即在横向上，如上九爻辞问辞“王用出征，有嘉折首，获匪其丑”，译文应追求再现原文指称的史事即“牧野之战”上的“真”；就整卦而言，在卦、爻辞纵向上，也能再现原文的隐含叙事连贯性；而就跨卦乃至《易经》全部涉及历史的卦爻辞而言，译文应保持其整体的历史叙事框架。如此，相对原文，译文方可视为达到了客观、真实、准确的“信”。同时，译文本身在用词造句上和整体风貌上也应追求“达”和“雅”。

卦爻辞内部哲理部分译文的“信”，要求注重原文哲理的传达，译文应思想深刻、事理缜密、主题集中。鉴于《易经》经文的哲理属性主要体现在其断辞部分，这里所谓“信”即藉此观照其作为原文显性和隐性价值取向的标记文字在译文中的忠实表达。在语言上应整齐、精练和简明，在风貌上应朴素、隽永和统一。关于哲理辞句，如《泰》九三爻辞“无平不陂，无往不复”，其译文在事理上要深刻、缜密、集中，语言上要整齐、精炼、简明，译文尽量以英语哲理格言的形式完全译出原文的哲理内涵和朴素、隽永、统一的风貌，使读者能够较容易达到相应的哲理解读。关于断辞的翻译，也要兼顾对原文指称意义和表达形式的翻译要求。就断辞整个系统而言，应将断辞文字和其他文字区分开，如“亨通”之“亨”与“供献、祭祀”之“亨”、断辞之“用”与一般之“用”，并在译文中有所体现。占断专用辞的译文用语应基本统一，尽量采用相同的英译法，即使有变通，也尽量选用英语同根词语，同时要能够准确表达《易经》断辞系统在语用意义上所表达的道德和价值取向。

卦爻辞内部古歌部分译文的“信”，要求译文以原文的原生态指称意义为基础，凸显原文“美”的内容和形式。尽管其他部分的翻译也有审美问题，但文学部分则更加凸显，因此是这一部分的侧重点。就古歌文字英译而言，这里“信”的标准注重原文文本结构文学特征的反映和美学特征如音韵、节奏等方面的适当表现，译文不仅要真实、充实和适度地传达原文的意旨，还要通过英语文学语言尤其是诗歌手段表现原文的文学性，其译文不但要生动形象、充实适度，还应达到音美、形美和意美的风貌。要注意《易经》古歌英译的语义基础，避免因辞害意，也不必强求押韵等言内意义表现的形式特征。例如，《小畜》卦，其卦爻辞含有古歌，如卦辞“密云不雨，自我西郊。”译文应在准确表达原文指称意义基础上着力表现原文这部分内容的“美”，即在音韵、形式和表意尤其是意象上将原文“美”的特征表现出来。原文之“美”在译文中也应如王夫之所说能使人“兴”，产生美感，即“雅”之所指。不仅在一条爻辞上，在一卦之中或跨卦的含有某古歌成分的不同爻辞上，古歌成分的表现应保持一致性，即如果某卦存在较完整的古歌，把古歌译文从卦爻辞中析出而组合在一起，也能够自然具有古歌的面貌，具有成其为一首诗歌的特征。

此外，在评价的时候，还要考虑一个译本在翻译方法上的创新性。限于本研究的研究范围和目标，上述标准基本上没有涉及译本的读者效果和社会效果问题。上述标准虽然分为三个方面，实际上，正如上文所强调指出的，不管哪种成分，都存在原文的“真善美”和译文的“信达雅”问题。就中国文学而言，文学文本自然要以真善美为创作标准的。[①] 就中国传统哲学而言，对人生境界的追求也可以说是中国古代哲学家对真善美的追求。[②] 同样，不管哪种成分也都存在符号文本的文本结构和美学特征、指称意义和解释意义三方面的翻译问题，在译文评析中也是各有侧重而已。这主要体现为侧重点的不同，并以二级标准和辅助标准的细化体现出来。另外，因卦爻辞译文本身也如原文那样是高度简约的，所以对经文三个方面的英译皆需辅以适当数量的注释，以使译文在指称意义、言内意义和语用意义上适当提高显豁性。

因篇幅问题，笔者虽然对七部《易经》卦爻辞译文全部进行了分析，但本节不拟对评析过程进行穷尽性地展示、描述，而是选取较为典型的少数卦例作为样本进行评析，以阐明研究过程，最后交代全部研究结果。同样，对文史哲三类文字的译文分析，为了凸显重点和简化行文，分别侧重符形学、符义学和符用学分析。《易经》原文主要依据前一章提出的六十四卦拟定本作为文本基础，不再另行重复说明。

---

① 参见王宏印《文学翻译批评论稿》（第二版），上海外语教育出版社 2010 年版，第 163 页。

② 汤一介：《新轴心时代与中国文化构建》，江西人民出版社 2007 年版，第 34 页。

第二节 侧重符义学的《易经》历史文字英译分析

《易经》经文中的历史材料，特别是占筮记录的史事部分，构成了《易经》经文的隐性叙事结构。这些叙事主要是今日所谓“宏大叙事”，而“私人叙事”成分较少。夏译本和裴译本的原文与本书拟定本的不同之处，下文仅注出按异文字英译的原文，其他译本从略。为了便于观察，对各译本译文稍做了体例上的改动，省去了卦象，分析中若引用整条卦爻辞译文，则在直接相关的部分加了下划线。本节对符义学的侧重主要在于对原文和译文指称意义方面。

一 单条爻辞中的历史事件

1.《履》上九：视履。考祥，其旋。[①]

沈竹礽的《周易说余》认为《履》上九“视履考祥，其旋元吉”似指周文王从羑里脱险而归岐山。[②] 本研究支持这一观点。据该卦问辞，周西伯行为坦荡、前往朝歌面见纣王（初九“素履”、九二“履道坦坦”“幽人”）；西伯被囚历险（九四“愬愬”、九五“夬履”）。在同主题的《剥》卦中叙述了文王近臣倾力艰难营救的史事。上九问辞即指商纣王开释姬昌之事。以上爻辞大致今译为：“看鞋子。父亲平安祥和，已经归来。”诸译文抄录于表4—2：

表4—2

理译	…to look at (the whole course) that is trodden, and examine the presage which that gives. If it be complete and without failure, there will be great good fortune. (79)
卫—贝译	Look to your conduct and weigh the favorable signs. // When everything is fulfilled, supreme good fortune comes. (47)
蒲译	If they watch their step (or look to their conduct) and heed the omens, sublime good fortune will be theirs. (109)
林译	One should look where he has trodden and examine the omens involved. Here the cycle starts back, so it means fundamental good fortune. (203—204)

① 夏译本（44）原文为“視禮巧罣亓睘元吉”。

② 参见沈竹礽《周易说余》，台北育林出版社1986年版。

续表

夏译	Looking and treading, crafty and soaring, its revolving. (45)
傅译	…he recalls his experience of careful walking, examines and considers the signs of good fortune and disaster. The he turns back to respond to the yielding yin. (73)
裴译	Looking at the step, examining the luck, she completes the circle. (89)

从七个译文来看，皆无将该句爻辞视为隐含史事的解读和翻译，因此都是失原文之“真”的。例如，理译文和卫—贝译文的“考祥”“其旋”译法表明译者没有对原文进行历史解读；蒲译“其旋”未明确译出；林译类似于理译，且“其旋”译为“the cycle starts back”，依据的是王弼诠释的卦内关系，傅译与林译类似；夏译的“其旋”译为“its revolving”；裴译用了“she”，其他与林译类似，皆与史事无涉。该句爻辞是从外部视角叙述西伯儿子“视”其父之“履”、发现其父即“考”平安“祥”和，“其”即其父归来即“旋”，最后下的断辞为“元吉”。笔者由此尝试将这些文字译为“He watches the shoes. His father is auspicious, and has returned safe.”并辅之以必要的注释（此略）。

2.《随》上六：拘系之，乃从维之。王用亨于西山。①

本卦卦名“随”即追从，兼有随从和追击之意。根据全卦所围绕的主要形象，卦题解为靠齐心协力获得俘虏，战胜敌人。上引上六爻辞的“拘系之，乃从维之”的“之”都指俘虏，且为复数。“王用亨于西山”的“王”是指武王。据《尚书》，周公葬于文王墓所在的毕地。《史记·周本纪》言“九年，武王上祭于毕”“周公葬于毕”。文王、武王、周公或都葬于毕地。西山可能在毕地，或即是岐山，武王在该地对文王进行大祭。该爻辞可今译为“捆住他们，限制其行动，于是在后面驱赶他们。王于西山举行祭祀。”这里尝试英译为“Top Six: Tying them down, and restricting them, and from behind driving forward them. The king offers a sacrifice in the Western Mountain.”就“拘系之，乃从维之”看，诸译文都不是历史解读和翻译，而就“王用亨于西山”看，除了卫—贝译文［The king

① 夏译本（131）原文为“枸係之乃從巂之王用芳于西山”。

introduces him // To the Western Mountain. (74)] 和林译文 [Thus the king should use this opportunity to extend his prevalence to the western mountains. (246)], 其他译文都译出了其基本的指称意义，但需要看注释才能判断其是否是历史性翻译。蒲译文、裴译文、傅译文皆无注，夏译文仅注释了异文“芳”的解读，四者除了蒲译外，“西山”皆译为普通名词而非专门名词。理译文注释有“‘The western hill’ is mount Khi, at the foot of which was the original settlement of the house of Kau, in B. C. 1325. The use of the name ‘king’ here brings us down from Wan into the time of king Wu at least.”可见，理译文的注释基本准确。综上，诸译文中，仅有理译文涉及了该句爻辞所指的史事，但注释不太准确，未能说明其指称的具体的史事，尚不能说达到了“客观、完整、真实”。

3.《革》六二：巳日乃革之。[①]

本卦主要叙述周成王冠礼或称“加元服”，以示成人、即王位。上引爻辞问辞可今译为“六二：巳日就进行皮革冠礼。”“巳日”即天干记日系统的第6日。这里的“革”是动词，即“在巳日举行即位典礼”。笔者试译如下：“On the Si day, the leather will be worn.”译文中对应原文采用了借代手法，用“the leather”代“皮制王冠”，而“the leather will be worn”代成王的即位典礼。理译文“…making his changes after some time has passed.”(168)，裴译文“The day after the zenith, shed it.”(189) 和夏译文“[On the si day] then bridle it…”(129) 与史事无关。卫—贝译文是“When one’s own day comes, one may create revolution.”(190) 可见，其原文“巳”为“己”，“革”译为“revolution”也不准确。蒲译文“On the day the revolution is completed…”(182) 问题与卫—贝译文类似，且未译“巳”。林译“This one should fall in with Radical Change only on the day it comes to an end…” (446)，其原文“巳”为“已”，关于其“Radical Change”的问题，参见前文关于该译本的分析。傅译“On the Ji day, the time of change, he introduces the change.”(279) 关于“change”的问题参见前文对该句的分析。总之，本句爻辞诸英译没有基于成王即位之史事的

① 夏译本 (128) 原文为“[巳日] 乃勒之”。方括号内为帛本残缺字根据传本补。

解读和英译，皆达不到再现原文“真”的方面“信”的标准。

4.《未济》六三：未济。

本卦“未济”当和“既济”相对，主题是成王时期周公平叛之史实。古济水在古黄河以南，走向大致与古黄河平行，是古代所称“四渎”之一，其他三者为“江”（长江），“河”（黄河），“淮”（淮河）。“既济”意为已经渡过济水，也可解为“已到济水”。六三问辞的未济和卦题一样即指周军（一部分）没有渡过济水。周初平叛，经历成王亲征，周公、召公率三族远征，经过三年激烈战斗，击溃叛军后，武庚向北方奔逃。周军追击叛军，必要渡过济水北上。本卦即指周军追击叛军之事。笔者尝试英译如下“Not yet completed in crossing the Ji River.”六三“未济”诸英译文抄录于表4—3：

表4—3

理译	…shows its subject, with (the state of things) not yet remedied, advancing on… (208)
卫—贝译	Before completion, … (250)
蒲译	The crossing is incomplete, … (211)
林译	Ferrying Incomplete is such that to set out to do something here would mean misfortune… (547)
夏译	Not yet completed. (145)
傅译	The work is not yet a success. (361)
裴译	Not yet across the ford. (231)

诸译之中，唯有蒲译和裴译在指称意义上接近于“尚未渡过河水（渡口）”的解读，但也仅解“济”为“渡过”，而非“渡过济水”之略。因此，诸译文皆不与笔者解读相合，与该历史事件无关。

从以上诸译本对四条隐含有史事背景的爻辞之英译来看，诸译本未能较好地解读和翻译有关的史事并加以注释说明，因此诸译文谈不上再现了原文的“真”，尽管大部分译文在语言上和风貌上有一定可取之处，但在“事理”上皆达不到要求。因此，这一事实表现出，诸译本在对原文隐含史事和历史叙事线索的识别和英译上尚无有意识的努力。

二 整卦及跨卦的历史事件

1.《师》

《师》卦在史实方面指称的是周人第一次伐崇侯虎之战事。据本卦经文所述，周人第一次伐崇国（概因崇侯虎向纣王进谗言导致周西伯被囚而险遭被害）期间，周西伯即周文王多次发布命令，周军曾后撤宿营，周军由姬发率领，指挥作战，其诸弟也参加，负责搬运尸体等工作。战事激烈，伤亡惨重，但最终未能取胜。本卦直接涉及这次战事的文字有（括号内为笔者今译）：

> 师。（军队）
>
> 初六：师出。（军队出动）
>
> 九二：在师。王三锡命。（在军中。王多次赐发命令）
>
> 六三：师。（军队）
>
> 六四：师左次。（军队左面后撤宿营三日以上）
>
> 六五：长子帅师，弟子舆尸。（长子率领军队，他的弟弟负责用车运载尸体）

卦爻辞涉及的历史人物除了笼统的“师”［理译本译为“host”（意为“群集之人”），其他皆译为“军队”之意］、“小人”外，有“丈人”“王”“长子”“弟子”“大君”，应分别指“类似姜尚之人物”“周西伯”“姬发”“姬发之弟”“古公亶父”。各译本译文见表4—4。诸译本“丈人”译文涉及了年龄、经验、权威、睿智、强力等意义，相较而言，理译本和傅译本较胜。“王”译文除林译外皆是“king”，应是准确的，林的“sovereign”强调独立君权，若考虑周国的从属地位则不准确。“长子”卫—贝本未译出“子”，傅译本仅用“elder”，其他译文皆准确。对于“弟子”，理译本译文未能与“长子”明确相对，卫—贝译文未译“子”，傅译本译成“小人”之意，其他皆准确。“大君”的译文中，除了夏译本存在原文异读，仅理译本和裴译本可以说是准确的。就这五个词语来看，理译本、夏译本和裴译本准确性较高。当然，所谓“准确”仅是就作为卦爻辞的一般指称意义而言的，若考虑各词语所指的实际历史人物，各译本都无注，则不好说是否真实地指称对应的历史人物，尤其林译本、傅译本都主要是在卦内部寻求“王”“君”“子”等指称意义，因此必然是与笔者所持理解不一致。

表 4—4　**诸译本《师》卦“历史人物”译文**

词语 / 译本	丈人	王	长子	弟子	大君
理译本	(a leader of) age and experience	The king	the oldest son	younger men	the great ruler
卫—贝译本	a strong man	The king	the eldest	The younger	The great prince
蒲译本	those in authority	the king	The eldest son	the younger son	a great prince
林译本	a forceful man	His sovereign	The elder son	the younger son	the great sovereign
夏译本	[the senior] man	the king	The eldest son	the younger son	The great man's lord
傅译本	a wise elder as the army commander	The king	A wise and upright elder	an evil inferior man	the heavenly son
裴译本	a forceful commander	The ruler	the elder son	the younger son	A great leader

初六的“律”之指称意义，即“以十二节竹管制成不同音高的标准发音器”。除裴译本外都译为“rule”“order”“discipline”“rank”“regulations”等词，因此这些译文皆不合本爻“律”之所指。裴译本用“in cadence [in step with one another, to the beating of the drums marshaling them]”，通过其译文内部解释看，大致指“队伍行进，按照鼓点步调一致”，与笔者解读较为接近。

九二的“王三锡命”之“命”，理译本译为“charge”，夏译本为“the command”，裴译本为“directives”，此三者都是“命令”，是相对准确的；而卫—贝本为“decoration”，蒲译本为“honored”，林译本为“commendation”，此三者主要是“奖励”；傅译本为“entrusts”，是“委托”。六三“舆尸”各译为：理“have many commanders”、卫—贝“carries corpses in the wagon”、蒲“carries wagon – loads of corpses”、林“use carriages to transport corpses"、夏"join with the corpses"、傅"dead soldiers are carried back in carts"、裴"has wagons full of corpses"，理译本与其他不同，译为"commanders"是按照有的传统解释，把"尸"理解为"主"。当代一些学者也做类似解释，如臧守虎[①]认为该卦是武王伐纣之事，"尸"指的是文王牌位，象征"主"。若按照笔者解释，周人第一次伐崇时周西伯尚在，因此不应解读为"主""牌位"之类。其他译文皆可接受。

六四"左次"各译文为，理"retreat"、卫—贝"threatens"、蒲"retreats and halts"、林"pitches camp to the left"、夏"camp on the left"、傅"retreats and is stationed temporarily"、裴"camps on the left"，除卫—贝译文外，各译文类似，也大致准确，但都未译出"三日"之意。六五"田有禽"，卫—贝、林和夏译文较为准确；"长子帅师，弟子舆尸"译文中，除了理译本、傅译本，其他译本都是可谓准确的，尤其是卫—贝、蒲、夏译本，如蒲译本译为"The eldest son is in command; the younger son carts away the corpses"。上六"命"各译本分别为，理"charges"、卫—贝"commands"、蒲"The mandate"、林"sovereign orders"、夏"a mandate"、傅"decree"、裴"directives"，此"命"与九二"命"意义不同，译文应有所区别，理译本和裴译本无区别，"commands""sovereign orders""decree""mandate"都不甚准确，"The mandate"似指"天命"。据周初"国""家"之概念，"开国承家"诸译文中，理"appointing some to be rulers of states, and others to be chiefs of clans"较为准确，其他皆次之。

就整卦纵向叙事而言，原文大致按照军队出动、王多次发布命令、军队宿营、军队作战伤亡惨重、遵守先王遗训继续努力的发展线索展开。若按照这五个观察点考察诸译本，可以看出各自大致符合的情况：理 2、卫—贝 3、蒲 3、林 1、夏 4、傅 1、裴 3。相对而言，从历史角度看，夏译较好些，只有最后一点不太准确：Troops go out in ranks →the king thrice awards the command →The troops camp on the left →The eldest son leads the

① 臧守虎：《〈易经〉读本》，中华书局 2007 年版，第 46 页。

troops, //the younger son carts corpses → The great man's lord has a mandate, //to open the state and uphold the families; //the little man should not [use it]. 夏译的时态全用一般现在时、陈述语气，这在卦爻辞译文中是适当的，其他译文虽也以现在时和陈述语气为主，但在时态和/或语气上不完全统一。

基于以上分析，总体上看诸译本《师》卦译文的历史维度翻译，夏译本相对于其他译本较“真”一些。但这未必意味着夏译本译者在指称意义上“客观、完整、真实”地指称周人伐崇的史实，只是说在原文译文的叙事性上和笔者分析重建的叙事模式较为吻合而已。笔者吸收各译文之长处，尝试将本卦涉及史事的文字部分（对应前文经文引文）和间接相关的上六爻辞英译如下：

Army.

Initial Six: The army sets out.

Nine in the Second: In the army. The king gives commands three times.

Six in the Third: The army.

Six in the Fourth: The army takes up quarters on the left side for over three days.

Six in the Fifth: The eldest son commands the troops, and his young brothers transport corpses.

Top Six: The Great Lord has left a commandment: For affairs of founding a state or a feudal family, do not appoint the lesser man to them.

本译文中“师”多译为“army”，六五的译为“the troops”，类似夏译本的辅音押韵或称半韵译法。九二“三”译为“three times”，六四“左”译为“on the left side”，皆可通过注释说明其可能的指称意义。《易经》经文的英译文应尽量保持原文字句的简约性，有关的解释和说明应置于副文本如注释中，例如，本卦涉及的史事在经文本文并无明显的标记（动词时间标记也全部是现在时），需要通过注释解说，以总体上实现

“客观、真实、准确”的事理翻译要求，以及“完整、贯通、鲜明”的语言和“简约、匀称、庄重”风貌的要求。因此其注释文字之篇幅必然是比较大的（关于本例的注释，此略。下文同）。

2.《离》

《离》是上经最后一卦，本卦叙述的史实是武王伐纣尤其是牧野之战之史事。据本卦相关文字，武王旗画黄鹂，出征伐纣，终获成功。他用黄钺砍下纣王之首级并俘获了大量商军。卦爻辞中与此事件直接相关的部分如下（括号内是笔者今译），其中上九叙述的是牧野之战：

离。（黄鹂）

六二：黄离。（黄鹂）

上九：王用出征，有嘉折首，获匪其丑。（王兴兵出征，成功破敌，斧砍敌首，俘获众多。）

另外，本卦初九“履错然。敬之。”（脚步声音似错杂而来。尊敬他们。）九三“日昃之离。不鼓缶而歌，则大耋之嗟。”（黄昏前的黄鹂。不敲击瓦乐器而歌唱，则老人嗟叹。）九四“突如其来如，焚如死如弃如。”（突然敌至，烧杀致死，离弃狼藉而去。）六五“出涕沱若，戚嗟若。”（痛哭，泪如滂沱，凄惨嗟叹之状。）皆属于与武王伐纣间接相关的事件。

诸译文的卦名主要据传统解释译为“附丽”“火”或音译，夏译本和裴译本皆按帛本“羅”译为“Net”。本卦卦题、六二、九三之“离”皆指“黄鹂”之“鹂”，有武王伐纣旗画黄鸟等传说，黄鸟当即“黄鹂”。因此，是周人的圣鸟。诸“离”译文皆不合此意。

初九爻辞“履错然。敬之。”当指商王近臣多人归周，周武王尊敬而请他们帮助伐纣大业。除了夏和裴译据“昔”英译外，理译“one ready to move with confused steps”似不合常理；卫—贝译文“The footprints run crisscross”说的是“脚印杂乱”；蒲译“Approaching with reverent steps”解“错”为“敬”；林译“treads with reverence and care”似蒲译；傅译“he handles different matters in a serious manner”回译为汉语是“他以严肃的方式处理不同事物”。因此译文都未能反映原文的历史所指。

九三“不鼓缶而歌，则大耋之嗟”诸译多是说“年轻人哀叹自己很快会年老”，夏译本和裴译本类似，把“大耋”“嗟”译为“Kerchief”“mourning”，都不准确。九四“突如其来如，焚如死如弃如”，接九三，指由于放松警惕，被敌人偷袭，伤亡惨重。译文中卫—贝和林译是准确的，其他皆不合其意，如傅译为“suddenly in the sky appears the burning morning glow as if flames were burning. In a twinkling, it disappears and does not leave a trace”，回译为汉语是“突然，天空中出现了燃烧般的朝霞。眨眼间，又消失得无影无踪”，而且“burning”是重复的。

六五“出涕沱若，戚嗟若”，诸译都可谓准确，尽管措辞有异，相较之下卫—贝、傅译较好。上九“王用出征，有嘉折首，获匪其丑”有完整的叙事结构。理译“Where his prisoners were not their associates, he does not punish”与解释不符；卫—贝的“it is best to kill the leaders// And take captive the followers”没有说明“有嘉折首，获匪其丑”是否实际发生了；蒲译用过去时，显然是一种历史叙述体，但“he did not chastise the rebel followers”与解释不一致，其他译文唯有傅译，即“the king leads his troops on expedition and wins a great victory in cutting the enemy leader's head and captures the enemies who are not willing to be subjects”，较为符合，但显然该译文并非确指武王伐纣之史事，也较辞费。

从爻辞纵向叙述来看，诸译文（包括有的注释）都未能重建原文的叙事结构和情节要点，因此在卦爻辞文字所指称的历史事实之真实再现方面，诸译整体上都没有达到“信”的要求。

3.《姤》

《姤》历来被认为是一个较难解的卦。在第三章指出，“姤”字是“女”字和“后”字的合文，后在刻字、传抄过程中被当作一字。经文中，“女”是未婚女子。本卦中涉及的史事当是迁九鼎之事和今日成语“杞人忧天”涉及的杞国落陨石之事。前者讲的是，武王克商后，命令将殷商国之重器九鼎迁于洛邑新城，实施迁移的是周军俘获的商人俘虏，爻辞描述这些俘虏用铜制捲车艰难地搬运九鼎，像疲惫的猪一般步履蹒跚。后者讲有陨石从天而降，落于杞国，很可能是瓜田之中，引起巨大震动和火光（可能导致当地人极大恐慌，担忧天崩地裂）。本卦文字与此两事相关的有（括号内为笔者今译）：

初六：系于金柅。羸豕孚踟躅。（系于铜制捲车之上。像疲惫的猪般的俘虏艰难前行）

九三：臀无肤，其行次且。（臀部没有好肉，行走赵趄蹒跚）

九五：以杞包瓜，含章。有陨自天。（落于杞地，为瓜所包，含有光彩。有陨石从天上落下来）

关于卦题，译文除了理译的音译外，另五个皆按照传统解释“遇”英译，而裴译从女性视角有独特解读，即译为“The Royal Bride”，卦辞译为“The woman is great. Do not grab the woman”，皆与众不同，但若从卦题、卦辞和卦整体原文考虑，裴译不能说是准确的解读，仅是一种译者有意介入的诠释。

这里重点分析初六、九五爻辞的译文。这里解初六“柅”为“捲车”，而“羸豕孚踟躅”当指战争俘虏用“柅”搬运九鼎而疲惫不堪、步履蹒跚。“系于金柅”应是《左传·桓公二年》载“武王克商，迁九鼎于洛邑”、《竹书纪年》载“冬，迁九鼎于洛”之事。除夏译本按照异读字英译外，理译、卫—贝译、蒲译、林译、傅译的“金柅”按照马融“柅者，在车之下，所以止轮，令不动者也”之解分别为“a metal drag”“a brake of bronze”“a meta brake”“a metal brake”“the metal brake of the cart”，“羸豕孚踟躅”分别为“He will be (like) a lean pig, which is sure to keep jumping about”“Even a lean pig has it in him to rage around”“even a lean pig is able to wiggle its trotters”“like a weak pig [sow] that but strives to romp around”“as if a lean sow were restless and could not keep quiet”，五者译文大致类似。裴译据有的传统解释（如《广韵》解“柅”云“络丝柎也。”）译“柅”为“a golden spindle”，“羸豕孚踟躅”译为“With a scrawny piglet to sacrifice, you hesitate”。可见，诸译本未能反映出原文的历史故事。

对于九三“臀无肤，其行次且”，诸译文分别是理译“one from whose buttocks the skin has been stripped so that he walks with difficulty”；卫—贝译

文“There is no skin on his thighs, // And walking comes hard”；蒲译文“His hunches have been flayed and he walks totteringly”；林译文“This one's thighs are without skin, and his walking falters”；夏译文“The buttocks has no skin; //his movements are hither and thither”；傅译文“he has lost the skin on the buttocks and has difficulty in walk”；裴译文“Buttocks without skin. Her actions halt repeatedly. She hesitates before proceeding”。可见，除夏译文（“hither and thither”不准确）和裴译文（使用女性第三人称单数）外，皆能译出原文的一般指称意义。然而，尚不能说译者意识到了原文隐含的史事而进行了有意识地翻译。

九五爻辞“以杞包瓜，含章。有陨自天”，笔者认为与《列子》记载的“杞人忧天”之故事有关，解为“有陨石从天上来，落于杞地，为瓜所包围，含有光彩。”原文存在句法倒装，即该句爻辞可能本来是“有陨自天，以杞包瓜，含章。”关于“杞”诸译文多译为“枸杞树叶”“杞柳”“柳树”“蒿柳”等，夏译本按照异读字英译。裴译“陨”为女人“流产”，其他译文多译为各种“落”。诸译皆无与原文历史解读相接近的翻译。

因此，诸译文都没有在再现原文的隐含历史叙事方面达到指称意义上原文的“真”，也就是说，皆不符合前文提出的《易经》历史素材英译的“客观、真实、准确”的标准。本卦的卦题，根据前文的指称意义分析，可译为“Nü Si *Maiden Senior Official*”，其中正体部分是“女后”音译，斜体部分是意译。初六、九三和九五爻辞中有关历史的部分这里尝试英译如下（注释略）：

Initial Six: Tied to the bronze carrying - vehicle. Like exhausted pigs captives with great difficulty progressing.

Nine in the Third: The buttocks loss of skin showing; The walk posture looks staggering.

Nine in the Fifth: Having fallen in Qi, and surrounded by melons, it displays brilliance. There is a meteorite fallen from heaven.

三 综合分析

鉴于《易经》经文解读的开放性和传统易学的统治地位，若设立一个基于20世纪古史学派新的研究成果的、不同于传统易学的评估标准来看迄今为止的英译本，必然而合理的假设是，诸译本皆整体上不符合卦爻辞内部隐含历史叙事部分译文再现原文之“真”，达不到“信”的要求。上述评析的结论证实了这一假设。尽管一些译本对经文中个别的史事、人物等做出了准确的翻译和注解，但皆未从整体上认识并英译经文中的史事系列，更没有有意识地对六十四卦原文所含的历史叙事进行整体性重建。

抛开译者的翻译目的、预设的译文读者等因素，只就译文本身而言，通过综合考虑译本的解说、注释等副文本来判断，林译本和傅译本主要依据王弼注解系统英译。汉魏儒家以至后世经学家对文本的本真意义大多毫无兴趣，他们的解读成了阻挡在后世读者和文本之间的障碍，简直应了美国文论家布鲁姆（Bloom）的名言“阅读总是误读”。[①] 他们对经文隐含的历史事实叙述的解读努力几乎没有，遑论其英译者。而理译本、卫—贝译本、蒲译本的历史再现也仅限于几处历史人物和事件的翻译和注释。主要以帛本《周易》经文为原文的夏译本注重的是文字的尤其是异读字的解释、英译，而裴译本有意识地对原文进行了女性化加工，但不以历史还原为旨归。诸译本在符义学层面达不到“客观、真实、准确”地再现历史层面的指称意义这一标准。

卡勒（Culler）认为，叙述与诗歌不同，诗歌在翻译中会走样，而情节不论从一种语言转换成另一种语言，还是从一种表现手法变成另一种表现手法都能完整地保留下来。[②] 这是指一般情况而言的。在《易经》英译这样的情况下，如果经文建基于其上的历史层面两千多年来由于种种原因已经难以认知、重建其历史叙事的本来面目，那么译者也唯有根据现有的、已经确立起来的经文解释资源进行诠释、英译，必然无法满足近代出现的有意识地挖掘经文历史元素的努力对译文的要求。自《易传》开始

---

① 参见傅修延《文本学》，北京大学出版社2004年版，第321页。

② J. Culler, *Literary Theory: A Very Short Introduction*, Oxford University Press, 1997, p. 89.

而迄于19世纪下半叶的传统易学毕竟不了解20世纪以来的《易经》考古发现和研究成果。20世纪以来的学术性《易经》英译本，除了林译本、夏译本这样受特殊翻译目的限制的译本外，如果固守经学，而无视《易经》古史研究的新发展，必然使其翻译的文献价值大打折扣。

第三节 侧重符形学的《易经》古歌英译分析

如果说词语赋予事物以存在，那么诗歌则是表明人类存在及其状况的最真最纯的文学语言。[①] 第三章的分析证明，《易经》卦爻辞中的确存在诗歌文字，这是译者需要面对的事实，也是译本评价需要考虑的重要方面。《易经》卦爻辞中的诗歌还是比较原始的、朴素的，主要是写景状物抒情的。《易经》卦爻辞内部文学特别是诗歌部分的翻译，其翻译原则与经文历史部分的侧重点不同，应是基于原文审美的“美”而要求的译文的“信达雅”，即在传译原文原生态指称意义基础上，恰当表现原文文本结构的美学特征如音韵、节奏、形象等方面的，通过英语诗歌形式表现原文的文学性，使译文不但要语言上形象、得体、新颖，还应在风貌上达到音美、形美和意美。对于原文的韵律，译文应避免强求押韵而导致因辞害意，而自然押韵则是可取的。以上是经文中歌谣片段英译要考虑的基本方面。对于中国古代民歌的英译，辜正坤（2003）认为，应做到情感质朴、用词简朴、节奏明快、比兴复沓、尽量押韵。[②] 后三条上面已经涵盖。另外，在考察《易经》古歌英译文时，我们可以重点关注“情感质朴、用词简朴”问题。

一 单条爻辞中的古歌片段

下面从《易经》单条卦爻辞中选取四个古歌片段，分析诸译本的对应的英译情况。下文原文取自本书的经文拟定本，译本原文有差异之处通过脚注说明。

① 王宏印：《西北回响》，文化艺术出版社2009年版，第39页。

② 参见辜正坤《中西诗比较鉴赏与翻译理论》，清华大学出版社2003年版。

1.《否》九五：其亡其亡，系于苞桑。[①]

本书将《否》爻辞“其亡其亡，系于苞桑”定性为断辞。在形式上，前句二言叠词，后句与前句押韵，当来源于比《易经》更早的古歌（抑或其仿作）。古文献中多把“桑”与日出相联系。在巫祭文化盛行的时期，桑林与祭祀活动有着密切的关系，而桑林祭祀至少与祈雨巫术有密切的关联。西汉高诱注《淮南子·时则训》记载：“桑林者，桑间之林能兴云作雨。”从先秦到西汉，桑林祭祀求雨似乎是一种较为普遍的现象。古文献中有“桑林祷雨”的记载，如据《竹书年记》载，“汤二十四年，大旱，王祷雨于桑林，雨。”因此，“其亡其亡，系于苞桑”很可能与商汤桑林祈雨有关，而“其”在爻辞中指的是旱灾，“其”即指旱灾，“亡”即消亡。从《否》全卦看，爻辞述说了从受干旱之灾到干旱解除的“先忧后喜”过程。诸译文抄录于表 4—5。

表 4—5

理译	“We may perish! We may perish!” (so shall the state of things become firm, as if) bound to a clump of bushy mulberry trees. (85)
卫—贝译	“What if it should fail, what if it should fail?” // In this way he ties it to a cluster of mulberry shoots. (55)
蒲译	…he must not forget the situation is so dangerous that collapse may yet occur. Accordingly, he must strengthen himself as mulberry trees are strengthened by tight bindings. (113)
林译	This might belost, this might be lost, so tie it to a healthy, flourishing mulberry. (214)
夏译	it is lost, it is lost, // tied to a bushy' mulberry. (41)
傅译	He warns himself constantly: perish, perish. Thus he can be safe as if he were fastened to the clustered mulberry groves. (83)
裴译	Lost? Lost? Tie it to a clump of mulberry shoots. (95)

蒲译文回译为现代汉语大致是“他必须记住情况非常危险，崩溃还可能会发生。因此，他必须自强，像用严密的捆绑物加固桑树一样”。显然，这是散文译法，而且译文中发挥较多、译文过长。除了蒲译，诸译文都全部或部分保留了第一句的重复结构，在语气上感叹（如理译）和陈述（如夏译）好于疑问（如裴译），但夏译完全是一种已经“亡”的描

① 夏译本（40）原文为“亓亡！亓亡！毄于枹桑”。

述。在注释方面，理译文的注释指出了两句爻辞的韵律特征，并提供了一个押韵的译文“And let him say，‘I die！I die！’// So to a bushy clump his fortune he shall tie”，因此理译本是有两种译法的，虽然他的解释是基于卦位关系的，与歌谣涉及的故事无甚关联，第二种诗歌译法指称意义上与原文也有差距，但毕竟指明了原文的诗歌性质和特征，基本符合再现原文“美”的要求；卫—贝译文和林译文采用了《易传》和易学的解释；夏译、傅译、蒲译、裴译皆无注释进行说明。

总体上看，基于上文对该两句爻辞的分析，在指称意义上各译文皆与笔者解读不合，而在语言形式上，除了理译文注释中的诗歌译法，诸译文尤其是后一句译文尚不能说具备了诗歌语言的面貌。笔者尝试将这两句爻辞英译为“It is about to die！about to die！On the mulberry bush we rely”，译文与原文形式上对应，既有重复，又有押韵，也保持了原文指称意义和文字上的简洁性，“It”即原文“其”之译文。

2.《晋》六二：受兹介福，于其王母。①

《晋》卦“受兹介福，于其王母”意谓“蒙受如此大的幸福，在于他（她）（们）的王母。”“福”“母”押韵。这条古歌片段可能取自一首赞颂“王母”的古歌，类似于《诗经》中“周颂”之类。这里“王母”很可能指周武王的母亲，即周文王正妃太姒，史载称“文母”；“文王理外，文母治内”（《列女传》），因此她颇为周人敬重。笔者译为“So abundant is their well-being；Thanks to the mother of their king.”诸译文皆译“福”为“blessing”或“happiness”；“介”除了蒲译为“little”皆译为“大”之意；“王母”林译和理译为“grand mother”，不准确，其他皆译为“王的母亲”。形式上，“福”和“母”译文有韵或近似韵的有卫—贝译文和傅译，如表4—6。卫—贝译文的诗歌特征不如傅译强，但内容上又胜于后者，因为傅译是将来时的。二者均未指出原文和译文的古歌问题，因此不妨认为是一种非有意识的诗歌译文构建。因此，诸译文从音美、形美、意美上说都不太理想。

① 夏译本（130）原文为“受［兹介福，于］亓王母”。方括号内为帛本残缺字根据传本补。

表 4—6

卫—贝译	Then one obtains great happiness from one's ancestress. (137)
傅译	He will receive a great blessing from the honorable mother of the king. (201)

3.《震》震来虩虩，笑言哑哑。震惊百里，不丧匕鬯。[①]

《震》卦之“震”指雷电，非地震。《尚书》《竹书纪年》等文献载周公被谗后的秋天曾发生大风、大雷电。本卦或与此有关。古今文献多解“虩虩”为恐惧之貌、“哑哑”为嬉笑貌。该卦经文中的“苏苏”“索索”和“矍矍”大致同“虩虩”之义，“苏苏”“索索”等在词源上皆为源自音之转。[②]“震惊百里”属夸张说法，“不丧匕鬯”之“鬯”即指一种古代祭祀用的、以香草酿制的酒。这部分文字从形式上和手法上颇具文学性，当源自某首古歌，可今译为“雷震响来，面有惧色，说笑连连。雷震响彻百里，无人惊落一匙香酒”。对这 16 字原文，理译文用词达 62 词。蒲译文“Thunder comes with a terrible noise, laughing and shouting in awesome glee and frightening people for a hundred miles around. The sacrificial wine is not split.”(185) 确是文学笔法，但非这里所说的古歌本义。林译和傅译的散文译法与原文指称意义距离较大。其他三个译文都用了拟音词，如卫—贝译为“Shock comes – oh, oh! //Laughing words – ha, ha! //The shock terrifies for a hundred miles, //And he does not let fall the sacrificial spoon and chalice.” (197) “虩虩”和“哑哑”分别译为“oh, oh”和“ha, ha”，借助其随文解说，译文的指称意义和原文大体一致，可谓较符合再现原文之“美”的“雅”的标准。而裴译“Thunder comes, ‘xi, xi’ shouts. Laughing words: ‘ya, ya!’ The thunder sets all a – tremble for seventeen miles, without a spill from ladle or cup [used at the sacrifice]” (195) 其所指就不那么一致了，而且也不应将原文虚数“百里”换算为

① 夏译本 (86) 原文为“辰來朔朔，笑言亞亞；辰敬百里，不亡 [匕鬯]”，括号内残缺字根据传本补。

② 钱锺书：《管锥编》(第二版)，生活·读书·新知三联书店 2007 年版，第 56 页。

"英里"。使用拟音词一般会使译文较为生动形象，但在爻辞译文里，不得不借助注释才能使译文意义显豁。笔者试译为："Thunder erupts rumbling, causes trembling; Soon followed by talking and laughing. Thunder shocks a hundred miles wide; Without startling a spoon of sacrificial wine."在韵律方面，第一句内有"rumbling"和"trembling"押韵，且和"laughing"押韵，后两句"wide"和"wine"有头韵。

4.《中孚》九二：鸣鹤在阴，其子和之。我有好爵，吾与尔靡之。[①]

《中孚》这四句爻辞当为古歌片段或一首完整古歌，二、四两句同字结句，其风格、韵致颇如《经·小雅·鹿鸣》"呦呦鹿鸣，食野之苹。我有嘉宾，鼓瑟吹笙"。因中原地处北半球，在阳光下，大致山北面为"阴"、河南岸为"阴"，因鹤多逐水，因此解为河南岸。"阴"与后世所说阴阳概念无关。"我有好爵，吾与尔靡之"两句应分别出自"鸣鹤"与"子"之口。"子"即"汝"。"爵"是精致酒器，寓指美酒。这表明前句"子"并非指雏鹤，而是指"雌鹤"。成年鹤似不太可能和雏鹤分享美酒。"我"和"吾"在口气上的细微差异也支持这一观点，二者都是自谓，但"我"较张扬、外向，多在和对方关系较熟悉、亲密时用，而"吾"是平常用法，有时有自谦、内敛色彩。因此，"我"更像是雄鹤自谓，"吾"则是雌鹤自谓。

理译文"… (like) the crane crying out in her hidden retirement, and her young ones responding to her. (It is as if it were said), 'I have a cup of good spirits'; (and the response were), 'I will partake of it with you.' (200)"中，"鸣鹤"为育雏母鹤，"子"是"雏鹤"，问题是在译文增入了虚拟句式，使得双方的对话完全虚拟化，而失去了诗意。卫—贝译文"A crane calling in the shade. //Its young answers it. // I have a good goblet. //I will share it with you."(237)对"鸣鹤"和"子"的解读和理译相同，但保留了原文"爵"的主要形象和原文的语言特征，有一定的诗歌风貌。蒲译虽与卫—贝译文似，但其"follow suit"（学样子、跟着做）(205)和后两句的合并使其在诗歌特征上逊于后者。林译"shadows"指称上不如"shade"准确，其

① 夏译本（158）原文为"鳴鶴在陰，亓子和之；［我有好爵，吾與爾］羸［之］"，括号内残缺字据传本补。

他除“子”译为复数与卫—贝译本一样。夏译用了“harmonize”（用和声唱）译“和”，其他和卫—贝译文相同。与各译文不同，傅译“子”译为“partner”，和笔者的解读相近，但“pot”不如“goblet”，另外译文较烦琐。裴译又有不同，其“阴”解为河南岸，应是准确的，译文前两句长度相差过大，表明译者并非有意译为诗歌形式。诸译文中，卫—贝译文可以说具有原创性和诗歌面貌，后来的译文多与之相似，但又各有不同。这里汲取各译文所长，译为“A crane calls in the south bank; // Its consort responds to it. // I have a goblet so nice and fine; // Let me with you share it.”保留了原文形象和借代手法，用两个“it”译两个“之”，用词多用小词，前两句和后两句句长大致相同，基本再现了原文形式特征。

综合以上对四条爻辞中古歌片段译文的考察，依据真实、充实、适度的信的要求，形象、得体、新颖的达的要求和音美、形美、意美的雅的要求，卫—贝译文要好过其他译文，但总体上看，诸译文离“美”而“信、达、雅”的英译标准还是有距离的，特别是有的译文用词过多，完全失去了原文的风貌。或许因为这些古歌片段诗歌特征不够明显而使译者缺乏“美”“雅”的解读和翻译意识，下面再看整卦的古歌英译如何。

二 整卦中及跨卦的古歌

本节选取《小畜》《大有》和《大畜》卦爻辞中所含古歌的文字，分析诸译本相关的英译文情况。为了对照方便，本节将有关的古歌复录于文中。

1.《小畜》第九

据第三章对《小畜》一卦经文的分析，可从本卦文字中辑录出一首古歌“密云”（参见第三章相关内容）。在这首古歌中，夫妇从郊外回家，途中牛车（有所载）车轮辐条有的脱落，可能天要下雨妇人因车坏耽误赶路而埋怨丈夫，导致二人怒目相向。不久，二人又和好如初、车载归家、生活继续。诗中用乌云密布的形象起兴，后有“既雨”与开头照应，最后落在夫妻的“德（得）”得到佑护上。全诗节奏明快，用字兼有二言、三言和四言，其中六句即第1句和第4至8句有“u”韵，第2、3句有“ao”韵。整首诗语言生动、情感质朴、情绪起伏、诗意浓厚。翻译这样的叙事兼有抒情性古歌时，要点在于在准确表达原文指称意义的基础上，形式上兼顾原文的语音和横向—纵向形态美学特征。

理雅各译文采用的是散文译法，概念意义表达依据的主要是内部的卦位关系，例如，他用了“the former line”（前一爻）、“represented by the upper trigram”（外卦所表）等来表达；具体字的英译也有一些不准确之处，如“郊”“血”分别译为“borders”“bloodshed”。整体上看，这部分理译文毫无诗歌踪迹。

卫—贝译文的九三译文“The spokes burst out of the wagon wheels. // Man and wife roll their eyes”是押尾韵的，该译文分行呈现，因此原文的横向押韵变为纵向押韵。在纵向上把该卦爻辞各句摘出组合在一起（“Blood”一词稍作调整），仍按原来的分行排列，与笔者辑录的诗歌（按译文排列）对照如表4—7：

表4—7

Dense clouds, no rain from our western region.	密云不雨，自我西郊。
Return to the way.	复自道。
He allows himself to be drawn into returning.	牵复。
The spokes burst out of the wagon wheels.	舆说辐，
Man and wife roll their eyes.	夫妻反目。
Blood vanishes and fear gives way.	血去惕出。
The rain comes, there is rest.	既雨既处。
This is due to the lasting effect of character.	尚德载。

英译文与原文相比在指称意义层面的差异主要在“自我西郊”“尚德载”“反目”，以及“血”“牵”“说”等字（参见第三章《小畜》卦爻辞今译），例如“反目”译为“roll their eyes”，指夫妻对“舆说辐”的发生而“反目”，不是实际上夫妻的彼此“反目”。另外“roll their eyes”多意为“翻白眼表示不屑”，因此不符合原文“反目”本义；原文“血”通“恤”，译文“Blood”给人以惊悚之感。其他虽然大致是准确的，但整体上和本书辑出歌谣的意蕴还是有不小的差距。从形式上看，虽然其分

行和局部押韵（实际上仅是辅音押韵）已经具备了英语诗歌的部分特征，尚不足以使译文成其为一首诗歌。

蒲译文、林译文无论在意义上还是形式上与这里的解读相差较大。从夏译文中摘出相关的部分录如下（词语首字母大小写、缩进都有改动）：

Dense clouds do not rain, from our western pasture.
Returning from the way,
A firm return;
The cart throws its axle - struts;
The husband and consort cross eyes.
There is a return;
Blood departs, warily [exiting];
Having rained and having stopped,
He still gets to ride.

从该译者所据的原文看，除“血”“处”外，其他语义翻译上基本是准确的，其英译文句子中第4、第5句和第8、第9句各近乎押韵。然而，用词所呈现的形象显得过于怪异，如“cross eyes”搭配中“cross”一般是形容词，该词组作“斜眼、斗眼”解。译文总体上也不具备一首歌谣的格局。

傅译文、裴译文中有关部分既不具备诗歌形式特征，在意义上也相去甚远，例如，傅译“夫妻反目”变成了“夫妻翻脸、离婚”（the husband and wife fall out and divorced）；裴译用“Esteemed for moral strength and honored by a carriage”译原文“尚德载”令人费解。

综上，对于从本卦所辑出的古歌谣的诸译文而言，从“音美、形美和意美”及“真实、充实、适度”的角度观察，诸译文尚未发现有较为成功的英译。根据前文对本卦古歌的分析，这里尝试在吸收现有译文之优点基础上进行进一步加工，以使译文的文本形式和意象方面不但在横向单条爻辞内，而且在全卦纵向上也能具有诗歌的面貌。其卦题译为“Xiao Chu *Small Number of Livestock*”，经文英译如下，涉及古歌的文字部分译文用斜体：

Small Number of Livestock. Sacrifice. *Dense clouds rise, yet no rain falling. From the western outskirt they come.*

Initial Nine: *Along the way, returning home.* What blame can there be? Good fortune.

Nine in the Second: *Leading the ox, they are walking.* Good fortune.

Nine in the Third: *Some spokes fall off the wagon wheels; Husband and wife fall out with sulky eyes.*

Six in the Fourth: There is conformity. *Anxiety perishes and caution vanishes.* No blame.

Nine in the Fifth: There is conformity, with signs bent close. His abundance, thanks to his neighbor.

Top Nine: *The clouds have shed rain, and all is right. Their wagoned harvest has been blessed.* The woman's omen: danger. When the moon is full nearly, the noble man sets out on an expedition. Misfortune.

将各句英译文按原文纵向顺序摘出并依据各行的语义关系分行排列如表4—8，并增补题目“密云”之译文“Dense Clouds”，右侧附原文以资对照：

表4—8

Dense Clouds	密云
Dense clouds rise, yet no rain falling.	密云不雨。
From the western outskirt they come,	自我西郊，
Along the way, returning home.	复自道。
Leading the ox, they are walking.	牵复。
Some spokes fall off the wagon wheels,	舆说辐，
Husband and wife fall out with sulky eyes.	夫妻反目。
Anxiety perishes and caution vanishes.	血去惕出。
The clouds have shed rain and all is right.	既雨既处。
Their wagoned harvest has been blessed.	尚德载。

因语言差异，完全再现原文的音形义特征比较困难，而笔者在尽量保持原文指称意义基础上，努力在音美、形美、意美三方面进行了表现。译文意义上基本和原文契合，保留了原文意象、形象和价值取向。形式上，各行长度大体与原文对应；艺术手法上译文与原文相同。语音上，译文大致呈现了原文的韵律特征，前四行尾词对应于原文尾字押韵或辅音弱押韵；接下来五行首先是两行尾词辅音押韵，然后一行内部押韵，与原文对应，最后两行尾词皆以清辅音“t”结束，属于半韵。不仅分散在卦爻辞中，还是组合在一起，英译文都具有一首古歌的风貌。按照调整过古歌诗行，译文可相应调整为：

Dense Clouds

Dense clouds rise, yet no rain falling.
From the western outskirt they come,
Leading the ox along the way home.
Some spokes fall off the wagon wheels,
Husband and wife fall out with sulky eyes.
Anxiety perishes and caution vanishes.
The clouds have shed rain and all is right.
Their wagoned harvest has been blessed.

2.《大有》第十四

据本书第三章有关分析结论，《大有》卦主题与农业丰收有关。“有”意为“富有”“众”，与农事似无明显联系。但爻辞中，“害”当指影响农事之灾害。《左传·桓六年》：“奉盛以告曰，‘絜粢丰盛’。谓其三时不害，而民和年丰也。”关于“彭”，隋唐陆德明《周易释文》（简称《释文》）云：“‘彭’，子夏作‘旁’。虞作‘尪’”。笔者从之，将“彭”解为“尪”，本指跛足或脊背骨骼弯曲之人，古代巫觋多有此一类人充当，这里是指求雨之巫尪。笔者从本卦初九、九二、九四、上九爻辞中辑录出一首短歌并命名为“天佑”（参见第三章有关内容）。这首短歌属于直陈叙述诗歌，艺术手法上属于直陈的“赋”，描写的是古人丰收而感念上天保佑之情，也反映了对“天”与“巫”关系的认识，即表现出对“巫”一定程度的怀疑。该古歌前两行押“ai”韵，最后一行若认为是“自天之佑”，因“佑”通“祐”，“载”和“祐”皆属古韵“之”部。[①] 因此，可以认为四行中有三行是押韵的。

理译文无诗歌特征，指称意义表达上也存在问题，如“彭”解为“骄傲自大”，译文用了反译法，“匪其彭”译为“keeping his great resources under restraint”。卫—贝译文“匪其彭”译为“He makes a difference // Between himself and his neighbor”，寓意不明，其他三句译文“No relationship with what is harmful”“A big wagon for loading”和“He is blessed by heaven”在指称意义上皆可谓准确，但却也不成其为歌谣。其他五个译文更谈不上。例如，傅译文各句是：“无交害”译为“he has no relations with others and there is no harm”，“大车以载”译为“the cart carries his wealth to a destination”，“匪其彭”译为“he has great but not excessive possessions”，“自天佑之”译为“he receives the blessing from heaven”。因此，关于本卦所辑出的古歌谣部分，诸译文尚未有在音美、形美和意美方面可称为较为成功的英译，诸译本也似都不以农业丰收为主题。

3.《大畜》第二十六

从卦题上看，《大畜》和《小畜》似乎相对或关联，从卦爻辞看，二者的确存在主题上的联系。“大畜”意指大量的牲畜，或大量养牲畜。九二的“輹”与《小畜》的“辐”不同，指垫在车厢和车轴之间的木块。根据全卦意旨，此“说”也与《小畜》“舆说辐”的“说”不同，后者为主动动词，前者为受动动词，是车主人主动把“輹”卸去。九三的“曰闲舆卫”之“曰”是发语词，“闲”指木栏之类的遮拦物，“舆卫”指车棚、车库，常与马厩、牛栏建在一处。六四的“童牛”指尚未长角的小牛，“牿”指牛栏。六五的“豮豕之牙”中的“豮豕”指去势的公猪，“牙”通“厍”，指猪圈。上九爻辞“何天之衢”中“何”通“荷”，意为“承受、承蒙”，“衢”即“庥”。本卦上九“何天之衢”和《大有》

① 参见黄玉顺《周易古歌考释》，巴蜀书社1995年版，第79页。

上九“自天佑之”关于“天”的论述，反映出周人对“天”之认识，也反映了对“巫觋”之术与“天”的关系的认识。

这里从本卦九二至上九爻辞中辑录出一首古歌并名之“天衢”（参见第三章有关内容）。这当是一首“赋”的直陈式古歌，描写丰收之后，卸去了车輹，人、马欢欣，六畜兴旺，人们感念上苍。该歌谣的诗一、二、四和六行押韵，先是三言的两行，后是四言的四行。古歌运用了借代的艺术手法，如用“舆”和“卫”指六畜与所得。读来语气轻快、意象生动、格调愉悦。下面看诸译本的英译情况。

理译文大多没有准确译出原文的本义，如“輹”译为“strap”，“逐”译为“urging his way”，“闲舆卫”译为“exercising himself daily in his charioteering and methods of defence”，“牙”译为“teeth”，“何天之衢”误译为“in command of the firmament of heaven”（指挥、控制苍天），因此不管形式上还是形象上毫无诗歌特征。

卫—贝译文各句摘出组合排列如下，除前两句大致准确外，其他各句皆有原意解读方面的问题，总体上也难以形成一个中心主题，也无原文韵律再现。

> The axletrees are taken from the wagon.
> A good horse that follows others.
> Practice chariot driving and armed defense daily.
> The headboard of a young bull.
> The tusk of a gelded boar.
> One attains the way of heaven.

蒲译在语义和结构上大致与卫—贝译文相似，如“舆说輹”译为“A broken axle”，“良马逐”译为“A fine steed galloping”。林译文语义问题也较多（例略）。傅译大意亦如此，尽管有些增译，例如“舆说輹”译为“the axletree falls off and the cart comes to a halt”，“何天之衢”，把“何”视为感叹标记字，译为“how wide and straight the thoroughfare is in heaven!”感叹语气是可取的，但译文较费解。夏译文摘出如下：

The cart throws off an axle - strut.

A fine horse follows;

It is called a barrier - cart [defense].

The young ox's restraint;

The crying pig's teeth;

How wary is heaven.

将以上回译为汉语大致是：“车脱去了一只轴垫。一匹良马跟随着。它称为栏车（防卫）。童牛的限制物。嚎叫的猪的牙齿。天是多么机警、谨慎！”即便不论指称意义问题，在意象上和形式特征上与一首诗歌的特征相差较大。

裴译文摘出如下：

The cart loses the fitting which holds it to the axle.

Good horses follow. With daily training of your chariot team, a defense.

Wood on the horns of the calf.

Remove the boar's tusks.

What is the highway of the sky?

将以上回译为汉语则是“车脱失了固定车轴的装置。良马跟随着。每日训练你的车队，一种防卫。小牛角上的木头。拔去野猪的獠牙。何谓天之大路?”这也与笔者的解读相去甚远。与前两卦古歌英译的分析结论一样，关于本卦古歌文字的英译，诸译文在形式和意象上也不具备歌谣的特征，诸译本皆没有译出原文所含的古歌。

综上所述，虽然在《易经》古歌英译方面卫—贝译本较其他译本稍好，七部译本的译者们基本上没有表现出诗歌翻译的努力，大多根本没有这样的意图甚至意识，因此在这一方面，诸译文也是令人很不满意的。关于跨卦的古歌英译（参见以上《大有》和《大畜》两卦的古歌英译），据以上对七部译本的分析，这里的结论显而易见也与此相同，不再赘述。

三 诗化思维与文学修辞手法

中国古人的思维方式具有突出的诗化特点，在语言上体现为整散结合、多用类比、生动形象、含蓄凝练等特征。特别是意象思维，通过取象、譬类，“立象以尽意”［《周易·系辞（上）》］，以表达主观认识。《易经》经文中含有大量文学修辞格的运用以及诗美创造手法，例如意象象征、临摹和叠加，这些可通称为《易经》经文的文学修辞手法，反映了中国古人语言的诗化和诗性思维特征。修辞手法在文学翻译中是需要着力处理好的。这一部分内容也属于《易经》卦爻辞文学层面关注的范畴。本小节以洪迪的分析结论[①]为框架，从卦爻辞文学材料（包括歌谣和文学散文部分，这些手法在其他部分也存在）中简要举例分析经文中部分文学修辞手法的英译情况。洪迪的分类结合了现代诗歌艺术，共分 12 种，笔者将其调整为 9 种，结合译例进行分析。

1.《明夷》上六“不明晦初登于天后入于地”（标点省略，下同）

“明夷”本意为光明被遮蔽之时，在卦爻辞中则有多重意蕴。该爻辞指月亮运行于末以及以后的不明而晦暗，也兼指雉鸡本不能翱翔于天，即使能飞，也会很快落地。在人事上可能寓指商纣王虽初时尚登在天上，不可一世，必会坠落地上的结局。辞中主语省去，寥寥 11 字，其中三部分由省略而跳跃，言简意赅，大大扩充了辞的可能指称范围。这正是诗歌之所以精短的原因。该辞笔者今译为“不明，月晦。起初登上天去，后来入于地下。”

就本句爻辞省略与跳跃的英译效果而言，由于受到语言差异限制，各译文相较原文都对省略进行了一定程度的增补，尤其是理译“…there is no light, but (only) obscurity. (Its subject) had at first ascended to (the top of) the sky; his future shall be to go into the earth”（135），裴译“…he does not give off light but brings darkness. At first he ascends to heaven and then falls into earth in the end”（209）进行了译文内部解释。增补的主语有的指卦中某爻，

① 参见洪迪《〈周易〉三读》，中国出版集团东方出版中心 2014 年版，第 147—153 页。

如林译“Not bright but dark, this one first climbed up to heaven but then entered into the earth”（360），有的指“明”，如裴译。相对而言，用不定指、模糊化的“it”或“he”较好些，时态可现在、可过去。在修辞效果上，总体上看，蒲译、夏译和傅译较胜，夏译“Not bright or dark: // initially it rises into the heavens, // afterwards it enters into the ground”（113）最佳，不仅用词简洁，主要结构也简单、对仗，象征意义也可以说寓含其中。

2.《屯》上六“乘马班如泣血涟如”①

本句爻辞具有蒙太奇（Montage）效果。蒙太奇原为建筑学术语，后成为现代电影和视觉艺术术语，主要指对时空进行有意涵地人为拼贴剪辑的艺术手法。“乘马班如”和“泣血涟如”，一个近景，一个特写，两个镜头拼贴构成了一种原始、简单的文本蒙太奇。该辞今译为“车、马齐进啊。伤悲哭泣、泪水涟涟”。理译“…（its subject）with the horses of his chariot obliged to retreat, and weeping tears of blood in streams”（63）中的“chariot”“retreat”不准确，结构上虽然是并列，但形式上一是介词短语，一是分词短语，蒙太奇效果不太明显。卫—贝译文“Horse and wagon part. // Bloody tears flow”（19）并置效果较好，但语义令人费解。蒲译“（He hesitates）like a man trotting to and fro or like one shedding blood and tears”（95）把两个部分变成二选一的关系，而林译“As one's yoked horses pull at odds, so one weeps profuse tears of blood”（156）则译成类比关系。夏译“A team of horses vexatious - like, // dipping blood streamingly”（83）表现的场景过于怪异，句子两部分是主从关系。傅译、裴译意义与这里解读的意义差距较大，其译文回译为汉语分别是：“许多人骑马一个接一个来求婚，得不到回复。这是他们泣血连连的原因”和“骑着马打转转。你泣血不止”。因此，诸译都不太理想。

3.《颐》六四“虎视眈眈其欲逐逐”②

瞬时艺术即是化瞬时为永恒的描写，描写的对象即可是客观事物、情景，也可是心理构建。“虎视眈眈，其欲逐逐”即是这样一种瞬时艺术表

① 夏译本原文（82）为：“乘馬煩如，汲血連如”。

② 夏译本原文（66）为：“虎視沈沈，亓容嫠嫠”。

现，前半句是客观事物，后半句是心理判断，两者构成一幅永恒的画面。该辞今译为“老虎双目低沉，欲望悠长深远。”理译文“Looking with a tiger's downward unwavering glare, and with his desire that impels him to spring after spring…”（115）对原文的解读可通过回译看出：“（人）像虎那样以低垂的、目不转睛的目光注视着，他的欲望促使他跳跃、再跳跃……”，完全失去了原文的瞬时艺术效果。除理译本外，与卫—贝译文“Spying about with sharp eyes, // Like a tiger with insatiable craving”（109）一样，蒲译、林译、傅译也都把“虎”译为明喻喻体“a tiger”，语义上不太符合原文所述。裴译“The tiger gazes ‘dan - dan’ (his eyes down), his face ‘didi’ (flue - like)”（133）与众不同，把“眈眈”叠字译为英语叠音并加文内注释，而其提供的原文“逐逐”在译文中变成了帛本经文的“笛笛”音译加文内注释，导致自己的译文和自己的原文冲突。比较而言，夏译本“The tiger looks with eyes downcast, // his appearance is so sad”（67）译文采用了英文的“asyndeton”修辞手法，省去连词，较好地表现了原文的瞬时艺术效果。

4.《睽》上九“睽孤见豕负涂载鬼一车先张之弧后说之弧匪寇婚媾”①

本爻辞在修辞手法上也呈现出叙事文学艺术性，融合了意识流、意象临摹与抽象叙述。辞中先是描写人物对象的状态（睽孤），再是他眼前看到的景象（见豕负涂，载鬼一车），然后是外在动作（先张之弧，后说之弧），最后是心理活动（匪寇，婚媾），整句的意象临摹和情节叙述，如此融合、交织在一起，不啻是一部微型的意识流作品。今译为“视力不佳，且孤身一人。看到一头猪背上满是泥巴；一辆车上载满鬼。先是张弓欲射，后又放下了弓箭。原来不是匪寇，是会婚的队伍。”理译文的问题主要是代词指代不明，导致该句爻辞译文的主要信息点彼此独立，各事件难以聚合起来形成一个完整的叙述。卫—贝译文中“one”和“he”共现，“he”似乎指前文“one's companion”，但“One sees one's companion …As a wagon full of devils”令人费解，后文“放下弓箭”的原因也不明。

① 第二个“弧”夏译本（142）为“壶”。

蒲译文把原文译为两个彼此独立的事件，前两句是一个整体，时态是过去时，和原文较为对应。后一句是现在时，似与前文无关，而且与“匪寇婚媾”一般的解释也不同。林译中代词多指爻位、爻象，这里“this one”亦如此，译文中“unstring”（把弓弦解下）不准确，最后一句的虚拟语气也不当。傅译增译的词语过多，而且结合爻位进行了诠释，基本无法再现原文的叙述结构。夏译语态问题、裴译因动词主语问题也难以形成连贯的叙述结构。因此，以上诸译文，若从原文的意识流、意象临摹与抽象叙述相融合的再现来说，都不能说是成功的译文。

5.《大壮》上六“羝羊触藩不能退不能遂”

本爻辞具有意象象征。在诗歌中比喻和意象象征并非截然分开。一个意象可以象征一事，也可以认为是该事的隐喻，而隐喻对象可以是多元化的。爻辞“羝羊触藩不能退不能遂”中，“羝羊触藩”象征“不能退不能遂”的情状，也可认为是后者的隐喻。今译为“公羊抵触藩篱，不能后退，不能前进。”理译“the ram butting against the fence, and unable either to retreat, or to advance”较好地表现了原文的意象，可惜“as he would fain do”画蛇添足。傅译“…the big ram butts against the hedge and is caught up. It can neither withdraw nor move forward”（197）中“is caught up”也把隐含的明示化了，反而削弱了原文的指称空间，而裴译把“butting”做修饰语，把“gets caught”做谓语，较好些。卫—贝译、夏译、蒲译和林译在意象象征表现上都较好，前两者的结构类似，后两者结构也类似，唯“ram”一词好于“goat”。

6.《大过》九二“枯杨生稊老夫得其女妻”

洪迪（2014：149）使用了“映射震荡”这个术语来分析这句爻辞。该术语自庞德的术语“方程式”，主要指两句叠加，并列共振，相互映射。辞中“枯杨生稊”和“老夫得其女妻”即是映射震荡的例子（该卦九五“枯杨生华老妇得其士夫”亦然）。“杨”即杨树，“稊”即嫩芽，“老夫”即年老男子，“女妻”即年轻的妻子。理译文“…shows a decayed willow producing shoots, or an old husband in possession of his young wife”（117）的“or”和“in possession of”削弱了译文的映射震荡效果；卫—贝译文“A dry poplar sprouts at the root. // An older man takes a young wife”（112）的增译“at the root”实无必要；裴译“The withered poplar sends forth new shoots. An old man attains a wife”（136）未译出“女”。其他译文都较好地表现了原文的修辞效果，结构上各有特色，其中林译“A withered poplar puts forth new shoots. An old man gets a young wife for himself”（313）用词上最佳。

7.《屯》六三“即鹿无虞惟入于林中”①

暗示与意象象征相通，但暗示和意象呈现都较隐晦，需要读者从各种可及的因素“猜想”。爻辞“即鹿”在当时森林茂密、野兽肆虐的时代如果对山林不熟悉，是很危险的事情，但却“无虞”，那接下来会发生什么情况呢？今译“追逐猎鹿，无掌山泽之官引导，而进入了森林之中”。原文“入于林中”仅指刚进入林中，并非深入，理译“in the midst of”似与此不符，卫—贝译文回译为“无论是谁，若无虞做向导，只能在森林中迷失道路”，语义上没有问题，但失去了原文的暗示效果，林译、裴译类似，而蒲译“Pursuing a deer without a guide, the hunter finds himself lost in the forest”（95）谓“已经迷路了”，傅译谓已经“空手而归了”。夏译“Approaching the deer without ornamentation, // it is only to enter into the forest”（83）所指令人难解。因此，诸译文皆未能再现原文的那种暗示性。

8.《归妹》上六“女承筐无实士刲羊无血”

意象叠加是现代诗歌常见艺术手法，在中国古诗中也俯拾即是。以上爻辞即较为简单的两个意象的叠加。今译为“女子举筐，筐中空空；男子刺羊，不见血流。”“承筐”应是古代女子劳动的象征，“承筐无实”当寓指女子没有怀孕生育之事；“士”即有一定职位、身份的男子，“士刲羊无血”当指杀羊无成或羊是死羊。两句“女”和“士”从《大过》“女妻”“士夫”来看，有对应性，但未必是夫妻关系，应各指女子不育，男子没有所得（后代）。诸位译者都注意到了原文的对仗结构和意象叠加特征，都在译文中有所表现。理译文意义表达较为准确，有意识地用了“the young lady”和“the gentleman”来译“女”和“士”（在《大过》中“女妻”和“士夫”分别译为“young wife”和“young husband”），唯

① 夏译本原文（82）为：“即鹿毋華，唯入于林中”。

全句用词偏多。傅译冗词较多，如“empty”和“with a knife”，句法结构也较复杂。林译把原文的肯定语气变为或然的“might”“would”，“cut up”也与“刲”意义不符。蒲译的“drawing blood”译为“采血”，与原意不一致。除了“女”和“士”译法稍嫌不足，卫—贝译文和夏译文在表现原文意象叠加效果方面较好。

9.《鼎》九四“鼎折足覆公餗其形渥”[①]

总体象征即综合使用上述各种艺术手法以取得文学效果，如本句，可今译为“鼎足折断了，倒出了公的美食，鼎的外面弄脏了”，融合了意象象征、叠加、暗示、映射、蒙太奇等手法。“鼎折足”是一个客观景象，但又象征着什么，“公”是谁？“形”是“鼎”的，还是“公”的？此“公”当指周公。周初三公辅佐武王如同鼎之三足，“折足”指周公被谗而出走之事。三足之鼎若折一足必颠倒，“形渥”寓指国家不稳定，或有周公名声受损的寓意。理译文意谓“鼎”的“足”全都“折”了，“公”译为“the ruler”不准确，最后一句属于引申性翻译，因此在再现原文象征方面上不太成功。卫—贝译文“The legs of the ting are broken. // The prince's meal is spilled// And his person is soiled”（194）的“鼎”“足”也全都“折”了，“其”译为“his person”压缩了原文的象征意义空间，蒲译、林译问题与此相似，只是后者“其”译为“its form”要好些，但“公”未译出。夏译根据帛本经文译出，“亓刑屋”译文似意为“（对）他的刑罚在行刑之屋（执行）”。裴译文“The cauldron has a broken leg, overturning the duke's food. Punished by [confinement to a single] room”（192）前一句较好，后一句按照“其刑渥”英译，但回译为汉语是“受到限制在一间屋子中的惩罚”。傅译文“…the tripod cannot bear the heavy weight and one of its legs is broken. The duke's delicious food all spills out. The whole tripod is in a mess”（285）尽管用词句法较冗繁，但在诸译中最能表现原文总体象征意义。

从再现原文艺术手法来看，以上分析的9句爻辞，诸译本都不成功的有三句，即2、4和7。在其他6句中，译文较好的数量分别是：夏译6

① “其形渥”夏译本原文（148）为“亓刑屋”，裴译本为“其刑渥”。

句，林译 4 句，卫—贝译、蒲译、傅译各 3 句，理译 2 句，裴译 1 句。

四 综合分析

《易经》古歌从横向上看都是分散在卦爻辞中的片段，有些仅在单条爻辞中，有些则在跨卦的卦爻辞中，而大多数在一卦之内。上文基于经文的原始指称意义分析，着眼于文本形式层面的翻译处理，分析了诸译本对经文诗歌部分的英译情况及部分修辞手法的处理情况。从分析的结果来看，卫—贝译本做到了译文分行，在形式结构上较为简洁，但也是仅此而已，因为其译文分行之本意并非主要在于再现原文诗歌的形式特征。关于原文韵律再现问题，汉语押韵要比英语押韵容易得多。[①] 也就是说，押韵的汉语原文经过英译后更可能变成不押韵的，有的可能呈现出英语自由体诗歌的面貌。但总体而言，对于卦爻辞中古歌部分的翻译，诸译本没有一个能说是一种自由诗体翻译，而诸译者也还不能说都有意识地做出了再现原文古歌形式的努力。诸译本无论是对原文诗歌辞句的翻译，还是对文学修辞手法和效果的表现，虽然有的译文对某个具体辞句处理地较好，有的偶尔也通过注释说明原文的音韵特征，但总体上都不能令人满意，离前文提出的译文不但要真实、充实、适度，还应达到形象、得体、新颖和音美、形美和意美的标准还有较大差距。中国易学界对《易经》文学性的专门研究始自 20 世纪上半叶前期。理译本和卫—贝译本出现较早，对经文文学成分的意识、辨识和解读自然受到时代的局限。而林译本和夏译本尽管受到所据原文的影响，若对经文所含的文学成分具备较强文学表现意识，也应会在经文译文内部并辅以注解加以表现的，否则只能说明译者并没有这方面的认知或者意识。傅译把今译作为主要的"原文"，而在今译没有关注原文的文学性的情况下，自然无法取得较好的文学表现效果。最后，蒲译本和裴译本作为两部实用功能取向的译本，译者自然或必然无视或忽视原文的文学性和诗学特征。总之，从译文信达雅评价标准和各二级标准来看，7 部译本在《易经》卦爻辞文学成分和文学艺术手法方面尤其

① H. Goldblatt. "How Can Chinese Literature Reach a World Audience?", *Chinese Arts & Letters*, No. 2, 2014, pp. 93 - 102.

是古歌片段横向和纵向的英译都难以说是成功的。

第四节　侧重符用学的《易经》哲理文字英译分析

本节首先分析诸译本对卦爻辞内部哲理辞句的翻译，着眼点主要是译文对原文“善”的内容传译的“信达雅”，即注重基于对哲理辞句的内涵解释，译文应在事理上深刻、缜密、集中，在语言上整齐、精炼、简明，在风貌上朴素、隽永、统一。分析仍以对原文原始意义的辨识为基础，考察译文是否能采用质朴、简洁的词句反映原文朴实而深刻的道理。

一　卦爻辞中的哲理辞句

从来源上讲，这些辞句可能本来就是格言警句，或是来自古歌谣，也可能是编者撰写的，但因其含有较鲜明的哲理、人生道理，这里认定为哲理辞句。下面以第三章已分析的6条辞句（辑出部分省略标点）为例给出原文并将诸译本译文录于下方，英译部分抄录了卦爻辞整条译文，对其中直接相关的文字部分加有下划线以便观察。

1.《泰》九三：无平不陂，无往不复。艰贞。无咎。勿恤。其孚，于食有福。→无平不陂无往不复[①]

根据笔者的解读，本句谓不会只有平坦的地方而没有斜坡，不会只有去而没有来。8个字反映了古人朴素的辩证法观念，其“往”和“复”都不限于人。理译“there is no state of peace that is not liable to be disturbed, and no departure (of evil men) so that they shall not return”（81）和傅译“no level ground does not stretch into slopes and no man goes forward without return (77)”中“无往不复”译文限于人，因此压缩了原文哲理内涵的解释空间，而且前者的“人”是“evil men”（回译为汉语是：没有恶人的离去不会返回），与原意不符。裴译“Nothing level without some rising; no leaving without a return”（92）意义表达基本正确，只是结构上

---

① 夏译本（104）为34卦《泰》。

前后不太对仗，而且“Nothing level”未必是指的平地，“rising”也凸显了有上而无下。卫—贝译文“No plain not followed by a slope. // No going not followed by a return”（50）、蒲译文“Every plain is followed by a slope; every going forth is followed by a return”（111）、林译文“There is no flat that does not eventually slope; there is no going away that does not involve a return”（207）和夏译文“There is no flat that does not slope, //there is no going that does not return”（105）都是好的翻译，都用词简洁，都用平行结构，能够反映出原文的哲理内涵，唯前者用了两行，两个独立的句子，不如用两个分句合为一句为佳。

2.《豫》六二：介于石，不终日。贞吉。→介于石不终日[①]

笔者把本句解释为：人若过于拘谨、耿介如石，就不能过完一天。在哲理上强调的是为人处世的一般规律，即不能过于僵化如石一样。夏译“Scratched on a rock; // not to the end of the day”（93）和裴译“Scratched on a rock, but not lasting until day's end”（104）原文“介”为“疥”，译文类似，与笔者解读不同。若解“介”为拘谨、耿介之意，理译、卫—贝译和傅译的“firm as a rock”意为（人）稳妥可靠、坚定不移，因此并不适于译“介”。蒲译“Unmoved as a rock; before the end of day”（120）和林译“Harder than rock, he does not let the day run its course”（236）当是可接受的译文，若考虑整条爻辞，则林译较胜。

3.《随》九四：随有获。贞凶。有孚。在道以明。何咎！→在道以明[②]

“在道以明”意指（人）凭借日月之光明行于正道，光明而正大，必行之远。理译“…be sincere (however) in his course, and make that evident”（93）的原文断句是“有孚在道，以明，何咎！”译文中“that”似指“be sincere (however) in his course”；卫—贝本“To go one's way with sincerity brings clarity”（74）的“以明”解为动词，译文意为“带来光

① 夏译本（90）为27卦《餘》，六二“介”为“疥”。裴译本为《餘》卦，六二“介”为“疥”。

② 夏译本（130）为第47卦《隋》，九四“孚”为“復”。裴译本九四“孚”“明”为“復”“盟”。

明”；蒲译“he goes his way he makes sincerity his beacon”（122）断句为“有孚在道以明”，解读为“有孚（sincerity）在道上，使它成为导向明灯”，林译文与蒲译类似，傅译“He acts in the right way with sincerity and is open and frank”解“在道以明”的“以”为“且”，因此这些译文所据对原文的理解和笔者解读不同。夏译“at the end of brightness”不知何谓？裴译“When there is a return to the way, in order to swear an oath”（107）的原文“明”为“盟”，今本为“明”、帛本为“朙”、竹本为“明”，但不知其“盟”何来？在此对裴译本译文存而不论。可见，诸译文皆未把“在道以明”视为有一定哲理意义的辞句。

4.《复》（卦辞）复。亨。出入，无疾。朋来。无咎。反复其道，七日来复。利有攸往。→反复其道七日来复①

“反复其道七日来复”之“反”即“返”，“复”为复回、重复，第二个“复”为回复、报讯，本句意为，沿着原来的道路返回，七日即可到来回复讯息。若以旬（天干之十日）为限，把第七日为事态变化之转折点，反映了周人的时间和谋事观念。各译文抄录于表4—9（画线部分）。

表4—9

理译	Fu indicates that there will be free course and progress (in what it denotes). (The subject of it) finds no one to distress him in his exits and entrances; friends come to him, and no error is committed. He will return and repeat his (proper) course. In seven days comes his return. There will be advantage in whatever direction movement is made. (107)
卫—贝译	RETURN. Success. //Going out and coming in without error. //Friends come without blame. //To and fro goes the way. //On the seventh day comes return. //It furthers one to have somewhere to go. (97)
蒲译	Return. Success! All going forth and coming in is free from harm. Friends arrive and no error is involved. They return whence they came, spending seven days in all upon their coming and returning. It is favorable to have in view some goal (or destination). (134)
林译	*Fu* brings about prevalence. His going out and coming in are done without flaw, so when the friend arrives, he is without blame. The Dao [way] that he goes out and comes back on is such that he returns after seven days. It would be fitting should one set out to do something here. (285)

① 夏译本（114）为第39卦《復》、“朋”为“堋”。裴译本“朋”为“堋”。

续表

夏译	Returning: Receipt; in exiting and entering there is no illness; when the burying comes there is no trouble; turning around and returning to its way, in seven days it comes in return; beneficial to have someplace to go. (115)
傅译	The Fu hexagram symbolizes return. The future is smooth. When yang qi returns, whether it develops inside or grows outside, there is no trouble. The vigorous friends gather together and there is no harm. All things of creation cycle and return along their own ways and in seven days it will be the time for yang qi to return. It is appropriate to go for a destination. (143)
裴译	Success. Going out and coming in without sickness. Burial comes without blame. If you return to the right road: in seven days you come and return. It is good to have a place to go. (124)

理译增补了主语，用了两个独立句子，前句采用了将来时表示具体事件，后句为一般现在时，以凸显规律性，而夏译文则采用了从属—主干结构模式，二者都是较为准确的译文。卫—贝译文用了两个颇佳的技术性倒装结构，但“to and fro”指来回反复、来来回回，因此语义上不契合。蒲译的运动方向与笔者解读相反，其译回译是：他们回到所来之处，来回共用了七天时间。林译是哲学化译文，和笔者所说的哲理表达不是一回事，“道”译为哲学的“道”（the Dao），其译文可回译为：他去和回来的“道”是这样的，使他七天会回来。傅译文可回译为：一切创造物，沿着自己的道路循环、往复，七天之内，将是阳气返回之时。这显然是依据了传统易学的哲学化解读，并非原文朴素的哲理表达。裴译第一个道译为“road”，译文可回译为：若你返回正路：七天内你返回来。总之，诸译之中，唯理译和夏译较能表达原文的哲理内涵。

5. 《大壮》九三：小人用壮，君子用罔。贞厉。羝羊触藩，羸其角。→小人用壮君子用罔①

本句的哲理在于以象征手法凸显了“君子”和“小人”的区别，“小人”如同羝羊一般靠蛮力行事，而“君子”则不用蛮力，强调了两种不同的价值取向。鉴于前两章对“君子”“小人”的所指和英译已经进行了分析、评论，这里不论这两个术语的英译问题，只就该哲理辞句英译文的整

① 夏译本（88）为第26卦《泰壮》，九三“罔”为“亡”。

体表达进行简要分析。蒲译 “Inferior men use their power where (under the circumstances prevailing) the Superior Man refrains from using his” (154) 的文内注释和林译 “The petty man considers this an opportunity for his strength, but the noble man considers it a trap” (347) 的 “this” (本爻)、“trap” 等词限制了两者对原文的哲理解读。夏译 “The little man uses maturity, // the gentleman uses loss” (89) 的 “maturity” 反映出译者对原文的局部误读。傅译 “the inferior man bullies others with his power, and the superior man does not although he is powerful” (197) 把 “用壮” 解为 “用凭借自己力量欺凌他人” 是一种非哲理化解读。裴译 “A lesser person uses strength. Some worthy of leadership does without” (150) 回译为汉语是:“小人使用力量(未必是蛮力)。君子用不着、不用也行”,而理译 “in the case of a small man, one using all his strength; and in the case of a superior man, one whose rule is not to do so” (130) 是 “小人用尽全力,君子的行事规则是不这样做”,因此,二者也不太符合原文之哲理意义。相较而言,卫—贝译文 “The inferior man works through power. // The superior man does not act thus” (134) 不仅形式上简洁、严整,也基本符合原文的指称意义和哲理解释。

6.《益》九五:有孚惠心,勿问元吉。有孚,惠我德。→有孚惠心勿问元吉①

“有孚惠心” 当是 “有孚惠于心” 之略,“孚” 为 “信” 之意,本句意为只要有强烈的仁爱之心,不用占问就知道是大吉的。此应是从占断者的角度对占问者的评论。这句和前一句一样都涉及断辞,表达了一种价值取向。诸译文抄录于表 4—10(画线部分)。

表 4—10

理译	5. The fifth line, undivided, showsits subject with sincere heart seeking to benefit (all below). There need be no question about it; the result will be great good fortune. (All below) will with sincere heart acknowledge his goodness. (150)
卫—贝译	Nine in the fifth place: //If in truth you have a kind heart, ask not. //Supreme good fortune. //Truly, kindness will be recognized as your virtue. (164)

① 夏译本(164)为第六十四卦《益》。

续表

蒲译	9 FOR THE FIFTH PLACEBe confident (or sincere) and kind, but refrain from asking questions and you will enjoy sublime good fortune. Faithfulness (or sincerity) and confidence are virtues proper to us. (170)
林译	*Fifth Yang* // This one has sincerity and a heart full of kindness, so he should have no doubt that he shall have fundamental good fortune. As he has sincerity, his own virtue will be taken to be kindness. (401)
夏译	Nine in the Fifth: //There is a return with kind heart; //do not question it; //prime auspiciousness. // There is a return that treats kindly my virtue. (165)
傅译	Nine at the fifth line, he cherishes in sincerity the will of distributing benefits to people under heaven. It is unquestionable that there is the best fortune. People under heaven will in sincerity express their gratitude to him. (243)
裴译	Nine in the fifth place: There is sincerity in a humane heart. No questions; great good fortune. There is sincerity and kind treatment of my moral strengths. (172)

理译的解读限于卦内，而且译文表明还是要占问的，只不过认为其结果将如何会是没有疑问的。卫—贝译文用了第二人称主语，意为若你有仁爱之心，不要占问。后面的“元吉”译文和前文分离了，因而前后语义关系变得模糊。蒲译采用了祈使句，“要有孚惠心，但不要问，则会有元吉”。林译“This one”指本爻（处于本爻的），意为“这个有孚惠心，他没有怀疑，自己会元吉”，角度是占问者。夏译先陈述一个情况，然后用祈使句让人不要对此情况的存在有疑问。傅译解“惠”为“惠及天下人”，意为若他有此诚心，没有疑问必有元吉，因此是较为准确的，但“他”在傅译的系统内指的是一爻之主。裴译回译为“一颗惠心是有诚信的。没有问题（复数）；元吉”。因此，在人称、视角、语气等方面，诸译皆与笔者对本句的解读有所不同。

二 原文文化中项偏边标出英译再现的符用学分析

各译本初次评析表明，对占断术语的译法除个别辞句、术语外都呈现出不统一性，有的译本对一些断辞没有严格区分，例如有的译文对“悔”“吝”的英译用词相同。下文先以“元吉”“大吉”为例（不包括《萃》六二“弘吉”）考察诸译本对占断专用辞的处理，然后简析断辞中项偏边问题的英译情况。

按照对以上 19 个译例原文的解读，从分析中可以看出，理译文中仅有 3 个在传达原文的哲理内涵方面可认为是较为准确的，因此总体上未能较好地反映出原文的内在价值取向。例如，《家人》六四“富家大吉”，主要是对“富家”的“大吉”的判断，其传递的文化价值是对“家”的珍视、对使“家”富有的重视，教育人民要建设“家”“富家”。译文“… its subject enriching the family. There will be great good fortune”，这个译文是可以基本传达这一价值取向的；但是，《萃》九四“大吉无咎”是对本卦主题“聚集在一起（商讨、行事等）”的论断，是对群策群力的重视，译文为“…it subject in such a state that, if he be greatly fortunate, he will receive no blame”，把“大吉”译为条件状语，因此未译出原文的价值内涵。在具体译法上，“元吉”和“大吉”本身译文的准确性问题不大，但对二者的表达方式没有明显区分。19 个译例中多数译法相同，有几个形式上虽稍有变化，但也基本相同，总体上可以认为基本能够体现出其作为占断专用辞的特征。笔者根据对原文的解读对其他 6 个译本的有关译文和注释、解说进行了分析并做出了判断。下面将分析结果列于下表 4—11。

表 4—11　　**六个译本“元吉”“大吉”断辞翻译情况**

译本	原文价值取向准确传达	对“大吉”“元吉”英译简要描述、评断
卫一贝译	6	对二者译法没有严格区分（“元吉”多译为“Supreme good fortune”，《大畜》“元吉”也译为“Great good fortune”）；译文是独立成句的
蒲译	6	对二者译法有严格区分，“大吉”为“great good fortune”，“元吉”为“sublime/supreme/extreme good fortune”；译文是独立成句的；卦辞“鼎。元吉”之“吉”未译
林译	6	对二者译法有严格区分，“大吉”为“great good fortune”，“元吉”为“fundamental good fortune”；译文多译为分句
夏译	5	对二者译法有严格区分，“大吉”为“greatly auspicious”，“元吉”为“auspiciousness”；译文多译为独立短语
傅译	5	对二者译法有严格区分，译文多是独立完整的句子，因此用词最多
裴译①	4	对二者译法无区分，14 个“元吉”就有 6 种不同译法，甚至与“吉”不分，有一个漏译，因此译法较为混乱

① 裴译 19 处原文中有 2 处与今本有异读，夏译本所据原文有 8 处与今本不同。

由此可见，依据笔者设定的标准，7 个译本在表达原文的文化价值判断的准确性方面由较高到较低的顺序大致是：卫—贝译本、蒲译本、林译本较高；夏译和傅译次之；裴译和理译较低。但所谓较高者其数量也仅占 19 处卦爻辞的 6 处，即不足三分之一。因此，总体而言诸译本未能较好地传达出原文文化价值取向内涵，尚不能达到“善”之“信达雅”的要求。从该两个断辞语的英译情况看，在英译上有明确、严格区分的有蒲译、林译、夏译和傅译，利于读者对断辞术语的识别；理译、卫—贝译区分不太严格，而裴译译法较为多样，不利于读者对断辞术语的识别，特别是在实用取向的译本中，若断辞术语混乱，缺乏系统性，必然失去“占断”的前提条件，也就谈不上“准确预测”了。

“元吉”“大吉”所表达的价值观念在所有断辞专用语中当是较为明确的，其他断辞的情况大致可以由这两个术语及其相关的经文译文反映出来。基于这里的研究和第二章对诸译本的单独评析研究结果，我们基本上可以判断诸译本在对原文的文化中项偏边方面的英译表达情况。不管译者采用何种翻译策略、方法，原文的趋利避害倾向、吉凶价值判断的各种关系在译文总是能够得到一定程度的表达的，因此原文总的文化中项偏边态势在译文中基本上能够得到传达、再现，例如“吉”属于原文文化价值系统中的正项，而“凶”属于标出项或异项，这一正、异之别和彼此关系会在译文中得到保留。当然，不同译者保留的具体情况会有差异。例如，由于裴译在英译占断专用辞时没有较严格的区分，不同的术语可能译为同一个英语表达方式，或相同的术语译为不同的英语表达方式，因此各种断辞译文所表达的文化价值内涵在总体文化取向类别中相对原文所占比重会有所变化。另外，所不同的主要是译者在处理具体辞句中断辞及其占断对象时，由于对原文断句不同，对文字的指称意义、意图意义等解读的不同，其译文相对于原文的文化价值取向和内涵会呈现出一定差异，诸译者彼此之间在具体表达上也会存在相当的差异。

第五节 《易经》文本文化词语英译

一 《易经》经文中文化词语的选取

《易经》作为文化典籍，其文本中文化词语较多，为了更全面地考察诸译本的英译情况，本小节从正文中选取 14 个文化词对各译本的译文主要在指称意义方面进行比较分析，其中占断术语 2 个、文化概念性用语 5 个、历法有关的 2 个、历史人物或事件 5 个，以此对上文分析进行补充。

关于文化词语，《易经》整部作品就是一部文化作品，其字都是文化性的，而本节所谓文化词语是指《易经》产生时代所特有的词语，对其解读和英译也应是基于其历史语境的。例如“龙”“君子”在商末周初其概念和后世不同。以今本《易经》经文为依据，所选词语包括：《乾》“贞”（以卦辞“贞”为例，其他卦大量存在该字）、《需》“利涉大川”（以卦辞为例，其他卦大量存在该语）、《乾》“龙”（《坤》上六也有）、“君子”（经文其他卦还出现 19 次）、《坤》“黄裳”（“黄”字其他卦出现 7 次）、《大有》“天子（天）”（其他卦经文中还出现“天”6 次）、《益》“帝”（经文另有两次出现“帝乙”之名）、《小畜》“月几望”（经文中其他卦还出现 2 次）、《临》“八月”、《晋》“康侯”、《明夷》“箕子”、《巽》“史巫”、《泰》“帝乙”（《归妹》亦有）、《既济》“高宗伐鬼方”（《未济》有“震用伐鬼方”）。这些词语帛本基本相同。各译本对应译文见表 4—12。

表 4—12 **部分文化词语和术语及其各译本的英译文**

译本 词语	理	卫—贝	蒲	林	夏	傅	裴
贞	correct and firm	perseverance	persistence	constancy	to determine	perseverance	persistence
利涉大川	it will be advantageous to cross the great stream. *	It furthers one to cross the great water.	it will be advantageous to cross the great stream (or sea). *	It is fitting to cross the great river.	Beneficial to ford the great river.	It is appropriate to cross great rivers.	You do well to cross the great river. *

续表

译本 词语	理	卫一贝	蒲	林	夏	傅	裴
龙（初九）	the dragon *	Dragon *	dragon *	Dragon	dragon	dragon	dragon
君子	the superior man	the superior man *	the superior man	the noble man	The gentleman	the superior man	one worthy of power
黄裳	the yellow lower garment *	A yellow lower garment *	A yellow * jacket	A yellowl-ower garment *	Yellow skirts	the skirt is made in bright yellow	Yellow skirt or trousers
天子（天）	the Son of Heaven (Heaven)	the Son of Heaven * (heaven)	(A prince may win rewards from his) emperor (heaven)	the Son of Heaven (Heaven)	the Son of Heaven (heaven)	the king (heaven)	the ruler (sky)
帝	God *	God	The Supreme Lord (of Heaven)	the Divine Ruler [*di*] *	Di	the Lord of Heaven	God
月几望	(like) the moon approaching to the full	The moon is nearly full. *	the time of the full moon	the moon is almost full	the moon is almost full	as if the moon were approaching fullness	The day after the full moon
八月	the eighth month *	the eighth month	the eighth month *	the eighth month	the eighth month	August	the eighth month
康侯	a prince who secures the tranquility (of the people)	the powerful prince	The richly endowed prince	the marquis of peace and prosperity	The Lord of Kang	the noble marquis	the marquis of Kang
箕子	the count of *Ki* *	Prince Chi *	Prince Chi	a viscount of Ji	Jizi	Jizi of the Yin dynasty	Prince of Ji *

续表

译本 词语	理	卫—贝	蒲	林	夏	傅	裴
帝乙	(king) Ti - yi *	the sovereign I *	the emperor	The sovereign Yi	Di Yi	Diyi, the king of the Shang Dynasty	The Lord Yi
史巫	diviners and exorcists	Priests and magicians	diviners and wizards	invokers and shamans	the magicians	pray masters or sorceress	witches
高宗伐鬼方	Kao3ung who attacked the Demon region *	The Illustrious Ancestor disciplines the Devil's Country *	The Illustrious Ancestor (namely, the Emperor Wu Ting, 1324BC) carried out a punitive expedition in Kuei Fang (literally, the Land of Devils) *	Exalted Ancestor attacked the Demon Territory *	The High Ancestor attacks the Devil - land	King Wuding of the Yin dynasty kept his attack on the country of Guifang	The lofty Ancestors attacked the demon country

*表示译文有注解。

二 对文化词语英译的分析

传统易学对“贞”的解读不止一种，但多视为占断专用辞。理译本的断辞译法总体上较多样，但“贞”基本都译为“正固”之意。蒲译本“贞”的译法多达十几种，而其《乾》卦辞“贞”还是沿用了传统解释。其他译本该字译法变化不多。就指称意义而言，除夏译本外，其他6种译文词义相同或相近，都按照传统解释翻译，即“守持正固”，而夏译本则采“贞问而决定”之意，也见诸古人之解，或更接近该字本义。诸译本皆无注释。除实用性译本和夏译本，其他译本因为包括易传，对该字的解释较为明晰，因此似无注释之必要。“利涉大川”应是经文中的一个占断专用辞。商周之时疆域内河流众多，往往面临涉越大河巨流的困难，该辞用于指“利于做涉及巨大困难之事”。“川”未必是指黄河（古代一般只称“黄河”为“河”)。译为英文,在时态上将来和现在都有道理。理译本用注解说明了该辞的意义和功能,以及“川”可能的所指,较为适当,转录于下。

> “Going through a great stream”, an expression frequent in the Yi, may mean undertaking hazardous enterprises, or encountering great difficulties, without any special reference; but more natural is it to understand by “the great stream” the Yellow river, which the lords of Zau must cross in a revolutionary movement against the dynasty of Yin and its tyrant. The passage of it by king Wu, the son of Wan in B. C. 1122, was certainly one of the greatest deeds in the history of China. (68)

卫—贝本在译文解说中仅提及该辞指“a danger”,显得不够;裴译本在引言指出“川”即黄河;蒲译本为了和西方海洋文化以及现代人日常生活联系起来,增补了“the sea”;其他译文都未注解。相较之下,理译本的处理为胜。

对“龙”的英译各译本相同,皆用“dragon”,但三个较早的译本增加了注释。理译本采用脚注注解、卫—贝译本用解说和脚注、蒲译本用卦译文后注,其注解详细程度逐渐降低,这可能意味着译者预测英语读者对该文化词语已经认知,不必详注。其他译本无注。

对“君子”的英译有四个译本相同,为“the superior man”。裴译属于个人化的解释,主要意图是与现实生活联系起来。林译本“the noble man”和夏译本“the gentleman”可能较“the superior man”更能表达原文内涵,但都需要借助注解才能清楚说明其内涵。由于各译本一般会在前言、引言中论及这个术语,都没有另外注解。林译本根据王弼注往往把“君子”概念同爻位联系起来,而未必是某个具体的人,这一倾向在该译本一些其他词语英译中也存在。卫—贝译本在《乾》卦译文解说中,把九二“大人”和九三“君子”在概念所指上混淆、等同了。证据如下,关于“大人”(即“the great man”,下面引文中的“him”),译者对九二译文解说:

In terms of human affairs, this means that the great man makes his appearance in his chosen field of activity. … what distinguishes him from the others is his seriousness of purpose, his unqualified reliability, and the influence he exerts on his environments without conscious effort. (8)

其对九三译文“All day long the superior man is creatively active. // At nightfall his mind is still be beset with cares.（8）解说如下：

A sphere of influence opens up for the great man. His fame begins to spread. The masses flock to him. His inner power is adequate to the increased outer activities. There are all sorts of things to be done…（8）

对“黄裳”的英译，理译本、卫—贝译本和林译本译为“yellow lower garment”，是较准确的表达，而蒲译本“jacket”在指称概念意义上有偏差。有四位译者使用了注释，解释“黄”“裳”的文化内涵。理、卫、蒲、林译本的注释各不相同、各有侧重。林译本的注释与其他三个的区别还是在于他以王弼注的理论为基础。不像“龙”，“黄裳”如果没有注解，其文化内涵恐难为一般读者所理解。

关于“天子”之称，一般认为始于周代。《礼记·曲礼下》云：“君天下曰天子”。“天子”最早的概念未必指的是“君王”，可能是指如《诗经》所说“配天”的后稷。后来，转为专指“君王”。“天子”有四个译本是“the Son of Heaven”，在指称意义上是准确的（林译本在卦位系统内解读该词语，认为它指“the Fifth Yin”即六五爻），其他皆不准确。七个译本都无注解。蒲译本“emperor”属于时代错误，而“the king”“the ruler”都失去了其文化内涵，而且诸侯国君也可如此称。但是若无解释，即使译为“the Son of Heaven”也未必为读者所认知其指称—文化意义。卫—贝译本的解说有用“the ruler”（61），实际上对于文化内涵的揭示意义不大。该词语和“天”的概念联系在一起。关于“天”，例如该卦上九“自天佑之”之“天”理译本译为“Heaven”，其他除林译本外

（在句首且与爻位解读有关）皆用小写。以“天”为自然现象的见解自周代始有。[①] 虽然“天”在商人的宗教信仰中并不等于最高神，但“天”属于周人的固有信仰，并由此引出商周之际周人代商的“天命靡常、唯德是亲”天命观。[②]《史记·封禅书》曰：“周公既相成王，郊祀后稷以配天，宗祀文王于名堂以配上帝”。因此，用“Heaven”胜于“heaven”。另一个相关联的是“帝”，理译本、卫—贝译本和裴译本都译为“God”，蒲译本为“The Supreme Lord (of Heaven)”，林译本是“the Divine Ruler [*di*]”，傅译本是“the Lord of Heaven”，而夏译本用音译“Di”且无解释。只有理译本（引言）和林译本（尾注）给出了说明。

理雅各英译“东方圣书”接受了丛书主编穆勒关于“思想对等、精确公正”的翻译原则，努力使自己的译文不带任何色彩，即如上引注中的“what to me is truth”所说。他对“帝”的解读就其所处历史时期而言，应无大错。他毕竟不具备后人通过甲骨文研究得到的关于商人“帝”的知识，但他应从周人的角度（理雅各认为爻辞为周公作）解读“帝”，而非从其最早的可能意义或整个文化史的角度来理解。当然，这与他总的翻译目的有关。他在儒家经典英译中，试图证明“God”是世上包括中国在内的各民族共同敬拜的至上神，统治着他们的荣辱兴亡。[③] 他把“帝”译为“God”，把周人的宗教信仰纳入了基督教的一神论系统。卫—贝译本仍沿用他的译法，但译者并未详细说明如此英译的原因。裴译本的“God”恐怕有向信仰基督教的英语读者靠近的实用性因素，其原因与理雅各应该不同。林译还是在卦爻系统内解释“帝”的概念，而相关的《豫》尾注 2 则过于简略。其他的意译文虽然稍好，如果没有解释也会导致误解，而“Di”若无解释对于一般读者而言等于没有翻译。

“帝”与商人的起源很有关系。《诗经》中有关于上古时通过禘祭而繁衍出商族的传说，并被概括成“帝立子生商”。这个“帝”字和表示祭

---

① 杨庆中：《二十世纪中国易学史》，人民出版社 2000 年版，第 171 页。

② 许倬云：《西周史》（增补二版），生活·读书·新知三联书店 2012 年版，第 115 页。

③ 姜燕：《基督教视域中的儒家宗教性——理雅各对〈诗〉〈书〉宗教意义的认识》，《山东大学学报》2013 年第 1 期。

祀的“禘”有关，“禘”即“帝”之本字。[1]“帝”最初有根蒂之意，名词可作为先王庙号，其动词意义是禘祭先公、先王，这些语源上的变化用法足以显示该字与祖灵间有一定关系。[2] 商人的最高神由祖先神而非由自然天演变而来。到了商末，祖灵祭祀逐渐确立，商人统治群的自我意识逐渐强烈，宗教上有排斥他群的现象，商人的“上帝”或“帝”的性格收缩为统治族群的祖灵，不具有超族群的普遍性。[3] 周人借了商人的“上帝”（卜辞中“上”即“天”），“上帝”不能再有宗神的性格，由是而成为普遍的“上帝”。[4]“天”是周人固有信仰，周人认为只有作为天和祖先之“配”，一个君王才接受天命。周人对一举克商感到不可思议。因此，周人必须以上帝所命为解，另一方面又必须说明商人独有的上帝居然放弃了对商的佑护，势必另据血缘关系及族群以外的理由说明周之膺受天命，于是周人声称，因为商人失德，“上帝”赐周以天命，“上帝”的身份转变成了万民的神。[5] 当然这个转变并非短期内完成的。殷人认为喾为其最早的祖先，周人的禘祭对象只有帝喾一人，而帝喾之居上帝位，应由殷商继承而来。而由自然天发展出的天神，其地位自然不同于祖宗神的帝。前文引《史记》的“宗祀文王于名堂以配上帝”之“上帝”仍是祖神。总之，商周之际的“上帝”或“帝”为祖先神，而周初周人之“帝”则逐渐转变成了万民之神。因此，作为商周之际和周初的作品，对《易经》中的“帝”的解读自然应从周人的概念。这个概念自然和反映基督教一神论的“God”不同。

关于“月几望”译文，裴译文有偏差，傅译本将之视为一种假设。其他译文彼此较为接近，也符合该句的指称意义。所有译者都未就涉及的文化背景尤其是历法信息进行说明。“八月”是指周初历法的八月，既不是现在农历八月［蒲译本注“The eighth month of the lunar calendar corresponds approximately to September.”（126）］，更不是公历八月（傅译文

① 晁福林：《夏商周的社会变迁》，中国人民大学出版社 2010 年版，第 56 页。

② 陈梦家：《尚书通论》，中华书局 2005 年版，第 562 页。

③ 许倬云：《西周史》（增补二版），生活·读书·新知三联书店 2012 年版，第 119 页。

④ 傅斯年：《傅孟真先生集》，台湾大学出版社 1952 年版。

⑤ 许倬云：《西周史》（增补二版），生活·读书·新知三联书店 2012 年版，第 119 页。

“August”）。卫—贝译本、夏译本和裴译本仅有“the eighth month”而无其他说明。而若放在《易经》自身的时空系统内则会另有一番不同的解释。林译本对时间的解释置于经文内部，依据的是王弼、孔颖达的理论，特别是其关于各卦对应的月份与阴阳互动关系的解说（258）。理译本则是基于彖传、日月阴阳关系以及《周易折中》的有关的传统意见进行了注解（98—99）。

关于历史人物和事件词语英译，首先看“康侯”。前三个译本“康侯”译文中心词皆为“prince”，其他除夏译本外中心词用“marquis”，是归化译文，这六种译文中心词首字母皆为小写，可能认为不是某一个具体的历史人物，都未注解。因为周初的爵位系统和后来的五等爵系统不同，因此译为“marquis”可能也不准确。夏译本“The Lord of Kang”较胜，可惜也没有注解。关于“箕子”，理译本把“子”译为“count”，不准确，其注“…the count of Ki, whose action appears in the Shu, Ⅲ, pp. 123, 127, 128. He is a historical personage”（137）也甚为简略。夏译本仅有音译、蒲译为“Prince Chi”、林译本“a viscount of Ji”、傅译本音译后增补夹注“of the Yin dynasty”。卫—贝译本“Prince Chi”和裴译本“Prince of Ji”在各自的解说都提供了基本准确的信息，但各有侧重，后者为了和当代接轨还引入了印度“甘地”的事迹以解释“Prince of Ji”的故事（158）。

关于“帝乙”，一般认为是其死后的祭祀日名，与其名“羡”不同，这也说明了商人“帝”为祖神的意义。“帝乙”的生卒年月尚未有定论。据黄凡等现代学者研究，“帝乙”指纣王之父，非成汤。[①]理译本和卫—贝译本的注释大致正确，但后者的译文不统一，“the Emperor I”和“the sovereign I”共现。

“史巫”据《周礼·春官》属于官员，有不同级别和类别。一般周初时“史”记言记行（包括卜筮）、“巫”接事鬼神，也包括卜筮活动。译文皆无“史”之译文；译文中“exorcists”“priests”“shamans”“invokers”“pray masters”等词皆不准确。较接近“巫”的是“diviners”。

① 黄凡：《〈周易〉——商周之交史事录》，汕头大学出版社1995年版，第591页。

若用“wizards”“witches”“sorceress”“magicians”等最好配以注解。

“高宗伐鬼方”之“高宗”即商王武丁死后之庙号，生卒年也尚无定论。“鬼方”并非一个具体的国家。“鬼方”为蛮夷远国之总称，在商代主要是北方，周以后该说法基本不再使用。理译本译文较为准确、注解也基本可靠。卫—贝译本译“鬼方”为一个具体国家，其解说中称“鬼方”之人为“Huns”也不准确。蒲译本“The Illustrious Ancestor (namely, the Emperor Wu Ting, 1324BC) carried out a punitive expedition in Kuei Fang (literally, the Land of Devils)”并用夹注和尾注，信息也较准确。林译本译文和注释也是准确的，并指出“鬼方”即北方之狄人。夏译本译文无注，傅译文有文内注，二者都是准确的。裴译文“The lofty Ancestors”的复数属于失误。理译本、卫—贝译本、蒲译本和林译本各有注解或解释（此略）。

以上主要从对选取的文化词语指称意义英译的准确性来看，译本可分为上、中、下三组，分别是，第一组是林译本和夏译本（各一不准确处）；第二组是理译本、卫—贝译本和傅译本（各两处）；第三组是蒲译本和裴译本（各四处）。第一组是纯学术性译本，翻译较严谨，第三组是实用性译本，翻译较灵活，第二组居间，这可能是一个解释。因此，译本学术性越强，准确性越高。

从注解方面看，理译本和卫—贝本各有 8 处注解，但后者主要属于文内解说。就选择的词语来言，理译本注解最为详细，反映了译者的实证主义精神和专注文本的取向。蒲译本有 5 处注解或说明，都较为简短。林译本有 3 处注解，该译本主要关注王弼注系统，含有大量解释译文的文字，但不太注意文化词语本身的解释。夏译本无注解。该译本主要注解与传本不同的异读字，较少解释文化词语。傅译本除偶有简短夹注外，无专门注解。裴译本有 2 处译文讲解中的简要说明。

从有关分析看，注释的多少与译者的翻译目的、译者所处时代、目标读者都有关系。理译本属于开创时期，同时也受英国实证主义传统影响，在把《易经》作为典籍向读者介绍时，对文化方面的不同点注解较细。而卫—贝本从哲理上要打通整个译文，也需要对一些文化词语进行说明，因此相关解说也较多。蒲译本、裴译本通过简明扼要的注解、说明为实用目的服务。林译本、夏译本各有自己的专业性目标读者，对于一般的文化词语，可能假设读者是具备相关知识的，因此不必再加注。傅译本由于以今译为英译原文，译文通俗易懂，又由于《易传》译文对经文译文的解说，因此除了个别处在译文内部增译以略说明外没再注解。从典籍翻译的文献性来说，注解并非可有可无的项目，而是能够体现译者学术造诣和翻译严谨态度的副文本。因此，较为理想的情况是，把《易经》作为文化典籍来英译的译本，应该提供相当数量的注释，以更好体现原著的文献价值。

第六节 《易经》诸译本存在的问题及分析

一 《易经》译本存在的主要问题与译文分级

本书选择的七部《易经》英译本情况基本上能够反映《易经》英译近一个半世纪以来的历史面貌。关于卦象问题，卦象符号在译文中和原文中符形上没有什么变化，就七种英译本对其的解释而言，各译本都是依据传统易学的，和笔者对卦爻象符号的指称对象说明和解释皆不相同，在此一并说明。由于20世纪的易学研究突破了传统易学的藩篱，对《易经》经文的文学（古歌）和史学（古史）研究基于新的考古学发现和西方学术的影响而滥觞并取得重要成就，哲学（哲理）之维也不同于传统易学的义理之学而有新的进路和进展。这些研究取得的成果构成了新的《易经》伴随文本。然而，这些伴随文本却基本没有进入理雅各、卫礼贤之后《易经》英译者的诠释努力之中成为解读经文的资源，译者们没有在符形学、符义学和符用学层面对翻译的符号损失、文化损失和交际损失进行较好的弥补。其结果，作为《易经》解读的英文符号化的载体，诸译者的英译文本与易学发展之间出现了很大的张力和背反。

从本章关注的方面来看，据本研究确立的《易经》英译本评价之新的评价标准，诸译本译文都无法满足《易经》英译评价再现原文“真善美”之“信达雅”标准的要求，此翻译标准和彼翻译实践之间存在很大张力。这里不拟再对七部译本的每一个给出评价，仅就诸译本存在的共性问题进行述评。这七部《易经》英译本，依据笔者对《易经》文本的研究而确立的《易经》英译评价标准，虽然诸译本对卦爻辞的问辞和断辞的区分方面总体上问题不大，但就问辞而言，问辞所隐含的历史叙事、显在的文学特征、诗情画意和哲理内涵（非《易传》意义上的哲学化）在诸译本中皆在相当程度上不得显现，其译更谈不上再现原文“真善美”的“信达雅”。整个断辞系统的道德和价值取向在诸译文中相对而言稍好于问辞译文，但问题也不少。从语言符号学互文性理论看，不管是客观原因还是主观原因，译者们对《易经》原文的体裁杂合性都未能给予足够的关注。

在卦爻辞所含历史要素的英译方面，诸译本中或多或少地对个别史事或人物在译文内部或外部增补了注释，特别是理译本、卫—贝译本和蒲译本，有不少也是可谓准确的，体现了译者一定的历史意识，但对于《易经》的主要历史材料即经文所含的历史叙事线索（尽管若隐若现），诸译本的六十四卦经文英译文及其注释远未形成《易经》原文所呈现的商末周初的历史轨迹，更谈不上通过对其中的历史叙事进行“重建”，因此很大程度上在原文指称意义再现上是失原文之“真”的。因此，诸译本在《易经》古史文献价值方面是缺失的。

在《易经》文本的古歌材料英译层面，诸译本的相关译文无法支持认为诸译者具备足够的卦爻辞文学艺术表现意识的观点，虽然有的译本注意到了原文的诗歌特征，也提供并明确指出了个别诗句的译文，但从面上来说诸译本不但对单条卦爻辞中的、一卦的或跨卦的古歌谣成分在符形上横向和纵向的语音（韵律）、句法（并置、平行、跳跃）等言内意义方面和文学意蕴方面的特征基本上未予以表现，即便是对一些常见修辞手法的英译处理也远非尽如人意。因此，不能较好地满足古歌英译“美”的要求。尽管卫—贝译本和夏译本都采取了分行的译文形态，而且前者总体上也胜于其他译本，但并非出于文学和诗学表现之目的，就本研究的考察而言，也基本不具有显明昭彰的诗学艺术效果。对《易经》经文艺术手法的英译处理，夏译本和林译本相对较好，但总体上尚不尽如人意。此外，诸译本也在古歌文字指称意义表达方面存在不少的问题。

在经文哲理辞句和断辞英译层面上，相对于历史要素和古歌两个方面，诸译本的情况要好些。其中，夏译本的分行策略把他认定的断辞明确标记出来，尽管存在一些不规范之处，但总体上有较好的语用效果。其次是卫—贝译本，在断辞术语译文的区分度上较好。其他五部译本的断辞术语译文区分度都不够。这一方面的情况可能是因为历来存在对经文的哲学化解读而使得诸译者具有较强的哲学诠释意识，而对断辞本身的译文构建注意不够，尤其是裴译本，断辞英译过于多样化。就哲理辞句的英译来看，林译本和蒲译本好于其他译本。在哲理文字英译方面，七部译本总体上还不能说是令人满意的，尚不能较好地达到传达原文"善"的"信达雅"要求，因为诸译本对经文哲理辞句的英译多数在解释上也是不够准确的，虽然有的译本对占断专用辞本身的英译较好，如傅译本，但若从断辞对问辞的判断所反映出来的文化价值取向来看，则诸译本都不能说是成功的。

在《易经》经文的文化词语指称意义英译准确性方面，就本研究所及而言，林译本和夏译本好于理译本、卫—贝译本和傅译本，而蒲译本和裴译本存在的问题较多。这一研究结果体现出译本学术性越强，文化词语指称意义英译准确性越高的特征。另外，就副文本中的注释而言，虽然注释不能太多，但对于《易经》英译，若无注释则更是不合适的。由于《易经》辞句极为简要，译文的诠释空间非常有限，因此适当数量的注释可对译文形成补充，特别是对古史、古歌和哲理要点及其他重要之处的必要说明，与文本形成完整的翻译诠释。傅译本是七部译本中唯一没有译文外部注释（脚注或尾注）的，对经文译文的解释仅依赖《易传》颇为辞费的译文和少量文内注释，这显然不是典籍英译文本的典型特征。

笔者根据设定的评判标准对诸译本进行了评析，但由于各译本存在的问题纷繁复杂，有些问题不具有可比性，因此不太容易给七部译本排出一个孰优孰劣的明确顺序。但综合原文文、史、哲三个部分的翻译等各方面的因素，可据各项目的分析结果在本研究范围内加以评定，大致分为上、中、下三级，见下表4—13，具体的数据可参看相关章节。

表 4—13　　基于研究项目分析结果的译本分级

项目＼等级		上	中	下
历史	史事（叙事）	夏译	卫—贝译、蒲译、裴译	理译、林译、傅译
	古史、人物等	理译、卫—贝译、林译	夏译、裴译	傅译、蒲译
哲理	哲理辞句	林译、蒲译	卫—贝译、夏译、傅译	理译、裴译
	断辞区分度	夏译、卫—贝译	理译、林译、傅译、蒲译	裴译
古歌		卫—贝译	理译、夏译、傅译	林译、蒲译、裴译
文化词语		林译、夏译	理译、卫—贝译、傅译	蒲译、裴译
修辞手法		夏译、林译	卫—贝译、蒲译、傅译	理译、裴译

从以上五个项目的翻译情况综合来看，大致可以认为，卫—贝译本、林译本、夏译本较好，理译本、傅译本居中，蒲译本、裴译本较次。从文化词语英译来看，林译本和夏译本较好，理译本、卫—贝译本和傅译本居中，而蒲译本和裴译本较差。由于后两者是实用性译本，译文向日常生活靠近，译者介入较多，在指称意义的准确性方面较弱。从译文行文格式方面看，夏译本的功能取向的爻辞译文分行缩进模式应是较好的。对七部译本的更加全面的评价和分级，还应结合第二章的评析结果，例如考虑译文翻译方法的创新、责任性误译等因素，可相对客观、准确地评价诸译本。

二　《易经》译本存在问题的分析

对于本章对诸译本的二次评析揭示出来的这些不足，其背后的主客观原因是多重的，有些是译者个人的，有些是《易经》英译难以避免的，有些是历史、文化性的，还有的是翻译本身内在的。下面就可能的主要原因进行分析。

就译者主体而言，对《易经》的解读基本上是据汉代以来至 20 世纪以前的易学，诸译者在不同程度上缺乏对《易经》进一步探讨并据以翻译的意识，因此普遍缺乏对《易经》的独到理解。译者们当然也可能基于自己对经文的研究在不同的方面有所突破，而这样的突破在传统易学框架下来看是微不足道的，例如出版时间较近的裴译本，虽然提出了一些诸如关于阴阳理论、商周时期女性的社会地位和角色等自己的观点，却无法提出自己对整个卦象系统的解释，虽然试图综合通行本和帛本提出自己的《易经》原文本，却因对《易经》本身的研究不够，因此对诸多问题也只能求诸传统易学，自己的“原文”为何如此也缺少必要的论证。在经传分合方面，卫—贝译本、林译本和傅译本都是经传合一的译本。其中，林译本有所不同，因为他译的是王弼注，只得按照注本的体例英译，但是林氏对经文的解读也深受王弼易学理论的影响，导致经文的翻译过于依赖于王弼孔颖达注疏。理译本虽然将《易传》译文在形态上与经文分置，但由于受时代限制，无法真正离开《易传》给出自己的经文诠释。夏译本虽然译的是帛本经文，但由于帛本经文的异读文字和因无法辨读而导致的缺字大多依据今本文字解读和英译，因此其解读框架也主要是传统易学。

从今日易学来看诸译本，20 世纪以来易学新的发展并未在诸译本中得到实质性反映。20 世纪后期的译本，包括以帛本为主要原文的夏译本，也没有对《易经》文本发生学的新观点，如卦象系统发生学的新研究成果，在译文中做出反映。虽然傅译本前言提到了黄凡的研究成果，但却轻易地加以否定，未能进一步研究以汲取其中的合理因素，因而该译本虽然在 21 世纪问世，其《易经》译文仍然局限于传统易学的藩篱，也未能注意国外《易经》英译的动向。而且从 20 世纪末以来的几部译本看，如傅译本和裴译本，其译本标题并不能和实际内容相一致。在中国封建时代，说到《周易》《易经》，自然是经学意义上的文本和注疏。然而，现代易学的发展已经使得原来的标题在指称意义上有了分化，如果英译的是经学意义上的《易经》，那么，就需要译者明确地做出说明。

从符号学来看，关于象和辞两种符号的关系，因诸译本都主要以传解经而进入《易经》解读，多倾向于把卦爻辞视为卦爻象指称意义的一种例说，即在符号学意义上，把辞视为象的一种解释项，因此重点在象不在辞。因而，辞的作用就是通过对辞的理解达到对卦象的理解。《易经》英译者对原文本符号的解读即所谓解释项构建是基于中国传统易学伴随文本和译者可及的其他元文本、任何语种的任何相关文献资料建立起来的。由于卦爻辞高度的简约性且“言不尽意”，要藉辞形成对卦象的贯通解释谈何容易，何况象和辞的关系本来也并非如此。由辞的解读而得到的对象的理解很可能不圆满，对这一理解的再符号化也存在困难。在用英语把解释进行再次文字符号化、文本化时，不同译者还要考虑不同的翻译目的、预设的目标读者、译文可能的效果以及英语自身的表达特点等方面。由此，似乎只要能够解释卦象，对辞的翻译可以根据自己的意图或其他原因进行灵活变通，甚至自己为卦象提供一种与英语文化更加靠近的“例说”。这样，有的译本，有的卦爻辞的译文，就与原文本来的指称意义、对象和解释出现了较大偏差，实用性强的译本尤其如此。

从《易经》本身而言，它的身份历来被认为是“筮书”，有的译者也就仅把它视为“筮书”而翻译，译本也无非是一种预测实用工具书，自然也不会关注经文本来的或其他的意旨。这样的功能取向的译文，根据自己的翻译意图对原文进行灵活处理，也就是顺理成章的了。其结果，译者无暇顾及原文的本义如何，自己能够“自圆其说”也就算大功告成了。

另外，还有一些客观方面的原因，除了译者所处时代等因素，这里从符号表意和翻译过程简要分析。从符号学意义上讲，基于符号表意的无限衍义性，符号文本的表意在理论上也必然是无限衍义的，而这一衍义是不可能保持表意的绝对同一性的。翻译中文本的语言符号转换也如此。翻译意味着文字符号载体系统发生了转变。姑且不论纯语言符号转变造成的损失，就语际翻译涉及的符号文本衍义过程而言，在文字符号物质形态上，始于译者对原文本开始解读的时刻，而翻译过程的符号文本衍义过程终止于译本（一种元文本）的生成（当然这并不意味着衍义过程完全停止了）。经过翻译，原文符号在原文语言和文化系统内的符号、对象和解释的相对统一的关系，必然会在译入语符号的再符号化过程中发生变形。从翻译本体论上讲，翻译损失是翻译题中自有之义，而且翻译过程还有三种附加损失即符号损失、文化损失和交际损失。对于同一客观存在的原文文本，不同译者由于解读背景、所处时空语境不同，译文必然有异。即使同一个译者也不免如此，尽管各种损失的程度可能会有不同。

第五章　对《易经》复译的思考

《易经》英文复译的“理想”译本应具有的基本特征和应呈现的基本面貌如何？结合前文研究和尝试对部分卦例的经文进行英译和分析，这一章主要关注这个问题，兼论《易经》的可译性和中国古籍外译的问题。

第一节　《易经》符号文本的不可译性与可复译性

不可译问题常常和翻译之不可能问题混为一谈。实际上，前者主要是一个形而下问题，而后者则主要是一个形而上问题。就具体的文类及文本范畴而言，可译性问题可在不同的层面讨论。例如，哲学形而上学的、纯理论的层面，方法论层面，实践操作层面等。哲学史上也有学者通过可译性问题论证哲学概念。中国佛经翻译史上很早就提出了翻译失本的命题。那么，若承认翻译在本体上存在失本，那么就意味着不可译性的绝对存在。同时，还有主观上的原因使得不可译性必然存在。

对于不同的文本或文类，可译程度是不同的，即在不同程度上，可译性或翻译活动从古至今一直是存在的。皮姆（Pym）认为，可译性（translatability）主要理解为指涉某种意义从一种语言传译到另一种语言而没有显著改变的能力（capacity）。[①] 他同时指出，究竟这种“意义”如何定义，学者们意见多歧，而几乎没有哪种理论声称所有意义总是可译

---

① A. Pym & H. Turk, “Translatability”, in M. Baker, *Routledge Encyclopedia of Translation Studies*, Routledge, 1998, pp. 273 - 276.

的，同时他也认为，不同语言之间的“不可通约性（incommensurability）”是翻译存在的一个条件。皮姆的观点涉及一种语言的词、句、篇等诸层面的全部意义，即不可译性是从意义是否能够在译文中得到全部表达的意义上讲的。因此，根据这一观点，不可译性必然在客观上不可避免。

意义的生成离不开文化。一个文化的基本代码（那些控制了其语言、知觉框架、交流、技艺、价值、实践等级的代码），从一开始就为该文化中的每个人确定了经验秩序。[①] 这个经验秩序是他要处理的，而对于一个译者，这是他据以工作的基础，同时也给他带来了翻译的困难。从符号学来看，不同文化的语言文字符号系统对世界的范畴化、概念化不同，一个文化的符号能指和所指的关系经过翻译必然发生一定程度的改变。一个符号的载体经过翻译，其客体对象和解释项必然存在大小不等的各种差异，即意味着存在程度不等的不可译性，从极大的不可译到极大的可译，也可能存在对象不同而解释相同，或对象相同而解释不同的情况。同时，可译性在实践中就具体到某部作品而言还涉及为何译、为谁译、由谁译的问题。因此，若从实践操作层面考虑，从交际功能层面考虑，从文本具体层面考虑，从历史的、发展的角度考虑，从具体的语言对考虑……那么可译性就是一个程度问题，文本的可译或不可译总体上看实际上居于一个连续体的两端，对于一个具体文本，其可译性也是一个动态概念。

一个文本，若实际上已经存在着多种译本，并不妨碍我们讨论它的不可译性或可译性问题。具体文本的可译性问题属于文本翻译实践操作层面，同一个文本的不同部分，不管在静态或是动态意义上，也可能具有不同程度的不可译性。就《易经》符号文本的卦爻辞英译而言，《易经》的不可译性同样可以表现在其文本不同组分的程度差异上。按照本书第三章的分析，《易经》的符号文本含有两种符号，而文字符号又有三个主要范畴的成分，即历史、古歌和哲理文字。《易经》文本的不可译性可在整体上和它的不同成分层面上进行分析（当然，也可以在其他一些方面进行分析）。这里仅从《易经》文本整体和它的不同成分来分析其不可译性问

① ［法］福柯（M. Foucault）：《词与物：人文科学考古学》，莫伟民译，生活·读书·新知三联书店 2002 年版，第 8 页。

题。显然，不同成分的不可译性或可译性并不完全相同。

《易经》是重要的中国文化典籍，当然有翻译的价值，无须多论。《易经》的“原始文本”究竟是什么样子，我们现在尚无确凿的证据。现在《易经》通行本及其他别本不可能是其原始文本。其原因在于许多方面。例如，汉字文字系统不断的嬗变；原始文字原有的与世界的相似性、象征性在后来的文本中丧失殆尽；古代文本传播条件的限制，造成不同的流行文本之间存在大量的异读字、文字阙漏、错讹等，经文中原有的一些字可能已经消失而永远再不可及，即使考古学也无济于事；人们有意无意地误读导致的文本文字、结构的变化等。就《易经》通行本和诸别本而言，通行本的可译性应高于诸别本，因为至少通行本的文字是相对确定的，而别本如帛本经文，不但经文不完整，也存在不少尚难以识别的文字。但通行本的不可译程度也是很高的。

《易经》符号文本的不可译性部分地源自“原文”，其非文字符号是可以照录的（其意旨需要在译本前言或注释中说明），我们主要探讨文字符号部分的不可译性问题。现代英语对《易经》符号文本的翻译把现在的《易经》文本视为原文本（实际上现在各种英译本的原文并不尽一致）。即便从这一原文本来看，翻译也不可避免地会导致原文文字符号指称对象和解释项的改变，在交际过程中导致纯符号性损失、深层文化内涵的损失和交际损失。理解和表达这两端之间就是译者的空间。从翻译过程看，处于这种“文化间域”中的顺向译者其理解可能是浸淫于原语文化中，站在原语文化角度、立场的“同情”之理解，如《易经》德译者卫礼贤者，但也无法消除其骨子里的本族语文化本位，而表达则是需要根据翻译目的、目标读者等影响因素从多种可能性中进行选择，还有意识形态的影响以及其他一些没有意识到的因素的影响。当然，这是所有翻译都必然存在的问题。

《易经》经文汉字中那些重复出现的部分在文本内部也多是一字多义的，而且具有丰富的象征意义，特别适合作为需要较大解释空间的占测文字。一旦对这样的文字进行了翻译，原文符号变成了译文符号，那么原文的丰富意义就可能僵化为单一的意义。无论是传统易学，还是当代易学，尚不能对《易经》文本做出完全自圆其说的解释。另外，其中的一些字之确切含义尚不得而知。博纳多（Bernardo）指出，在把《易经》文字符号译为英语时，其多义性和象征的丰富性是无法完全保留而充分传译的，译者不得不根据自己的翻译意图进行取舍。他举例说，“悔”字（在经文中出现34次）一般译为“regret”或“repentance”，然而，“悔”字本义为“难题、困难”（problems），该字同时指一种客观情势和人的内心反应，但没有一个英语词能同时涵盖两个意思。[①] 这一状况也存在于经文中字与字的关系、辞条之间的关系的解读、判定、翻译上。有些是无法确知的指称意义，译者可能给出一个功能性的解读。《易经》经文具有高度简约性，使得译者不得不对字间、句间的大多数“空白”进行填补，尽管并没有多少根据。实际上，构成《易经》文本的每一条卦爻辞都具有一定的相对独立性，不同卦爻辞条间的关系或紧密，或松散，或无关，这一复杂的关系网络是很难在译文中再现。因此，《易经》总体上翻译困难多、难度大，译文在符形、符义和符用层面发生较大损失显然是不可避免的。

“复译”与原译相对，指一部作品在有了原译（也就是初译）之后，又有了别的翻译活动和新的译本，这种非初译和原译的重复翻译，就是复译。[②] 作为术语，“复译”不同于“重译”，因为后者一般主要指初译者本人因某种原因对自己初译的原文的重新翻译，与初译多少存在不同，而“复译”者则不是初译者本人，而是其他人。所谓“可复译性”即指一个文本可被反复翻译的可能性或潜力，一个文本的可复译性较高，就意味着它可以在较高程度上被不同的译者反复翻译，在现实中体现为不断出现新的复译译本。一个文本的不可译性和可复译性是相互联系的两个方面。可能存在的一种情况是，一个文本的不可译性越高，它的可复译性也越高。例如，《易经》《道德经》等中国文化古籍存在大量的译本，而且还在不断出现新的译本，因此这样的文本具有高可复译性，而其可译性却不高。

就《易经》英译而言，如果说麦丽芝英译本可视为《易经》初译，那么自理雅各译本以来的《易经》英译本皆为复译本。因此，从翻译现

① D. Bernardo. “*Yi Jing* (*I Ching*) Chinese/English Dictionary with Concordance and Translation” (http://yijingdao.org.).

② 王宏印：《文学翻译批评论稿》（第二版），上海外语教育出版社2010年版，第225页。

象来看，《易经》具有高程度的可复译性。《易经》高程度的可复译性首先在于《易经》文本的可多解性。尽管原始经文文字大多具有较具体明确的意义，由于其文句的高度简约性和筮书的身份，经文具有较高的多解性潜力，在后来的流传、发展中，相当数量的文辞产生了歧义性、多义性。在中国易学史上，对《易经》解读的文本数量极多，流派纷呈、彼此不同，这是一种语言内部的可复译性体现。《易经》众多的外译本也与此有关，不同译本的出现有些是因为对《易经》的解读参照了不同的诠释资源。另一个重要原因是，即使诠释资源没有差别，对《易经》也会有不同的认识，对它的解读也会有不同的进路、不同的目的。因此，尽管《易经》符号文本的可译性不高，《易经》复译的努力一直在持续。当然，不能因为强调复译的重要性就不加分析地认为任何文本都不具有权威性，因而只具有暂时的短命的性质，但也不能固守传统的观点把历史上的重要文本一律视为绝对权威以至于妨碍了对新的译本的期待、认识和评价。①《易经》翻译的多元化，可以适应不同的需要，当然不同译本不具有等同的地位和作用，彼此之间也形成互补关系。《易经》复译也是一种《易经》研究的模式、一种探讨进一步改进《易经》翻译质量的方式。同时，随着《易经》研究的进展、学术思想的嬗变、新材料的出现和新方法的应用，也要求《易经》复译本的出现，以反映《易经》学术研究的发展。笔者下文将基于本研究的成果，探讨《易经》复译的实践问题，作为一种《易经》复译的尝试。

第二节 对《易经》“理想”译本的思考

如何返回《易经》符号文本原始指向的客体对象和解释项，并用外语翻译出来，是我们研究《易经》及其翻译的主要目标。当然，这一目标现在看来还不可能完全实现，我们能做的就是尽量朝这个目标努力。《易经》经文涉及的内容极其广泛，因此仅对《易经》的解读而言，就需要多学科的知识和能力，而外译则需把握更多的因素。从《易经》解读

① 王宏印：《文学翻译批评论稿》（第二版），上海外语教育出版社2010年版，第227页。

和翻译的主体角度来看，较理想的情况是，多学科的学者，具有明确的研究目标，就研究取向取得了共识，共同努力、协作，才能有望取得较好的成果。这些学者可能来自中国古文字学、上古史学、数学、地理学、天文学、文献学、文学、哲学、翻译学等诸多领域。所谓《易经》之"理想"译本，仅指根据全面、深入的研究，力图以最佳的方式用另一种语言对原文本进行文本呈现而已。此小节仅限于本研究所及的范围内，基于前文的研究结果，论述对《易经》文本解读和翻译的一些设想。

《易经》作为中国文化典籍的外译应以中国文化本位为主，基于学术性研究的文献价值传译应是占主导的，不能把它仅作为古代筮书的形式或仅作为给现代人应用的预测手册对外翻译。除了词语、句子、语篇等语言方面的要求以外，作为中国文化典籍的外译本，译文应该能够较好地体现原文不同的文体和表达功能，基于最新的易学研究成果，在文化知识可靠的基础上具有相当的艺术性和诗学功能，能够再现原文的文、史、哲各层次的特征和内涵，保持原有的理论形态和义理框架及主要表述方式，又有异域视野的添加内容和评论角度，具有适当的注释和疏解，以向现代和当下的外国读者交代，借此有可能转化为现代精神的一个价值来源。

王宏印认为，从学术研究的角度看，理想的典籍注译应当是包含原文、注释、今译、英译、疏解在内的一个完整体系。[①] 若作为译本出版，当然还应具备一个相当篇幅的前言或引言（introduction），内容涉及原文及其版本介绍，还要有其历代注疏及易学研究情况综述、前人英译的情况评述，译者关于《易经》的学术观点、今译和英译的原则和方法阐明等内容。若主要面向英语读者，注释、疏解等最好以英文译出、撰写。《易经》英译本（不是卫—贝译本或蒲译本那样的译编本）的一个较完整系统可包括前言、原文及注释（注解原文本的异读字、断句及提供其他有关信息）、今译及注释、英译及注释、疏解（解释原文和英译文）、索引等，除原文、今译和英译外，其他部分以英文（或双语对照）呈现；或至少包括前言、原文及注释、英译及注释、疏解四部分。英译文应从原文译出，今译仅作参照，而且译入语主要是现代英语，也可适当摄入少量古

① 王宏印：《中国文化典籍英译》，外语教学与研究出版社 2009 年版，第 14 页。

英语词语甚至古句法。这里主要论述其英译及注疏问题。

前文研究的七部译作之中，卫—贝译本虽然有经文译文，但实际上整个译本并非严格的翻译本，而是一部翻译解说本。从今日西方《易经》传播状况看，这一体例应该说已经完成了其历史使命。但卫—贝译本的《易经》卦题翻译模式已经成为一种规范，卦爻辞译文分行模式属于其原创特色，虽非一种完全有意图的诗歌译文格局构建，但也值得今日《易经》英译借鉴。就其他译本的英译文特点而言，理译本经传分开（7部译本中除特殊的夏译本外唯一的一部）、注释详尽，其译文格局和模式可以继承；蒲译本音译准确度高、对《易经》的占测使用方法说明也可谓详细，可以参考；林译本也有详尽的注释，而且注重不同学者观点的比较，也是可以借鉴的模式。夏译本的帛本经文英译在体例上的显著特征是将爻辞的不同组分据各自的功能通过行首缩进的办法加以区分，问辞、断辞之别一目了然，另外提供了隔页对照的帛本、今本经文和英译文，这一格局可以吸收进《易经》“理想”之复译本；傅译本提供了原文、今译、英译和汉英对照的大篇幅引言，裴译本引言内容较丰富，特别是对主要占断专用语进行了专门说明，这些特点都可供今日《易经》英译借鉴。

假设本书提出的《易经》六十四卦拟定本即为现在确定的《易经》文本，甚或《易经》“原始文本”，而且把《易经》作为文化典籍来翻译，以此作为讨论的基点。在符号文本层面，若以符号学三分学科框架即符形学（句法学）、符义学（语义学）和符用学（语用学）为框架，关于《易经》符号文本英译需要考虑的翻译要点，在考虑针对性、可操作性的前提下，可做如下设定：

一　符形学层面

译文文本格局、体例的构建，应既保持原文基本特征，又有自己的特点。例如，采用区别标记卦爻辞不同成分的译文模式。译文应与原文在卦爻辞字词、语句、语篇上对应。例如，简洁的辞句、隐晦的历史叙事、朴素的古歌，以及卦爻辞组分之间横向的和不同爻辞之间纵向的关系等。应有对原文及其翻译的注释、疏解以及其他必要的副文本。这里所谓隐晦的历史叙事是指在经文内部而言，在译文外部还是需要注释以显化的。

二 符义学层面

译文文本和副文本都应以对原文的原生态指称意义研究为基础，以准确的文献和文化价值传译为主导，对于不同性质的文本成分英译也具有不同的侧重。例如经文的英译总体上遵循语义优先原则，借此追求不同构成成分英译的侧重点，如古歌英译不仅要在原始指称意义上准确，而且要侧重表现原文的文学特征和艺术价值。

三 符用学层面

译文应充分考虑翻译意图和目标读者，不但体现在经文译文中，也应通过副文本加以阐明，以补充经文译文。否则，实不利于译文读者通过译本全面而正确地理解《易经》的性质及其文本表意的复杂性。译文应凸显《易经》作为居于中华文化源头的文化典籍身份，让读者体会到《易经》对中国传统文化影响如此广泛深远之原因所在。

《易经》符号文本在古代是竖写而且是不分列、无标点的，现在一般是横写，以卦爻辞条为单位分行，但不同版本的断句、标点多有差异。译为英文时，只能横写。各卦的卦象在译文中可以照录，而不必像汪榕培—任秀桦译本（1993；2006）那样在爻题处也用非文字的卦象符号。在将各卦的各条卦爻辞组成成分进行了充分研究、根据各组成成分的主导属性定性后，即可采用一个统一的标记系统将各类组成成分在英译文中加以标识、区分。比如，可以采用夏译本的做法并加以改进，即采用每卦经文译文分行、缩进的格局。也可以不分行而用不同字体标记的方法。相较而言，可能分行模式更胜一些。《易经》传本的现代文本已经并非原文的原始形态，因此英译文完全可在文本形式上进行变通。例如，每条卦爻辞首先分行，再根据组成部分的属性（问辞、断辞）二次分行，采用行首缩进，如卦题、爻题对齐，各条卦爻辞中问辞下一行缩进两格，断辞再下一行再缩进。问辞和断辞中的历史、古歌、哲理可分别采用不同的字体。而且，根据断句，可进行三次分行。最后的译文正文是一句（主要以英文句点为标记）一行的面貌。

关于术语“卦”的英译，历来沿袭法国传教士刘应（Claude de Visdelou）首用的“trigram”（三画卦）和“hexagram”（六画卦）两词。笔者研究的七部译本皆用“hexagram”指六十四卦中的一“卦”，如《未济》理雅各译本译为“The Wei Ji Hexagram”。该词词根“gram”意为“图；写”，因此“hexagram”指的是六画的卦象，如《未济》的是“䷿”。“卦”的这一译名体现了以传解经的历史特征，即把一卦的非文字符号视为主体，而把文字符号视为对前者的一种例说，反映的是两种符号的主次关系。如果考虑《易传》之前周初时的《易经》文本，根据笔者研究，卦象只是一种占筮历法，在象与辞的关系上恰恰相反，是以文字符号为主的，一卦的卦名实际上是由卦爻辞文字而来。因此，在此提出，在《易经》英译中，仅用“hexagram”指非文字符号的卦象，而不用其指全卦（卦象和卦爻辞的符号组合整体）。若指后者，不妨采用音译“Gua”。“卦辞”和“爻辞”可用“The Gua statement”和“The Yao statement”。当然，这些术语的含义有必要在译本的副文本中加以说明。

关于卦爻辞英译具体的遣词造句谋篇，可以参照第四章提出的《易经》英译本评价标准作为原则实施，主要是基本的翻译标准和基于原文“真善美”的翻译标准。译本名称可仍沿用“*I Ching*”为核心词语，而应另附副标题以凸显译本的主要特征。卦题可沿用卫—贝本的范例，即形成一个卦序号（数字）、原文卦题汉字、卦象、音译（现代汉语拼音）和意译的双媒介符号集合体。翻译的客体即文本在文体上有不同的分类，而在同一个文本之内，也可能会有不同部分具有不同的文体特征的情况，《易经》文本即如此，不同的部分需要有所区别的翻译方法。关于卦爻辞译文，除了使文史哲三类主要组分呈现以上体例上的区别，在语言上也应有可观察到的不同特征。

假如我们确定了某卦爻辞中某些文字的历史属性，不管属于实时记录的史事及其构成的整个历史叙述框架，还是征引的历史故事，那些文字符号就应该具有了确定的指称对象，这时翻译的任务就是如实地用译入语词句以历史叙述文体再现该历史时空中的对象，以文献价值的保持为主导原则。就卦爻辞中的历史叙述文字而言，也具有一定的形式特征，译者也需要注意再现之。当然，由于译文内部负载信息的极度有限性，译者不能在经文本身的译文中表达过多，因此不得不借助译文外部注释等补偿手段，甚至通过译本前言，使原文的历史叙述在译文中对读者而言尽量可及、可解。总体而言，《易经》经文中的那些已经确定的历史材料其主要方面的可译性是相对较高的。历史部分英译既然以再现原文的文献价值为要务与鹄的，用词、句法应平实、简明，可酌情多用词组、非限定动词和逻辑主谓结构等小句结构，原文有的是有韵的，可酌情在语义优先的前提下予以表现。关于历史人物、事件、地理等需要注解的词语应在译文外部酌情增补注释，或集中在疏解部分说明。如《履》上九："视履。考祥，其旋。"笔者英译为"He watches the shoes. // His father is auspicious, and has returned safe"。其英译可增补必要的代词和主语，并通过注释说明其所指及其历史背景。例如：

> The injunction in the Top Nine statement of this Gua implicitly points to the historical incident of King Zhou of Shang setting free Ji Chang, leader of Zhou, from imprisonment, who then returned to his state safe. The narrative point of view is the implicit third person. Literature presents different views on which year was that when Ji Chang claimed that "Mandate of Heaven" had been conferred on him. For example, one view takes it as the year when he was released by King Zhou of Shang. Huang Fan (1995: 189), however, analyzes the question and concludes that the year is 1064 BC, the eighth year before that when he died. According to Huang, his son Ji Fa succeeded him as King Wu of Zhou, who continued his father's numbering of his own reigning years, and three years later, Ji Fa passed away. The subject of the verb 视 (watch) probably is Ji Fa, and the Chinese graph 考 in the Shang and Zhou periods was a term of respect used by one to refer to one's father, dead or alive, though later it was exclusive for addressing one's dead father. Here both 考 and the pronoun 其 refer to Ji Chang. [本卦上九爻辞之问辞指商纣王开释周西伯姬昌、姬昌归周之历史事件。叙事角度是第三人称。关于姬昌"受命"之年，文献中有不同解说，一说认为他的"受命"之年即其被释之年，黄凡(1995：189)认为是公元前1064年，姬昌受命九年逝世，其子姬发

即位，自称武王，连续受命纪年。三年后，即受命十二年，武王逝世。问辞中“视”主语可能为姬发，“考”古时男子死前死后皆可称之，是一种对年长男子的敬称，后世仅用于男子死后。问辞中“考”即指姬昌，“其”亦是][1]

《易经》古歌材料具有较高的不可译性。据雅各布森（Jakobson），句法范畴和词汇范畴如词根、前缀、音素等在诗歌中都承载着各自的意义，成为诗歌艺术的一部分，因此诗歌从定义上说是不可翻译的，只能进行创造性转换，从一种语言到另一种语言的语际转换。[2] 汉语诗歌包括上古歌谣英译同样如此。但与一般的诗歌翻译不同，卦爻辞的诗歌翻译必须以语义优先为前提，要尽量保留文辞的原始指称意义和原生态的文献价值，“体现原始语言的‘拙’，不能一上手就译成流畅的现代英语”，[3] 在此基础上追求译文的音和形之艺术性和审美价值。纽马克（1981）认为，在语义取向的诗歌翻译中，审美价值依赖于以下因素：（1）结构，对翻译而言，就是文本的整体规划以及单个句子的形态与平衡；（2）比喻，可以唤起声音、触觉（包括温度和气候）、气息和味道的视觉意象；（3）声音，包括头韵、类韵、节奏、拟声词及诗歌中的音步和韵脚。[4] 此外，还有各种其他的艺术、修辞手法的翻译表现。经文文学散文部分的可译性相对高些。在《易经》古歌英译中，译者不能忽视以上任何一个因素。尽管在原则上，针对每个文本，译者可以重新安排这些因素，优先考虑认知意义，但实际上，在汉诗英译中，尤其在卦爻辞诗歌英译中，实难顾及各种文学要素。

诗歌部分英译应注意根据对原文指称意义的分析译出原文的文化事实（这也是人类学诗学的要求），在遵循与原文指称意义大致相同的基础上追求在语言形式上以简洁、朴素的辞句反映原文的语音和结构美学特征，

① 在《易经》英译本中，这样的注释可用英文。为论述方便，此处用汉英对照模式。

② R. Jakobson, “On Linguistic Aspects of Translation”, in L. Venuti, *The Translation Studies Reader*, Routledge, 2000, pp. 113 – 118.

③ 王宏印：《诗与翻译：双向互动与多维阐释》，南开大学出版社 2015 年版，第 198 页。

④ P. Newmark, “Communicative and Semantic Translation (Ⅱ)”, in P. Newmark, *Approaches to Translation*, Pergamon Press, 1981, pp. 62 – 69.

注意处理好一句和一首古歌的核心部分，使之在一定程度上表现出英语古诗的风貌。例如，《中孚》九二之古歌“鸣鹤”。与其他材料相比，古歌部分的韵律特征是应当在译文中适当予以表现的，使译文本身具有古代诗歌朴素的风貌。对原文古歌的尾韵，在不扭曲原文指称意义和意象基础上，译文句尾能自然押韵最好，也可酌情采用半押韵的形式，但不必过于追求使用韵脚、英语古词和语法，英译采用的手法也不应超越后世诗歌的英译手法，本来无韵的部分也不必以语义表达为代价故意追求在译文中用韵。从整卦中辑出的古歌各句既能够在各条爻辞中具有歌谣的面貌，又可集中起来成为一首古歌。例如，《小畜》卦爻辞中辑出的古歌“密云”。这部分在翻译时也应适当借助注释对原文和译文进行必要的说明。

卦爻辞中的哲理材料包括断辞部分和非断辞部分，以断辞为主。纽马克（1981）认为，哲学文本比艺术文本的元素更容易传达，因为它们讨论的是共性而不是个性，多为解释和定义，而不是象征和意象，而且译者也会因此锁定他的目标。[①] 在有充分理由将某句卦爻辞的一部分定性为哲理性辞句后，翻译要用类似的英语格言警句的文体面貌译出，而不必像译历史材料那样追求客体对象及其解释的一致性，但与翻译历史材料不同，不能过多借助注释，翻译时损失的枝节信息会多些。对于断辞部分即经文整个断辞系统，其翻译的困难在于，断辞术语译文要求具有较高程度的统一性，多数原文断辞的一字其多种含义无法同时用一词译出，只能取主要者，或通过副文本手段加以解释。

卦爻辞中的哲理辞句译文应具有英语格言的面貌，用词简单、结构简洁、内涵切近原文。如《泰》九三：“无平不陂，无往不复。”此句具有朴素辩证法的内涵，笔者英译为“There is no level ground not followed by a slope; There is no going away not followed by a return.”断辞部分，特别是专用术语应尽量保持译文的统一，但要注意区分同一个字在不同语境下可能是断辞术语，也可能不是，这时译文应有所区别。一般而言，尽量避免用不同的英语词语翻译同一断辞术语，但可以在不同语境下采取词语形式

① P. Newmark, “Communicative and Semantic Translation (Ⅱ)”, in P. Newmark, *Approaches to Translation*, Pergamon Press, 1981, pp. 62 - 69.

上的变化。有的术语很难在英语找到对应说法或词语，可借助副文本加以针对性说明或定义，甚至综合性注释，以较完整阐明原文所指。不同的断辞术语也应避免用相同或过于类似的词语英译。

下面根据前文提出的《易经》经文英译思路，和三个主要部分的侧重点，尝试分析一个卦例《大过》的英译，分别按照笔者确定的《易经》拟定本原文和笔者给出的今译、解释（相当于疏解）、英译顺序。在英译本中，除原文和今译外，其他应用英文译出，为论述方便，此处仍用汉语。为方便观察，原文进行了标注，下同。[①]

卦题：《大过》第二十八

原文：

䷛大过第二十八

大过。栋挠。**利有攸往。亨。**

初六：藉用白茅。**无咎。**

九二：枯杨生稊。老夫得其女妻。**无不利。**

九三：栋挠。**凶。**

九四：栋隆。**吉。有它，吝。**

九五：枯杨生华。老妇得其士夫。**无咎，无誉。**

上六：过涉灭顶。**凶。无咎。**

卦爻辞今译（本处爻辞中对仗部分用黑体标记）：

大规模过涉。旗杆折断。利于有所前往行事。亨通。

初六：**白茅铺地用以祭祀**。没有咎害。

九二：**枯干的杨树长出了嫩穗。年老的男子得到了年轻的妻子。**没有不利。

九三：**旗杆折断**。凶险。

九四：**旗杆高竖**。吉祥。有别的，会有艰难。

① 文中不同部分的区别标记之含义同前文。

九五：**枯干的杨树长出了鲜花。年老的妇人得到了年轻的丈夫。**没有咎害，没有荣誉。

上六：**过涉河流水没头顶。**凶险。没有咎害。

解释：

本卦卦名"大过"与"小过"相对，当指军队大规模地过涉河流。本卦爻辞是典型的对衬式编排（对本卦的详细解析参见第三章）；在历史叙事方面，涉及的文字包括卦辞、初六、九三、九四和上六问辞。本卦初六爻辞指周军出征前武王祭祀祖先之事，接下来叙述武王伐纣中途遭遇恶劣天气、过涉大河之事件，有旗杆折断（"挠"或仅意为弯曲）、过河时有人落水被救之事发生。因此，初六、上六和九三、九四皆叙史事，而九二、九五皆兼言象征和人事，编者艺术加工的迹象明显。卦辞"栋挠"很可能是编者后来补写。九二、九五问辞是古歌片段，可认为取自民歌，或两句本构成一首短歌，可名之为"枯杨"："枯杨生稊。//老夫得其女妻。// 枯杨生华。// 老妇得其士夫。"断辞以占断专用辞为主，表达了对问辞部分的判断和隐含的价值取向。

英译：

䷛大过

Gua 28. Da Guo ***Great Crossing***

Great crossing.

Flagpole broken off.

Favorable to there being somewhere to go to.

Accessible through sacrifice.

Initial Six:

For the mat underneath, the white cogon - grass is used.

No blame.

Nine in the Second:

The withered poplar gives tender sprout;

The old man takes his maiden consort.

No unfavorable.

Nine in the Third:

Flagpole broken off.

Misfortune.

Nine in the Fourth:

Flagpole erected upright.

Good fortune.

If there is anything else, trouble.

Nine in the Fifth:

The withered poplar gives fresh blossom,

The old wife takes her young bridegroom.

No blameand no fame.

Top Six:

In crossing the river, the head top is submersed.

Misfortune.

No blame.

本卦英译在全卦结构上基本保留了卦爻辞原文的对衬式结构。先是卦象和汉字卦题，英文卦题音译及卦序和意译（斜体）组合。经文分行分为三级，即卦题、爻题为一级，问辞为二级，断辞为三级，后两者分别缩进，断辞缩进是问辞缩进的一倍。译文的限定动词均为现在时，其他是非限定动词，总体上句法较为简单，用词较少，具有筮书语言的特点。卦辞和卦题重叠的词经文译文中用粗体标示，其他字体不同的区别意义上文已经说明。译文保持了原文的历史元素；断辞注意了译文的用语统一性和价值取向再现的准确性；文中四句古歌皆定位为问辞，其内容反映了古人较为自由的婚姻观念，英译注意了原文音、形、义三方面的处理，较好地表现了原文的意象和映射震荡艺术效果。译文析出如下，并加标题“枯杨”英译，各句和原文句长略有点差别，四句英文句长接近，结构平行，双行辅音弱押韵。（有关的译文注释，此略）

The Withered Poplar

The withered poplar gives tender sprout,
The old man takes his maiden consort.
The withered poplar gives fresh blossom,
The old wife takes her young bridegroom.

第三节 从《易经》英译看中国古籍外译多样性问题

《易经》的中外译本，林林总总，蔚为大观。但统而观之，能够接近于揭示《易经》真谛者，实为寥若晨星。有相当一部分译本不过是迎合占测使用的产物，这些译本（或许没有资格成其为译本）自然无法让人理解为何《易经》对中国文化的影响如此之广泛、深远，却反而会不利于《易经》经典身份在异域文化中的构建。如果排除了这样的译本，剩余的《易经》译本也呈现出纷繁复杂的景观，大致可由本书主要关注的七部《易经》英译本反映出来。以下主要着眼于这部分《易经》译本，特别是辞的部分，尝试探讨中国古籍外译的多样性问题。

基于笔者的研究，《易经》卦爻辞不全是关乎历史事件的筮问记录，也不全是古歌的片段堆积，更不全是一部哲学著作，但卦爻辞是由一而二而三的，可谓是中国古代文学、史学、哲学的源头，至少是见诸文献的源头。《易经》的特殊性在于，它本身表现为筮书的形式，而筮书背后在它的文本中又隐藏着古史、古歌和哲理等丰富内容；它似乎全是占筮的记录，而实际上是为了一定意图而对不同来源的材料进行编辑加工的作品。在这个意义上，《易经》六十四卦经文原本就是典籍。只不过在长时间使用的过程中，其典籍身份逐渐湮没了。春秋时期以来对它的解释歧解纷呈，而汉代经传合一，统称为经，更给《易经》遮上了一层哲学化外衣。

在符号学意义上，所谓经典即是一个文化赋予特殊身份的文本，是文化的提喻。一部作品在一个古代文化中被选为经典，就像先民的图腾：它在神秘的情况下被选中，由文化精英加以神秘化，使部族大众从中找到凝聚力，取得归属感。[①] 历史上《易经》的经典身份是在不断地诠释中形成的。今天的《易经》也需要新的诠释，尤其是回到源头，根据新的研究成果，探索、揭示《易经》的本来面貌。所谓“揭示《易经》的本来面貌”，即是通过研究，最大程度上还原它原始构成之本来特征。

无论是传统易学或经学意义上的《易经》，抑或是原初意义上的《易经》，都是我们需要探究的。这两种努力都是需要的，都有其价值，而且在一些方面难以或不能完全分开。传统学术在当代仍然作为一种学术传统在继续。对于了解中国传统文化，对《周易》经传的研究十分必要，经学意义上的《易经》已经渗透于中国传统文化，因此不了解《周易》，势必难以把握中国传统文化和学术的精髓。然而，传统学术与当代追求既有联系，又不能没有区别。应区分经学意义上的诠释和研究与经学时代结束后尤其是五四以来根据多重证据对原典进行的独立研究。今日看来，经学的学术传统只是一种研究路径，是多种可能之一。对于中国文化古籍和诸如传统经学等中国传统学术，当代研究和翻译所持的基本原则当是，对言之成理、确凿无疑者，能用则用，但要能入能出，不为传统学术所束缚。对于中国上古文化典籍，特别是春秋以前的文本，原典研究对其外译尤为重要。从追根溯源的意义上来讲，今日的《易经》外译应本着经传分离、分治的原则，将《易经》的解读、翻译和《易传》区别开来。原因很简单，《易经》和《易传》产生时间相距好几个世纪，《易传》只是《易经》的一种哲学化诠释。

《易经》和《易传》的翻译具有不同的任务。《易经》翻译应是在对多重证据的学术研究基础上旨在恢复其原貌的翻译—让人了解《易经》的原貌如何。《易传》的翻译也是其哲学化解释的翻译—让人理解《易传》是如何将《易经》哲学化的，是如何渗透于汉代以来中国传统文化的。《易传》是一种解释系统，此外还有其他的解释系统，皆应作如是观。因此，就前者而言，《易经》文本的学术研究应力求避免以传解经的传统做法（尽管这种传统经学意义上的研究仍然需要），而应基于多重证据努力探索六十四卦象和辞的真相（当然，在无法确定《易经》原始文

① 赵毅衡：《符号学原理与推演》，南京大学出版社 2011 年版，第 386 页。

本的情况下，这是非常困难的)。《易经》的翻译也应是在学术研究基础上揭示其原貌，回归本源、寻根探源。今日之中国古籍外译本如《易经》外译本者需要就所依据的诠释路径和资源做出明确说明（最好能够在标题中有所体现)。即使是《易经》和《易传》合译，也应采取分立的方法，按《易经》译《易经》，按《易传》译《易传》，只能《易经》制约《易传》的翻译，而不能《易传》影响《易经》的翻译。如果按照本书对《易经》和《周易》的概念区分，《易经》外译就可能存在两个系统，即《易经》外译系统和《周易》(即《易经》和《易传》) 外译系统。而前者应是未来《易经》翻译的主要努力方向，也是《易经》翻译批评的着力要点。本书探讨的《易经》复译即是开启《易经》外译系统的尝试。当然，即便是《周易》外译系统，其《易经》部分也应是作为《易传》诠释的对象来译的。因此，两个系统又存在必然的局部和整体的关系和联系。

《易经》英译有不同的路径和目的，有作为文化典籍的《易经》英译，也有弱化典籍身份的英译。如果把典籍当作典籍来翻译，会传达更多文化的东西、体现深厚的文化底蕴。如果考虑作为文化典籍的《易经》之翻译，也有不同的译文生成模式。从本书主要关注的七部《易经》译本所体现的译本模式来看，以工具性为取向的蒲译本模式和基于前人译文并注入一些自己的见解而当代化的裴译本模式皆不可取。夏译本是一种语文学的文献性翻译模式，但不彻底，使得其译本价值打了折扣。林模式和傅译本可以作为是一种固定诠释框架下的翻译模式，适于特定学派易学、特定诠释框架的《易经》翻译，两者都是经传融合的，属《周易》外译系统。傅译本的古汉语原文经现代汉语今译而至现代英语译文的模式虽然也是一种诠释性翻译，似不如更进一步至体现原文形式特征的现代英语译文，而将译文中大量的解释性文字经筛选转变为注释。中华古籍英译依据的原文应是该书的古汉语文本，英译者在翻译过程中对原文的解读当然可参照汉语今译。在语体和文体的变化方面，应直接由汉语古文向现代外语转化，是一种整体上的迁移。两部经典译本中，卫—贝译本的译文和解说相杂的文本格局似已经完成了历史使命，倒是理译本的经传分离文本框架更值得借鉴。除了译者的努力，理译本和卫—贝译本的从一流中外学者合作解读、翻译到国外知名出版社出版的译本生成模式也值得当下中国典籍外译实践借鉴。

七部译本以及它们代表的诸多《易经》英译本呈现出了《易经》译本的多样性。从《易经》本身而言，《易经》经文的内在张力使它容许不同的解释、不同的译本，因此多样性必然是《易经》译本存在的景观。《易经》经文高程度的不可译性和可复译性与其译本的多样性是联系在一起的。除了《易经》文本自身的特征，还有其他一些原因导致这种翻译和译本的多样性，而这种多样性又以不同的致因、不同的方式存在着。例如，在《易经》作为文化典籍的翻译之外，其他的翻译如工具性翻译也有其存在价值，这样由于对原文定位和翻译意图不同带来了译本多样性。《易经》还会以其他形式出现，如林理彰的译本那样，而除了通行本，还会有不同的别本《易经》及其译本，如夏含夷译本。也有如裴译本那样通过融合通行本和帛本自己拟定的《易经》经文并作为翻译原文的情况。由此产生了原文差异带来的译本多样性。不同的翻译方向会造成《易经》英译的多样性，如英、美等母语为英语的译者和国内译者，以及可能存在的中外合作译者。现当代各种理论和思潮也会在翻译上反映出来，例如裴松梅《易经》译本的温和女性化策略，不同的理论进入《易经》译本从而带来多样性。因此，多样性必然是《易经》译本存在的常态。笔者基于自己的研究提出的《易经》复译原则和策略以及由此尝试译出的《易经》译文，相较于作为研究对象的七部译本，存在显著差异，因此也会导致新的多样性的产生。

从一定意义上说，一部作品在历史上被反复解读恰好说明了该作品在其文化中的经典性质和地位，而该作品被重复向其他语言文化翻译，尤其是被以译入语为母语的译者反复翻译，则说明了它的世界经典地位和性质。《易经》外译文本的多样性即证明了它的世界经典地位。从《易经》英译的多样性来看，中国文化古籍外译的译本多样性存在是一种必然。中国文化古籍具有外译的价值，其外译之所以重要，根本在于其中有着对人生智慧的总结和积淀，而西方也可从中找到适用的东西。即使在电子媒介文化时代，古代典籍仍是不可多得的生存智慧，不断激发人们对自然的热爱和对社会的关切以及对人自身的洞察。因此，中国文化古籍外译追求的多样性和译本存在的多样性今日必会愈加丰富、愈加互补。笔者所提出的《易经》复译策略即是对《易经》翻译多样性追求和存在的一种表达。

若就中国文化古籍作为典籍的外译而言，中国文化典籍外译的基本倾向应是以文献性原则为主而兼顾文艺性原则的。文献性为主就是要对中国文化原本的东西要坚持，保留中国文化的本土名目和它的典型文化特征。既要体现中国文化内涵，又能与西方文明沟通，行文古雅流畅，略带现代气息，思想深邃而无学究固态。[①] 笔者认为，应加强对原文的研究、吸收最新的研究成果，慎重选择英译者和英译本，加强针对性翻译批评，以改进文化典籍的英译质量。在典籍外译中以我为主的同时，也应在译文文字润色、读者调查、出版发行等方面利用国外智力、学术资源。对国外翻译出版的中国文化古籍译本，国内学术界应及时做出反应、加强翻译批评。国内出版文化典籍英译本时，如果选用外国人译本，一要保持原貌，二要增加新的导言、注释，说明原译的不妥之处，介绍新的研究成果，体现新的时代特点。典籍外译这种文化输出形式的读者不太可能是一般西方读者，而更可能是西方知识界。若居于中上层的西方知识界能够读懂而接受中国文化典籍译本，那么就可能成为西方新的中国文化、思想传播源。这是一种自中上而上、而下的传播策略。

若作为中国文化典籍外译，《易经》主要属于思想输出型中国文化典籍外译的范畴。关于中国古籍外译的译者，西方近代以来的汉学，尤其是现代汉学，萌芽于16—17世纪来华传教士的著述，与西方资本主义的殖民扩张之间存在密切关联。近20年来，英美学界对于中国思想史及中国经典诠释传统研究在很多方面已有显著的发展，这是西方接受中国文化典籍外译的重要认知基础。但是在西方人的解读视野下，"以我观物"导致的文化误读依然不容忽视。就本书所及，不仅早期译本，而且在近年来《易经》的林译本、夏译本、裴译本等也不同程度地表现出来。无论是强调相似相同还是主张绝对相异，往往自说自话，相似的成为附庸、复制和不完善的模仿，相异的成为异端、边缘和野蛮的象征，且将对方本土的沉

① 王宏印、李绍青：《翻译中华典籍 传播神州文化——全国典籍翻译研究会会长王宏印访谈录》，《当代外语研究》2015年第3期。

默误以为懦弱或附和，中国之形象的重新发现之所以不能仰仗西方汉学家，原因也在此。[①] 从中国文化输出、文化外交的角度来看，中国文化典籍需要新的翻译。其译者应主要是西学东渐、历经东西方文化激烈碰撞之后的中国学者和翻译家。当然，适当借助外国学术资源是必要的，中外合作也是较理想的。在翻译方向上，采取中外合作的模式，也应以我为主。中国文化典籍外译时，应根据国内外专门研究的最新进展，充分利用副文本，特别是长篇序言和注释的辅助功能，原原本本地将蕴含着中国文化精髓的经典文本通过外译方式介绍给西方。这是中国文化输出，减少西方对中国和中国文化的误读、增进互信的最基础也是最重要的一步。同时，也要避免典籍外译中的纯工具性思维，片面地将中国典籍朝外推行。[②] 中国文化典籍外译，就其文化输出意义上而言，应适当以本国文化为本位，以坚实、深透的原文本研究为基础，以文献价值传译为主导，兼顾原文文学艺术特征的表现和英语世界对原文及其翻译的研究成果和对译文的认知基础，以更好地把中国文化经典的本来面貌传播到英语世界。

---

① 参见王岳川《发现东方》，北京大学出版社 2011 年版。

② 王宏印、荣立宇：《典籍翻译，任重道远——王宏印教授访谈录》，《燕山大学学报》2013 年第 3 期。

附录 《易经》六十四卦拟定本

笔者基于传本《易经》[①]，根据对《易经》文本的研究（参见本书第三章），对卦爻辞进行断句、标点，勘定个别文字，并以不同字体标记古史、古歌和哲理类文字[②]，得《易经》六十四卦拟定本如下。

䷀《乾》第一

乾。**元亨。利贞。**

初九：潜龙。**勿用。**

九二：见龙在田。**利见大人。**

九三：君子终日乾乾，夕惕若厉。**无咎。**

九四：或跃在渊。**无咎。**

九五：飞龙在天。**利见大人。**

上九：**亢龙，有悔。**

用九：**见群龙无首，吉。**

䷁《坤》第二

坤。**元亨。利牝马之贞。君子有攸往，先迷后得。主利西南得朋，东北丧朋。安贞。吉。**

初六：履霜。**坚冰至。**

六二：直方大。**不习，无不利。**

六三：含章。**可贞：或从王事。无成有终。**

六四：括囊。**无咎无誉。**

六五：黄裳。**元吉。**

上六：龙战于野，其血玄黄。

用六：**利永贞。**

䷂《屯》第三

屯。**元亨。利贞。勿用。有攸往。利建侯。**

初九：磐桓。**利居贞。利建侯。**

---

① 主要以《周易正义》（2000）和《周易本义》（1992）为底本。

② 除了卦题、爻题外，宋体部分为古史类文字、楷体部分为古歌类文字、黑体部分为哲理类文字。卦爻辞中有极少数兼类的，如断辞中的古歌片段，用楷体粗体标记；问辞中的哲理辞句用黑体粗体。

六二：屯如邅如，乘马班如。匪寇，婚媾。**女子贞：不字，十年乃字。**

六三：即鹿无虞。惟入于林中。**君子几，不如舍。往吝。**

六四：乘马班如。求婚媾。**往，吉。无不利。**

九五：屯其膏。**小贞吉，大贞凶。**

上六：乘马班如，泣血涟如。

䷃《蒙》第四

蒙。**亨**。匪我求童蒙，童蒙求我。初筮告，再三渎。渎则不告。**利贞。**

初六：发蒙。**利用刑人，用说桎梏。以往，吝。**

九二：包蒙。**吉**。纳妇。**吉。子克家。**

六三：**勿用**。取女，见金矢。**不有躬。无攸利。**

六四：困蒙。**吝。**

六五：童蒙。**吉。**

上九：击蒙。**不利为寇，利御寇。**

䷄《需》第五

需。**有孚。光亨。贞吉。利涉大川。**

初九：需于郊。**利用恒。无咎。**

九二：需于沙。**小有言。终吉。**

九三：需于泥，致寇至。

六四：需于血，出自穴。

九五：需于酒食。**贞吉。**

上六：入于穴，有不速之客三人来。**敬之。终吉。**

䷅《讼》第六

讼。**有孚**。窒惕。**中吉。终凶。利见大人。不利涉大川。**

初六：不永所事。**小有言。终吉。**

九二：不克讼，归而逋。**其邑人，三百户，无眚。**

六三：食旧德。**贞厉。终吉。**或从王事。**无成。**

九四：不克讼，复即命渝。**安贞，吉。**

九五：讼。**元吉。**

上九：**或锡之鞶带，终朝三褫之。**

䷆《师》第七

师。**贞：丈人吉。无咎。**

初六：师出。**以律否臧，凶。**

九二：在师。**中吉。无咎。**王三锡命。

六三：师。**或舆尸。凶。**

六四：师左次。**无咎。**

六五：田有禽。**利执言。无咎。**长子帅师，弟子舆尸。**贞凶。**

上六：大君有命：开国承家，小人勿用。

䷇《比》第八

比。**吉**。原筮：元永贞。**无咎。不宁方来。后夫凶。**

初六：**有孚。**比之。**无咎。有孚盈缶。终来有它。吉。**

六二：比之自内。**贞吉。**

六三：比之匪人。

六四：外比之。**贞吉。**

九五：显比。王用三驱，失前禽，邑人不诫。**吉。**

上六：比之无首。**凶。**

☴《小畜》第九

小畜。**亨。**密云不雨，自我西郊。

初九：复自道。**何其咎！吉。**

九二：牵复。**吉。**

九三：舆说辐。夫妻反目。

六四：**有孚。**血去惕出。**无咎。**

九五：**有孚挛如，富以其邻。**

上九：既雨既处，尚德载。**妇贞厉。**月几望，君子征。**凶。**

☰《履》第十

履虎尾，不咥人。**亨。**

初九：素履往。**无咎。**

九二：履道坦坦。**幽人贞吉。**

六三：眇能视，跛能履；履虎尾，咥人。**凶。**武人为于大君。

九四：履虎尾，愬愬。**终吉。**

九五：夬履。**贞厉。**

上九：视履。考祥，其旋。**元吉。**

☷《泰》第十一

泰。**小往大来。吉。亨。**

初九：拔茅，茹以其汇。**征吉。**

九二：包荒。用冯河，不遐遗朋。亡得尚于中行。

九三：**无平不陂，无往不复。艰贞。无咎。勿恤。其孚，于食有福。**

六四：翩翩，不富以其邻。**不戒以孚。**

六五：帝乙归妹以祉。**元吉。**

上六：城复于隍。**勿用师。**自邑告命。**贞吝。**

☰《否》第十二

否之匪人。**不利君子贞。大往小来。**

初六：拔茅，茹以其汇。**贞吉，亨。**

六二：包承。**小人吉。大人否亨。**

六三：包羞。

九四：有命。**无咎。畴离祉。**

九五：休否。**大人吉。其亡其亡，系于苞桑。**

上九：倾否。**先否后喜。**

☰《同人》第十三

同人于野。**亨。利涉大川。利君子贞。**

初九：同人于门。**无咎。**

六二：同人于宗。**吝。**

九三：伏戎于莽，升其高陵。**三岁不兴。**

九四：乘其墉，弗克攻。**吉。**

九五：同人先号咷而后笑。大师克相遇。

上九：同人于郊。**无悔。**

䷍《大有》第十四

大有。**元亨。**

初九：无交害。**匪咎。艰则无咎。**

九二：大车以载。**有攸往，无咎。**

九三：公用亨于天子。**小人弗克。**

九四：匪其彭。**无咎。**

六五：**厥孚交如威如。吉。**

上九：自天佑之。**吉。无不利。**

䷎《谦》第十五

谦。**亨。君子有终。**

初六：谦谦。**君子用涉大川。吉。**

六二：鸣谦。**贞吉。**

九三：劳谦。**君子有终。吉。**

六四：**无不利。**撝谦。

六五：不富以其邻。**利用侵伐。无不利。**

上六：鸣谦。**利用行师，征邑国。**

䷏《豫》第十六

豫。**利建侯行师。**

初六：鸣豫。**凶。**

六二：**介于石，不终日。贞吉。**

六三：盱豫。**悔。迟，有悔。**

九四：由豫。**大有得。勿疑，朋盍簪。**

六五：**贞：疾。恒不死。**

上六：冥豫。成有渝。**无咎。**

䷐《随》第十七

随。**元亨。利贞。无咎。**

初九：官有渝。**贞吉。出门交有功。**

六二：系小子，失丈夫。

六三：系丈夫，失小子。随有求得。**利居贞。**

九四：随有获。**贞凶。有孚。在道以明。何咎！**

九五：孚于嘉。**吉。**

上六：拘系之，乃从维之。王用亨于西山。

䷑《蛊》第十八

蛊。**元亨。利涉大川。先甲三日，后甲三日。**

初六：干父之蛊。**有子，考无咎。厉。终吉。**

九二：干母之蛊。**不可贞。**

九三：干父之蛊。**小有悔。无大咎。**

六四：裕父之蛊。**往，见吝。**

六五：干父之蛊。**用誉。**

上九：不事王侯。**高尚其事。**

䷒《临》第十九

临。**元亨。利贞。至于八月，有凶。**

初九：咸临。**贞吉。**

九二：咸临。**吉。无不利。**

六三：甘临。**无攸利。既忧之，无咎。**
六四：至临。**无咎。**
六五：知临。大君之宜。**吉。**
上六：敦临。**吉。无咎。**

䷓《观》第二十
观盥而不荐。**有孚，颙若。**
初六：童观。**小人无咎，君子吝。**
六二：窥观。**利女贞。**
六三：观我生，进退。
六四：观国之光。**利用宾于王。**
九五：观我生。**君子无咎。**
上九：观其生。**君子无咎。**

䷔《噬嗑》第二十一
噬嗑。**亨。利用狱。**
初九：屦校，灭趾。**无咎。**
六二：噬肤，灭鼻。**无咎。**
六三：噬腊肉，遇毒。**小吝，无咎。**
九四：噬乾胏，得金矢。**利艰贞。吉。**
六五：噬乾肉，得黄金。**贞厉。无咎。**
上九：何校，灭耳。**凶。**

䷕《贲》第二十二
贲。**亨。小利有所往。**
初九：贲其趾，舍车而徒。
六二：贲其须。
九三：贲如濡如。**永贞吉。**
六四：贲如皤如，白马翰如。匪寇，婚媾。
六五：贲于丘园，束帛戋戋。**吝。终吉。**
上九：白贲。**无咎。**

䷖《剥》第二十三
剥。**不利有攸往。**
初六：剥床以足蔑。**贞凶。**
六二：剥床以辨蔑。**贞凶。**
六三：剥之。**无咎。**
六四：剥床以肤。**凶。**
六五：贯鱼以宫人宠。**无不利。**
上九：硕果不食。**君子得舆，小人剥庐。**

䷗《复》第二十四
复。亨。出入，无疾。朋来。**无咎。反复其道，七日来复。利有攸往。**
初九：不远复，无祇悔。**元吉。**
六二：休复。**吉。**
六三：频复。**厉，无咎。**
六四：中行，独复。
六五：敦复。**无悔。**
上六：迷复。**凶。有灾眚。用行师，终有大败。以其国君凶，至于十年不克征。**

䷘《无妄》第二十五

无妄。**元亨。利贞。其匪正，有眚。不利有攸往。**

初九：无妄。**往，吉。**

六二：**不耕获，不菑畬。则，利有攸往。**

六三：无妄之灾。或系之牛，行人之得，邑人之灾。

九四：**可贞。无咎。**

九五：无妄之疾。**勿药有喜。**

上九：无妄。**行，有眚。无攸利。**

䷙《大畜》第二十六

大畜。**利贞。**不家食。**吉。利涉大川。**

初九：**有厉。利巳。**

九二：舆说輹。

九三：良马逐。**利艰贞。**曰闲舆卫。**利有攸往。**

六四：童牛之牿。**元吉。**

六五：豮豕之牙。**吉。**

上九：何天之衢。**亨。**

䷚《颐》第二十七

颐。**贞吉。**观颐。**自求口实。**

初九：舍尔灵龟，观我朵颐。**凶。**

六二：颠颐。拂经于丘颐。**征凶。**

六三：拂颐。**贞凶。十年勿用。无攸利。**

六四：颠颐。**吉。**虎视眈眈，其欲逐逐。**无咎。**

六五：拂经。**居贞吉。不可涉大川。**

上九：由颐。**厉。吉。利涉大川。**

䷛《大过》第二十八

大过。栋挠。**利有攸往。亨。**

初六：藉用白茅。**无咎。**

九二：枯杨生稊。老夫得其女妻。**无不利。**

九三：栋挠。**凶。**

九四：栋隆。**吉。有它，吝。**

九五：枯杨生华。老妇得其士夫。**无咎，无誉。**

上六：过涉灭顶。**凶。无咎。**

䷜《坎》第二十九

习坎。**有孚，维心。亨。行有尚。**

初六：习坎。入于坎窞。**凶。**

九二：坎有险。**求小得。**

六三：来之坎，坎险且枕，入于坎窞。**勿用。**

六四：樽酒，簋贰，用缶。纳约自牖。**终无咎。**

九五：坎不盈，祇既平。**无咎。**

上六：系用徽纆，置于丛棘。**三岁不得。凶。**

䷝《离》第三十

离。**利贞。亨。**畜牝牛。**吉。**

初九：履错然。敬之。**无咎。**

六二：黄离。**元吉。**

九三：日昃之离。不鼓缶而歌，则大耋之嗟。**凶**。

九四：突如其来如，焚如死如弃如。

六五：出涕沱若，戚嗟若。**吉**。

上九：王用出征，有嘉折首，获匪其丑。**无咎**。

䷞《咸》第三十一

咸。**亨**。**利贞**。取女。**吉**。

初六：咸其拇。

六二：咸其腓。**凶**。**居吉**。

九三：咸其股。执其随。**往吝**。

九四：**贞吉**。**悔亡**。憧憧往来，朋从尔思。

九五：咸其脢。**无悔**。

上六：咸其辅颊舌。

䷟《恒》第三十二

恒。**亨**。**无咎**。**利贞**。**利有攸往**。

初六：浚恒。**贞凶**。**无攸利**。

九二：**悔亡**。

九三：不恒其德。或承之羞。**贞吝**。

九四：田无禽。

六五：恒其德。**贞，妇人吉**。**夫子凶**。

上六：振恒。**凶**。

䷠《遯》第三十三

遯。**亨**。**小利贞**。

初六：遯尾。**厉**。**勿用有攸往**。

六二：执之用黄牛之革，莫之胜说。

九三：系遯。**有疾厉**。畜臣妾。**吉**。

九四：好遯。**君子吉**。**小人否**。

九五：嘉遯。**贞吉**。

上九：肥遯。**无不利**。

䷡《大壮》第三十四

大壮。**利贞**。

初九：壮于趾。**征凶**。**有孚**。

九二：**贞吉**。

九三：**小人用壮，君子用罔**。**贞厉**。羝羊触藩，羸其角。

九四：**贞吉**。**悔亡**。藩决不羸，壮于大舆之輹。

六五：丧羊于易。**无悔**。

上六：羝羊触藩，不能退，不能遂。**无攸利**。**艰则吉**。

䷢《晋》第三十五

晋康侯。**用锡马蕃庶，昼日三接**。

初六：晋如摧如。**贞吉**。**罔孚**。裕。**无咎**。

六二：晋如愁如。**贞吉**。受兹介福，于其王母。

六三：众允。**悔亡**。

九四：晋如鼫鼠。**贞厉**。

六五：**悔亡**。**失得勿恤**。**往，吉**。**无不利**。

上九：晋其角。维用伐邑。**厉**。**吉**。**无咎**。**贞吝**。

䷣《明夷》第三十六

明夷。**利艰贞。**

初九：明夷于飞，垂其翼。君子于行，三日不食。**有攸往。主人有言。**

六二：明夷。夷于左股。**用拯马壮。吉。**

九三：明夷于南，狩得其大首。**不可疾贞。**

六四：入于左腹，获明夷之心。出于门庭。

六五：箕子之明夷。**利贞。**

上六：不明晦。初登于天，后入于地。

䷤《家人》第三十七

家人。**利女贞。**

初九：闲有家。**悔亡。**

六二：无攸遂，在中馈。**贞吉。**

九三：家人嗃嗃。**悔。厉。吉。**妇子嘻嘻。**终吝。**

六四：富家。**大吉。**

九五：王假有家。**勿恤。吉。**

上九：**有孚，威如。终吉。**

䷥《睽》第三十八

睽。**小事吉。**

初九：悔亡。丧马。**勿逐自复。**见恶人。**无咎。**

九二：遇主于巷。**无咎。**

六三：见舆曳，其牛掣，其人天且劓。**无初有终。**

九四：睽孤，遇元夫。**交孚。厉。无咎。**

六五：悔亡。厥宗噬肤。**往何咎！**

上九：睽孤。见豕负涂，载鬼一车。先张之弧，后说之弧。匪寇，婚媾。**往，遇雨则吉。**

䷦《蹇》第三十九

蹇。**利西南，不利东北。利见大人。贞吉。**

初六：往蹇，来誉。

六二：王臣蹇蹇，匪躬之故。

九三：往蹇，来反。

六四：往蹇，来连。

九五：大蹇，朋来。

上六：往蹇，来硕。**吉。利见大人。**

䷧《解》第四十

解。**利西南。无所往。**其来复。**吉。有攸往。夙吉。**

初六：**无咎。**

九二：田获三狐，得黄矢。**贞吉。**

六三：负且乘，致寇至。**贞吝。**

九四：解而拇，朋至。**斯孚。**

六五：君子维，有解。**吉。有孚于小人。**

上六：公用射隼于高墉之上，获之。**无不利。**

䷨《损》第四十一

损。**有孚。元吉。无咎。可贞。利有攸往。曷之用？二簋可用享。**

初九：巳事遄。**往无咎。**酌。**损之。**

九二：**利贞。征凶。弗损益之。**

六三：**三人行，则损一人；一人行，则得其友。**

六四：损其疾，使遄有喜。**无咎。**

六五：或益之十朋之龟，弗克违。**元吉。**

上九：弗损益之。**无咎。贞吉。利有攸往。**得臣无家。

䷩《益》第四十二

益。**利有攸往。利涉大川。**

初九：**利用为大作。元吉。无咎。**

六二：或益之十朋之龟，弗克违。**永贞吉。**王用享于帝。**吉。**

六三：益之。**用凶事。无咎。有孚。**中行告公用圭。

六四：中行告，公从。**利用为依迁国。**

九五：**有孚惠心，勿问元吉。有孚，惠我德。**

上九：莫益之。或击之。**立心勿恒，凶。**

䷪《夬》第四十三

夬。扬于王庭。孚号。**有厉。**告自邑。**不利即戎。利有攸往。**

初九：壮于前趾。**往不胜，为吝。**

九二：惕号。莫夜有戎。**勿恤。**

九三：壮于頄。**有凶。**君子夬夬独行，遇雨若，濡有愠。**无咎。**

九四：臀无肤，其行次且，牵羊。**悔亡。**闻言不信。

九五：苋陆夬夬中行。**无咎。**

上六：无号。**终有凶。**

䷫《姤》第四十四

姤。女壮。**勿用取女。**

初六：系于金柅。**贞吉。有攸往，见凶。**羸豕孚蹢躅。

九二：包有鱼。**无咎。不利宾。**

九三：臀无肤，其行次且。**厉。无大咎。**

九四：包无鱼。**起凶。**

九五：以杞包瓜，含章。有陨自天。

上九：姤其角。**吝。无咎。**

䷬《萃》第四十五

萃。**亨。**王假有庙。**利见大人。亨。利贞。用大牲，吉。利有攸往。**

初六：**有孚，不终乃乱。**乃萃，若号，一握为笑。**勿恤。往无咎。**

六二：**弘吉。无咎。孚乃利用禴。**

六三：萃如嗟如。**无攸利。往无咎。小吝。**

九四：**大吉。无咎。**

九五：萃有位。**无咎。匪孚。元永贞。悔亡。**

上六：賫咨涕洟。**无咎。**

䷭《升》第四十六

升。**元亨。用见大人。勿恤。南征吉。**

初六：允升。**大吉。**

九二：**孚乃利用禴。无咎。**

九三：升虚邑。

六四：王用亨于岐山。**吉。无咎。**

六五：**贞吉。**升阶。

上六：冥升。**利于不息之贞。**

䷮《困》第四十七

困。**亨。贞：大人吉。无咎。**有言不信。

初六：臀困于株木，入于幽谷。**三岁不觌。**

九二：困于酒食，朱绂方来。**利用亨祀。征凶。无咎。**

六三：困于石，据于蒺藜。入于其宫，不见其妻。**凶。**

九四：来徐徐，困于金车。**吝。有终。**

九五：劓刖。困于赤绂，乃徐有说。**利用祭祀。**

上六：困于葛藟，于臲卼。**曰动悔，有悔。征吉。**

䷯《井》第四十八

井。改邑不改井。**无丧无得。**

往来井井。汔至，亦未繘井，羸其瓶。**凶。**

初六：井泥不食。旧井无禽。

九二：井谷射鲋。瓮敝漏。

九三：井渫不食，为我心恻，可用汲。王明，并受其福。

六四：井甃。**无咎。**

九五：井冽寒泉，食。

上六：井收，勿幕。**有孚。元吉。**

䷰《革》第四十九

革。**巳日乃孚。元亨。利贞。悔亡。**

初九：巩用黄牛之革。

六二：巳日乃革之。**征吉。无咎。**

九三：**征凶。贞厉。**革言三就。**有孚。**

九四：**悔亡。有孚。**改命。**吉。**

九五：大人虎变。**未占，有孚。**

上六：君子豹变，小人革面。**征凶。居贞吉。**

䷱《鼎》第五十

鼎。**元吉。亨。**

初六：鼎颠趾，利出否。得妾以其子。**无咎。**

九二：鼎有实，我仇有疾，不我能即。**吉。**

九三：鼎耳革，其行塞。雉膏不食。

方雨亏。**悔。终吉。**

九四：鼎折足，覆公餗，其形渥。**凶。**

六五：鼎黄耳，金铉。**利贞。**

上九：鼎玉铉。**大吉。无不利。**

䷲《震》第五十一

震。**亨。**震来虩虩，笑言哑哑。震惊百里，不丧匕鬯。

初九：震来虩虩，后笑言哑哑。**吉。**

六二：震来厉，亿丧贝。跻于九陵。**勿逐，七日得。**

六三：震苏苏。**震行无眚。**

九四：震遂泥。

六五：震往来厉，亿无丧。**厉。有事。**

上六：震索索，视矍矍。**征凶。**震不于其躬，于其邻。**无咎。婚媾有言。**

䷳《艮》第五十二

艮其背，不获其身。行其庭，不见其人。**无咎。**

初六：艮其趾。**无咎。利永贞。**

六二：艮其腓。不拯其随。其心不快。

九三：艮其限，列其夤，厉薰心。

六四：艮其身。**无咎。**

六五：艮其辅，言有序。**悔亡。**

上九：敦艮。**吉。**

䷴《渐》第五十三

渐。女归。**吉。利贞。**

初六：鸿渐于干。**小子厉。有言。无咎。**

六二：鸿渐于磐，饮食衎衎。**吉。**

九三：鸿渐于陆。夫征不复，妇孕不育。**凶。利御寇。**

六四：鸿渐于木，或得其桷。**无咎。**

九五：鸿渐于陵。妇，三岁不孕，终莫之胜。**吉。**

上九：鸿渐于陆。其羽可用为仪。**吉。**

䷵《归妹》第五十四

归妹。**征凶。无攸利。**

初九：归妹以娣。跛能履。**征吉。**

九二：眇能视。**利幽人之贞。**

六三：归妹以须，反归以娣。

九四：归妹愆期，迟归有时。

六五：帝乙归妹。其君之袂，不如其娣之袂良。月既望。**吉。**

上六：女承筐无实，士刲羊无血。**无攸利。**

䷶《丰》第五十五

丰。**亨。**王假之。**勿忧。宜日中。**

初九：遇其配主。**虽旬，无咎。往有尚。**

六二：丰其蔀。日中见斗。**往得疑**

疾。有孚。发若。吉。

九三：丰其沛。日中见沫，折其右肱。**无咎。**

九四：丰其蔀。日中见斗。遇其夷主。**吉。**

六五：来章，有庆誉。**吉。**

上六：丰其屋，蔀其家。窥其户，阒其无人。**三岁不觌。凶。**

䷷《旅》第五十六

旅。**小亨。旅贞吉。**

初六：旅琐琐。斯其所取灾。

六二：旅即次，怀其资，得童仆。**贞。**

九三：旅焚其次。丧其童仆。**贞厉。**

九四：旅于处，得其资斧。我心不快。

六五：射雉，一矢亡。**终以誉命。**

上九：鸟焚其巢，旅人先笑后号咷。丧牛于易。**凶。**

䷸《巽》第五十七

巽。**小亨。利有攸往。利见大人。**

初六：进退。**利武人之贞。**

九二：巽在床下，用史巫纷若。**吉，无咎。**

九三：频巽。**吝。**

六四：**悔亡。**田获三品。

九五：**贞吉。悔亡。无不利。无初有终。先庚三日，后庚三日。吉。**

上九：巽在床下。丧其资斧。**贞凶。**

䷹《兑》第五十八

兑。**亨。利贞。**

初九：和兑。**吉。**

九二：孚兑。**吉。悔亡。**

六三：来兑。**凶。**

九四：商兑。未宁。**介疾有喜。**

九五：孚于剥。**有厉。**

上六：引兑。

䷺《涣》第五十九

涣。**亨。**王假有庙。**利涉大川。利贞。**

初六：用拯马壮。**吉。**

九二：涣奔其机。**悔亡。**

六三：涣其躬。**无悔。**

六四：涣其群。**元吉。**涣有丘。匪夷所思。

九五：涣汗其大号。涣王居。**无咎。**

上九：涣其血去逖出。**无咎。**

䷻《节》第六十

节。**亨。**苦节。**不可贞。**

初九：不出户庭。**无咎。**

九二：不出门庭。**凶。**

六三：不节若，则嗟若。**无咎。**

六四：安节。**亨。**

九五：甘节。**吉。往有尚。**

上六：苦节。**贞凶。悔亡。**

䷼《中孚》第六十一

中孚。豚鱼。**吉。利涉大川。利贞。**

初九：虞。**吉。有它不燕。**

九二：鸣鹤在阴，其子和之。我有好爵，吾与尔靡之。

六三：得敌。或鼓或罢，或泣或歌。

六四：月几望，马匹亡。**无咎。**

九五：有孚挛如。**无咎。**

上九：翰音登于天。**贞凶。**

䷽《小过》第六十二

小过。**亨。利贞。可小事，不可大事。**飞鸟遗之音。**不宜上，宜下。大吉。**

初六：飞鸟。**以凶。**

六二：过其祖，遇其妣。不及其君，遇其臣。**无咎。**

九三：弗过。**防之，从或戕之。凶。**

九四：**无咎。**弗过，遇之。**往厉。必戒，勿用。永贞。**

六五：密云不雨，自我西郊。公弋取彼在穴。

上六：弗遇，过之。飞鸟，离之。**凶。是谓灾眚。**

䷾《既济》第六十三

既济。**亨。小利贞。初吉终乱。**

初九：曳其轮。濡其尾。**无咎。**

六二：妇丧其茀。**勿逐，七日得。**

九三：高宗伐鬼方，三年克之。**小人勿用。**

六四：繻有衣袽，终日戒。

九五：东邻杀牛，不如西邻之禴祭。**实受其福。**

上六：濡其首。**厉。**

䷿《未济》第六十四

未济。**亨。**小狐汔济，濡其尾。**无攸利。**

初六：濡其尾。**吝。**

九二：曳其轮。**贞吉。**

六三：未济。**征凶。利涉大川。**

九四：**贞吉。悔亡。**震用伐鬼方三年，有赏于大国。

六五：**贞吉，无悔。**君子之光。**有孚。吉。**

上九：**有孚。**于饮酒。**无咎。**濡其首。**有孚，失是。**

参考文献

[1] Alfred Huang, *The Numerology of the I Ching: A Sourcebook of Symbols, Structures and Traditional Wisdom*, Rochester: Inner Traditions, 2000.

[2] Anthony Pym, *Translation and Text Transfer: An Essay on the Principles of Intercultural Communication*, Frankfurt: Peter Lang, 1992.

[3] Anthony Pym and Horst Turk, "Translatability", in Mona Baker, *Routledge Encyclopedia of Translation Studies*, London & New York: Routledge, 1998.

[4] Antoine Berman, "Translation and the Traits of the Foreign", in Laurence Venuti, *The Translation Studies Reader*, London & New York: Routledge, 2000.

[5] Cary Baynes, (trans.) *The I Ching or Book of Changes*, New York: Penguin Group, Inc., 1950.

[6] Charles Morris, *Foundations of the Theory of Signs*, Chicago: University of Chicago Press, 1938.

[7] Chung - Ying Cheng and Elton Johnson, "A Bibliography of the *I Ching* in Western Languages", *Journal of Chinese Philosophy*, No. 1, 2008.

[8] Chung Wu, *The Essentials of the Yi Jing: Translated, Annotated, and with an Introduction and Notes*, St. Paul: Paragon House, 2003.

[9] Daniel Bernardo, *Yi Jing (I Ching) Chinese/English Dictionary with Concordance and Translation* (http://yijingdao.org.).

[10] David Knechtges, "The Perils and Pleasures of Translation: The Case of the Chinese Classics", *Journal of Tsinghua University*, No. 1, 2004.

[11] Derk Bodde, "Book Review of the Wilhelm - Baynes *I - Ching*", *Journal of the American Oriental Society*, No. 4, 1950.

[12] Diane Stein, *The Kwan Yin Book of Changes - A Woman's Book of Reclaiming*, Portland: Llewellyn Publications, 1985.

[13] Edward Hacker, *The I Ching Handbook*, Brookline: Paradigm Publications, 1993.

[14] Edward Hacker, Steve Moore, and Lorraine Patscol, *I Ching: An Annotated Bibliography*, New York: Routledge, 2002.

[15] Edward Shaughnessy, (trans.) *I Ching: The Classic of Changes Translated with an Introduction and Commentary*, New York: Ballantine Books, 1997.

[16] Edward Shaughnessy, *The Composition of the Zhouyi*, Ph. D. Dissertation, Stanford University, 1983.

[17] Edward Shaughnessy, *Before Confucius: Studies in the Creation of the Chinese Classics*, New York: SUNY Press, 1997.

[18] Gea Tung, *Metaphor and Analogy in the I Ching*, Ph. D. Dissertation, Claremont: Claremont Graduate University, 1975.

[19] Geoffrey Leech, *Semantics*, Harmondsworth: Penguin, 1974.

[20] Gideon Toury, "A Rationale for Descriptive Translation", in Theo Hermans, *The Manipulation of Literature: Studies in Literary Translation*, London & Sydney: Croom Helm, 1985.

[21] Harvard - Yenching Institute, *A Concordance to Yi Ching* (*Zhou Yi Yin De*), Peiping: Harvard - Yenching Institute, 1935.

[22] Hellmut Wilhelm, *Change: Eight Lectures on the I Ching*, Cary Baynes, (trans.) Princeton, NJ: Princeton University Press, 1960.

[23] Herbert Giles, *A Chinese - English Dictionary* (*Hua - Ying Zidian*), Shanghai: Kelly & Walsh, Ld., 1892.

[24] Howard Goldblatt, "How Can Chinese Literature Reach a World Audience?" *Chinese Arts & Letters*, No. 2, 2014.

[25] Howard Goodman, *Exegetes and Exegeses of the Book of Changes in the*

3rd Century AD: *Historical and Scholastic Contexts for Wang Pi*, Ph. D. Dissertation, Princeton, NJ: Princeton University, 1985.

[26] James Legge, (trans.) *The I Ching*: *The Book of Changes*, New York: Dover Publications, 1899.

[27] Joel Biroco, "A Critical Survey of *I Ching Books*", *The Oracle*: *Journal of the I Ching Society*, No. 2, 1995.

[28] Joel Biroco, "Two Contrasting Recent Translations of the *I Ching*", *The Oracle*: *Journal of the I Ching Society*, No. 2, 1995.

[29] Joel Biroco, "A Review of *Zhouyi*: *The Book of Changes*", *The Oracle*: *Journal of the I Ching Society*, No. 1, 1998.

[30] John Blofeld, (trans.) *I Ching*: *The Book of Change*, New York: Penguin Group, Inc., 1965.

[31] John Minford, *I Ching*: *The Essential Translation of the Ancient Chinese Oracle and Book of Wisdom*, New York: Viking, 2014.

[32] Jonathan Culler, *Literary Theory*: *A Very Short Introduction*, Oxford University Press, 1997.

[33] Jonathan Stalling, *Poetics of Emptiness*: *Transformations of Asian Thought in American Poetry*, Fordham University Press, 2010.

[34] Lama Anagarika Govinda, *The Inner Structure of the I Ching*, *the Book of Transformations*, San Francisco: Wheelwright Press, 1981.

[35] Lindsay Ride, *Biographical Note for the Third Edition of James Legge's The Chinese Classics* Vol. 1, Taipei: SMC Publishing Inc., 2001.

[36] Margaret Pearson, (trans.) *The Original I Ching*: *An Authentic Translation of the Book of Changes*, Rutland: Tuttle Publishing, 2011.

[37] Michael Loewe and Edward Shaughnessy, *The Cambridge History of Ancient China*: *From the Origins of Civilization to* 221 *BC*, Cambridge: Cambridge University Press, 1999.

[38] Nigel Richmond, *Language of the Lines*, *the I Ching Oracle*, London: Wildwood House, 1977.

[39] Paul Fendos (Jr.), *Fei Chih's Place in the Development of I – Ching*

Studies. Ph. D. Dissertation, Madison, WI: University of Wisconsin, 1988.

[40] Paul Goldin, *Principal Translations of the Thirteen Classics into Western Languages* (http://www.sas.upenn.edu/ealc/paul-r-goldin).

[41] Peter Newmark, "Communicative and Semantic Translation (II)", in Peter Newmark, *Approaches to Translation*, Oxford: Pergamon Press, 1981.

[42] Peter Newmark, *A Textbook of Translation*, Shanghai: Shanghai Foreign Language Education Press, 2001.

[43] Richard Alan Kunst, *The Original Yijing: A Text, Phonetic Transcription, Translation and Indexes, with Sample Glosses*, Berkeley: University of California at Berkeley, 1985.

[44] Richard Lynn, (trans.) *The Classic of Changes: A New Translation of the I Ching As Interpreted by Wang Bi*, New York: Columbia University Press, 1994.

[45] Richard Rutt, (trans.) *The Book of Changes (Zhouyi): A Bronze Age Document*, Surrey, GB: Curzon Press, 1996.

[46] Richard Rutt, "Opening a New Field for Dragons: Edward L Shaughnessy's Mawangdui *Yijing* - A Review Article", *The Oracle: Journal of Yijing Studies*, No. 8, 1999.

[47] Richard Smith, "The *I Ching* (*Classic of Changes*) in Global Perspective: Some Reflections", in *Collected Papers of the* 2002 *Classic of Changes World Conference*, Taiwan: Zhongli, 2002.

[48] Richard Smith, *Fathoming the Cosmos and Ordering the World: The Yijing and Its Evolution in China*, Charlottesville: University of Virginia Press, 2008.

[49] Richard Smith, *The I Ching: A Biography*, Princeton, NJ: Princeton University Press, 2012.

[50] Rob Kay, *Video Review: Wisdom of Changes: Richard Wilhelm and the I Ching, a Documentary by Bettina Wilhelm* (http://www.huffingtonpost.com/rob-kay/video-review wisdom-of-cha_b_5180495.html).

[51] Roman Jakobson, "On Linguistic Aspects of Translation", in Laurence Venuti, *The Translation Studies Reader*, London & New York: Routledge, 2000.

[52] S. J. Marshall, *The Mandate of Heaven: Hidden History in the I Ching*, New York: Columbia University Press, 2001.

[53] Titus Yu, *The I Ching: An Etymological Perspective*, San Francisco: California Institute of Integral Studies, 1983.

[54] Umberto Eco, *A Theory of Semiotics*, Bloomington: Indiana University Press, 1976.

[55] Wolfram Eberhard, *A Dictionary of Chinese Symbols*, New York: Routledge & Kegan Paul, 1986.

[56] Wolfgang Lorscher, *Translation Performance, Translation Process, and Translation Strategies*, Tubingen: Gunter Narr Verlag, 1991.

[57] [日] 白川静:《西周史略》，袁林译，三秦出版社 1992 年版。

[58] 白寿彝:《中国通史》(第三卷上)，上海人民出版社 1999 年版。

[59] 蔡郁焄:《卫德明〈变易——易经八讲〉研究述评》，《中国学术年刊》2013 年第 2 期。

[60] 曹伯韩:《国学常识》，中华书局 2010 年版。

[61] 晁福林:《夏商周的社会变迁》，中国人民大学出版社 2010 年版。

[62] 陈鼓应:《道家文化研究》(第 3 辑)，上海古籍出版社 1993 年版。

[63] 陈梦家:《尚书通论》，中华书局 2005 年版。

[64] 陈寿:《三国志》，中华书局 2005 年版。

[65] 陈桐生:《20 世纪的〈周易〉古史研究》，《周易研究》1999 年第 1 期。

[66] 陈桐生:《论商周文学语传承之原因》，《学术研究》2014 年第 2 期。

[67] 陈友冰:《英国汉学阶段性特征及成因探析——以中国古典文学研究为中心》，《国际汉学通讯》2008 年第 3 期。

[68] 成中英:《易学本体论》，北京大学出版社 2006 年版。

[69] 范文澜:《中国通史》(第一册)，人民出版社 2008 年版。

[70] 方维规：《两个人和两本书》，载北京大学国际汉学家研修基地《国际汉学翻译家大会会议论文集》，2014 年。
[71] 方蕴华：《〈诗经〉中马意象的宗教与文学情结》，《云南民族大学学报》2014 年第 2 期。
[72] ［美］费乐仁：《攀登汉学中喜玛拉雅山的巨擘——从比较理雅各（1815—1897）和尉礼贤（1873—1930）翻译及诠释儒教古典经文中所得之启迪》，陈京英译，《中央研究院中国文哲研究所通讯》2005 年刊。
[73] 冯琳：《从人大复印报刊资料〈中国哲学〉转载论文看近十年的国内易学研究》，《周易研究》2013 年第 6 期。
[74] 冯友兰：《中国哲学史》，神州国光社出版 1931 年版。
[75] ［法］福柯：《词与物：人文科学考古学》，莫伟民译，生活·读书·新知三联书店 2002 年版。
[76] 傅道彬：《周易爻辞诗歌的整体结构分析》，《江汉论坛》1988 第 10 期。
[77] 傅道彬：《〈诗〉外诗论笺——上古诗学的历史批评与阐释》，黑龙江教育出版社 1993 年版。
[78] 傅举有、陈松长：《马王堆汉墓文物》，湖南出版社 1992 年版。
[79] 傅斯年：《傅孟真先生集》，台湾大学出版社 1952 年版。
[80] 傅修延：《文本学》，北京大学出版社 2004 年版。
[81] 傅有德：《周易古经白话解》，山东友谊出版社 1995 年版。
[82] 高亨：《周易古经今注》，中华书局 1984 年版。
[83] 高亨：《高亨〈周易〉九讲》，中华书局 2011 年版。
[84] 辜正坤：《中西诗比较鉴赏与翻译理论》，清华大学出版社 2003 年版。
[85] 顾颉刚：《古史辨》（三），上海古籍出版社 1982 年版。
[86] 管恩森：《传教士视阈下的汉籍传译——以理雅各英译〈周易〉为例》，《周易研究》2012 年第 3 期。
[87] 管黎明：《裴松梅推新书 教现代人读原始易经》，《侨报》2012 年 3 月 5 日第 8 版。

[88] 郭沫若:《郭沫若全集·历史编》(一), 科学出版社 1982 年版。
[89] 韩仲民:《帛易略说》, 北京师范大学出版社 1992 年版。
[90] 洪迪:《〈周易〉三读》, 中国出版集团东方出版中心 2014 年版。
[91] 侯乃峰:《〈周易〉文字汇校集释》, 台湾古籍出版有限公司 2009 年版。
[92] 胡朴安:《周易古史观》, 上海古籍出版社 1986 年版。
[93] 黄保罗:《基督教的"造"与儒家的"生"》,《国际汉学》(第 25 辑), 大象出版社 2014 年版。
[94] 黄德鲁:《国内外英译〈周易〉的现状与几点建议》,《安阳大学学报》2003 年第 6 期。
[95] 黄凡:《〈周易〉——商周之交史事录》, 汕头大学出版社 1995 年版。
[96] 黄玉顺:《周易古歌考释》, 巴蜀书社 1995 年版。
[97] [美] 吉瑞德:《朝觐东方: 理雅各评传》, 段怀清、周俐玲译, 广西师范大学出版社 2011 年版。
[98] 姜燕:《基督教视域中的儒家宗教性——理雅各对〈诗〉〈书〉宗教意义的认识》,《山东大学学报》2013 年第 1 期。
[99] 柯大诩:《英译〈易经〉》,《读书》1985 年第 3 期。
[100] 孔颖达:《周易正义》, 艺文印书馆 1955 年版。
[101] 孔颖达:《周易正义》, 北京大学出版社 2000 年版。
[102] 李幼蒸:《理论符号学导论》, 社会科学文献出版社 1999 年版。
[103] 刘兴隆:《新编甲骨文字典》, 国际文化出版公司 1993 年版。
[104] [英] 罗维:《初民社会》, 吕叔湘译, 江苏教育出版社 2006 年版。
[105] 吕思勉:《中国通史》, 上海古籍出版社 2009 年版。
[106] 赖贵三:《中西易学乔梓雄——德儒卫礼贤、卫德明父子易学综论》,《周易研究》2014 年第 2 期。
[107] 兰甲云:《论〈周易〉爻辞的表述结构及其解读方式》,《湖南大学学报》2000 年第 2 期。
[108] 兰甲云:《周易卦爻辞研究》, 湖南大学出版社 2006 年版。
[109] 黎子耀:《周易秘义》, 浙江古籍出版社 1989 年版。

[110] 李大用:《〈周易〉新探》,北京大学出版社 1992 年版。

[111] 李镜池:《周易通义》,中华书局 1981 年版。

[112] 李尚信:《卦序与解卦理路》,巴蜀书社 2008 年版。

[113] 李伟荣:《麦丽芝牧师与英语世界第一部〈易经〉译本——一个历史视角》,《中文文化与文论》2013 年第 3 期。

[114] 李细成:《〈尚书〉的"卜不习吉"观及其与〈易传〉的关系》,《中州学刊》2012 年第 5 期。

[115] 李学勤:《周易溯源》,四川出版集团/巴蜀书社 2006 年版。

[116] 廖名春:《马王堆帛书周易经传释文》,载刘大钧《易学集成》,四川大学出版社 1998 年版。

[117] 林忠军:《从战国楚简看通行〈周易〉版本的价值》,《周易研究》2004 年第 3 期。

[118] 刘大钧:《今、帛、竹书〈周易〉综考》,上海世纪出版股份有限公司/上海古籍出版社 2005 年版。

[119] 刘大钧:《〈周易〉概论》,巴蜀书社 2004 年版。

[120] 楼宇烈:《王弼〈周易注〉校释》,中华书局 1980 年版。

[121] [英] 鲁惟一:《中国古代典籍导读》,李学勤等译,辽宁教育出版社 1997 年版。

[122] 罗志野:《易经新译》,青岛出版社 1995 年版。

[123] 马承源:《上海博物馆藏战国楚竹书》(三),上海古籍出版社 2003 年版。

[124] 马会娟、苗菊:《当代西方翻译理论选读》,外语教学与研究出版社 2009 年版。

[125] 马祖毅、任荣珍:《汉籍外译史》,湖北教育出版社 1997 年版。

[126] 木心:《文学回忆录》,广西师范大学出版社 2012 年版。

[127] [英] 蒲乐道:《老蒲游记——一个外国人对中国的回忆》,明报出版社 1990 年版。钱锺书:《管锥编》(第二版),生活·读书·新知三联书店 2007 年版。

[128] 邱崇:《〈周易〉语篇研究》,博士学位论文,山东大学,2012 年。

[129] 任运忠:《〈易经〉英译现状及重译〈易经〉的构想》,《内江师范

学院学报》2006 年第 5 期。

[130] 任运忠、曾绪:《〈易经〉卦爻辞辨及其英译》,《周易研究》2009 年第 3 期。

[131] 沈建华、曹锦炎:《新编甲骨文字形总表》,香港中文大学出版社 2001 年版。

[132] 沈信甫:《理雅各与卫礼贤英译〈易经〉比较研究》,博士学位论文,台湾师范大学,2009 年。

[133] 沈仲涛:《中英对照易经(华英易经)》,文化图书公司 1973 年版。

[134] 沈竹礽:《周易说余》,育林出版社 1986 年版。

[135] 疏琼芳:《20 世纪的〈周易〉古歌研究》,《中州学刊》2004 年第 2 期。

[136] 司马迁:《史记》,中华书局 2005 年版。

[137] 苏智:《文化中项与价值建构〈周易〉的一个文化符号学分析》,载曹顺庆《中外文化与文论》(25),四川大学出版社 2013 年版。

[138] 孙立新、蒋锐:《东西方之间:中外学者论卫礼贤》,山东大学出版社 2004 年版。

[139] 汤一介:《再论中国传统哲学的真善美问题》,《中国社会科学》1990 年第 3 期。

[140] 汤一介:《新轴心时代与中国文化构建》,江西人民出版社 2007 年版。

[141] 唐明邦:《百年易学研究回顾与前瞻国际学术研讨会论文资料:20 世纪中国易学回眸》(http://zhouyi. sdu. edu. cn/xueshudongtai/guojihuiyiLunwenzhaiyao. asp#31)。

[142] 汪榕培、任秀桦:《英译易经》,上海外语教育出版社 2006 年版。

[143] 王宏印:《中国传统译论经典诠释——从道安到傅雷》,湖北教育出版社 2003 年版。

[144] 王宏印:《西北回响》,文化艺术出版社 2009 年版。

[145] 王宏印:《中国文化典籍英译》,外语教学与研究出版社 2010 年版。

[146] 王宏印:《文学翻译批评论稿》(第二版),上海外语教育出版社

2010 年版。

[147] 王宏印：《新译学论稿》，中国人民大学出版社 2011 年版。

[148] 王宏印、荣立宇：《典籍翻译，任重道远——王宏印教授访谈录》，《燕山大学学报》2013 年第 3 期。

[149] 王宏印：《中国古今民歌选译》，商务印书馆 2014 年版。

[150] 王宏印：《诗与翻译：双向互动与多维阐释》，南开大学出版社 2015 年版。

[151] 王宏印、李绍青：《翻译中华典籍 传播神州文化——全国典籍翻译研究会会长王宏印访谈录》，《当代外语研究》2015 年第 3 期。

[152] 王明居：《叩寂寞而求音——〈周易〉符号美学》，安徽大学出版社 1998 年版。

[153] 王宁：《叔夷钟镈铭释文补释》（http：//www. gwz. fudan. edu. cn/SrcShow. asp？Src_ ID = 1921）。

[154] 王晓农：《中国文化典籍英译出版存在的问题——以〈大中华文库・二十四诗品〉为例》，《当代外语研究》2013 年第 11 期。

[155] 王岫庐：《译者文化态度的多歧性及其对翻译的影响》，《中国翻译》2014 年第 4 期。

[156] 王宇信：《西周甲骨的发现、研究及其学术价值》，《文史知识》1986 年第 5 期。

[157] 王宇信：《西周史话》，中国国际广播出版社 2007 年版。

[158] 王玉哲：《中华远古史》，上海人民出版社 2000 年版。

[159] 王岳川：《文化输出》，北京大学出版社 2011 年版。

[160] 王岳川：《发现东方》，北京大学出版社 2011 年版。

[161] 温公颐、崔清田：《中国逻辑史教程》，南开大学出版社 2001 年版。

[162] 吴钧：《论〈易经〉的英译与世界传播》，《周易研究》2011 年第 1 期。

[163] 吴钧：《从理雅各的英译〈易经〉试谈〈易经〉的翻译》，《周易研究》2013 年第 1 期。

[164] 吴钧：《论理雅各的〈易经〉英译》，《湖南大学学报》2013 年第

1 期。

[165] 向鹏：《〈周易〉三个英译本中吉凶判词的翻译研究》，《中国翻译》2014 年第 5 期。

[166] 谢宝笙：《〈易经〉之谜是如何打开的》，北京出版社 1995 年版。

[167] 谢天振：《当代国外翻译理论导读》，南开大学出版社 2008 年版。

[168] 徐梵澄：《〈周易〉西行——关于〈周易〉的德译与英译》，《国际汉学》2004 年第 2 期。

[169] 徐瑞：《〈周易〉符号结构论》，博士学位论文，山东大学，2010 年。

[170] 徐瑞：《〈周易〉符号学概论》，上海图书馆/上海科学技术文献出版社 2013 年版。

[171] 许倬云：《西周史》（增补二版）：生活·读书·新知三联书店 2012 年版。

[172] 杨慧林：《汉学及其“主义”中的身份游移》，《读书》2012 年第 2 期。

[173] 杨宽：《西周史》，上海人民出版社 2003 年版。

[174] 杨庆中：《二十世纪中国易学史》，人民出版社 2000 年版。

[175] 杨平：《耶稣会传教士〈易经〉的索隐法诠释》，《周易研究》2013 年第 4 期。

[176] 杨赛：《中国音乐美学范畴研究论纲》，载杨立青、洛秦、韩锺恩、萧梅《上海音乐学院学术文萃》（音乐学理论研究卷），上海音乐学院出版社 2007 年版。

[177] 姚小鸥、杨晓丽：《〈周易〉古歌研究方法辨析》，《北方论丛》2012 年第 5 期。

[178] 叶舒宪：《玄鸟原型的图像学探源——六论四重证据法的知识考古范式》，《民族艺术》2009 年第 3 期。

[179] 叶舒宪：《四重证据法：符号学视野重建中国文化观》，《光明日报》2010 年 7 月 19 日第 6 版。

[180] 叶维廉：《中国诗学》，生活·读书·新知三联书店 1992 年版。

[181] [美] 宇文所安：《他山的石头——宇文所安自选集》，田晓菲译，

江苏人民出版社 2002 年版。

[182] [美] 宇文所安:《中国文论:英译与评论》,王柏华、陶庆梅译,上海社会科学院出版社 2003 年版。

[183] [美] 宇文所安:《追忆:中国古典文学中的往事再现》,郑学勤译,生活·读书·新知三联书店 2004 年版。

[184] 岳峰:《〈易经〉英译风格探微》,《湖南大学学报》2001 年第 2 期。

[185] 岳峰:《架设东西方的桥梁——英国汉学家理雅各研究》,福建人民出版社 2004 年版。

[186] 臧守虎:《〈易经〉读本》,中华书局 2007 年版。

[187] 张立文:《周易思想研究》,湖北人民出版社 1980 年版。

[188] 张立文:《帛书周易注释》,中州古籍出版社 2008 年版。

[189] 张西平:《〈中国丛报〉与中国古代文化文献的翻译》,《国际汉学研究通迅》2014 年第 2 期。

[190] 张玉金:《甲骨文中的"贞"和〈易经〉中的"贞"》,《古籍整理研究学刊》2000 年第 2 期。

[191] 张政烺:《帛书 64 卦跋》,《文物》1984 年第 3 期。

[192] 张政烺:《马王堆帛书〈周易〉经传校读》,中华书局 2008 年版。

[193] 章伟文:《易学历史观研究》,上海图书馆/上海科学技术文献出版社 2013 年版。

[194] 赵毅衡:《第二次浪潮:中国诗歌对今日美国诗歌的影响》,《北京大学学报》1989 年第 2 期。

[195] 赵毅衡:《符号学文学论文集》,百花文艺出版社 2004 年版。

[196] 赵毅衡:《符号学原理与推演》,南京大学出版社 2011 年版。

[197] 郑吉雄:《易图像与易诠释》,华东师范大学出版社 2008 年版。

[198] 《周易》,傅惠生英译,张善文今译,湖南人民出版社 2008 年版。

[199] 《周易》,[英] 理雅各译,秦颖、秦穗校注,湖南出版社 1993 年版。

[200] 周玉秀:《〈周易〉卦爻辞古歌的辑录原则及意义》,《西北师大学报》2011 年第 6 期。

[201] 朱伯崑:《易学知识通览》，齐鲁书社 1993 年版。

[202] 朱伯崑:《国际易学研究》(第 1 辑)，华夏出版社 1995 年版。

[203] 朱伯崑:《易学哲学史》，昆仑出版社 2009 年版。

[204] 朱熹:《周易本义》，苏勇校注，北京大学出版社 1992 年版。

[205] 朱彦民:《商代社会的文化与观念》，南开大学出版社 2014 年版。

后　记

南开大学是我国文化典籍外译研究的重镇。本书是以我在南开大学外国语学院完成的博士学位论文为基础修改而成的。

我在 2012 年秋有幸进入南开大学外国语学院，师从王宏印教授攻读博士学位，进行典籍翻译和译论研究。典籍翻译与译论研究是王教授从事的主要研究领域之一，也是他指导博士生的主干研究方向。鉴于我个人的性格特征、学术背景、知识结构，加之我来自齐鲁大地、孔孟之乡，王教授经过多次与我沟通、探讨，最终确定了《易经》英译研究的博士论文选题。虽然当时我对《易经》知之甚少，但在王教授鼓励和指导下，以及个人对开辟新的研究课题的渴望，在 2015 年初终于完成了论文初稿，得到了王教授的肯定。

在南开大学学习的三年是我人生之中一段珍贵的记忆和宝贵的财富。南开严谨求实的学风濡染着我，已经融入了我的学术生命。我学位论文的完成是恩师授业、同窗切磋、个人进取的一个总结，也包含着许多师长、同学、同事和亲人的心血。

在本书付梓之际，我首先要感谢我的导师王宏印先生！先生学术淹贯中西、融通古今，诗词文章、译论译笔、人品学问皆为大家风范。先生不嫌我天资愚笨，纳为弟子，循循善诱、谆谆教诲，把弟子领进学术之殿堂。读博期间，先生每讲一课，弟子必有获益，平日时有点拨，亦有相谈，谈学术、谈读书、谈世界、谈人生，弟子学问自觉见长、眼界渐开。弟子的学位论文，先生从推荐选题、组织开题，到撰写中间耐心指导，再到对弟子数稿仔细阅读并指出问题、提出修改意见，直至督促完成，每进一步都凝结着先生的心血。先生此次又欣然为本书作序，谢谢老师！

感谢南开大学外国语学院刘士聪教授、崔永禄教授、苗菊教授、王传英教授和天津外国语大学林克难教授、王洪涛教授，诸位教授在我学位论文开题答辩和学位论文预答辩时提出了诸多宝贵的修改意见和建议，对于论文的改进极具建设性。开题答辩时，有幸得到北京航空航天大学外国语学院文军教授的热情鼓励，一年后又拨冗做我论文答辩的主席，借此机会向文教授表示诚挚的谢意。

感谢我的硕士导师、山东大学李玉陈教授和师母陈翠凤教授在我读博期间对我的关心。硕士时受教于李先生，读硕前虽学习英语有年，但总觉云里雾中，经李先生三年调教，豁然开朗，在英语应用能力上实现了实质性进步，学生受益终生。读博期间，年节问候，书信往来，李先生对学生学业多有牵系。在博士论文撰写期间，李先生还亲自帮我寻找到极为难得的研究文献资料。

感谢鲁东大学外国语学院修旭东教授、陈宗利教授、向平教授等诸位领导和同事、朋友在我读博期间给予我学业和工作上的帮助和支持。感谢鲁东大学文学院翟江月教授，在典籍翻译实践中和翟教授多有合作，受益良多。

读博期间，同门学长张思永、赵长江、荣立宇、李丙奎、张媛和学妹梁高燕、杨森，不管是在课堂上还是在课外，大家经常交流学习心得、互相帮助、团结协作，我从大家身上学到了好多，感谢每一位同学。感谢同窗冯全功、刘浩、刘明、吴延国等，谢谢每位同学对我的包容与关照、关心与帮助。

感谢我的父母！感谢我的妻女！感谢我所有的家人！大爱无疆、无以为报！

感谢中国社会科学出版社孙萍编辑为本书的面世付出的劳动和心血！

感谢本书所有参考文献的作者，正是在他们的智慧成果基础上，本书才得以问世！

王晓农

2016 年 1 月 30 日

于鲁东大学南苑